다브로프스키의

긍정적
비통합이론

영재의 성격발달과 정서발달

Dabrowski's Theory of Positive Disintegration

Sal Mendaglio 편저 · 김영아 역

학지사

역자의 글

　내가 영재상담에 관심을 갖고 박사논문 주제를 찾아가는 과정에서 우연히 접하게 된 이론이 Dabrowski의 긍정적 비통합이론이다. 이 이론은 나의 주요 관심 영역인 상담, 영재, 창의성의 주요 키워드가 촘촘히 짜여 들어가 있는 퍼즐의 완성판이었다. Dabrowski가 쓴 책과 그의 이론에 관한 연구 논문을 읽으면서 느꼈던 감동의 순간이 아직도 생생하다. 그 순간은 마치 영재상담이라는 망망대해를 항해하다 불현듯 눈앞에 신세계가 펼쳐진 것과 같은 경이로움으로 가득 찬 순간이었다.

　Dabrowski의 긍정적 비통합이론을 나의 평생의 연구과제로 결정하고, 우선 박사논문으로 긍정적 비통합이론의 뼈대를 이루고 있는 주요 개념 중 하나인 성격발달의 발달 잠재성이자 영재의 유전적 재능인 과흥분성을 측정하는 과흥분성검사 II를 타당화하였다. 나는 박사논문의 이론적 배경으로 국내에 잘 알려지지 않은 긍정적 비통합이론을 소개하는 데 중요한 의미를 부여하였다. 왜냐하면 이 이론은 영재에 대한 이해뿐만 아니라 인간발달을 이해하는 데 중요한 시각을 제공하기 때문이다. 하지만 이 이론을 구성하고 있는 다양하고 생소한 개념을 이해하고 개념 간의 연관성을 이해하는 것은 사실 쉽지 않은 일이었다. 그러던 중 Dabrowski의 긍정적 비통합이론에 정통한 학자들이 심혈을 기울여 쓴 책인 *Dabrowski's Theory of Positive Disintegration*을 접하고 이 책을 국내의 독자들과 나누기 위해 번역서를 내게 되었다.

　Dabrowski의 이론은 기존의 발달이론과는 다른 관점에서 인간의 성격발달 그리고 성격발달을 이끄는 정서발달에 관한 통찰력을 제공하는 이론이다. 특히 Dabrowski의 긍정적 비통합이론이 영재교육의 영역에서 활발히 적용되어 온 것으로 입증되었듯이, 그의 이론은 영재상담과 영재의 성격발달, 정서발달, 영재성 등과 관련된 영재의 이해를 위한 강력한 설명력을 제공하고 있다. 따라서 이 역서를 통해 상담, 심리학, 교육, 영재교육에 관심 있는 독자들이 국내에 잘 알려지지 않은 Dabrowski의 긍정적 비통합이론에 대해 더 친숙해지고 Dabrowski의 관점에 기초하여 인간의 성격발달, 특히 영재의 성격발달과 정서를 심층적으로 이해할 수 있는 계기를 갖게 되기를 바란다. 또한 그의 이론을 접한 많은 이들이 공통으로 얘기하듯, 그의 이론을 이해하면서 자신에 대한 새로운 통찰을 경험하여 궁극적으로 자신의 '삶이 변화하는 경험'을 하기를 기대한다.

끝으로 초벌 번역에 도움을 준 이가람 선생님과 이 역서의 난해한 부분의 번역에 도움을 준 송민영 교수님에게 감사드린다. 또한 이 책의 출판을 흔쾌히 허락해 주신 김진환 사장님과 편집과정에서 도움을 주신 관계자 여러분께도 감사드린다.

2014년 6월
김영아

감사의 글

여러 사람에게 감사를 표하고 싶다. 이 여정 내내 나를 물질적으로 지원해 주었을 뿐 아니라, 이론에 대한 이야기를 나누는 동안 논평과 질문으로 생각의 양식을 제공해 준 나의 아내 Barbara에게 심심한 감사를 표한다.

Bill Tillier는 이 책을 쓰는 데 추진력을 제공해 주었다. Bill은 긍정적 비통합 이론의 탁월한 지지자다. 수년 동안의 많은 대화에서 그는 내가 Dabrowski의 특이한 언어적 용법을 극복할 길을 찾도록 도와주었다. Bill은 많은 시간을 내주고 직접 얻은 지식을 나누어 주었으며, 이론을 이해하는 데 없어서는 안 될 풍부한 원전을 소개해 주었다.

나의 요청에 열정적으로 응답하고 도움을 주신 분들에게도 감사를 표한다. 이분들 역시 각 장을 기술해 달라는 나의 제안을 너그럽게 받아들여 주었다.

끝으로, 이 프로젝트에 열정을 쏟은 Great Potential Press의 Jim Webb과 Janet Gore에게 감사한다. 특히 이 지난한 과정에 보내 준 Jim의 지지에 감사를 표한다. 성격이론에 관한 그의 지식과 연구, 전문성, 열정은 나에게 많은 도움이 되었다.

왜 이 책인가

나는 "이 책은 반드시 나와야 한다."라는 말을 저자들과 편집자들이 얼마나 많이 했을지 궁금하다. 나 역시 그 사람들의 명단에 이름을 올려야겠다. "이 책은 어떻게 해서든 반드시 나와야만 했다!" 이러한 주장에 대한 내 입장은 다음과 같다. 긍정적 비통합이론은 지난 20년간 영재교육 분야에서 영향력 있는 이론이었다. Kazimierz Dabrowski의 이론을 여러 차례 인용하지 않은, '영재' 및 '사회적' '정서적'이라는 말을 쓰는 자료는 찾기 힘들 정도다. 수년간 이 이론을 다룬 출판물과 학술대회도 숱하게 있었다. 그러나 영재교육 분야에서 분명하게 나타나는 이러한 열정적인 관심에도 불구하고, 긍정적 비통합이론의 온전한 숨결과 깊이를 반영하는 자료는 없다. 물론 많은 출판물에서 이 이론의 다양한 요소와 양상, 적용에 대해 논의하고 있으나, 이 이론을 대표하는 책은 단 한 권도 없다. 사람들이 자신들의 지식이 불완전하다는 것도 깨닫지 못한 채 이 이론의 일부만을 알고 있기 쉽기 때문에 이 책이 필요하다.

이 책이 필요한 또 다른 이유는 긍정적 비통합이론은 영재교육에서 인기가 있으나, 이 이론이 정작 자리를 잡아야 한다고 내가 생각하는 심리학 분야에서는 거의 알려져 있지 않기 때문이다. 긍정적 비통합이론은 Dabrowski의 성격이론이고, 엄밀히 따지자면 Freud, Adler, Rogers의 주요 성격이론과 함께 성격 연구에서 정당한 자리를 찾아야 한다. 이 책은 영재교육과 심리학에 관심이 있는 독자를 위한 것이다.

이 이론에 관한 편저를 내겠다는 생각은 Dabrowski의 이론이 왜 심리학에서 더 널리 알려져 있지 않은가에 대한 직감에서 시작되었다. 가장 잘 알려진 이론에는 한 가지 공통점이 있는 것 같다는 생각이 뇌리를 스쳤다(2차 자료가 있다는 것이다). Freud의 정신분석에는 Ernest Jones가 있고, Adler의 개인심리학에는 Heinze Ansbacher가 있으며, Piaget의 인지발달 이론에는 David Elkind가 있었다. 2차 자료의 저자들은 이론의 원저를 독자들에게 다가가기 쉽게 만들었다(Piaget의 원저를 읽는 사람이 직접 알 수 있을 정도로).

물론 이러한 이론은 이론 자체의 내재적 가치 때문에 유명해진 것이고, 그 이후에 2차 자료가 생긴 것이라고 말할 수도 있다. 그러나 Dabrowski의 이론 역시 당대에 저명한 심리학자들에게 인정을 받았다. 예를 들어, Aronson, Mowrer, Maslow는 Dabrowski 이론의 우수성과 독창성에 찬사를 보냈다. 이러한 생각의 연장선에서 나는 다른 사람이 Dabrowski의 독창적인 기여를 알도록 돕기 위해 이 이론에 대한 2차 자료가 필요하다고 확신했다.

비록 내가 이 이론에 대한 단단한 기반과 높은 동기를 가지고 있다고 생각했지만, 2차 자료에는 이 이론을 나보다 더 집중적으로 오래 연구한 분들이 포함되어야 한다고 결정했다. 2004년 6월에 열린 Dabrowski 이론에 관한 격년제 컨퍼런스(캘거리 대학교 영재교육센터와 공동 주최)에서, 나는 내 생각에 대해 도움을 줄 만한 사람들의 의견을 구했다. 나는 우선 Dabrowski의 공동 연구자였던 Andrew Kawczak과 이야기를 나누었다. 그는 이 의견에 매우 긍정적이었다. Andrew의 지지에 고무되어서 나는 심포지엄의 다른 참석자와도 이야기를 나누었고, 그들 또한 이 책이 필요하다고 지지를 보냈다.

이 책의 저자와 구성

이 책의 저자들은 Dabrowski와 긴밀히 연구를 진행하여 이 이론에 대해 오랫동안 관심을 가져 온 인물들로, 다수가 영재교육 분야에서 저명한 학자들이다. 각 저자의 장들은 이 책에서 3부로 구성되었다.

제1부에서는 Dabrowski라는 인물에 대한 언급과 함께 그의 이론 자체에 대

해 논의한다. Dabrowski의 간략한 전기를 쓴 William (Bill) Tillier는 Dabrowski의 앨버타 대학교 시절의 마지막 대학원 학생이었다. 이후 수년간 Bill은 Dabrowski의 원저는 물론 관련 서적을 포함하여 기록보관소를 만들어 아직까지 유지하고 있다. Bill은 이 이론을 위한 웹사이트도 만들어 관리하고 있다.

내가 쓴 2장은 이 이론에 대한 개요를 제시하고, 긍정적 비통합이 특히 금세기에 의미가 있을 뿐 아니라 상담에 적용하는 데 있어서 의미 있는 성격이론이라는 것을 주장하고 있다. 개요에서 나는 Dabrowski의 주요 영어 저작에 표현되어 있는 이론의 흐름을 충실하게 따르려고 노력했다. 그러나 2차 자료에서 나타나는 다른 이론과 마찬가지로, 이 장은 이 이론에 대한 나의 해석이다.

Michael Piechowski는 특별한 기여자다. 수년간 그는 Dabrowski와 긴밀히 공동 연구를 해 왔고, Michael은 이 이론을 영재교육 분야에 소개하는 데 큰 역할을 했다. 3장에서 Michael은 Dabrowki와의 연구와 이론에 대한 개인적인 설명을 하고 있다.

Marlene Rankel은 Dabrowski와 함께 연구에 긴밀히 참여하였으며 아직 출간되지 않은 원고를 쓰는 데 협조했다. Dabrowski가 자신의 이론을 교육에 어떻게 적용하였는지 밝힌 그녀가 기술한 4장은 이 미출간 원고에 기초한다.

Bill Tillier가 저술한 두 번째 장인 5장은 긍정적 비통합의 철학적 근거를 다룬다. Dabrowski 스스로도 자신의 저작에 철학적 영향을 준 내용을 인용하였다. Bill은 이 주제에 관해 그와 직접 나누었던 개인적 대화로 이를 뒷받침한다.

Dabrowski의 또 다른 제자였던 Dexter Amend 역시 그와 가까이에서 연구했던 사람이다. Dexter는 Dabrowski가 환자에게 활용했던 신경학적 검사를 개발하고 컨퍼런스를 기획하는 것을 도왔다. Dexter는 6장에서 Dabrowski라는 사람 자체와 그의 이론에서 분명하게 드러나는 창의성의 개념을 탐색한다.

Elizabeth Mika의 장인 7장은 Dabrowski의 폴란드어본에 나타나는 정신건강에 대한 Dabrowski의 관점을 검토한다. Elizabeth는 폴란드어에 능통하기 때문에 Dabrowski가 모국어로 표현한 통찰을 얻을 수 있다.

제2부는 영재교육에서 긍정적 비통합이론의 적용에 초점을 맞추고 있다.

Linda Silverman은 8장에서 이 주제에 대한 개관을 제시하고 그녀가 어떻게 Dabrowski 이론에 관여하게 되었는지에 대해 이야기하고 있다. Linda는 연구, 여러 저작, 이 주제에 관한 학회 발표를 통해 Michael Piechowski와 함께 이 이론을 전파하는 데 중요한 기여를 해 왔다.

Michael Pyryt는 9장에서 영재교육에서 이 이론에 대해 이루어진 연구를 개괄하고 있다. Michael은 오랫동안 이 이론과 이 이론의 영재에 대한 적용에 관심을 가져왔다. 그와 나는 이 분야에서 공동 연구를 여러 차례 해 왔다.

Frank Falk는 Dabrowski의 과흥분성 개념에 주로 초점을 맞춘 연구를 많이 해 온 연구자다. 그는 10장에서 Frank와 그의 동료인 Buket Yakamaci-Guzel, Alice (Hsin-Jen) Chang, Raquel Pardo de Santayana Sanz, Rosa Aurora Chavez-Eakle이 각 문화마다 과흥분성을 평가한 연구 결과를 제시하고 있다.

제3부는 다른 관점에서 이 이론을 탐구한다. Laurence Nixon은 11장에서 Dabrowski의 연구와 신비주의에 관련된 문헌을 비교했다. Laurence는 지금은 은퇴한 철학교수인 Andrew Kowczak과의 공동 연구를 통해 이 연구를 접하게 되었다. Laurence는 긍정적 비통합과 영성에 오랜 관심을 가지고 있었다.

Nancy Miller는 Piechowski, Silverman, Falk와 여러 차례 공동 연구를 했으며, 12장에서 그녀의 분야인 사회학의 관점에서 이 이론을 논의하고 있다. 그녀의 분석은 George H. Mead와 상징적 상호작용론 같은 고전적 연구에 관한 언급을 포함하고 있다.

내가 두 번째로 쓴 장인 13장에서는 긍정적 비통합과 성격에 대한 세 가지 다른 접근방식을 비교하였다. 이러한 비교는 Dabrowski 연구의 독창성을 더욱 강조해 준다.

지금 Dabrowski의 이론에는 Ernest Jones나 Heinze Ansbacher와 같은 인물이 없다. 그런 인물이 나타날 때까지는 이 책에 대한 각 저자의 기여가 독자로 하여금 긍정적 비통합이론의 독창성과 복잡성을 이해할 수 있게 할 것이다.

앨버타 캘거리에서
편저자 Sal Mendaglio

차 례

Dabrowski's Theory of Positive Disintegration

Kazimierz Dabrowski:
그는 누구인가

William Tillier, M.Sc.*

내 삶에 엄청난 영향을 미쳤던 Kazimierz Dabrowski의 전기를 쓰게 되어 영광이다. 에드먼턴에서 석사과정을 막 시작할 무렵, 그의 동료 중 한 명인 Marlene Rankel이 나를 불러내어 말했다. "자네가 읽어 봐야 할 책과 만나 봐야 할 사람이 있네." 그의 책(Dabrowski, 1972)을 읽고 나는 나의 성격과 지난 삶에 대해 이전에는 없었던 독특한 관점과 통찰력을 갖게 되었고, 저자를 만나고 싶어 애가 탔다. 그는 역시 나를 실망시키지 않았고, 나는 영광스럽게도 그의 제자가 되어 후에 그의 미출간 원고를 받게 되었다.

그를 알던 시간 동안 나에게는 Dabrowski 박사의 여러 모습이 점점 더 감명 깊게 다가왔지만, 그중에서도 특히 두 가지가 크게 다가왔다. 우선 그는 내가 살면서 본 가장 독특한 사람이었다. 그에게는 엄청난 에너지와 생기가 있었고, 눈에는 총기가 있었으며, 그러면서도 엄청난 평온함을 갖고 있었다. 그는 매우 기품이 있었으며, 내가 만나 본 사람 중 가장 겸손한 사람이었다. 무엇보다 Dabrowski 박사는 인정이 무척 많고, 눈을 들여다보며 진심으로 교감할 줄

* Bill Tiller, M.Sc., 은퇴한 심리학자, 캐나다 앨버타 주정부의 법무 및 공공안전 부서 소속.

아는 사람이었다. 한번은 내가 그에게 나의 불안한 마음에 대해 물어본 적이 있었는데, 그는 내 어깨에 손을 올리고 이렇게 말했다. "그렇구만, 그래도 그게 그리 나쁜 건 아닐세." 그는 옆에 앉아 있는 것만으로도 기분이 좋아질 수밖에 없는 사람이었다.

내가 그에게 두 번째로 감탄한 것은 그의 학문에 대해서였다. 진짜 '르네상스인'이었던 Dabrowski 박사는 정신의학과 심리학은 물론 세계 문화와 예술, 철학, 의학, 신경학에 대해서도 놀라울 정도로 잘 알고 있었다. 그의 이론은 완벽한 사고 체계였다. 그 이론을 자세히 분석할수록 그 이론은 포괄성과 통합성이 더욱 뚜렷하게 드러난다. 여러 해 동안 그의 업적에 대해 더욱 자세히 알게 되자 그의 업적에 대한 존경도 커져 갔다.

Dabrowski 박사가 생을 마무리할 무렵 자신이 세상을 떠난 후 나에게 그의 이론을 이어 달라고 부탁했던 순간은 내 인생에서 가장 자랑스러웠던 순간 중 하나다. 나는 Dabrowski 박사에 관해 만든 웹사이트(http://members.shaw.ca/positivedisintegration)와 그의 원저를 보급하는 일로 그의 유지를 받들고 있다. 지난 20년간 이 일을 해 오는 과정에서 나는 그의 딸인 Joanna(그녀 또한 심리학자다)와 친분을 쌓는 영광을 얻게 되었다. 그의 가족에 대해서나 그가 우리에게 남긴 이론에 대해서도 Dabrowski 박사가 엄청난 유산을 남겼음은 의심할 여지가 없다. Dabrowski 박사에 대해 회고해 보면 그 스스로가 자신의 이론대로 살았던 사람임이 명백해 보인다. 그는 자신의 높은 기준을 충족하려고 노력했고 행동으로 솔선수범했다. 어떤 위험이 있더라도 그는 언제나 더 높은 차원의 길을 선택했다.

Dabrowski의 초기 생애

Kazimierz Dabrowski는 1902년 9월 1일 폴란드 루블린의 클라로보(Klarowo)에서 태어났다. Dabrowski의 아버지 Antoni는 농장 관리자였다.

Kazimierz는 네 자녀 중 한 명으로, 그에게는 형 한 명과 남동생 한 명, 여동생한 명이 있었다. 어린 시절에 여동생이 죽은 일을 회상하며 Dabrowski는 다음과 같이 말했다.

나는 아주 어린 나이에 죽음에 대해 배웠다. 나에게 죽음은 그저 무섭고 이해할 수 없는 것이 아니라 정서적으로나 인지적으로 아주 가까운 거리에서경험해야만 하는 것으로 보였다. 내가 여섯 살 때, 나의 세 살짜리 여동생이뇌수막염으로 죽었다(1975, p. 233).

Dabrowski의 어린 시절에 가장 중요한 영향을 미쳤던 것 중 하나는 제1차세계대전의 직접적인 경험이었다. 그는 고향 근처에서 벌어졌던 주요 전투의여파를 본 것에 의해 특히 큰 영향을 받았다고 이야기했다. 자신이 놀던 놀이터에 누워 있는 군인들의 시체 사이를 걸으면서, Dabrowski는 시체의 다양한자세와 각기 다르게 굳은 얼굴 표정에 매료되었다. 어떤 시신은 평온하고 평화로워 보이는 반면, 또 어떤 시신은 겁에 질리고 두려워하는 모습이었다(K. Dabrowski, 개인 서신, 1977). Dabrowski는 다시 한 번 죽음에 직면해야만 했고,그러면서도 전쟁과 그 잔혹성을 이해하려고 노력했다.

Dabrowski는 어린 시절 루블린에서 교육을 받았다. 그는 그곳에서 가톨릭주교와 목사의 가르침을 받았으며, 가정에서도 책과 음악을 접할 기회가 풍부했다. 그는 계속 루블린에서 공부했으며, 대학교에서 심리학, 철학, 문학을 전공했다. 그는 1924년 바르샤바로 건너갔으며 포즈나뉴에서 석사를 마쳤다. 그가 공부하는 동안 그의 가장 친한 친구가 알 수 없는 이유로 자살했다. 당시Dabrowski는 전문적인 음악가가 되려고 심사숙고하고 있었다. 친구가 자살한이후, 그는 의대에 들어가 인간 행동을 연구하기로 결심했다(M. Rankel, 개인서신, 2007년 1월).

Dabrowski는 폴란드국립문화재단(Polish National Culture Foundation)에서장학금을 받아 1928~1929년에 제네바에서 신경학자이자 아동심리학자인

Édouard Claparède(1873~1940)와 철학자이자 심리학자인 Jean Piaget (1896~1980) 아래에서 심리학과 교육학을 전공했다(Aronson, 1964). Dabrowski 는 1929년 제네바 대학교에서 자살의 조건을 다룬 「자살의 심리적 조건(Les Conditions Psychologique du Suicide)」(1929)이라는 논문으로 의학 학위를 받았다. Dabrowski의 이력서[1]에는 1929년 제네바 대학교에서 '교육자격증'도 취득하였다고 되어 있다. 1930년 Dabrowski는 비엔나에서 수석선임연구원인 Wilhelm Stekel(1868~1940)과 함께 정신분석을 공부했다(Aronson, 1964).[2] 이 시기 동안 그는 정신분석학회에 참석하여 "Sigmund Freud를 비롯한 가장 위대한 정신분석학의 대가들을 만났다"(K. Dabrowski, 개인 서신, 1977).

1931년, Dabrowski는 파리에서 프랑스 아동정신의학의 선구자인 George Heuyer(1884~1977)의 가르침을 받아 아동정신의학을 공부했으며, 프랑스의 저명한 신경학자이자 심리학자인 Pierre Janet(1859~1947)의 수업을 받았다(Aronson, 1964). Dabrowski의 이력서에는 포즈나뉴 대학교(University of Poznan)에서 S. Blachowski의 지도 아래 자해를 다룬 논문으로 1931년 심리학 박사학위를 취득한 것으로 기재되어 있다.[3] Dabrowski의 이력서에는 1931년 포즈나뉴 대학교에서의 의학박사 학위도 기재되어 있다.

1933년 록펠러 재단(Rockefeller Foundation)의 초청으로 Dabrowski는 공중보건학을 공부하기 위해 첫 번째 아내와 함께 하버드 대학교로 갔다.[4] 1933년

---

1) Dabrowski가 여러 차례(1970, 1971~1972, 1972~1973, 1973~1975) 캐나다 연방 장학금 신청서의 첨부 자료로 제출한 이력서를 통해 그의 이력서를 볼 수 있었다.

2) Dabrowski의 이력서에는 '비엔나에서 1931년 정신분석학 수료(Wilhelm Stekel 지도)'라고 쓰여 있다. 수료증을 받았는지는 확실하지 않다.

3) 이 학위에 관해서는 혼란이 있다. Aronson(1964, p. x)은 이것이 '실험심리학'의 하나였으며 포즈나뉴 대학교가 1932년에 학위를 수여했다고 밝히고 있다.

4) Dabrowski의 이력서에는 1934년 하버드 대학교에서 '공중보건학 수료'라고 되어 있다. 그러나 Battaglia(2002, p. 67)의 글에는 Dabrowski가 기준을 충족하지 못해 수료하지 못했다는 내용이 나와 있다.

에서 1934년까지 Dabrowski는 보스턴 정신병원의 원장이었던 C. Macfie Campbell과 베이커판사 기념재단(Judge Baker Foundation)의 초대 이사장인 William Healy 밑에서 수학했다(Aronson, 1964). 1934년, Dabrowski는 스위스로 돌아와 Édouard Claparède 밑에서 제네바 대학교의 아동정신의학 강사가 되었다(Aronson, 1964).

Dabrowski는 정신건강 서비스를 체계화하기 위해 폴란드로 돌아왔으며, 록펠러 재단의 재정 지원을 받아 바르샤바에 폴란드정신보건연구원(Polish State Mental Hygiene Institute)을 설립했다. 이 연구원은 1935년에 문을 열었다. Dabrowski는 독일군에게 점령당했던 기간을 제외하고는 1935년에서 1948년까지 이 연구원의 원장으로 재직했다(Aronson, 1964).

그 무렵 Dabrowski는 많은 글을 쓰는 작업에 착수했다. 예를 들어 그는 행동주의(1934a), 자기 고문(1934b)에 관한 글을 기고하고, 1935년에는 주요 저작인 『아동과 청소년의 불안(The Nervousness of Children and Youth)』을 썼다. 1937년 Dabrowski가 C. M. Campbell(그는 서문을 썼다)의 도움으로 출판한 영어 논문이자 처음으로 북미 독자들에게 알려진 「자해의 심리적 기초(Psychological Bases of Self-Mutilation)」(1937)에서 긍정적 비통합이론의 초기 흔적을 분명하게 볼 수 있다. Dabrowski는 이어서 「증가된 정신 흥분성의 유형(Types of Increased Psychic Excitability)」(1938)이라는 영어 제목의 폴란드어 논문을 썼다.

1930년대 후반 Dabrowski는 Rudolf Steiner(1861~1925)의 업적을 기리기 위해 영국 켄트 주 케임브리지 웰스에서 Alice Baily가 이끌고 있던 인지학회[5]에

---

5) 영성과학이라고도 불리는 인지학은 Rudolf Steiner의 가르침에 기초한 영성철학이다. 여기서는 '열심히 감각에서 자유로운 생각을 갈고 닦는' 사람은 영적 세계를 볼 수 있는 통찰력을 경험할 수 있다고 말한다. Steiner는 과학의 비물질적 적용 학문으로 보고 대다수의 현대 학자가 거부하는 연구 분야인 인지학을 발전시키고자 노력했다. 인지학적 개념은 Waldorf 교육, 치료교육, 생명농업, 인지의학, 율동 및 무용 치료 등의 영역에 적용되어 왔다.

참여했다. Dabrowski는 인지학(anthroposophy, 영성과학)을 발전시킨 것으로 잘 알려진 박식가인 Steiner와 Waldorf의 교육학을 연구했다. Dabrowski는 초심리학(parapsychology)과 동양학에도 관심을 갖고 매일 명상을 했다.

제2차 세계대전과 전후 시기: 인도주의와 투옥

전쟁 기간 동안 Dabrowski의 삶이 구체적으로 어떠했는지는 대략적으로만 알 수 있으나, 매우 어려웠을 것은 분명하다. Aronson은 "전쟁 전 진료 활동을 하던 400명의 폴란드 정신과 의사 중… 단 38명만이 살아남았다."(1964, p. 10)고 기술했다. Dabrowski의 남동생은 1941년에 살해당했고, 그의 형은 바르샤바 폭동 때 붙잡혀 집단수용소로 보내졌다. 1939년에 독일은 바르샤바의 정신보건연구원(Institute of Mental Health)을 폐쇄했고, Dabrowski는 자구제에 있는 두 번째 연구소로 옮겨 가 연구를 계속했다. Dabrowski는 다가올 전쟁이 가져올 혼란을 분명하게 예상했으며 결핵 연구원으로 위장하여 교육학 연구를 위한 '비밀 연구소'를 만들었던 것이다. Dabrowski가 1942년에서 1945년까지 대부분의 시간을 보냈던 이 연구원은 자구제 근처 숲에 사는 200여 명의 아동과 청소년에게 도움을 주었고, Dabrowski의 연구원은 많은 전쟁고아와 성직자, 폴란드 군인, 저항 세력, 유대인 아동을 구제하고 은신처를 제공했다(Battaglia, 2002).

1942년 나치는 폴란드 지하조직과 연루되어 있다는 혐의를 들어 Dabrowski를 몇 달간 감금했다. 그의 두 번째 아내인 Eugenia(그는 첫 번째 아내가 결핵으로 세상을 떠난 후 1940년에 그녀와 결혼했다)는 긴 협상 끝에 그를 석방시켰고, Dabrowski는 바르샤바의 정신보건연구원 원장 자리를 되찾았다. Dabrowski는 전쟁을 경험하면서 가장 질 낮은 비인간적인 행동에서부터 가장 높은 수준의 인간 특성의 예를 모두 보았다고 했다.

Dabrowski는 1948년 브로츠와프 대학교(Wroclaw University)에서 정신의학

전문의 자격을 획득했다. Dabrowski의 이력서[6]에는 '1948년 브로츠와프 대학교에서 정신의학 관련 자격 취득'이라고 적혀 있다. 또한 1948년 그는 폴란드정신보건학회(Polish Society of Mental Hygiene)를 설립하고 초대회장이 되었다. 1948년 12월 Dabrowski는 포드 재단(Ford Foundation) 장학금을 받게 되고, 미국에 돌아와 정신의학, 신경정신의학, 아동정신의학을 연구했다(Battaglia, 2002).

스탈린 체제에서의 투옥

1949년 스탈린 체제의 폴란드 정부는 바르샤바의 연구원을 폐쇄하고 Dabrowski를 기피 인물로 지정했다. 그는 Eugenia와 함께 도망치려고 시도했다. 폴란드 공산당은 1950년 Dabrowski를 18개월 동안 투옥했고, Eugenia도 잠시 동안 투옥되었다. 석방 후 Dabrowski의 활동은 엄격한 통제를 받게 되고, 그는 코비에진(Kobierzyn)과 라비아(Rabia)의 휴양시설에서 결핵 담당 내과의로 일하도록 배치받았다. 그는 복권되어 루블린 가톨릭 대학교의 교수직을 보장받아 다시 가르칠 수 있게 되었고, 폴란드의 정신보건 서비스를 다시 체계화했다. 또한 다시 여행을 다닐 수도 있게 되었고, 포드 재단의 지원을 통해 여러 국제 정신의학회(스페인, 프랑스, 영국 등)에도 참가했다. Dabrowski의 이력서에는 '1956년 바르샤바 가톨릭신학아카데미(Academy of Catholic Theology) 실험심리학 교수 재직' '1958년부터 폴란드과학아카데미(Polish Academy of Sciences) 교수 재직'이라고 쓰여 있다.

---

6) 내가 아는 한 Dabrowski는 집단수용소에 갇힌 적은 없었다. 그는 몇 번의 투옥 기간 동안(크라쿠프에 위치한 Montelupich 감옥을 포함하여) 나치가 만든 감옥에 있었다.

60대: Dabrowski, 북미에 자리를 잡다

1960년대 초반, 『국제정신의학지(*International Journal of Psychiatry*)』의 편집장인 Jason Aronson은 철의 장막을 넘어 정신의학자들에게 기고를 요청하러 여행하던 도중에 폴란드에서 Dabrowski를 만났다. Dabrowski는 후에 강의 요청을 받고 방문한 브랜다이스 대학교(Brandeis University)에서 Abraham Maslow(1908~1970)를 만났다. 이 두 사람은 오랜 시간 대화를 나누었고 친구가 되었다.

비록 Maslow(1970)의 자아실현에 대한 개념은 자율성의 발달에 초점을 맞추고 있지만, Dabrowski는 다중수준(multilevel) 시각이 결여되어 있으며 자아(self)의 낮은 수준과 높은 수준을 구분하지 않고 있다는 이유로 이를 거부했다. Maslow의 자아는 낮은 수준의 동물적인 충동이라 하더라도 결점을 수용하면서 그 자체로 실현되는 것이었다. "자아실현을 한 사람은 현실을 더 명확하게 본다. 우리 주체는 인간의 본성을 자신들이 선호하는 대로가 아닌 있는 그대로 본다."(Maslow, 1970, p. 156) Dabrowski는 발달에는 자아의 높은 수준과 낮은 수준을 구분하고 낮은 수준의 본성을 억제하는 것이 필요하다고 강조했다. 그들의 차이에도 불구하고, Maslow는 다음과 같은 말로 Dabrowski의 책 『긍정적 비통합을 통한 정신적 성장(*Mental Growth through Positive Disintegration*)』을 지지했다.

나는 이 책을 10년 동안의 심리학적, 정신의학적 이론에 가장 중요한 기여를 한 책이라고 생각한다. 이 책이 이후에도 오랫동안, 아주 널리 읽힐 것이라는 데 의심의 여지가 없다. 이 책은 매우 심층적으로 파고들어 언젠가 심리학적 이론화와 심리치료의 실제를 분명 변화시킬 매우 중요한 결론을 이끌어 내었다(Dabrowski, 1970, 뒤표지).

1964년 Dabrowski와 Aronson은 Dabrowski의 첫 번째 주요 저작이 된 『긍정적 비통합(*Positive Disintegration*)』(Dabrowski, 1964a, 1964b)을 영어로 번역하며 두 달을 보냈다. Aronson은 이 책의 서론에 참여했다. Aronson은 나중에 이 책 첫 장을 자신의 학술지에 실었다(Dabrowski, 1966).

내가 알기로 Dabrowski는 미국 시민권을 얻기 위한 필수 조건(제안 조건)인 폴란드 시민권을 포기하는 것을 피하려고 브랜다이스 대학에서 Maslow와 함께 일할 수 있는 자리에 대한 제안을 거절했다. 대신 그는 이중 국적이 문제가 되지 않는 캐나다 몬트리올의 한 병원의 제안을 수락했다. 그곳에 있는 동안 그는 중요한 조력자가 된 폴란드 출신의 변호사이자 후에 철학자가 된 Andrew Kawczak을 만났다.

1965년 Dabrowski는 앨버타 대학교의 방문교수 자리를 보장받고 가족과 함께 에드먼턴으로 이사했다. 그는 또한 퀘벡 시에 있는 라발 대학교(Laval University)에서도 방문교수를 지냈다. Dabrowski의 두 번째 주요 영어 저작인 『긍정적 비통합을 통한 성격형성(*Personality-Shaping through Positive Disintegration*)』(Dabrowski, 1967)은 Kawczak과 그가 지도하는 대학원 학생들과 나누었던 논의에서 나온 것이다. 이 책의 서론은 미국의 학습 이론가인 O. Horbart Mowrer(1907~1982)가 썼다. 에드먼턴에서는 학생들이 또 다른 핵심 그룹을 형성하였으며, Dexter Amend, Michael M. Piechowski, Marlene Rankel을 포함한 일부는 연구를 계속하여 Dabrowski의 공동 저사가 되었다.

70대: 마지막으로 활동이 분주했던 시기

Dabrowski는 앨버타, 퀘벡, 폴란드에서 학생들을 가르치고 글을 쓰면서 말년을 보냈다. 『긍정적 비통합을 통한 정신적 성장』(1970), 『정신신경증은 병이 아니다(*Psychoneurosis Is Not an Illness*)』(1972), 『개념의 역동성(*The Dynamics of Concepts*)』(1973), 그리고 두 권으로 된 『정서 및 본능 기능의 다중수준

(*Multilevelness of Emotional and Instinctive Functions*)』(Dabrowski, 1996a; Dabrowski & Piechowski, 1996)에 이르기까지 폴란드어와 영어로 된 그의 저작들은 마지막으로 활동이 분주했던 시기의 결과물이다.

Dabrowski가 영어를 가장 나중에 가서야 배웠다는 사실은 주목할 만하다. 폴란드어로 된 그의 저작(수백 권에 이른다) 중 대다수는 번역되지 않은 채 남아 있다. 그러나 20여 권의 폴란드어본 주요 저작 중 많은 저작이(여기에 언급된 영어 저작뿐 아니라) 프랑스어와 스페인어로도 출간되었다. 주요 Dabrowski 연구센터는 스페인과 Alvarez Calderon 수녀가 그의 업적을 가르쳤던 페루의 리마에 설립되었다.

1979년 Dabrowski는 에드먼턴에서 심각한 심장발작을 일으켰으나 그에게는 외국 땅에서 죽지 않겠다는 확고한 의지가 있었다. Kazimierz Dabrowski는 폴란드로 돌아와 1980년 11월 26일 바르샤바에서 죽었다. 그의 요청으로, 그는 자구제의 연구원 근처 숲에 친구인 Piotr Radlo 옆에 묻혔다. 유족으로는 그의 아내 Eugenia와 두 딸 Joanna와 Anna가 있다.

Dabrowski 유산의 전파

1982년 11월, 에드먼턴에서 그를 기리기 위한 학술대회가 열렸다. 그때까지 나는 앨버타 주정부에서 일하던 심리학자였다. 그러나 시간이 갈수록 그의 원저작을 정리한 기록보관소를 유지하고 그의 이론에 관련된 책을 수집함으로써 Dabrowski 이론의 명맥을 유지하는 것이 나의 우선순위가 되었다. 인터넷이 발달하면서 나는 Dabrowski에 관한 웹사이트(http://members.shaw.ca/positivedisintegration)를 개설하여 계속 유지하고 있다. 그의 유산을 전파하려는 나의 노력에는 관심 있는 사람들이 그의 원저를 접할 수 있게 하고, 이론에 관한 학술대회를 개최하고 참여하는 것도 포함된다.

지금까지 퀘벡 주 퀘벡의 라발 대학교(1970), 퀘벡 주 몬트리올의 로욜라 대학(Loyola College), 플로리다 주 마이애미(1980), 폴란드 바르샤바(1987), 콜로라도 주 키스톤(1994), 앨버타 주 캐나나스키스(Kananaskis)(1996), 일리노이 주 에반스턴의 켄달 대학(Kendall College)(1998), 퀘벡 주 몽트랑블랑(2000), 플로리다 주 포트로더데일(2002), 앨버타 주 캘거리 등지에서 Dabrowski에 관련된 많은 워크숍과 대규모 학술회의가 개최되었다. Dabrowski의 유산을 이어 가는 데 있어 중요한 부분은 각자의 방법으로 그의 이론을 보급하는 데 기여하고 있는 그의 옛 제자들과 친분을 유지하는 것이다.

　Dabrowski의 이론은 영재성과 영재교육에 관한 연구 분야에서 그 생명력이 잘 유지되고 있다. 폴란드어로 된 Dabrowski의 초기 연구(1967, 1972)에서 그는 뛰어난 능력을 보이는 아동에 대한 종합적인 조사와 검증을 실시했다. 그는 모든 아동이 긍정적 비통합이라고 할 만한 특징을 나타낸다는 사실을 발견했다. Piechowski(1979a, 1991a)는 후에 영재교육계에 Dabrowski의 발달 잠재성(developmental potential)을 이루는 요소인 과흥분성(overexitability)의 개념을 소개했으며, 25년이 넘도록 많은 연구 프로젝트와 보고서가 이 주제를 다루어 왔다(Mendaglio & Tillier, 2006 참조).

　내가 이 책에 참여하는 것도 Dabrowski 박사와의 약속을 지키는 또 다른 방법이라고 생각한다.

제2장

Dabrowski의 긍정적 비통합이론:
21세기 성격이론

Sal Mendaglio, Ph.D.*

왜 미국에서도 영재와 영재교육에 대해서만, 그것도 1930년대에야 발달하기 시작하여 상대적으로 잘 알려져 있지 않은 성격이론을 21세기 성격이론이라고 주장하는가? 사실 나는 두 가지 특별한 이유로 이 제목을 선택했다. 첫째, Dabrowski의 긍정적 비통합이론(theory of positive disintegration: TPD)은 정서(emotion)를 성격발달의 중심에 놓고 지능은 성격발달의 영향을 받는 부차적인 지위로 격하하고 있다. Dabrowski의 이론은 정서가 성격발달에 영향을 미친다고 주장할 뿐 아니라 어떻게 영향력을 미치는지에 대해서도 구체화하고 있다. 정서와 성격의 관계에 대하여 60~70년 전에 언급된 이러한 강조는 1990년대와 2000년대에 심리학에서 볼 수 있는 정서에 대한 강조를 반영하고 있다. 성격이론에서 정서는 항상 중요한 관심을 받아 왔지만, TPD는 현재 인정받고 있는 성격발달 분야에서 정서에 근본적인 역할을 부여하고 있기 때문에 독특하다(예, Izard & Ackerman, 2000).

* Sal Mendaglio, Ph.D., 캐나다 앨버타 주 캘거리 시의 캘거리 대학교 교육연구대학원 교사 양성학부 부교수, 영재교육센터 선임연구원 교육학 교수.

둘째, 어떤 사람은 성격이론에 대한 사람들의 관심이 감소하고 있다고 믿고 있다(Walters, 2004). 얼핏 보기에 야심적으로 보일 수 있으나, Dabrowski의 이론은 성격에 대한 독특한 접근법과 함께 이 분야에 다시 활기를 북돋는 역할을 할 것이다. 그러나 Dabrowski의 이론은 이미 학문 영역에 생명력을 불어넣은 바가 있다. Michael Piechowski(1979a)에 의해 북미에 소개된 이래, Dabrowski의 이론은 영재의 사회적, 정서적 측면에 관한 연구에 큰 영향을 미쳐 왔다(예, Baum, Olenchak, & Owen, 1998; Ogburn-Colangelo, 1989; Fiedler, 1998; Hazell, 1999; Mendaglio, 1998; Morrissey, 1996; Piechowski, 1997; Schiever, 1985). 지난 20년간 긍정적 비통합이론은 이 연구 분야의 유일한 원동력이었다.

이 장에서 나는 긍정적 비통합이론의 가정과 주요 개념을 개략적으로 살펴볼 것이다. Dabrowski의 생각을 정확히 표현하기 위해 노력해 왔지만, 그렇다 하더라도 이어지는 내용은 어쩔 수 없이 이론에 대한 나의 해석이라 하겠다. 이 이론에 친숙한 사람들은 그 환기적 특성을 알 것이다. TPD는 처음 그것을 접하는 사람에게 강한 감정적 반응을 이끌어 낸다. 이 이론이 갖는 이러한 특성으로 인해, 내가 처음 이 이론을 접했을 때의 반응부터 논의를 시작하겠다.

나는 영재상담에 관한 책(Colangelo & Zaffrann, 1979)에서 Piechowski(1979a)가 소개한 TPD를 처음 접했는데, 내 반응은 그다지 긍정적이지 않았다. TPD는 알 수 없는 말(예, 긍정적 비통합, 과흥분성 등)로 가득 차 있었고, 일반적인 용어를 특이하게 쓰고 있었다.

그러나 영재상담에 관심이 있는 한 이 이론을 피할 수는 없다는 것을 알았다. 영재와 영재교육에 관한 상담 서적에서 계속 Dabrowski의 이론에 부딪혔다. 관련 서적(예, Miller, Silverman, & Falk, 1994; Piechowski, 1986; Silverman, 1993)이나 미국영재아협회(National Association of Gifted Children)나 특수아동위원회(Council for Exceptional Children) 등에서 개최하는 컨퍼런스에서 발표가 증가하는 것에서도 알 수 있듯이, TPD는 관련 분야에서 영향력 있는 이론이 되어 가고 있었다. 본질적으로 나는 TPD를 다시 볼 수밖에 없었고, 그러면서 이 이론의 열렬한 추종자가 되었다.

　다른 데에서도(Mendaglio, 1999) 설명한 바 있지만, 내가 태도를 바꾸었던 한 가지 이유는 대학원 시절부터 품어 왔던 '어떻게 똑똑하고 교육도 많이 받은 사람이 인종차별처럼 옹졸하고 부정적인 태도를 가질 수 있을까?' 하는 질문에 대해 TPD가 설득력 있는 설명을 제공했기 때문이다. 내가 대학원생이었을 때 방송을 통해 잘 알려진 미국의 사건(시민평등권 운동, 베트남전쟁, 워터게이트 스캔들)이 줄줄이 일어났다. 그 질문은 일상생활을 하는 동안에도 떠올랐다.

　TPD는 지금껏 다른 어떤 이론이 제공해 주지 못했던 답을 제공해 주었다(즉, 지능은 인간 발달의 충분조건이 아니다. 발달은 삶에서의 학문적 혹은 물질적 성공과 동일한 것이 아니기 때문이다). TPD에서 발달은 자신과 사회를 이해하려고 애쓰는 개인이 도달할 수 있는 상태인 참된 인간이 되는 것과 같다. 이 과정에서 그들은 자신만을 위한 동물적인 인간에서 이타적인 인간으로 변화한다.

　TPD에 대해 더 깊이 탐구하면서, 나는 상담과 심리치료 연구에 상당히 관련이 깊은 이 이론의 또 다른 특성인 정서에 집중했다. TPD에 대해 듣기 전에도 상담에 대해 가르치고 실제로 상담을 하는 동안 나는 정서가 상담과 심리치료에서 상당히 중요하다는 것을 알고 있었다. 내담자의 정서에 효과적으로 반응하는 것은 효과적인 상담의 핵심으로, 특히 누군가를 인간적으로 설득해야 하는 전문가들에게는 더욱 그렇다(예, Rogers, 1980 참조). 겉으로 드러난 문제가 무엇이든(예, 관계 문제, 학업 부진, 양육 문제 등) 내담자가 나나 다른 전문가의 서비스를 찾는 이유는 그들이 극단적이고 부정적인 정서에 대처할 수 없기 때문이라는 것도 알고 있었다. 그 결정적인 요인으로 인해 전문적인 도움을 찾는 경우가 가장 많았다. 이러한 이유를 정확히 잡아내려는 나의 구호는 '결국 다 부정적 정서다'가 되었다(내담자가 긍정적 정서 때문에 상담을 하려고 하지는 않기 때문이다). 이를 상담에 적용하면서 나는 두 가지 목표를 가졌다. 그것은 (1) 내담자가 자신의 부정적인 정서를 이해하고 받아들이도록 돕는 것, (2) 내담자가 경험하는 고통을 없앨 수 없다면 줄이자는 것이다.

　Dabrowski도 이와 비슷하게 환자들이 부정적인 정서를 이해하고 받아들이

도록 돕는 데 초점을 맞추었다. 그러나 그가 그렇게 하는 이유는 나와 매우 달랐다. TPD에서 부정적 정서 경험은 더 나은 심리적 발달을 위해 필수적이다. 그렇기에 치료의 목표는 부정적 정서를 없애는 것이 아니었다. 왜냐하면 발달 선상에 있는 개인에게 부정적 정서는 꼭 필요한 동반자이기 때문이다. Dabrowski는 환자가 발달에 있어서 정서의 필요성을 이해하도록 돕기 위해 TPD의 개념을 가르쳤다. 본질적으로 그는 환자에게 강한 부정적 정서를 느끼는 것이 발달의 징후(치료해야 할 것이 아닌 축하해야 할 것)라고 가르쳤다. 구체적으로 환자는 부정적 정서에 대한 보편적인 신념 틀을 재구성하고, 그것이 제거해야 할 증상이라는 시각에서 벗어나 부정적 정서를 성장과 발달의 조짐으로 보는 법을 배웠다. 이러한 개념적 재구성이 TPD의 특징이다.

　TPD에서 정서의 중요성은 환자들이 정서가 심리적 성장과 발달을 이끌어 낸다는 사실을 이해하도록 하는 것 이상이다. 정서는 성격발달에 필수적이다. Dabrowski가 성격을 인식한 방법은 독특하였지만, TPD는 성격발달에서 정서의 역할을 바라보는 오늘날의 시각과 놀라울 정도로 일맥상통한다. 21세기 초반이 되면서 정서 분야(Brandstatter & Eliaz, 2001; Izard & Ackerman, 2000)와 성격 분야(Eisenberg, Fabes, Guthrie, & Reiser, 2002; Magnavita, 2002)의 연구자들은 정서가 성격발달에 영향을 준다는 데 일반적으로 동의했다. Izard(1971, 1977)는 정서에 대한 연구가 잘 알려지지 않았을 때부터 정서를 연구한 것으로 잘 알려져 있다. 그는 분명하게 말했다. "정서가 성격발달에 영향을 미친다는 것은 자명하다…." (Izard & Ackerman, 2000, p. 260)

　내가 눈여겨본 것은 Dabrowski가 이미 이 사실을 1960년대에 영어로 쓴 책 (1964a, 1967)이나 더 이전에 쓴 폴란드어 학술논문과 책에서 말한 바 있다는 것이다. 몇 가지 예외를 제외하면 1960년대와 1970년대 북미 심리학에서 정서는 대중적인 연구 분야가 아니었다. 1990년대에 들어서야 정서가 갑자기 관심을 끌기 시작했다. 1980년대에도 관심이 있기는 했지만(예, Howard Gardner의 다중지능, 1983), 1990년대에 들어서서 정서지능(Salovey & Mayer, 1990; Goleman, 1995)이 등장했다. 성공에 있어 정서지수(emotional quotient: EQ)는 지능지수(intelligence quotient: IQ)보다 더 중요하지는 않더라도 비슷한 정도로 중요하다는 말이 나왔다(예, Lynn, 2002).

2000년에는 미국심리학회(American Psychological Association)의 학술지 『정서(Emotions)』가 창간되었고, 조사연구가 엄청나게 쏟아져 나왔다. 심리학은 100년도 더 전에 이미 Darwin(1965/1872)과 James(1990/1890)가 그 중요성을 언급했음에도 오랫동안 버려 두었던 정서를 재발견하고 있다.

이런 역사 속에서 Dabrowski가 정서나 정서와 성격의 관계에 있어서 오늘날의 관심을 앞섰다는 것은 놀라운 일이다. 그의 첫 영문판 서적은 70년 전에 나왔다(1937). 비록 EQ라는 용어를 사용하지는 않았지만, Dabrowski는 지능이 정서 영역만큼 중요하지 않다는 언급을 했다. 정서는 방해물이 아니라 일상생활에 지능보다도 더 강력한 영향을 미치는 존재였다. 그의 교육철학에 관한 미간행 원고가 한 예다(Dabrowski, 연대미상. 1).

이러한 역사적 기여에도 불구하고 TPD는 북미 교육학과 심리학계에 거의 알려지지 않았다. 그러나 한 가지 주목할 만한 예외가 있다. TPD는 영재와 영재교육 분야에서는 매우 잘 알려져 있다. 이 분야에서는 Dabrowski의 이론이 그 특정 요소에 특히 초점이 맞춰진 채로 영향력을 행사해 왔다. 정서를 강조하는 TPD는 영재의 정서발달과 영재성에 관련된 다양한 주제를 설명하기 위한 이론으로 제시되어 왔다. 영재성을 다루는 여러 분야에서 다양한 주제를 이해하고 연구하는 데 TPD가 활용되고 있으며, 이 이론이 중요한 영향을 미친다는 것에서도 이 이론의 힘이 드러난다(Mendaglio & Tillier, 2006 참조).

격의 없이 접하게 된 TPD는 나에게 있어 영재성에 대한 이해를 넓히는 것은 물론 내가 성격과 상담을 이론화하는 데 중심적인 역할을 하게 되었다. 나는 일반적인 심리학자들도 TPD가 유용하다는 것을 알게 되리라고 믿는다. 관심분야가 영재성, 성격이론, 상담, 심리치료, 연구 어느 쪽이든, 심리학자들은 TPD에서 인간 기능에 대한 현재의 가정을 검증하도록 자극하고 새롭고 창의적인 접근에 불을 붙이게 만드는 개념 틀을 발견하게 될 것이다.

이론을 소개하는 데 있어 TPD에 대한 개요부터 설명하겠다. 고딕체로 쓰인 단어는 가정과 주요 개념 부분에서 다룰 것이다.

TPD의 개요: 성격에 대한 거대이론

긍정적 비통합이론은 Freud의 정신분석과 Sullivan의 대인관계설과 같은 성격에 관한 거대이론의 전통을 잇고 있다. 거대이론이 갖는 공통점은 성격발달, 인간 기능, 정신병리와 같은 현상을 설명하기 위한 야심 찬 시도를 한다는 것이다. 거대이론은 복잡하면서도 일관성이 있다. 각 이론은 내적 일관성(internal consistency)이 매우 높고, 주요 개념은 이론의 가정에 논리적으로 닻을 내리고 있다. 마지막 공통점은 거대이론에서 사용하는 언어로, 그 의미는 풍부하지만 구체성은 빠져 있다는 점이다. 이론가들이 자신의 생각을 전달하기 위해 사용하는 언어는 그러한 이론을 공부하는 학생들에게 도전이 되고, 이론에서 사용하는 개념에는 조작적 정의가 거의 없다. 이론가들이 사용하는 언어와 개념을 어떻게 명명하는가에 대한 선택은 가끔 그 이론을 받아들이는 데 장애로 작용하기도 한다. 예를 들어, 일찍이 Freud(1970/1924)가 사용했던 **자아**(ego), **원초아**(id), **초자아**(superego)와 같은 정신분석적 용어는 신기하고 낯설었다. 그러나 이 말은 이제 우리 문화 전반적으로 익숙하다. Sullivan(1953)은 대인관계 이론에서 자신의 개념을 전달하기 위해 새로운 신조어(예, 원형적 [prototaxic], 병렬적[parataxic], 통합적[syntaxic] 경험 양식)를 써서 현실 경험의 성장과 성숙을 묘사하였다. Dabrowski 역시 이론을 제시하는 데 있어 새로운 용어(예, 과흥분성)를 소개했다. 그러나 그의 이론은 언어에 관련된 또 다른 형태의 도전을 제공한다. Dabrowski의 긍정적 비통합이론에서는 **성격**(personality), **비통합**(disintegration), **적응**(adjustment), **발달**(development)과 같은 보편적인 심리적 용어가 특이한 방식으로 사용된다. 독자들이 이 이론에 대한 개요를 읽는 동안 거대이론에 대해 내가 언급한 내용, 특히 언어에 관한 내용을 기억했으면 한다. 고딕체로 표기된 주요 용어는 이어지는 부분에서 더욱 자세히 설명하겠다.

Dabrowski의 이론에서 성격은 고정되고 보편적인 특성이 아니다. 성격은 개인이 자신의 독특한 특징을 반영하여 형성되는(창조되는) 것이다. 성격이 형성되는 과정인 '긍정적 비통합'은 (1) 생물학적 욕구를 충족하고 사회규범에 아무 생각 없이 따르려는 원초적인 정신 구조의 해체와 (2) 개인이 생물학적 결정론을 초월하여 자율적이 되는, 보다 높은 수준에서의 재통합의 두 가지 과정이다. 긍정적 비통합에 의해 형성된 성격은 주로 **발달 잠재성**(developmental potential)이 작용한 결과로 발달하게 되며, 발달 잠재성이란 인구에게 정상적으로 분포되어 있는 것으로 여겨지는 과흥분(중앙신경계의 높은 반응성)과 **역동성**(dynamism, 자율적인 내적 힘)을 포함하는 유전적 재능이다. 인간의 발달은 시기별로 설명하기보다는 **다중수준**(multilevel, 위계적)으로 연속적인 것으로 그려진다. 이는 낮고 원초적인 수준에서부터 보다 높고 고등 수준까지의 진보를 의미한다. 좋은 발달 잠재성은 **정신신경증**(psychoneuroses)의 특징(강한 불안과 우울)으로 나타나는, 개인의 정신적 구조의 비통합을 점화시킬 위기를 만들어 낸다. 이는 긍정적 비통합과 성격발달의 첫 번째 단계다.

긍정적 비통합의 두 번째 단계(재통합의 시작)는 **가치위계**(hierarchy of values)의 창조를 포함한다. 이는 개인이 자신의 **정서적 반응**(emotional reactions)을 수직적으로 배열하는 것으로, 개인의 성격과 **자율성**(autonomy) 발달에 필수적이다. 개인의 정서적 반응은 개인이 발달하는 데 목표기 되는 자율적인 기준, 즉 개별화된 **이상적 성격**(personality ideal)을 창조하게 한다. 이상적 성격을 활용하여 개인은 자신의 본질을 검토하고, '더 자신다운' 본질을 강조하고 '덜 자신다운' 면은 억제하는 실존주의적 선택을 한다. 이런 식으로 개인은 성격을 형성하고 고차원적으로 기능하는 인간으로 통합된다. 그들은 참된 인간이 된다.

가정

TPD에는 다중수준, 갈등, 정신병리, 정서의 4개 핵심 가정이 존재한다.

다중수준: 현상을 보는 위계적 시각

위계라는 주제는 긍정적 비통합이론 전반에 깔려 있다. 단어 뜻 그대로, Dabrowski는 인간의 발달과 경험은 위계적으로 배열할 수 있다고 믿었으며, 이를 다중수준이라고 명명했다. 그는 신경발달을 포함한 인간의 발달을 더 낮고 단순한 구조에서 더 높고 복잡한 구조로 나아가는 것으로 가정했다. 다중수준은 일반적인 발달과정뿐 아니라 본능, 정서, 갈등 등 구체적인 개념에도 적용될 수 있다. 본능을 다중수준으로 바라보는 시각은 본능의 층위는 물론 각각의 본능에도 적용된다. Dabrowski는 창의성이나 자기 완성(self-perfection) 본능 같은 고차원적인 본능은 인간만의 독특한 것이라고 믿었다. 인간은 동물과 마찬가지로 자기 보존이나 성 본능 같은 낮은 수준의 본능도 가지고 있다.

Dabrowski는 또한 각각의 본능을 다중수준의 방식으로 바라보았다. 예를 들어, 자기 보존은 공격적으로 자신의 신체적 안위를 보호하는 것으로 표출되는 낮은 수준의 형태로 존재할 수도 있고, 독특한 인간 존재로서의 정체성을 유지하려는 행동과 같은 더 높은 수준의 형태로 변형될 수도 있다(Dabrowski, 1973).

이와 비슷하게 정서는 본질적으로 다중수준으로 이루어졌으며, 구체적인 참조대상으로 표현되거나 혹은 점차 추상적인 참조대상으로 표현될 수 있다. 예를 들어, 가장 낮은 수준에서의 기쁨은 훌륭한 음식을 먹는 등의 욕구를 충족하거나 가장 좋아하는 스포츠 팀이 중요한 경기에서 이기는 것을 볼 때처럼 소원을 이룸으로써 얻게 되는 육체적 행복과 관련이 있다. 높은 수준에서의 기쁨은 생리학과의 연결고리를 잃고 더욱 추상적이 되어, 예를 들면 발달에서의 성공 등과 관련된다.

갈등 역시 위계적이다. 기본 욕구가 충족되지 않기 때문에 생기는 갈등은 원초적이다. 개인이 가치에 따라 살 수 없기 때문에 나타나는 갈등은 더 상위의 갈등이다.

TPD는 사람들에게서 "지적 수준의 개인차에 견줄 만한, 각 정신적 기능수준 간의 경험적으로 증명이 가능한 개인차"(Kawczak, 1970, p. 2)가 존재한다고 가정한다. 정신적 기능수준은 위계적으로 인식된다. 따라서 정신적 발달도 낮은 수준에서 높은 수준으로 나아가는 것이다. 공감에 대한 발달적 시각을 통해 이러한 시각을 설명할 수 있다. 가장 원초적인 형태의 공감은 정서가 전이되는 과정이다. 탁아소에서 한 아이가 울면 다른 아이도 운다. 이러한 초기 형태는 타인의 정서를 더 의식적이고 간접적으로 경험하는 형태로 진화한다. 한 아이가 괴로움에 빠진 다른 사람을 보면서 그 사람의 고통을 마치 자신의 고통처럼 느끼는 것이다. 마지막으로, 더욱 성숙한 형태의 공감으로 인하여 개인은 타인과 조화를 이루고 그들의 사고와 정서를 포함한 견해를 받아들일 수 있다.

갈등과 정신병리 발달의 필수과정

TPD는 개인이 내적 갈등 경험을 통해야만 정신적 기능이 낮은 수준에서 높은 수준으로 이동할 수 있다고 가정한다. 이러한 가정에서 나온 것이 바로 『정신장애의 진단 및 통계 편람(*Diagnostic and Statistical Manual of Mental Disorders*)』(American Psychiatric Association, 1994)에 실린 많은 장애, Dabrowski가 일부를 '정신신경증(psychoneuroses)'이라고 이름 붙이기도 했던 증상이 고등심리 발달을 위해 필수적이라는 믿음이다. Dabrowski는 『정신신경증은 병이 아니다(*Psychoneurosis Is Not an Illness*)』(1972)라는 책에서 정신신경증과 연결된 증상, 심지어 일부 정신질환 증세까지도 비통합 과정을 만들어 냄으로써 낮은 수준에서 높은 수준의 발달로 이행하는 데 기여한다고 주장했다.

통합과 비통합: 부정적, 긍정적

TPD에서 조화와 평화는 통합의 개념과 관련이 있는데, 통합은 일차적, 원초적 통합(primary integration)과 이차적 통합(secondary integration)의 두 가지 유형으로 나뉜다(Kawczak, 1970). 일차적 통합에 관련된 조화는 다중수준의 내적 갈등이 결여되어 있다는 것이 특징이다. 개인은 단순히 기본적 본능과 동기, 사회적 규범에 대한 순응에 따라 움직인다. 이러한 사람은 정신적으로 매우 통합되어 있어서 성찰을 거의 하지 않거나 혹은 아예 하지 않은 채 삶에 반응하는 반의식 상태에 있다.

반대편 끝(이차적 통합)에서의 조화와 평화는 성격의 성취에 기반을 둔다. 개인은 자율적이고 진정한 자신과 타인을 받아들이고 가치 위계에 따라 일상을 살아간다.

일차적, 원초적 통합은 정신신경증적 증상이 작용하는 지점이다. 이러한 증상은 자신이 어떠해야 하는가와 실제 자신이 어떠한가가 일치하지 않는다는 자각이 커지면서 나타난다. 이러한 경험은 사회로 확대된다. 개인은 세상이 어떠해야 한다는 이상과 현실 사이의 괴리로 인해 괴로워한다. 그러한 경험에 뒤이어 일차적 수준에서 통합되어 있던 정신적 기능이 해체되지 않고서는 발달이 일어날 수 없다.

정서: 발달의 지도력

앞의 논의에서도 분명하게 드러난 마지막 가정은 낮은 수준의 정신 기능이 높은 수준으로 이행하는 데 있어 정서가 필수 요소라는 것이다. 내적 갈등이나 정신신경증에는 불안, 수치감, 죄책감, 절망 등의 감정과 우울증 같은 기분에 대한 경험이 포함된다. 이런 면에서 Dabrowski는 정서를 발달의 '지도력(directing force)'(Aronson, 1964, p. xii)으로 인식했던 폴란드의 유명한 정신의학자 Mazurkiewicz의 이론의 영향을 받았다. 보통 성장과 발달에 방해가 된다고 여겨지는 강한 부정적 정서와 기분은 사실 그 비통합력(disintegrating power)을 통해 더 높은 수준으로의 발달을 이루기 위한 기반을 만든다는 것이다. 강한 부정적 정서를 경험하면 강하게 통합되어 있던 정신 구조가 느슨해지는 과정 이 시작된다. 개인에게는 고통스럽지만, 부정적 정서(내적 갈등의 전형적 특징) 는 사람으로 하여금 더 고등수준의 발달을 이루게 한다.

긍정적 비통합이론의 요소

TPD의 주요 요소를 성격, 발달요인, 통합, 비통합, 역동성, 발달수준으로 나 누어 보았다.

성격

O. Hobart Mowrer에 따르면, Dabrowski는 성격에 대해 '놀라운' 개념을 제 안했다(Mowrer, 1967, p. xxvi). Dabrowski는 "성격이 각 인간의 특징적인 정신 기능 구조 혹은 조직이라는 일반적인 시각"에 동의하지 않았다(Dabrowski, 1973, p. 108). 그는 "성격은 환경에 대한 독특한 적응을 결정하는 정신문리학 적 체계를 지닌 개인 내면에 존재하는 역동적인 조직체"(Allport, 1937, p. 48)라 는 Allport의 정의를 인용하지는 않았지만 참고로 삼았다. 다음 두 가지 이유 로 보면 Dabrowski가 이후에 나온 성격에 대한 다른 정의에도 동의하지 않았 을 것이라고 봐도 무난할 것이다. 첫째, 그는 성격을 개인의 보편적 특성이 아 닌 성취하는 것으로 보았다. 둘째, 그가 보기에 성격은 중립적인 조직이 아니 라 가치로 가득한 것이었다. TPD에서 성격은 이상을 향해 올라가려는 개인의 투쟁의 산물이다(Mowrer, 1967). 성격은 인간 발달의 가장 높은 수준과 동일시 된다.

이 글의 맥락에서 성격은 인간의 가장 본질적인 긍정적 특질의 범위나 수준의 면에서 완전히 발달한 사람, 모든 면이 일치되고 조화로운 전체를 이루는 사람, 자아와 자신의 내부 구조, 포부와 목표에 대한 높은 수준의 통찰력을 가진 사람(자의식), 자신의 태도가 옳고 자신의 목표가 본질적이고 영원한 가치에 있다고 확신하는 사람(자기 확증), 자신의 발달이 아직 완전하지 않다는 것을 알고 내적으로 성장과 교육(자기 교육)을 위해 노력하는 사람에게 부여되는 이름이다(Dabrowski, 1967, p. 5).

성격에 자신의 태도가 옳다는 것을 아는 것이 포함되고 목표가 가치에 따른다는 것은 Dabrowski의 정의가 갖는 가치 판단적 특성을 반영한다. 성취된 성격을 가진 개인의 행동은 긍정적인 가치체계에 따라 움직인다. 가치는 인류 보편적인 가치와 개인적 가치로 나뉜다. 인류 보편적인 가치는 오랜 시간 사회에서 인정되어 온 긍정적인 특성이다. 여기에는 개인적, 사회적 책임과 정의감, 용기, 정직, 독실함, 절제 등이 포함된다. 개인적 가치에는 개인적으로 의미 있는 관심사와 자신에게 중요하다고 여겨지는 능력을 얻는 것, 사랑과 우정의 정서적 유대, 개인의 일상에 스며든 영성을 유지하는 것 등이 속한다.

Dabrowski에게 가치는 정서적 경험과 같은 것이다. 사회와 자신에 대한 정서적 반응은 가치체계의 형성으로 이어진다. 개인의 성격이 나타나는가의 여부는 다른 것보다도 보편적, 개인적 가치에서 나오는 개인의 가치체계에 달려 있다. 이때 성격은 주어진 것도 중립적인 것도 아니고, 성취되는 것이자 가치 판단으로 이루어진 것이다.

발달요인

Dabrowski의 발달요인을 완전히 이해하기 위해서는 Dabrowski가 발달을 어떻게 보았는가를 고려하는 것이 중요하다. 그는 (1) 생물학적으로 결정된 발달(biologically determined development), (2) 자율적인 정신발달(autonomous mental development), (3) 일방적 발달(one-sided development)의 세 가지로 발달 유형을 나누었다(Dabrowski, 1970). 생물학적으로 결정된 발달은 말 그대로 인류의 신체발달이라는 보편적 법칙에 따라 움직이는 생물학적 생애주기와 관련되어 있다. 이 유형의 발달은 기능의 점진적 통합과 탄생에서부터 유아기, 아동기, 청소년기, 성인기, 죽음의 단계로의 진행을 보인다. 또한 생물학적으로 결정된 발달은 사회환경에 대한 순응을 포함하고 있다. 적응은 생물학적으로 결정된 발달의 핵심이다. 개인은 생물학적 충동(drive)에 따라 자신의 행동을 조절하고, 사회규범은 이러한 충동 만족을 통제한다.

자율적인 정신발달에서 개인 내부의 정신력은 긍정적 가치와 결합하여 발달의 방향을 정한다. 이 유형의 발달은 생물학적인 지시와 사회의 명령을 초월한다. 자율적 발달은 기능이 계속 해체되었다가 더 높은 수준에서 재통합되는 과정으로 유형화된다. 긍정적 부적응(positive maladjustment)이 이 발달 유형의 핵심이다. 개인은 개인적 가치에 순응하는 방식으로 자신의 행동을 조절하고, 이는 종종 보편적으로 받아들여지는 사회규범과 충돌을 일으키기도 한다. 이러한 부적응 형태를 긍정적이라고 하는 것은 개인이 기본적인 충동과 보편적인 긍정적 가치와 충돌하는 사회규범에 따라 움직이기를 거부하는 것이기 때문이다(Dabrowski, 1972).

일방적 발달에서 정신적 기능과 구조는 자아중심적이고 반사회적인 방식으로 통합된다. 이러한 유형의 발달은 피해망상 같은 정신 상태와 범죄 등의 행동으로 나타난다. 이 발달 유형의 핵심은 부정적 부적응(negative maladjustment)이다. 이런 개인은 타인의 대가에 상관없이 자신의 목적을 충족하기 위해 행동을 조절한다. 이러한 부적응이 부정적인 것은 사회의 가치를 거부하는 이유가 원초적 충동과 자기중심적인 욕구 만족을 위한 것이기 때문이다(Dabrowski, 1972).

Dabrowski에게 고등의 인간발달은 단순히 생물학적 생애주기를 따라 순순히 이루어지는 것이 아니었다. 높은 수준의 학업 성취, 엄청난 돈을 모으는 것, 세계적으로 유명한 사람이 되는 것 등 인생에서의 물질적 성공도 발달에 해당하지 않는다. 발달은 생물학적 본능과 충동, 무의식적으로 사회규범에 순응하려는 욕구를 초월하는 것을 의미한다. 발달한 인간은 자율성, 진정성(authenticity), 이타심을 특징으로 한다.

발달 본능과 발달 잠재성

이러한 발달의 관점에서 Dabrowski는 세 가지 발달요인을 밝혀냈다. 제1요인은 두 가지 연결되어 있는 선천적, 유전적 요소로 이루어져 있다. 이는 발달 '본능'과 발달 '잠재성'이다. 발달 본능은 발달을 일으키는 모든 힘의 근원이 되는 '모본능(mother instinct)'이다(Dabrowski, 1970, p. 27). 개인은 유전적으로 다양한 수준의 발달 본능을 물려받는다. 역설적이게도, "그것이 전부라고 단순하게 환원할 수는 없지만"(Dabrowski, 1970, p. 27) 개인의 생물학적 특징에 닻을 내리고 있는 발달 본능이 궁극적으로 자기 보존과 같은 생물학적 충동을 초월하게 만드는 힘이다. TPD에서 이야기하는 발달의 구체적 원동력은 이 원초적인 본능에서 나온다.

발달 잠재성은 발달 본능과는 다른 근본적인 요소다. TPD는 다양한 본능과 근본 요소의 역할을 강조하고 있는데, Mowrer는 Dabrowski에게 부족했던 학습이론과의 연계성을 보완했다(Mowrer, 1967). 이는 Dabrowski가 학습이론과 친숙했더라면 TPD에서 본능에 덜 의존했을 것임을 의미한다. 그렇다 하더라도 본능에 초점을 맞췄다는 것 또한 Dabrowski가 인간발달의 주요 결정요인으로 유전적 재능을 꼽고 있음을 반영한다고 볼 수 있다.

Dabrowski는 발달 잠재성에서 나타나는 발달 본능이 정신적 성장에 엄청난 영향력을 행사한다고 가정했다. "개인의 성격과 가능한 정신적 성장의 정도를 결정하는 것은 바로 유전적 재능(constitutional endowment)"이다(Dabrowski, 1972, p. 303). 발달 잠재성은 그가 '과흥분성'이라고 이름 붙인 중앙신경계의 속성 안에서 주로 발견된다. 과흥분성은 신경계 수용체의 높은 민감성으로 인해 자극에 대해 평균보다 높은 반응성을 나타내는 것이다(Dabrowski, 1972). 과흥분성은 발달 잠재성의 표현이기 때문에, 발달 본능과 구별된다. 과흥분성이 개인의 기질의 한 부분인가는 궁극적으로 그 사람의 유전적 재능에 의해 결정되는 것이다. 개인에 따라 중앙신경계가 흥분성을 갖고 있을 수 있지만, 그 정도로 과하지는 않다. 과흥분성은 개인이 내부 및 외부 현실을 경험하는 방식에 영향을 미친다. 과흥분성을 타고난 개인은 그렇지 않은 사람에 비해 현실을 더욱 강렬하고 다면적인 방식으로 다르게 인식한다. 그들은 일상에서 일어나는 일을 놀랍고 어리둥절하게 받아들인다.

Dabrowski는 과흥분성을 심체적(psychomotor), 감각적(sensual), 상상적(imaginational), 지적(intellectual), 정서적(emotional) 과흥분성의 다섯 가지 형태로 분류했다. 심체적 과흥분성을 지닌 사람은 에너지가 넘치고, 호기심이 많으며, 가만히 앉아 있는 것을 어려워하고, 눈에 보이는 것이 계속 바뀌어야 하고, 일반적으로 가만히 있지를 못한다. 감각적 과흥분성을 보이는 사람은 일반적으로 시각, 후각, 미각, 촉각 자극과 같은 감각적 인식에 매우 민감하다. 상상적 과흥분성을 보이는 사람은 공상가 경향을 보이고, 다양한 환상을 품으며, 창의적인 경우가 많다. 지적 과흥분성을 지닌 사람은 분석과 종합에 능력을 보이고, 탐구적 질문을 하고, 배움 그 자체를 좋아한다. 정서적 과흥분성을 지닌 사람은 사물을 마음으로 받아들이며 감정을 강렬하게 느끼는 민감한 사람이다. 그들은 타인과 공감할 줄 알고 독점적 관계에 대한 강한 욕구를 느낀다. 사람에 따라서 유전적으로 이 다섯 가지 과흥분성 중 일부를 가지고 있거나, 모두를 가지고 있기도 하고, 하나도 없는 경우도 있다. TPD에서는 지적 과흥분성, 상상적 과흥분성, 정서적 과흥분성의 존재(때에 따라 'the big three' 로 지칭되는)를 심리발달에 필수적인 것으로 간주한다.

과흥분성의 형태는 특별한 흥미와 능력에서 나타나며, 그 씨앗은 아주 어린 시절부터 발견된다. 예를 들어, 지적 과흥분성은 아동이 사건이나 개념을 이해하려고 하는 과정에서 세련되게 질문을 만들어 내는 방식에서 발견할 수 있다. 자신을 둘러싼 세상에 대한 인식이나 일찍부터 발견되는 수학적 능력은 이러한 형태의 과흥분성과 연관된 다른 특수한 재능이다. 상상적 과흥분성이 강한 아동은 시, 무용, 그림과 같은 창의적 시도에 뚜렷한 관심을 나타낸다.

자율적인 내적 힘 또한 발달 잠재성의 일부다. Dabrowski는 Jan Mazurkiewicz 의 이론에서 영향을 받았던 것으로 보인다(Dabrowski, 1964a, 1967). Mazurkiewicz는 동물과 인간 모두에게 '자체적 힘'이 존재한다고 상정했다(원전 강조, Aronson, 1964, p. xii). 이 힘은 외부 자극에 대한 반응이라기보다는 유기체 내부에서 나오는 것이다. Mazurkiewicz는 인간의 경우에 자체적 힘이 가장 활발하게 작용한다고 주장했다. Dabrowski는 이러한 유형의 힘을 '역동성'이라고 부르고 행동과 행동발달을 조절하는 생물학적 혹은 정신적 힘으로 정의하였다. 본능, 충동, 정서와 결합된 지적 과정이 역동성이다(1972, p. 294).

사회환경

TPD에서 사회환경은 발달의 제2요인이다. 개인의 발달에 있어서 사회환경이 미치는 영향은 개인이 갖고 있는 발달 잠재성의 정도에 달려 있다. 개인의 발달 잠재성이 특히 강하다면 사회환경의 질은 그다음으로 중요하게 된다. 그런 사람은 선천적으로 탄력적이고 사회환경에 거의 휘둘리지 않는다.

이와는 정반대로 발달 잠재성이 아주 약한 경우에는 사회환경이 발달을 매우 장려하는 분위기라 하더라도 발달(Dabrowski가 의미하는)은 일어나지 않는다. 발달 잠재성이 이 양극단의 중간에 위치한 경우에는 사회환경의 질이 중요한 요소가 된다. 이런 경우, 발달을 장려하는 사회환경은 긍정적 영향을 미칠 것이고, 부정적인 사회환경은 개인의 발달에 있어 부정적 영향을 미칠 것이다.

제3요인 역동성

Dabrowski가 발달의 제3요인으로 꼽은 것은 특별한 유형의 역동성이다. 제3요인은 다른 역동성이 활성화된 뒤에만 나타나는 특히 중요한 역동성이다. 인정하건대 정의하기 어려운 이 개념은(Dabrowski, 1973) 개인이 자기 내부의 목소리와 가치를 통해 자신의 행동을 조절하면서 좀 더 자기 결정적(self-determined)이 되도록 만드는 힘으로 묘사된다. 제3요인이 작용하게 되면 개인은 더 이상 생물학적 욕구에 휘둘리지 않으며 사회관습의 통제를 받지도 않는다. 이런 특성을 지닌 개인은 의식적이고 계획적으로 삶을 이끌어 가며, 자신이 선택한 가치에 기초하여 행동을 선택한다. 그들의 일상에 대한 접근은 본질적으로 매우 도덕적이다. 이 정도 고등발달을 이룬 개인은 또한 자기 교육(self-education)과 자립(self-help)을 하게 된다.

통합과 비통합

Dabrowski는 두 가지 유형의 통합(일차적 통합과 이차적 통합)과 네 가지 유형의 비통합(긍정적, 부정적, 부분적, 전체적)을 기술했다.

Dabrowski는 견고하게 통합된 정신 구조와 더 낮은 수준의 기능과 연결되어 있는 자동적 반응을 동일시했다. Dabrowski는 이 상태를 '일차적 통합'이라고 불렀다. 이와 대조적으로, 높은 수준의 기능과 연결된 보다 덜 조직화되고 자율적인 행동은 '이차적 통합'과 관계된 것이다.

일차적 통합은 제1요인(생물학)과 제2요인(환경)의 영향을 주로 받는 사람을 특징짓는다. 이런 사람은 인간의 생애주기를 경험하며 사회적인 면에서는 아주 성공적일 수 있으나 완전히 발달한 존재는 아니다. 이차적 통합으로 특징지어지는 사람은 주로 제3요인의 영향을 받는다. 그들은 내적 지향과 가치에 따라 움직인다. 그들은 완전한 인간으로서 자율적이고 유일무이하며 이타주의적인 삶을 산다. 생물학적 동기는 보다 고차원적인 표현 양식으로 바뀌어 승화된다. 사회규범에 순응할 것인가 불순응할 것인가는 원칙에 따라 이루어진다. 일차적 통합에서 이차적 통합으로의 이동은 긍정적 비통합에서부터 시작된다.

긍정적 비통합은 (1) 낮은 정신 구조 및 기능의 해체와 (2) 더 높은 형태의 정신 구조 및 기능의 생성의 두 가지 과정이다(Dabrowski, 1970). 해체(dissolution) 과정 동안 개인은 강한 부정적 감정을 갖게 하는 심한 내외적 갈등을 경험한다. 이런 경험은 사춘기나 사랑하는 사람의 죽음 등의 위기 같은 발달상의 전환점에서 처음 나타나기 시작한다. 그 결과, 개인은 점차 자신과 세상을 의식하게 된다. 그들은 세상이 어떠해야 한다는 이상과 실제 세상의 현실 사이의 차이를 인식하면서 점차 더 괴로워하게 되는데, Dabrowski는 이를 "정신신경증적 갈등"이라고 불렀다(1973, p. 2). 이러한 차이를 인식하기 시작하면서, 갈등과 부정적 경험은 더욱 내부로 그 초점을 맞추게 된다. 이러한 경험은 개인의 일상 행동을 이끌던 기존의 정신 구조를 파괴한다.

어떤 면에서 긍정적 비통합의 첫 번째 과정은 모호한 상태를 만든다. 일차적 통합은 고도로 구조화된 상태로 개인에 대한 성찰이 거의 필요하지 않다. 정신조직이 해체되면서 다른 조직을 만들어야 해소될 수 있는 높은 불안 상태가 뒤따른다. 자의식, 자기 지향, 자율성, 개인의 삶을 지탱하는 가치에 대한 선택 등이 원동력이 되어 좀 더 고차원적인 수준에서 정신을 조직한다. 이런 원동력과 다른 관련된 힘이 새롭고 높은 수준의 통합된 정신조직을 만들고 해체과정으로 인해 발생한 내적 갈등과 불안을 해소한다. 이러한 두 가지 과정이 발생할 때 Dabrowski는 이를 긍정적 비통합 혹은 전체적 비통합이라고 불렀다.

Dabrowski는 다른 종류의 비통합(부정적, 부분적)도 규정했다. 부정적 비통합은 개인이 긍정적 비통합의 해체 부분만을 경험할 때 일어난다. 즉, 개인이 어떤 면에서 해체 상태에 갇혀 아무 해결책을 찾지 못한 채 갈등과 부정적 감정을 경험하지만 예전의 통합된 상태로 돌아갈 수 없는 것이다. 만성적 정신질환이나 자살은 부정적 비통합의 표출일 수 있다. 부분적 비통합에는 이러한 극적인 결과가 나타나지 않는다. 이 유형의 비통합은 몇 가지 결과로 이어질 수 있다. 이런 경우 낮은 수준의 기능으로 돌아가거나, 일부분만 높은 수준에서 재통합되거나, 혹은 전체적 비통합으로 변형되기도 한다.

Dabrowski에 따르면, 유전적 재능은 통합과 비통합에서 중요한 역할을 한다. 긍정적 비통합을 위해서는 매우 우세한 유전적 재능(hereditary endowment)이 필요하다. 부분적 비통합과 부정적 비통합은 '제한된 유전적 재능'에서 비롯된다(Dabrowski, 1970, p. 166). Dabrowski는 유전적 재능이 매우 우세한 경우에는 사회환경의 질이 결정적 요인은 아니라고 주장했다. 생물학적 기질이 개인을 이차적 통합으로 이끌기에 충분한 것이다. 그렇지만 부분적 비통합과 부정적 비통합에 있어서 사회환경의 질은 개인의 경험에 의미 있는 기여를 하는 주요 요인이다. 일차적 통합 상태를 유지하는 개인은 비통합 과정에 불을 붙일 만큼 충분히 우세한 유전적 재능을 갖고 있지 않다. 우세한 유전적 재능은 내적 힘의 핵(nuclei)을 포함하고 있으며, 이는 비통합에 필수적일 뿐 아니라 그 과정을 결정하기도 한다.

내면의 심리적 환경

Dabrowski는 내면의 환경(개인 내의 신체적, 생리적 환경)의 개념을 내면의 심리적 환경, 즉 내면의 정신적 환경으로 확대했다(Dabrowski, Kawczak, & Piechowski, 1970). 내면의 환경은 각종 과정과 영향력이 모여 체온 등의 다양한 신체 기능을 통제하는 인체 내부의 물리적 환경이다. 내면의 심리적 환경은 인지력이 활성화되었을 때 발달(예를 들어 타인 주도적 삶을 자기 주도적으로 바꾸는 등의)을 통제하는 내면의 정신적 환경이다. 내면 환경은 선천적인 것인 반면, 심리적 환경은 구성되는 것이다.

내면의 정신적 환경은 부교감신경계와 교감신경계의 균형이 깨지는 데서 기인한다. 이러한 불균형은 개인의 내부 감각을 방해하고, 개인은 Dabrowski가 유기체적 '잡음'이라고 부르는 무엇을 인지하게 된다(1972, p. 103). 예를 들어, 행복이 방해를 받는 것은 수면이나 소화, 에너지 수준에 문제가 생기는 것으로 알 수 있다. 이에 동반하는 고통과 불안은 개인의 주의를 내부로 끌어당김으로써 내면의 정신적 환경이 발달하는 데 영향을 주기 시작한다. 이렇게 제대로 발달하지 못한 수준을 계속 유지하는 것은 독특한 자아에 대한 의식은 거의 없는 채로 임시로 혹은 영원히 기본적인 충동(성, 자기 보존 등)의 지시 아래 의식적 행동이 이루어지는 원초적 형태의 정신적 환경을 낳는다.

Dabrowski가 긍정적 비통합과 연결한 정신적 환경의 유형은 정신의 구조와 기능의 비통합을 만들어 내어 성격(개인의 가장 높은 정신적 조직)을 구축하는 정신력의 총체를 아우르는 것이다(1970, p. 64). 내면의 심리적 환경이 갖는 영향력은 처음에는 조직화되어 있지 않고 적대적이다. 때에 따라서 한 가지 힘이 우세할 수도 있지만, 자연스럽게 다른 힘에 의해 대체되기도 한다. 내부의 환경 및 외부의 환경과의 갈등은 영향력의 각기 다른 목적, 내적 필요와 외부 환경의 요구 때문에 발생한다. 발달이 진행되면서 내면의 심리적 환경(영향력의 총체)은 개인에 의해 내부 자아의 통제에 따르며 갈등에서 자유로운 자기 주도적 행동을 만들어 내는, 위계적으로 조직된 힘의 복합체로 변형된다. Dabrowski는 내면의 심리적 환경의 정신적 원동력을 '역동성'이라고 불렀다.

역동성

역동성은 자율적인 내적 힘으로, 본질적으로 생물학적이거나 정신적이며 개인의 행동과 발달을 통제한다. 위에서 알 수 있듯이, Dabrowski는 역동성을 "본능, 충동, 정서와 어우러지는 지적 과정"의 집합체로 묘사했다(1972, p. 294).

역동성에는 긍정적 비통합의 두 과정과 상응하는 두 가지 큰 범주(분해와 발달)가 있다. 해체 역동성(dissolving dynamism)은 일차적 통합을 약화시키고, 방해하며, 궁극적으로 해체한다. 해체과정을 시작하게 하는 역동성 중에는 양가감정(ambivalence)과 양립경향(ambitendency)도 있다. 양가감정은 좋고 싫음의 감정이 쉽게 변화하거나, 우월감과 열등감이 동시에 나타나는 것, 감정의 변덕, 접근-회피 갈등을 나타낸다. 양립경향에는 행동 사이의 충돌, 우유부단함, 양립할 수 없는 목적이나 사물을 동시에 원하는 것이 포함된다. 이전에 경험해 보지 못한 감정의 변덕이나 접근-회피 갈등과 같은 일을 경험하면 정신적 균형이 무너지기 시작한다. 양가감정과 양립경향과 같은 내적 힘은 정신구조를 일시적으로만 느슨하게 할 뿐이고, 다른 역동성과 조합하지 않으면 다시 일차적 통합으로 돌아오게 된다.

일차적 통합을 궁극적으로 파괴하는 역할을 담당하는 역동성은 자신과 사회 전반에 대한 불만을 만들어 내는 자율적인 내적 힘이다. 개인이 사회환경과 상호작용하는 가운데 이러한 역동성이 나타나면서 불만은 점차 강해진다.

해체 역동성에는 자신에 대한 놀라움, 불안, 열등감, 불만족, 수치감과 죄책감, 창의성과 긍정적 부적응 등 여러 가지가 있다.

자신에 대한 놀라움은 자신의 인지 능력에 대해 기대 이상으로 놀랍다는 느낌을 의미한다. 이는 개인이 자신의 자각 대상이 되기 시작함을 보여 주는 것이다. 자신에 대한 동요는 자신에 대한 부정적 태도가 시작되는 것을 나타낸다. 자신에 대한 놀라움이 본질적으로 매우 인지적인 것에 비해, 자신에 대한 동요는 이에 감정적 요소(자기비판적 태도와 연관된 부정적 감정)가 더해져 있다. 자신에 대한 열등감은 자신의 현재 위치와 열망하는 더 높은 수준의 위치, 즉 자신이 어디에 있는가와 어디에 있어야 하는가 사이의 괴리에 대한 인식이 증가함에 따라 경험하게 되는 부정적인 감정을 나타낸다. 이 역동성은 개인의 가치체계를 형성하는 데 중요한 기여를 한다.

이 범주 중 가장 강한 역동성 중 하나인 자신에 대한 불만족은 자신을 부정하고 싫어하는 것뿐 아니라 자기분노와 자신에게서 도망치고 싶어 하는 것까지를 포함하는 부정적인 태도다. 이 역동성은 강한 불안과 우울의 경험을 만들어 낸다. 수치감과 죄책감은 자신을 향한 내외부적 견해에 대한 개인의 반응을 드러낸다. 수치감과 죄책감 모두 자신에 대한 불만족의 결과다. 당황스러움과 괴로운 자의식의 감정인 수치감은 자신에 대한 타인의 실제 인식 혹은 그에 대한 상상과 연결되어 있다. 얼굴이 붉어지고 맥박 수가 증가하는 것이 수치감의 징후일 수 있다. 죄책감을 느끼면 감정은 내면화된다. 당황은 타인과의 관계에서도 경험하지만, 자신과 자신의 이상 앞에서도 경험하게 된다. 자신의 결점이나 불완전함에 대한 책임감을 갖는 것이다. 창조 본능 역시 자신에 대한 불만족의 영향을 받는데, 이는 현재의 경험과 질적으로 다른 새로운 경험에 대한 탐구를 나타낸다.

해체의 범주에 속하는 마지막 역동성은 특별히 주의하여야 한다. 긍정적 부적응은 사회집단 혹은 사회 전반에서 유지되고 있는 원초적 가치를 부정하는 것이다. 이는 보편적 가치에 행동을 고정하는 것을 거부해야 한다는 Kierkegaard의 신념과 유사하다. 이러한 거부는 의식적이고 선택적이며, 사물이 어떠한가보다 어떠해야 하는가에 기초하여 만들어진 개인의 가치체계를 반영하는 것이다.

Dabrowski의 관점에서 적응과 부적응에는 모두 긍정적, 부정적 형태가 있다. 부정적 적응은 사회의 요구에 순응하는 자동적이고 복종적인 행동으로 나타난다. 부정적 부적응은 범죄나 병적 행동에 반영된다. 긍정적 부적응 역동성은 개인이 자동적인 순응을 넘어서도록 한다. 긍정적 적응은 고등발달과 연결되어 있으며, 의식적으로 구조화된 가치체계의 영향을 받은 개인의 행동으로 나타난다.

해체 역동성으로 인해 개인은 지속적으로 강렬하게 나타나는 부정적 감정으로 특징지어지는 내외적 갈등을 경험한다. Dabrowski는 이를 Kierkegaard의 '공포와 떨림'이라는 말을 인용하여 묘사하곤 했다. 또 하나 떠오르는 고전적인 표현은 G. Stanley Hall이 청소년기를 특징짓기 위해 사용했던 "폭풍과 스트레스"(Smith, 1993, p. 137)라는 말이다.

새로운 정신 구조를 만드는 발달 역동성에는 자각과 자기 통제, 주체-대상으로서의 자아, 동조(syntony, 타인에 대한 연민과 공명), 동일시(identification), 공감(empathy), 제3요인, 내면의 정신적 변형, 자기 교육과 자기 심리치료(autopsychotherapy) 등이 포함된다. 자각(self-awareness)과 자기 통제는 개인의 정신적 활동과 행동적 활동, 개인의 정체성과 특유성, 성격의 차별적 안정성을 아는 것을 포함한다. 자각과 자기 통제에는 어떤 성격 특성이 다른 것에 비해 더 안정적일 뿐 아니라, 특성 중 어떤 것이 더 중요하기도 함을 깨닫는 것이 포함되어 있다. 이러한 인식이 있기에 개인이 자기 통제를 할 수 있다.

주체와 대상으로서의 자아는 개인의 정신적 발달을 발전시키기 위한 자기 발견과 평가의 과정을 의미한다. 활발하고 지속적인 자기 탐구를 통해 개인은 자기 내적 삶의 본질적 요소를 이해하게 된다. 궁극적으로 이러한 역동성을 통해 개인은 자신의 본질, 자신이 진정 누구인가를 경험하게 되는 것이다.

동조, 동일시, 공감으로 갈수록 다른 사람과 연결된 태도는 점진적으로 더 복잡해진다. 동조는 타인의 감정, 연민의 반응, 사회적 관심을 자연적으로 느끼는 것으로, 오늘날 우리가 '정서전이'라고 부르는 것과 유사하다(Singer, 2006, p. 859). 동일시는 타인을 이해하는 더욱 인지적이고 의식적인 형태다. 공감은 타인에 대한 이타주의적 태도와 함께 타인의 경험과 감정에 대한 통찰력을 얻는 것을 나타낸다.

　제3요인은 의식적으로 발달을 선택하게 하는 동인으로, 개인의 정신적 삶을 조정하는 내적 자아로 볼 수 있다. 이 역동성은 발달을 강화하기 위해 가치에 따라 기능과 사건을 구별한다. 성장을 촉진하지 않는 기능과 사건은 거부된다. 내면의 정신적 변형은 본능과 충동이 개인의 성격에 포함되도록 승화한다. 충동은 의식적으로 거부될 뿐만 아니라 변형된다. 자기 교육과 자기 심리치료는 개인의 가치체계에 따라 자기 발전에 참여함으로써 개인의 이상을 현실화하는 것이다. 자기 심리치료는 또한 스트레스를 경험하는 동안 자신을 교육하고 유도하는 과정(외부 혹은 내부의 환경에서 기인한 스트레스를 극복하는 능력)이다. Dabrowski는 높은 수준의 기능에 도달한 개인은 말 그대로 스스로의 스승이자 치료자가 된다고 보았다.

　가장 높은 수준의 발달과 연관된 역동성에는 자신과 타인에 대한 책임감, 자율성, 진정성, 처리 및 지시 센터(disposing and directing center), 이상적 성격 등이 있다. 자신과 타인에 대한 책임감은 자기 삶의 맥락에서, 또 타인과의 관계 속에서 자기 행동, 생각, 욕구에 대해 책임을 지는 것을 뜻한다. 여기서는 타인을 대상이 아닌 주체로 본다. 개인은 다른 사람과 나-당신의 관계를 발달시키는 것이다. 책임감(즉, 자신의 단점을 끌어안고 개선해야 할 필요성)은 성장하고자 하는 다른 사람을 돕는 데까지 확장된다.

　자율성은 개인이 낮은 수준의 충동으로부터, 긍정적 가치와 충돌하는 사회 환경으로부터 의식적으로 자유로워지려는 역동성이다. 자의식에 기초한 진정성은 감정, 인지, 태도의 표현이다. 이것은 개인의 가치체계와 일관성 있게 나타난다고 한다. 처리 및 지시 센터는 개인의 즉각적 행동과 장기 계획을 결정한다. 가장 높은 수준에서 이 센터는 별도의 역동성을 통해 성격의 통합을 조화롭게 이루게 하는 역할을 한다. 처리 및 지시 센터는 이상적인 성격에 통합된다. 이상적 성격은 개인이 자신의 실제 성격을 평가하는 기준이다. 이것은 최종적으로 개인의 성격을 형성하는 가장 높은 수준의 역동성이 된다.

　　Dabrowski가 역동성을 설명하기 위해 사용한 많은 용어는 심리학과 정신분석학에서 접하는 것들이다. 그러나 이 용어들에 대한 해석에는 유의미한 차이가 있다. 예를 들어, '자율성' '진정성' '공감' '자각'은 다른 성격이론, 특히 인본주의적 전통의 이론(Maslow, 1970; Rogers, 1951)에서 접하는 용어들이다. 그러나 Dabrowski는 이 개념들을 그저 성격을 표현하는 말로 사용한 것이 아니라, 성격의 개발을 가능하게 하고 그 방향을 지시하는 동력으로 인식했다. 더욱 극적인 차이를 보여 주는 예는 해체 역동성에서 찾을 수 있다. 예를 들어, 죄책감과 수치감과 자신에 대한 불만족은 징후로 보일 수 있으나, Dabrowski는 이를 성격발달에 필수적인 힘으로 인식했다. 이러한 시각은 Dabrowski가 정신병리를 어떻게 보았는지를 상징적으로 보여 준다.

정신병리

　　정신건강에 대한 Dabrowski의 시각은 긍정적 비통합과 성격의 발달에 닻을 내리고 있었다. 성격발달의 선상에 있는 것이 (모든 부정적 감정 경험과 갈등을 하면서) 정신건강을 나타낸다. 정신건강의 결여는 성격발달의 부족과 일차적 통합 상태에 안주하면서 무의식적으로 사는 것과 관련 있는 것이었다(Dabrowski, 1964a).

　　Dabrowski는 보통 정신질환의 증상으로 여겨져 온 개인의 경험을 재구성했다. 사실상 그는 장애 증상으로 보이는 경험이 인간의 심리적 성장과 발달에 필수적이라고 주장했다(Dabrowski, 1972). 그는 이러한 시각을 신경증에만 제한하지 않고, 정신병에까지 확대했다. 그는 환상, 불안, 공포증, 우울이 정신질환의 징후라는 무의식적인 가정을 경계했다. 그런 것이 사실은 개인의 발달을 나타내는 징후일 수 있다(Dabrowski, 1964a).

　　물론 Dabrowski는 때에 따라서는 전통적으로 심각한 정신질환과 관련되어 있다고 여겨진 징후가 실제로 정신질환의 징후일 수도 있다고 믿었다. 그러나 그는 정신신경증과 연결된 증상이 긍정적이라고 믿었는데, 이는 최소한 더 높은 수준의 발달에 대한 개인의 잠재성을 보여 주기 때문이었다.

Dabrowski는 신경증(neuroses)과 정신신경증(psychoneuroses)을 구분했다. 그는 신경증이 신체 기관이나 체계에는 아무런 물리적 기능 이상을 보이지 않는 정신생리학적(psychophysiological) 혹은 정신신체의학적(psychosomatic) 장애에 기초한다고 믿었다. 반면 정신신경증은 개인의 내외부적 갈등이 표현되는 일련의 증상과 과정을 보인다. 자신에 대한 불만족과 죄책감, 열등감, 긍정적 부적응과 같은 해체 역동성은 이러한 정신신경증적 과정의 예다. 그는 정신신경증을 치료가 필요한 정신장애와는 동떨어진, 긍정적 비통합 과정의 '기본 구성요소'로 여겼다(Dabrowki, 1973, p. 149).

정신신경증적 갈등의 중요한 기능은 개인의 행동 방향을 지시하는 가치체계를 만드는 것이다(Dabrowski, 1972). 정서는 이 과정에서 핵심적인 역할을 한다. 정신신경증적 갈등의 부정적 정서로 인한 괴로움은 공감과 같이 고차원적 정서를 경험하도록 하는 역동성을 활성화함으로써 풀어진다. 개인이 부정적 감정을 경험하는 것은 그들의 현재 태도와 행동에 도덕적으로 문제가 있음을 나타내는 것이다. 부정적 감정은 이런 개인이 자신이 어떠해야 한다고 생각하는 모습과 실제 자신의 모습 사이의 불일치를 인식하게 되면서 나타난다. 이때 그들은 이상에 가깝게 움직임으로써 이 불일치로 인한 괴로움을 줄이려는 동기를 갖게 된다. 개인이 이 불일치를 줄이는 데 성공하면서, 그들은 생물학적 욕구를 충족하기보다는 고차원적 정서(이상에 다가가는 과정에서 느껴지는 감정)를 경험하게 된다. 본질적으로 TPD에서 이야기하는 정서와 가치를 연결하고 가치체계를 형성하는 것은 바로 고차원적 정서 경험이다. 예를 들어, 정신신경증적 갈등을 경험하는 한 개인이 다른 사람을 돕는 동안 기분이 좋다면 타인을 돕는 것이 그 사람의 가치에 추가될 것이다. Dabrowski는 정신신경증이 개인을 더 높은 수준의 인간발달로 이끄는 데 필수적인 역할을 한다고 믿었다.

발달수준

'발달수준(levels of development)' 이라는 표현은 다른 이론에서 사용되는 '발달의 단계(stages of development)' 와는 개념적으로 다르다. 발달의 단계는 대체로 순차적이고, 나이와 관련되어 있으며, 보편적이다. 예를 들어, Erikson(1950)의 이론에서 발달은 신뢰 대 불신(영아기와 연관)에서부터 자아통합감 대 절망감(노년과 연관)에 이르기까지 순차적으로 진행되며, 이 모형은 모든 개인에게 적용할 수 있다. TPD에서 발달은 개인이 한 단계의 기준을 만족하면 다음 단계로 넘어가는 식의 일관된 방식대로 나타나지 않는다. 사람은 어떤 면에서는 어느 정도의 발달수준에 있고, 다른 면에서는 다른 수준에 있을 수도 있다. 각 수준에 있어서 나이에 관련한 기준은 없다. 어린 나이의 개인이 더 높은 수준에 해당하는 고등발달을 나타낼 수도 있는 것이다. 발달의 수준은 보편적이지 않다. 가장 높은 수준의 발달에 도달한 사람은 보기 드물다.

성격에 대한 개념화의 연장 선상에서 Dabrowski가 말하는 '수준' 은 도덕적 차원으로 가득 차 있다. 발달의 다섯 수준은 발달에 대한 Kierkegaard의 시각과 유사한 세계 속의 존재방식이다. Kierkegaard는 Dabrowski가 가장 좋아하는 작가 중 한 명이었다고 하며(Kawczak, 1970), 종교적 실존주의의 아버지라 불리는 Kierkegaard에게서 받은 영향은 Dabrowski의 글쓰기 전반에서 찾을 수 있다(예를 들면, 그는 Kierkegaard의 '공포와 떨림'을 여러 번 인용했다). Kierkegaard는 사랑, 특히 신의 사랑이 신앙의 초석이라고 믿었다. 신앙은 세 가지 "실존주의적 위치"(단계로 알려지기도 함; Carlisle, 2005, p. 93) 중 가장 높은 곳의 초석이었다(McPherson, 2001).

Kierkegaard는 발달의 세 단계를 상정했다. 심미적(aesthetic), 윤리적(ethical), 종교적(religious) 단계가 그것이다. 가장 낮은 형태인 심미주의는 쾌락주의를 특징으로 한다. 이 단계의 개인은 기본적인 본능이나 충동을 충족하기 위해 움직이며 사회의 기준에 순응한다. 개인은 충동의 만족과 순응에 연결된 자아의 감각에 만족하지 않아야 윤리적 단계로 이행할 수 있다. 이때 그들은 새로운 자아를 창조하기로 선택한다. 쾌락주의와 동일시된 옛 자아는 의식적으로 거부된다. 새롭게 창조된 자아는 사회의 윤리에 따라 움직이기로 선택한다. 종교적 단계의 개인은 쾌락주의나 관습적 윤리 어느 것에도 묶여 있지 않다. 대신 자아는 신의 사랑 안에서 신앙에 따라 움직인다. 윤리적 단계에서 종교적 단계로 전환하기로 결정한 개인은 두려움과 떨림 속에서 그 과정을 겪는다. 일단 전환이 이루어지면 그들의 일상 행동은 신에 대한 믿음에 따라 이루어진다.

Kierkegaard 역시 자율성과 진정성을 강조했다. 그는 개인이 존재 속에서 내린 선택을 통해 자아를 창조하지만, 선택을 할 수 있다는 가능성은 양면적 현상이라고 믿었다. 선택할 능력을 가졌다는 것은 자유를 창조하는 것이다. 그러나 선택의 능력은 불안과 두려움으로 이어지기도 한다. 이러한 경험은 진정한, 책임감 있는 개인이 되기 위한 필수적인 요소다.

Dabrowski의 '수준' 개념에서 Kierkegaard의 존재방식이 미친 영향을 발견할 수 있다. Dabrowski는 발달을 초기의 원초적이고 통합된 경험방식에서부터 세 가지 형태의 비통합을 거쳐 성격의 성취를 포함하는 재통합된 경험방식으로 마무리되는 진행과정으로 설명하고 있다. 발달의 다섯 수준은 자아중심적 방식에서 이타주의적 방식으로의 이행(기본적 충동과 순응에 따라 움직이던 행동이 가치와 자율성에 따라 움직이는 것)을 나타낸다.

1수준: 일차적 통합(primary integration)

일차적 통합은 개인의 생물학적 본능, 충동, 사회적 욕구를 포함한 욕구를 충족하기 위한 응집력 있는 정신 구조다. 지능과 같은 개인 속성은 자기 이해와 자기만족에 초점을 맞춘다. 행동 반응은 일반적으로 무의식적이고, 자의식은 거의 없거나 그저 일시적으로만 나타난다. 이 수준의 발달에서는 내적 갈등이 적다. 대신 갈등은 보통 외부 세계에 초점을 맞추고 있으며 충동과 욕구가 좌절되거나 사회적 인정을 받지 못하기 때문에 일어난다. 일차적으로 통합된 개인은 생애주기와 관련된 위기와 도전을 경험하지만, 그로 인해 변형되지는 않는다.

Dabrowski는 이 수준의 개인 중 일부는 발달의 제2요인인 사회환경의 영향을 받는다는 사실에 주목했다. 다시 말해, 일차적 통합을 특징으로 하는 일부 개인은 과도하게 사회화되어 있다는 것이다. 그들이 세상에 존재하는 방식은 사회적으로 매우 순응적이다. 예를 들어, 이런 개인은 주로 타인의 인정을 받으려는 높은 욕구에 따라 움직일 수도 있다. 그들은 '이 땅의 소금'이 되어 물질적으로 성공할 수도 있을 것이다.

이와 대조적으로 제1요인(생물학)의 영향을 받는 집단 중에서도 반사회적인 두 번째 하위 집단도 있다. 이런 사람들은 주로 자신의 욕구를 충족하기 위해 움직이고 그러기 위해 타인을 이용한다. 이들 집단 중에는 범죄 행위에 가담하는 사람도 있다. 이 두 가지 하위 집단 모두 단단히 통합된 정신 구조를 나타내지만, Dabrowski는 일차적 통합이 개인에 따라 다양한 정도로 존재한다고 묘사했다. TPD에서 일차적 통합의 한 가지 특성은 분명하다. 그것은 정신건강과 대조된다는 것이다.

> 일차적 통합 상태는 정신건강과는 정반대의 상태다. 보통 사람에게서는 상당히 높은 정도의 일차적 통합이 나타난다. 사이코패스는 매우 높은 일차적 통합을 나타낸다. 일차적 통합의 구조가 응집력이 있을수록 발달의 가능성은 더 적어진다. 무의식적 기능이나 반복적 행동, 습관적 행동의 힘이 더 커질수록 정신건강 수준은 더 낮아진다(Dabrowski, 1964a, p. 121).

Dabrowski에게 1수준은 심리발달을 나타내는 것이 아니었다. 발달은 일차적 통합 상태의 정신 구조를 해체할 것을 요구한다.

2수준: 단일수준의 비통합(unilevel disintegration)

이 수준은 비통합의 첫 번째 예로, 따라서 발달이 일어나고 있음을 알려 주는 첫 번째 조짐이다. 비통합 과정을 촉발하는 갈등의 시작은 사춘기나 갱년기, 학교, 직장, 관계에서의 실패와 같은 위기 등 발달의 전환점에서 비롯된다. 이런 일을 겪는 것은 좌절, 불안, 절망과 같은 강렬한 부정적 감정을 만들게 된다. 이러한 강렬한 감정은 불확실성으로 이어진다. 양가감정과 양립경향의 역동성이 고개를 들고, 정신적 통합이 해이해진다. 2수준의 발현에는 정체성 혼란과 심한 기분 변화가 포함된다.

2수준은 통합에서 비통합으로 가는 전환기로, 지속적이지 않다. "단일수준의 비통합을 연장하다가 낮은 수준에서 재통합되거나 자살 혹은 정신병으로 이어지는 경우가 많다." (Dabrowski, 1964a, p. 7) 갈등을 다룰 정신 구조가 없는 상태에서 개인은 일차적 통합된 상태로 다시 돌아가거나, 한발 더 나아간 비통합을 경험하거나, 매우 극단적인 결과로 괴로워하게 된다.

개인은 갈등이라는 새로운 경험과 관계된 강렬한 감정을 효과적으로 다룰 만한 방법을 쉽게 얻을 수 없다. 어떤 사람은 술, 마약, 혹은 극단적인 경우 자살을 통한 자기 치료로 돌아섬으로써 이러한 경험을 극복하려고 한다. 다른 사람은 자신이 통제할 수 없는 일로 인한 고통을 다스릴 더욱 효과적인 해결책을 찾기 위해 동기화된다. 이러한 동기는 그들로 하여금 한발 더 나아간 비통합을 추구하게 함으로써 고등발달을 가능하게 한다. 2수준의 결과(더 낮은 수준으로 돌아갈 것인가 혹은 한발 더 나아간 비통합을 할 것인가)는 발달의 세 가지 요인, 즉 유전적 재능, 사회환경의 질, 제3요인의 상호작용에 달려 있다.

개인이 사회화 과정에서 배운 것에 의지해서는 위기를 설명할 수 없다. 개인이 이전에 학습한 내용에 의지하여 갈등을 해결하려고 애쓰는 동안, 그들은 적용할 수 있거나 도움이 되는 것은 아무것도 없다는 것을 깨닫게 된다. 그들은 자신들이 노출되어 있던 사회규범과 사회가치에 의문을 갖고 궁극적으로는 그것들을 거부한다. 그들은 생물학적 충동과 욕구에 따라 무의식적으로 해 왔던 행동 역시 꼼꼼히 살펴보고 의심을 품는다. 결과적으로 괴로운 경험이 늘어난다. Dabrowski는 위기가 개인의 통합되어 있던 정신적 조직을 느슨하게 하는 효과를 나타낼 때 선택은 제한된다고 가정했다. 개인은 이전의 통합되어 있던 상태로 돌아가거나, 다음 단계로 이행하게 된다. 2수준에 남아 있는 경우는 정신병이나 자살과 같은 엄청난 결과로 이어질 수 있다.

3수준: 자연적 다중수준의 비통합(spontaneous multilevel disintegration)

Dabrowski는 단일수준에서 다중수준 발달로 전환하는 것은 고등발달에 필수적이면서도 인간의 발달에서 예기치 않은 일이라고 언급했다(1996a). 다시 말해, 2수준에서 3수준으로의 이동은 매끄러운 이행이 아니라는 것이다. 이는 오히려 단일수준 상태에서는 예상할 수 없었던, 다중수준의 현실 경험에 따른 비약적인 발전이다. 이를 설명하기 위해 Dabrowski는 이런 질문을 던졌다. "어떻게 논리적으로 나비가 애벌레 속에 있을 수 있는가?"(1996a, p. 26) 그의 답은 애벌레에게는 이미 나비가 될 잠재성이 존재한다는 것이다. 이와 유사하게, 개인의 유전적 재능(발달 잠재성), 그중에서도 높은 수준의 과흥분성과 제3요인이 존재하는 곳에서는 다중수준이 될 잠재성이 나타나야만 한다.

2수준에서 시작된 일차적 통합의 해체는 자연적이고 자신도 모르는 사이에 이루어지는 가치, 태도, 정서에 대한 평가로 변형되며, 그 후 개인이 가치가 낮다고 생각한 것은 거부하게 된다. 해체 역동성에서 예를 든 부정적 정서의 다양한 형태와 자기비판적 태도(예, 수치감, 자신에 대한 불만족)는 내면의 심리적 환경을 만들기 시작하고, 이는 개인의 자기에 대한 인식을 높인다. 이러한 역동성이 나타내는 강렬한 부정적 감정은 비통합의 과정이 이루어지도록 하고 대상으로서의 자기에 대한 인식을 독려한다. 내적 갈등은 개인적 현상과 사회적 현상이 어떠해야 한다는 방식이 실제 현상이 나타나는 방식과 일치하지 않는다는 개인의 인식이 성장하면서 발생한다. 개인이 점차 자신을 인식하게 되고 사회의 가치를 인식하게 될수록 이러한 이상과 현실 간의 불일치는 심화된다.

다중수준의 등장은 개인이 자신과 세상을 받아들이는 방식의 혁신을 초래한다. 개인은 더 이상 생물학적 욕구를 충족하고 무의식적으로 사회규범을 고수하는 것에 만족하지 못한다. 예를 들어, 개인이 타인과의 관계에서의 만족감과 이기심에 자신이 굴복한다고 인식하는 경우, 자기비판적 태도가 뒤따르게 된다. 그들은 자신의 생물학적 기반과 순응성을 초월하기 시작하고, 자기 자신과 다른 사람을 대하는 데 있어 자율성과 진정성을 계발한다. 본질적으로 그들은 가치체계를 만들어 자신의 정신 상태, 행동, 타인에 대한 접근을 판단하는 데 사용하기 시작하는 것이다.

4수준: 조직화된 다중수준의 비통합(organized multilevel disintegration)

이 수준의 주요 특성은 개인이 발달과정을 의식적으로 통제한다는 것이다. 개인은 자기 조직적이 된다. 3수준에서 비통합 역동성의 지배를 받는다면, 4수준에서는 자율성, 진정성, 자기 교육과 자기 심리치료, 제3요인과 같은 발달 역동성이 우세해진다. 제3요인의 지시 아래, 개인은 열심히 더 높은 수준의 가치와 행동을 선택하고 낮은 수준의 것은 버린다. 또한 이 수준에서는 자신과 타인에 대한 강한 책임감도 발달한다. 사회 정의감과 타인과의 공감대가 이 수준의 개인이 다른 사람과 맺는 상호작용의 특징이다.

4수준은 이차적 통합이 시작되는 수준으로, 이 수준의 개인은 자기 교육적이고 자기 교정적이 된다. 그들은 학습이 필요한 분야를 인지하고 그에 관한 정보를 찾는다. 위기가 발생하면 스스로 해결하며, 말 그대로 스스로를 치료한다. 가치체계는 눈에 띄게 단단히 자리 잡아 일상 행동의 방향을 정한다.

5수준: 이차적 통합(secondary integration)

인간발달의 정점에서 성격이 성취된다. 개인은 조화를 경험하고 스스로 평온함을 느낀다. 그들은 이상적인 성격대로 행동하면서 삶을 영위하고, 그 가운데 행동은 형성된 가치체계의 지시를 따른다. 내적 갈등은 거의 없다. 낮은 형태의 동기는 파괴되고 공감, 자율성, 진정성의 보다 높은 형태로 대체되기 때문이다.

정서, 발달 그리고 성격

Dabrowski는 정서가 성격의 성취로 이어지는 발달과정을 이끈다는 Izard와 Ackerman의 자명한 말에 분명 동의했을 것이다. 그러나 Dabrowski는 이것이 일어나는 과정이 분명하지 않다는 그들의 주장에는 동의하지 않았을 것이다 (Izard & Ackerman, 2000). 정서는 해체하고 재통합하는 힘을 통해 (긍정적 비통합 과정을 이끌어) 성격발달에 영향을 주고 발달을 이끌어 간다. 정서의 해체 능력은 갈등이 좌절, 불안, 또 다른 강렬한 정서와 함께 TPD에서 중심적 역할을 했다는 점에서 일반적으로 볼 수 있다. 정서의 구체적인 지시력은 강한 정서적 반응인 비통합적 역동성에서 찾을 수 있다. 재통합력은 개인으로 하여금 더 높은 수준의 정서를 경험할 행동을 하게 만드는 가치 위계의 형성에서 나타난다. 성격의 성취를 담당하는 과정인 긍정적 비통합은 정서에 기반을 두고 있다.

결론

Dabrowski에게 있어 성격은 긍정적 비통합의 과정을 통해 구성되는 것이다. 정서는 이 과정을 지시하는 힘이다. 긍정적 비통합이론은 정서를 성격발달의 중심에 놓는 것은 물론, 정서가 어떻게 그것을 달성해 내는지를 구체화하고 있다. Mowrer는 TPD를 언급하면서 '놀랍다'는 단어를 사용하여, Dabrowski의 성격 개념이 갖는 독창성에 대해 평가하였다. 심리학에서의 정서의 입지에 따라 상황이 변하기 때문에 Mowrer의 논평은 다른 식으로 활용될 수 있다. 놀라운 것은 1930년대에 쓰인 이론이 2000년대의 성격발달에 대한 사고를 반영할 수 있다는 사실이다. 정서가 성격발달에 영향을 준다는 것에 동의하는 사람에게 TPD는 21세기 성격이론이다.

63

제3장

Dabrowski 이론의 발견

Michael M. Piechowski, Ph.D.*

나는 1967년 겨울 에드먼턴에 있는 앨버타 대학교의 교수직을 수락한 후 얼마 지나지 않아 Dabrowski와 함께 일하기 시작했다. 한 이탈리아인 친구에게서 정신신경증을 질병이 아니라 정서적 성장의 과정으로 다루어야 한다는 Dabrowski의 이론에 대해 들어 본 적이 있었다. 이것은 내게 강한 호기심을 불러일으켰다. 64세의 Dabrowski는 턱수염과 강렬한 눈, 생기, 생생한 몸짓과 친절한 미소, 떨리는 목소리로 강한 첫인상을 남겼다. 나는 그의 글 중 읽을 만한 것이 있는지 찾았다. 폴란드에서 출판된 책 이외에도 그는 초고 형태의 영어 원고를 가지고 있었다. 그 내용은 잘 이해가 되지 않았다. 나는 누가 번역을 했는지 그 사람은 Dabrowski가 무슨 말을 하는지 이해하지 못했음을 알아차렸다. 프랑스어 실력과 달리 Dabrowski의 영어 실력은 대화나 세미나를 하기에는 그럭저럭 적절한 수준이었지만 번역을 검수하기에는 매우 제한적이었다.

* Michael M. Piechowski, Ph.D., 노슬랜드 대학 명예교수, 위스콘신 주 메디슨 시, 캘리포니아 주 사우스 피사데나 시의 교육발전 연구원 선임연구원.

Dabrowski는 일요일 오후마다 만나 각각의 원고를 살펴보자는 제안을 했다. 나는 한 줄 한 줄 그가 무슨 말을 하고 싶었던 것인지를 물었고, 그는 의미를 설명했다. Dabrowski는 한 문단 정도의 설명이 필요한 말을 한 문장으로 써 버리는 경향이 있어서, 나는 계속 자세히 설명을 해 달라고 요청했다. 조금씩 그의 이론이 드러났다. Dabrowski는 내면의 심리적 환경, 긍정적 비통합의 과정, 다중수준(이것은 종종 다차원적 진단과 한 번에 연결되기도 했다)과 역동성에 대해 열정적으로 이야기해 주었다. 그의 생각의 요지는 다중수준의 비통합으로 맞춰져 있었고, 4수준과 5수준의 개념이 최종적인 형태를 잡기 시작한 것도 이때쯤이었다(〈표 3-1〉 참조).

이 시기 동안의 연구 결과는 『긍정적 비통합을 통한 정신적 성장(*Mental Growth through Positive Disintegration*)』에 수록되어 있다. 이 책은 많은 부분에서 Dabrowski와 함께 여러 해 동안 연구를 해 왔던 몬트리올 로욜라 대학교의 철학자 Andrzej Kawczak의 도움을 받았다. 1970년에 이 책이 런던에서 출간되기 전에, Dabrowski는 두 가지 공동 연구를 프랑스어로 번역하여 *Annales Médico-Psychologique*에 기고하였다. 그중 한 가지는 내면의 정신적 환경에 관한 것으로, 여기에는 Dabrowski가 나타날 것이라고 생각한(Dabrowski, 1968) 순서대로 배열함으로써 이 이론의 역동성에 대한 가시적인 그림을 만들려는 나의 초기 노력이 담겨 있었다. 그는 이 그림이 자신의 이론에 나오는 개념을 충분히 시각적으로 담아냈다고 생각했음에 분명하다([그림 3-1] 참조). 그는 자신의 머릿속에 있는 역동성은 무대 위에서 연기 중인 것 같다고 말하곤 했다. 이는 내가 그린 무어인식 아치의 이차원적 묘사보다 훨씬 생동감 있고 극적인 이미지였을 것이다.

두 번째 저작은 고차원적 정서와 가치에 관한 것으로, Dabrowski는 객관적 입장에서의 보편적 가치체계를 주장했다(Dabrowski & Piechowski, 1969). 신경학자이기도 했던 그는 사람이 더 높은 수준의 발달을 이루는 동안 신경계에서 그에 상응하는 변화가 발생한다고 굳게 믿었다. 그는 자신이 고안한 신경학적 검사에 의거하여 인간의 발달수준에 대한 초기 평가를 수행했다.

표 3-1 ┃ Dabrowski 이론의 발전

Dabrowski의 이론은 1972년 최종 형태에 이르기까지 몇 년에 걸쳐 발전하였다. 그 명확한 시작은 1938년에 쓴 『자해의 심리적 기초(*Psychological Bases of Self-Mutilation*)』에 관한 논문에서부터다. 제2차 세계대전으로 그의 연구는 방해를 받았고, 공산주의자의 폴란드 지배와 2년간의 감옥생활로 인해 연구의 단절이 가중되었다. 1953년 스탈린 사망 이후 정치적 분위기가 어느 정도 누그러들면서 Dabrowski는 1956년 『긍정적 비통합에 대하여(*On Positive Disintegration*)』를 출간하였고, 이 내용은 이후 1967년 출간된 영문번역본 『긍정적 비통합을 통한 성격형성(*Personality-Shaping through Positive Disintegration*)』에 상당 부분 반영되었다. 각 수준의 구조는 이때까지 완전히 정의되지 않았으며, 주요 강조점은 단일수준의 성장과정과 다중수준의 성장과정을 구분하는 데 있었다.

Dabrowski의 후속 이론에 나온 긍정적 비통합의 역동성

	1964	1967	1970	1972/74/77		
이상적 성격	+	+	+	+		높은 수준에서의 DDC
자율성			+	+	V	
진정성			+	+		
책임감			+	+		
자기 교육			+	+		
자기 심리치료			+	+		
자기 통제			+	+		
자각			+	+		
내면의 정신적 변형			+	+	IV	형성, 조직화
제3요인	+	+	+	+		
주체-대상으로서의 자아	+	+	+	+		
위계화			(+)			
긍정적 부적응	–	–	+	+		
죄책감	++	+	+	+		
수치감	+	+	+	+	III	자연적 다중수준
자신에 대한 놀라움	(+)	(+)	+	+		
자신에 대한 불안	+	+	+	+		
자신에 대한 열등감	++	+	+	+		
자신에 대한 불만족	+	+	+	+		

제2요인	−	−	+	+		
양가감정	+	+	+	+	‖	단일수준
양립경향	+	+	+	+		
창조 본능			+	+		
공감			+	+		한 개 이상의
동일시			+	+		수준을 통해
내적 갈등			+	+		확장된 역동성의 집합
변덕스러운 동조			+	+		
처리 및 지시 센터	+	+	+	+		

주: 1) +는 포함과 설명을 의미; ++는 해당 역동성을 강하게 강조했음을 의미; (+)는 설명 없이 언급만 했음을 의미.
　　4수준의 역동성은 5수준을 준비하는 것.
　2) 1964, 1967, 1970년에 수준은 Ⅰ, Ⅱ, Ⅲ 등으로 묘사되지 않음. 이 방식은 1972년에 처음 등장함.

　　　내가 처음으로 붙든 개념은 내면의 정신적 환경으로, 이는 3수준에서 나타나는 역동성의 총체로 정의되었다. Dabrowski는 다중수준의 비통합은 발달에 있어 떼려야 뗄 수 없는 관계라고 믿었다. 1수준(일차적 통합)과 2수준(단일수준의 비통합)에는 별로 중요하지 않은 내적 삶이 존재한다. Dabrowski에게 있어 내적 삶은 자기 성찰, 자기 진단과 자기 평가의 다중수준 과정에서부터 시작하는 것이다. 자아의 높은 차원과 낮은 차원 사이의 다양한 내적 갈등은 3수준의 역동성에 의해 나타났다.

　　　1968년 여름, Dabrowski는 캘리포니아 주 빅서에 있는 에설런 연구소(Esalen Institute)에서 일주일 동안 워크숍 강연을 해 달라는 초청을 받았다. 이 초청은 Abraham Maslow와 맺은 인연으로 이루어진 것으로, 그는 인간의 잠재성을 강조한 Dabrowski의 이론이 매우 유망하다고 생각했다(Maslow, 1968). Dabrowski는 나에게 함께 가서 이론을 발표하는 것을 도와달라고 부탁했다. 우리는 대집단을 이루어 움직였다(그의 아내와 당시 10대였던 두 딸, Andrzej Kawczak과 그의 부인도 동행했다). 되돌아보면 그 당시에 나는 그의 이론을 완전히 이해하지 못했다고 할 수 있다. 나는 우리가 함께 참여했던 토론과 글만

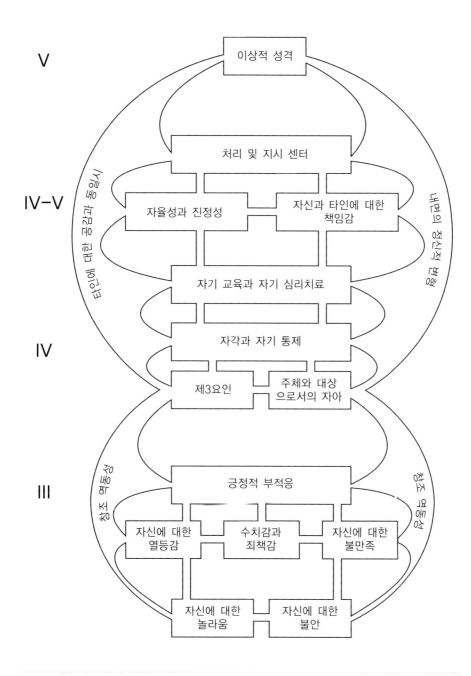

그림 3-1 **긍정적 비통합의 역동성**

출처: Dabrowski, Kawczak, & Piechowski(1970).

가지고 설명을 했다. 그런데도 설명은 잘 이루어졌다. 에설런에 갔던 일은 잊지 못할 추억이었다. 에설런의 설립자인 Dick Price와 Michael Murphy는 우리를 따뜻하게 맞아 주었다. Fritz Perls의 등장은 그 추억에 색깔과 전율을 더해 주었다. 이론을 만든 사람들이 으레 그렇듯, Dabrowski와 Perls는 서로 별 말을 하지 않았다.

다중수준 연구 프로젝트

Dabrowski는 자신의 임상 방법을 실험해 볼 수 있는 연구소를 위한 재정적 지원을 받기 위해 열심히 노력했다. 정서는 행동의 미분화된 자극제라는 당시의 일반적 시각으로 인해, 정서 기능 수준을 구분하려는 시도는 비현실적인 것으로 여겨졌다. 그리고 정서는 인지에 비해 더 원초적이며 가치는 상대적이고 문화적으로 결정된 것이라는 시각이 널리 퍼져 있었기 때문에 가치의 수준이나 정서 기능의 수준을 구분하려는 시도는 돈키호테 같은 것으로 비쳤다.

마침내 캐나다 의회에서 사례에 대한 다면분석을 통해 그의 이론을 공개적으로 검증하기 위해 Dabrowski에게 3년짜리 연구를 지원해 주었다. 자원자에게 자전적 글을 작성하게 하고, 언어 자극에 대한 개방형 응답을 작성하고, 지능검사를 하고, 신경학 실험을 하려는 것이었다. 임상-진단 인터뷰에서는 그 사람에 대한 필수 정보를 수집했다. 이 프로젝트에서 Marlene King(현재는 Rankel)과 Dexter R. Amend가 주요 연구보조원으로 Dabrowski를 도왔다. Marlene King은 자료를 수집하고 대상자 및 그들과의 약속 시간, 검사과정을 기록하는 막대한 임무를 맡았다. Dexter R. Amend는 Dabrowski와 함께 신경학적 검사의 문항을 만들고 최종 검사를 만들었다.

이 프로젝트가 막 시작될 무렵인 1970년 1월에 나는 앨버타 대학교를 떠나 위스콘신 대학교에서 다시 대학원생이 되었다. 이번에는 상담을 공부했다. Dabrowski는 내가 떠나는 것을 달가워하지 않았다. 그러나 우리의 긴밀한 협조는 1975년까지 계속되었다. 1970년과 1971년은 함께 그의 책『정신신경증은 병이 아니다(*Psychoneurosis Is Not an Illness*)』(1972)에 매진하느라 보냈다. 의미를 정확하게 고치고, 자세히 설명하고, 새로운 임상 사례를 포함하고, 계속해서 고친 페이지들이 1피트는 족히 되게 쌓여 갔다. Dabrowski가 요구되는 일의 양을 전반적으로 과소평가할 때마다, 나는 얼마나 많은 노동이 들어갔는지를 보여 주는 명확한 증거로 그 페이지 더미를 그에게 보내고 싶었다. 한번은 그에게 그와 함께 일하는 것보다 그의 환자가 되는 것이 더 쉬울 것이라고 확신한다는 말을 한 적이 있다. 그도 동의했다. 그렇더라도 그가 이 연구를 절박하게 원했던 덕에, 그를 둘러싼 전반적인 분위기가 흥분으로 채워져 있었다.

그런 와중에 그의 연구 팀은 목록을 이용한 방법으로 수백 명의 대상자를 걸러내었다. 최종으로 81명의 대상자가 자전적 글과 개방형 언어자극 질문지를 완성하였다. 질문지의 제시문은 "나열된 각 단어에 관련된 당신의 정서적 연상과 경험을 자유롭게 묘사하라."는 것이었다. 자극은 큰 슬픔, 큰 기쁨, 죽음, 불확실성, 고독과 외로움, 자살, 긴장, 억압, 내적 갈등, 이상, 성공, 불멸성이었다. Dabrowski와 그의 팀은 각 발달수준을 대표하는 사례를 찾기 위해 이렇게 모아진 자료를 면밀히 조사했다.

당초 계획은 특정 개인의 정서발달 수준을 대략적으로 가늠할 척도를 개발하는 것이었다. 그러나 정서발달은 복잡하다. 모든 개인은 발달상의 '무게중심(center of gravity)' 혹은 정서적으로, 지적으로 기능하는 지배 수준을 갖고 있다. 이러한 '중심'에서 벗어나는 것(어떨 때는 더 낮은 수준, 어떨 때는 더 높은 수준으로)도 생각해 볼 수 있다. 모든 프로파일에는 예전 발달수준의 잔여물이 있을 수도 있고, 더 높은 수준의 전조(개인이 움직이는 방향)도 있을 수 있다. 결과적으로 개인이 한 수준에만 좁게 국한되어 있을 것이라고 기대할 수는 없다. 게다가 모든 역동성이 똑같이 활성화하는 것은 아니다. 어떤 것은 앞서고 어떤 것은 뒤처지기도 하며, 일부는 전혀 역할을 하지 못할 수도 있다. 발달의 어떠한 단면도(1수준이 아닌 한) 한 가지 수준만을 나타내지는 않는다. 자전적 글을 분석할 새로운 방법이 필요했다.

Dabrowski가 이 자료를 읽는 방식은 핵심이 되는 정서적 사건을 찾아 발달의 유형과 수준을 부여하는 것이었다. 그는 자신이 구분한 역동성이나 정서 경험의 수준을 수준 II나 수준 III이라고 지정하곤 했다. 그러나 그는 예를 들어 수준 II/III(II가 더 강하고 III은 약함)이나 수준 III/II(III이 더 강하고 II는 약함) 등의 중간 명칭도 만들어 놓았다. 이제 여기서부터가 미묘해진다! 심심치 않게 그는 한 가지 역동성에 다른 이름을 붙이기도 했다. 나는 어떤 순서가 필요하다고 생각하기 시작했다(이론적 용어는 일관적이어야 한다). 그렇게 각 수준의 최종적 구조가 확정되었다. 분석이 가능하도록 역동성을 정의하고 Dabrowski가 더 이상의 역동성을 만들어 내지 못하도록 목록을 확정 지어야 했다.

분석방법의 고안

이런 식으로 표집된 자전적 글과 언어 자극은 분석을 위해 나에게 보내졌다. 역동성과 발달수준의 이렇다 할 징후를 알기 위해 그것을 분석할 방법을 찾아내는 것은 나에게 달려 있었다. 4수준을 대표한다고 할 만한 사례가 하나도 없었기 때문에, Dabrowski는 프랑스의 비행사이자 『어린 왕자(*Little Prince*)』, 『야간비행(*Night Flight*)』, 『성채(*Citadel*)』의 작가인 생텍쥐페리를 사례로 결정했다. 그는 1944년 지중해에서 정찰 업무를 하던 중 요절했다. 당시 그는 44세였다. 그의 공책과 편지는 발달 분석을 하기에 적절했다.

방법상의 문제를 간단히 말하자면, 텍스트를 어떻게 읽어야 발달수준의 지표를 일관성 있게 모두 찾아내어 이론적 용어를 만들어 가는 질적 과정이 대조가 가능한 양적 결과를 내게 할 수 있는가의 문제였다. 당시 나는 심리학 연구에 대한 훈련이 전혀 되어 있지 않았다. 나는 처음에는 식물생리학자(plant physiologist)로 훈련되었고 그 후에는 분자생물학자(molecular biologist)로 훈련되었다. 나는 과학적 탐구는 질문과 관찰에서 시작되며 관찰은 수량화할 수 있다는 것을 알고 있었다. 나에게는 분석의 단위가 필요했다. 그리스인은 '아토모스(atomos)'를 매우 작아서 더 이상 자를 수 없는 어떤 것, 더 이상 쪼개지지 않는 단위로 인식했다. 나는 텍스트를 나머지 텍스트와 별개로 읽더라도 일관성이 있으며 이해할 수 있는 가장 작은 단위로 나누기로 했다. 나는 이 단위를 '응답단위'라고 명명했다. 문단을 단위로 분석할 때 각 문단의 크기가 다양한 것과 마찬가지로, 그 크기는 다양하게 나타났다. 내가 한 연구가 내용분석을 위해 텍스트를 준비하는 과정이라는 것은 후에 알게 되었다.

　이론에서 쓰고 있는 용어와 경험에 대한 개인의 표현을 연결하는 것이 큰일이었다. 각 단위를 첫 번째로 읽으면서 나는 표현된 것에서 개인이 역동성이나 혹은 어떤 수준의 뚜렷한 증상을 구별했는지의 여부를 결정하려고 노력했다. 이는 1단계의 지루한 작업이었다. 나는 표현에서 나타나는 발달수준을 규정하려고 애썼다. 역동성은 막 시작되어 약하게 표현되는 경우는 '전조(precursors)'라고 이름 붙였다. 역동성을 찾기 위해 단위를 다 읽은 후에는 '기능(functions)'이 나타났는지를 파악하려고 애썼다. 이는 2단계의 지루한 작업이자, 지루한 작업 중에서도 더 지루한 일이었다. 그 뒤에 나는 경험을 묘사하는 사람들에게서 과흥분성도 함께 나타난다는 사실을 알아냈다. 나는 한 단위에서 역동성과 과흥분성 점수를 동시에 매기는 것은 거의 불가능하다고 생각했다. 이 용어들은 개념적으로 아주 달라서 전혀 다른 마음가짐을 요구한다. 그렇기에 그것은 자료를 개별적으로 읽어서 점수를 매겨야 했다.

　누군가는 왜 독립적으로 점수를 매길 다른 채점자를 두지 않았느냐고 물을 수도 있겠다. 그저 내가 에드먼턴에서 1437마일 떨어진 곳에서 홀로 이 업무를 담당하고 있었기 때문이고, 진행하는 동안 방법을 개발하는 중이었다는 것이 이 질문에 대한 답이다. 그러나 뒤에 설명하겠지만 한 명의 채점자라도 신뢰도 검증이 가능하다.

　마지막에 생텍쥐페리뿐만 아니라 6명의 사례가 완성되었다. 각 응답단위는 이론적 용어를 도출하기 위한 표집이기 때문에, 여기서는 대상자 수보다는 응답단위의 수가 사례 수가 되는 것이 적합하다. 최종 사례 수는 866개의 응답단위였다. 〈표 3-2〉는 각 대상자의 연령, 지능, 응답단위 수, 채점 결과를 보

| 표 3-2 | 연구 대상자 자료 |

대상자	연령과 성별	IQ	응답단위 수	평가 수
1번	23, M	115+	46	53
2번	23, F	129	96	117
3번	44, F	117	112	194
4번	17, M	120	162	325
5번	20, M	108	155	294
6번	34, F	140	182	346
생텍쥐페리	44, M	알려지지 않음	113	261
			866	1590

출처: Piechowski(1975b).

여 준다(Piechowski, 1975b).

각 분석단위는 다음과 같이 채점되었다. 우선 나는 표현된 내용에 발달 역동성이 나타났는지를 밝히고자 했다. 경우에 따라서는 한 가지 이상의 역동성이 발견되었다. 역동성이 하나도 나타나지 않으면 역동성을 포착할 만한 행동을 규명하려고 했다(예를 들면, 슬픔, 기쁨, 분노, 두려움 등이었다). Dabrowski는 이렇게 행동으로 나타나는 표현을 '기능'이라고 불렀다. 다음으로, 나는 응답단위에 수준을 매겼다. 수준 구분은 5개의 완전한 수준(Ⅰ, Ⅱ, Ⅲ, Ⅳ, Ⅴ)과 4개의 중간수준(Ⅰ-Ⅱ, Ⅱ-Ⅲ, Ⅲ-Ⅳ, Ⅳ-Ⅴ)의 9개의 값을 지녔다. 이 작업이 끝난 후, 나는 자료를 다시 읽으면서 과흥분성의 형태가 나타나는지를 살폈다.

Dabrowski의 거대한 수준 개념(많은 역동성으로 이루어진 풍성한 구조)을 숫자 표현으로 치환하는 것은 '각 수준은 어디서 시작하고 어디에서 끝나는가?'라는 질문을 제기한다. 수준을 나누는 데 사용한 로마숫자를 주어진 대상자에게서 표집한 사건 전체의 평균값의 범위로 변환해야 했다. 변환 결과, 2.0, 3.0, 4.0이 세 수준의 최빈값이었다. 2수준의 값 범위는 1.6~2.5 사이였고, 3수준은 2.6~3.5, 4수준은 3.6~4.5였다. 1수준은 1.0~1.5 사이, 5수준은 4.6~5.0 사이에 해당한다.

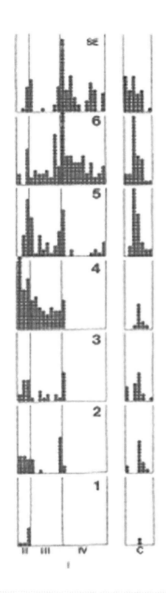

1		양가감정
2	II	양립경향
3		제2요인
1		위계
2		불만족
3		열등감
4	III	불안
5		놀라움
6		수치감
7		죄책감
8		긍정적 부적응
1		주체-대상으로서의 자아
2		제3요인
3		내면의 정신적 변형
4		자각
5		자기 통제
6	IV	자기 심리치료
7		자기 교육
8		책임감
9		진정성
10		자율성
11		이상적 성격
1		창조 본능
2		자기 완성
3		공감
4	C	동일시와 동조
5		내적 갈등
6		외적 갈등
7		처리 및 지시 센터

그림 3-2 6명의 연구 대상자와 생텍쥐페리의 긍정적 비통합의 역동성

주: 각 점은 제시된 역동성이 한 번 발생했음을 의미. II, III, IV는 발달수준. C는 한 수준 이상으로
  확장되어 나타난 역동성을 모아 놓은 것.
출처: Piechowski(1975b).

나는 각 대상자의 자료에서 나타나는 역동성의 분포를 그래프로 만들었다 ([그림 3-2] 참조). 각 역동성의 사례는 점으로 표현되어 있으며, 역동성을 나타내는 칸에 그려져 있다. 세로 폭은 각 역동성의 자리를, 가로 폭은 역동성이 계산된 실제 사례 수를 나타낸다. 그래프를 모아 본 결과 낮은 수준의 대상자에서 높은 수준의 대상자로 갈수록 높은 수준에 적합한 역동성이 더 빈번하게 나타나는 반면, 더 낮은 수준의 역동성은 그 빈도가 줄어드는 것을 알 수 있었다.

Dabrowski가 각 대상자에게 부여한 직관적이고 임상적인 발달 잠재성 (developmental potential: DP)과 DP=d+oe(이에 관해서는 이어서 설명하겠다)라는 공식을 통해 얻어진 값을 비교해 볼 수 있겠다는 생각이 들었다. 나는 대상자의 DP값을 0~50까지 임의로 계량화하여 넣었다. 다른 한쪽에는 Dabrowski의 값을 넣었다. 두 값은 상당한 일치를 보였다(Piechowski, 1975b).

뿐만 아니라 Dabrowski의 신경학적 검사는 14문항으로 이루어져 있었다. 각 문항은 한 수준씩을 구성한다. 그 합을 14로 나눈 값은 자전적 글에서 얻은 수준지수(level index)와 매우 일치했다. 신경학적 수준지수와 언어 자극을 통해 얻은 값 역시 6번 대상자를 제외하고는 상당히 일치했다(〈표 3-3〉 참조).

표 3-3 신경학적 검사, 자전적 글, 언어 자극의 수준지수

대상자	신경학적 검사	자전적 글	언어 자극
1번	1.27	1.31	1.33
2번	2.18	2.29	2.28
3번	2.40	2.42	2.43
4번	2.33	2.22	2.30
5번	2.62	2.66	2.92
6번	2.79	3.21	3.41

출처: Dabrowski & Piechowski(1977).

이론의 사후 경험적 검증

그렇게 해서 최종으로 얻은 것은 무엇인가? 자전적 글과 언어 자극에 대하여 이루어진 자세하고 많은 요소로 이루어진 내용 분석은 Dabrowski 이론에 대한 세 가지 경험적 검증을 가능하게 했다. 이러한 검증 가능성은 채점이 끝날 때까지는 나타나지 않던 것이었다.

각 대상자에게서 얻은 역동성 점수는 군집을 이루었다. 각 군집은 2수준에서 5수준에 이르는 역동성의 전반적인 스펙트럼의 일부에 대응된다. 각 대상자의 자료는 발달 단면도를 제공했다. 이러한 단면도가 겹쳐지면서 함께 완전한 스펙트럼을 재생산하는 것이다. 이것이 이론에 대한 한 가지 경험적 검증 과정이다.

두 번째 경험적 검증은 DP의 일관성 검증을 통해 가능하다. DP는 역동성의 빈도(d)와 과흥분성(oe)을 더한 값으로 계산했다. 즉, DP=d+oe다. 상대적 빈도는 다양하지만, 그 합은 일정할 것이라고 보았다. 시간 순으로 쓴 자전적 글을 반으로 나누었을 때(삶의 초기와 말기), 두 부분의 DP값은 매우 근사하게 나왔다. 그러나 삶의 초기와 말기의 역동성과 과흥분성의 균형은 크게 변화했다.[1]

---

1) 『내적 일관성 검증(*Test of Internal Consistency*)』(Piechowski, 1975b에서 인용). 역동성 (dynamism: D), 역동성의 전조(dynamism precursors: P), 기능(functions: F), 과흥분성(overexcitabilities: OE)의 네 가지 채점 기준이 있다. 대상자의 전체 점수는 b=D+P+F+OE였다. 각 단위는 점수가 하나도 없거나, 한 가지 혹은 그 이상의 점수를 가질 수 있다. 대상자가 가진 단위의 총합은 a다. b/a의 비율을 산출량(yield: Y)이라고 불렀다. 비율 Y는 유일한 채점자였던 나의 채점과정이 내적 일관성을 갖는지 검증하는 데 유용했다. 각 대상자의 절반씩을 놓고 계산한 결과 (총 14쌍), 각 쌍에서 .97의 나쁘지 않은 상관계수가 나타났다.

내적 일관성의 또 다른 검증방법은 DP=d+oe(위에서와 같이)를 이용해 발달 잠재성의 값을 계산하는 것으로, 여기서 d는 대상자의 자료에서 나타나는 역동성의 표현 빈도이고 oe는 과흥분성의 표현 빈도다. 각 대상자의 자료는 반으로 나누었다. 그 후 반으로 나눈 각 부분의 DP를 계산하였

세 번째 경험적 검증방법은 Dabrowski가 각 대상자에 대해 임상적이고 직관적으로 예측한 DP와 내용 분석을 통해 얻은 값을 비교하는 것이었다. 이 두 값은 상당히 일치했다(Piechowski, 1975b). 신경학적 검사로 얻은 수준지수와 자전적 글과 언어 자극에서 나타난 수준지수가 모두 상당히 일치한다는 것 역시 추가 검증 효과를 나타냈다.

분명, 이렇게 얻은 값과 비교가 서로 완전히 독립적으로 이루어졌는가 하는 질문이 제기된다. 무정보 분석(blind analysis)을 시행하는 것이 불가능했기 때문에, 나는 이론이 예측한 패턴을 재구성하고 이론의 기본 가정을 검증하기에 충분한 정도의 양적 데이터 풀을 얻을 수 있도록 이 자료를 분석하는 데 있어 최대한 일관되게 꼼꼼함을 유지하려고(그리고 반으로 나눈 부분 사이의 상관계수가 이를 입증한다) 최선의 노력을 다했다.

훌륭한 형식을 가진 Dabrowski 이론

이러한 상세한 노력을 통해 나는 역동성의 본질과 이 이론의 구조에 대한 이해를 넓혀 나갔다. 나는 이론을 제대로 알기 위해서는 그 이론을 이해하기 위한 많은 노력이 들어가야 한다는 것을 배웠다. 역동성과 과흥분성, '기능'의 표현을 알아내기 위해 노력하는 과정은 어떤 면에서 나의 현장 경험이었다.

다. 14쌍의 상관계수는 .94였다.

발달이 진행되면서 역동성의 표현 빈도는 늘어나는 반면 과흥분성의 표현 빈도는 줄어든다. 과흥분성의 원자료가 내적 변형을 일으키는 정신내적 요인으로 변형되었다고 추측할 수 있다. 자전적 글 중 하나(6번)가 일관적인 시간 순서를 갖고 있으면서 이런 경향이 나타난다. 나는 이 자료를 3~15세와 16~35세를 기준으로 반으로 나누었다. 앞부분에서 과흥분성이 표현된 비율은 46%였으며 역동성은 38%였다. 뒷부분에서 과흥분성의 비율은 17%였으며 역동성은 61%였다. 그 합은 각각 84%와 78%로 상당히 비슷한 수치였다. 이를 토대로 발달 잠재성은 일관되게 남아 있다는 결론을 내릴 수 있다.

몇 년 뒤 성격에 관한 이론을 가르치는 동안 나는 다른 이론을 더욱 존중하게 되었다. 내가 긍정적 비통합이론에 공을 들인 만큼 다른 이론을 대하지는 않았다는 것을 알고 있었기 때문이다.

　상담에 대한 졸업논문 계획서로 나는 2편의 완성된 논문을 제출했다(하나는 이론에 관한 것이고, 다른 하나는 위에서 언급했던 연구에 관한 것으로 이미 하나의 논문으로 기고되었던 것이었다; Piechowski, 1975b). 나는 이 정도면 충분하고도 남는다고 생각했다. 나는 계획서 대신 핵심 내용도 있는 이미 완성된 논문을 제시했기 때문에 상담 교수들이 충분히 감명 깊어 할 것이라는 기대를 하고 있었다. 그러나 이 이론이 낯선 것이었기 때문에, 교수들은 예상처럼 감명 깊어 하지 않았다. 그들은 나에게 Dabrowski의 낯선 이론과 그들에게 익숙한 다른 이론, 특히 Carl Rogers의 내담자중심 치료와 Maslow의 욕구위계 이론 및 심리적 건강의 개념을 비교할 것을 주문했다. 정해진 순서에 따라 나는 Rogers와 Maslow의 이론뿐만 아니라 10개의 다른 상담 및 심리치료 이론과 Dabrowski 이론을 비교했다(Piechowski, 1975a). 이를 위해 나는 과학이론들의 본질과 그들이 찾아낸 개념을 공부했다. 나는 Dabrowski의 이론에 나오는 개념들이 훌륭하다는 것을 알 수 있었다. 생물학자로서 나는 역동성으로 정의된 구조를 가진 수준의 개념이 좋다는 것은 알고 있었다. 과흥분성은 훌륭한 설명적 용어이기도 하지만 인간의 신경계가 경험을 처리한다는 생물학적 기반도 가지고 있었다. 이러한 용어의 장점은 인간의 생물학적 구조의 일부인 속성을 설명했다는 점이다. 이 이론은 이와 같이 측정이 가능한 용어로 구성되어 있고, 측정이 가능함으로써 개인차에 관한 연구도 가능했다. 당시의 발달이론(Piaget, Kohlberg, Loevinger)은 어떤 수준에서도 개인차의 여지를 남기지 않는 보편적인 패턴을 제시했다는 것에 주목해야 한다.

　나는 예전에 분자생물학을 공부했기 때문에 Dabrowski의 이론이 과학이론의 기준을 충족한다는 것을 알 수 있었다. 긍정적 비통합이론은 그 형식 구조가 훌륭했고, 연구를 통해 경험적으로 검증할 수 있었으며, 밝혀지지 않은 개인차에 대한 여지를 남겨 두었다(Piechowski, 1975a). 이것이 내가 이 이론에 처음부터 끌렸던 이유다. Dabrowski와 Kawczak이 구성한 72개의 가설 역시 이 이론으로 하여금 잘 설명된 형식적 정의를 갖추게 하고 있다(Dabrowski et al., 1970).

나는 심리학과 인연을 맺게 되면서부터 왜 심리학과 생물학, 특히 인간의 뇌에 대한 지식이 오랫동안 단절되어 왔는지 이해할 수 없었다. 학습의 일반적인 법칙과 일반적 성격에 대해서만 관심을 갖는 것을 보면서, 나는 '개인차는 어디에서 다루는가?' 하는 의문이 들었다. 오늘날까지도 계속되고 있는 예를 하나 들어 보겠다. 지능을 연구하고 측정하기 위해서 많은 노력이 이루어지고 있지만, 주류 심리학자들이 행한 연구는 지능이 가장 뚜렷하게(영재성이 높은 아동과 성인에게서) 그리고 큰 개인차로 표현되는 방향으로 거의 이루어지지 않았다.

제한된 DP는 반드시 제한적이지는 않다

발달 잠재성은 Dabrowski의 이론에서 개인이 이루는 발달수준의 차이를 설명하는 필수적인 개념이다. 뒤에 다루게 될 도덕성 발달에 대한 연구를 수행했던 Barry Grant는 발달에 대한 자질이 불평등하다는 것이 설명되면 평등주의적 성향의 교육학자와 사회과학자가 Dabrowski 이론을 강력하게 반대할 수 있다고 지적했다(Grant, 개인 서신, 2007년 3월 24일). 이에 대한 나의 반론은 최적의 상황에서는 발달 잠재성이 제한된 아동이라 하더라도 공정성이 강한 모범 시민으로 자라날 수 있다는 것이다.

이러한 요지를 보여 주는 사례는 Peck과 Havighurst(1960)의 청소년 성격발달에 대한 종단 연구에서 찾을 수 있다. 이 연구에 등장하는 Ralph라는 소년은 17세로, 자립적이고, 책임감 있고, 공정성의 개념을 알고 있으며, 주변에서도 팀의 일원이자 지도자로서 환영을 받고, 권위를 두려워하지 않고, 청소년기의 갈등이나 반항과는 거리가 멀다. 그 비밀은 바로 신뢰와 자율성을 독려하는 가족의 분위기였다. Dabrowski의 관점에서 봤을 때 그의 발달 잠재성은 상당히 제한적이었다. 지적, 상상적, 정서적 과흥분성은 거의 나타나지 않았지만, 최적의 가족환경 속에서 그의 발달은 방해를 받지 않았다(농장에서 자란 것 역시 능숙함을 발달시킬 기회가 많았다는 점에서 이와 많은 관계가 있었다). Peck과 Havighurst는 그를 성숙 인격의 가장 상위 범주(합리적–이타적)에 놓았다. 잠재성이 제한되어 있다 하더라도 Ralph의 경우처럼 성장 조건이 최적에 가깝다면 바르고 긍정적인 사람으로 자라는 것을 제한하지는 않는다.

Arthur의 경우는 이와 달랐다. 체중이 많이 나가고, 타인에게서 관심을 받지 못했으며, 똑똑하지만 적대적이고, 상상력이 많지만 자기중심적이고, 충동적이면서도 갈등을 겪고 있고, 죄책감에 시달리는 이 소년은 공개적으로 자신을 싫어하고 비웃는 어머니 밑에서 자랐다. 따로 떨어져 살고 있는 그의 아버지는 자신의 아들을 인정하기는 하지만 관심은 없었다. 그러나 관찰 팀은 정서적 미성숙과 불안정의 전형이었던 Arthur가 17세 무렵에는 더욱 안정적이고 자기 통제적이 되었음을 알았다. 그들의 말로는(이는 7년 동안 반복된 관찰과 검사, 면접에 비추어 봤을 때 매우 의미가 있다) "아무것도 혹은 어느 누구도 성장 후반기에 그를 도와주지 않았다." 내가 봤을 때, 그의 지능이 그가 갖고 있던 강한 상상적 및 정서적 과흥분성과 합쳐지지 않았다면, 그는 시설(정신병원 아니면 감옥)에 들어가고 말았을 것이다. 그렇다 하더라도 그가 성장하고 더욱 성숙해졌다는 것은 주목할 만하다. 왜냐하면 자신을 양육하고 모델링할 성인이 없는 상태에서도 다른 사람과 자신의 정서를 진단할 수 있는 총명한 능력을 갖추었기 때문이다. Arthur는 강한 발달 잠재성으로 매우 열악한 환경을 극복한 놀라운 사례다.

일차적 통합의 문제점

위스콘신 대학교에서 상담학위를 받은 뒤 나는 어바나–샴페인의 일리노이 대학교에서 교수직을 얻었다. 나의 첫 제자였던 Margaret Lee Schmidt는 석사 논문 주제로 Kohlberg와 Dabrowski의 이론에 대한 비교를 선택했다(Schmidt, 1977). 그녀는 분석을 통해 몇 가지 결론에 도달했는데, 그중 세 가지는 이 장과 관계가 있다. 첫째는 Kohlberg가 제시한 도덕적 추론 과정의 네 단계가 Dabrowski의 1수준(일차적 통합)에 포함되어 있다는 것이었다. 둘째, 권위주의적 성격에 관한 연구(Adorno, Fraenkel-Brunswick, Levinson, & Sanford, 1950)에서 1수준의 특징을 이루는 행동을 가장 잘 설명하고 있다. 셋째, 1수준은 성격 구조가 아니며, 무자비하게 경쟁적이고 경제적으로 불안정한 세상에서 살아남으려고 애쓰는 사람들의 제한된 발달 잠재성의 결과다. Ardorno 등과 마찬가지로 Dabrowski가 일차적 통합을 엄격한 성격 구조로 보았던 반면, 이제는 성격 구조를 사회적 조건의 결과물로 보는 것이 더 의미가 통한다. 사람들이 1수준의 방식대로 움직인다면, 이는 그것이 그들이 사는 세상의 조건이기 때문이지 그들이 원래 그렇게 태어났기 때문이 아니다(Piechowski, 2003).

우울이 일중독, 분노, 조급함, 수치감, 비난으로 나타난다는 인식이 증가할수록(Real, 1997; Scelfo, 2007) 관찰된 행동을 1수준으로 분류하는 것은 점차 조심스럽게 해야 한다. 게다가 일차적 통합은 일차적이지 않다. 이는 발달의 시작점도 아니고, 원초적 정서 애착(Bowlby, 1969)에 대한 발전적 발상과도 충돌한다. 우리는 사랑을 속삭이고, 웃고, 애정 어린 품 안에서 평온을 찾으면서 사회적 상호작용을 하게 되어 있는 사회적 존재로 태어난다. 반사회적 성격은 반복적으로 애착 유대를 무너뜨리는 정서적 상처 때문에 발달하게 된다. 이것이 통합처럼 보인다면 정서적 상처로부터 자신을 보호하려는 방어적 갑옷 때문일 것이다.

수준은 실제적인 것이 아닌 추상적 개념이다(Piechowski, 2003). 여기에는 발달 단계에서와 같은 시작이나 끝이 없다. 신생아는 성격을 가지고 있다고 할 수 없다. 그렇기 때문에 아기를 일차적 통합 상태로 볼 수도 없다. 이러한 논의는 우리로 하여금 일차적 통합의 개념을 다시 생각해 보게 한다.

자아실현 인간과 4수준

성격에 관한 수업에서 읽었던 책 중 하나로, Maslow가 죽은 후인 1971년 출간된 『인간 본성에 대한 심층 연구(*Farther Reaches of Human Nature*)』를 꼽을 수 있다. 심리적 건강의 척도와 옳고 그른 것을 나누는 기준으로서 자아실현을 이룬 사람에 관한 연구에서 그가 언급되는 일이 많아 나는 자아실현 인간에 대한 그의 책을 읽게 되었다. 그 책을 읽은 것은 깨달음의 경험이었다. 그 책에는 생텍쥐페리와 같은 사람들의 생각, 감정, 동기에 대한 설명이 풍부했다.

나는 생텍쥐페리의 자료를 이용하여 자아실현의 특성을 알아보기 시작했다. 나는 Maslow의 『인간의 동기와 성격(*Motivation and Personality*)』(1970)에 나오는 자아실현에 대한 기술 용어를 모아 목록으로 만들었다. 그는 이 책에서 자아실현을 한 사람의 16개 특성을 설명했다. 그리고 나서 나는 이 특성들을 생텍쥐페리의 113개 단위와 각각 비교해 보았다. 16개의 특성과 Dabrowski 이론의 30개 역동성 사이의 교차점을 찾는 작업은 극도로 지루했지만 무척 만족스러웠다. 3수준 중 위계화와 긍정적 부적응의 두 가지 역동성만이 생텍쥐페리의 프로파일에서 강하게 나타났지만, 4수준 중에서는 두 가지를 제외한 모든 역동성이 나타났다. 2수준의 특성은 나타나지 않았다. 나에게 이것은 Maslow가 묘사한 자아실현 인간은 Dabrowski가 구성한 4수준의 개념에 속하는 사람과 같은 종류의 사람임을 확실하게 설명하는 것이었다 (Piechowski, 1978).

생텍쥐페리는 Dabrowski가 선택했던 사례였기 때문에, 나는 저자명에 내 이름과 그의 이름을 함께 넣어 투고했다. 나는 Dabrowski에게 원고 한 부를 보냈지만 아무 답을 받지 못했다. 그 후 교정 작업에 거의 2년 가까이 걸렸다. 최종본에는 Dabrowski의 이름이 빠졌다. 나중에 알고 보니, 그가 『유전심리학 논집(*Genetic Psychology Monographs*)』의 편집장에게 편지를 써 자신의 이름을 빼 달라고 부탁했다고 한다. 감사하게도 그는 출판을 막지 않았지만, 자신의 결정을 나에게 알려 주지 않았던 것은 이상한 일이었다. 그래서 나는 그에게 물었고, 그는 자신의 이론에 대한 모든 논문에는 자신의 이름이 제1저자로 들어가야 한다고 설명했다. 그러나 또 다른 이유가 있었다. 그는 낮은 단계의 욕구가 만족되는 것이 거의 자동적으로 자아실현으로 이어진다는 Maslow의 신념이 근본적으로 틀렸다는 생각을 강하게 갖고 있었다. 그는 Maslow가 자신의 입장을 바꾸어 자아실현이 반드시 낮은 수준의 모든 욕구를 충족한 뒤에 일어나는 것은 아니라는 것을 깨달았다는 것을 모르고 있었다(Maslow, 1971). 나는 그가 분명 자아실현을 한 인간에 대한 Maslow의 설명이나 나의 논문(상당히 빽빽했다)을 꼼꼼히 읽지 않았던 것이 분명하다고 믿고 있다. 그의 결론은 그의 이론과 Maslow의 이론은 한데 묶을 수 없다는 것이었다. 그는 Maslow의 자아실현 개념에 이론적 구조를 제공함으로써 자신의 이론이 가진 힘을 보일 수 있다는 것을 전혀 이해하지 못했다. 독립적으로 발전한 두 개념이 완벽하게 상응하는 경우가 있다고 치자. 그런 일이 얼마나 자주 일어나겠는가?

Dabrowski뿐만 아니라 생텍쥐페리의 전기를 읽고 부인과의 관계가 이상적이지 못했으며 그가 정부를 두고 있었다는 것을 알고 있는 사람들 역시 자아실현과 4수준을 같은 선상에 놓는 것을 거부했다. 이는 높은 발달수준에 오른 사람들은 깊고 충실한 인간관계를 갖는다는 Dabrowski의 말에 어긋나는 것이었다. 그러나 한 사람의 프로파일이 이상형에 완전히 일치하기를 기대할 수는 없으며(Maslow는 자아실현 인간의 특성으로 불완전함을 꼽기도 했다), 게다가 개인의 이상주의는 그들이 향하고 있는 수준을 나타낸다. 10년간의 행복한 결혼생활 후 소박한 삶에 대한 이상을 좇아 부를 포기하고 글을 쓰는 대신 농부의 아이들을 가르치는 데 헌신한 Leo Tolstoy에게서도 비슷한 예를 찾아볼 수 있다(Marsh & Colangelo, 1983). 10명의 아이를 길러야 했던 그의 아내는 수입이 급격히 감소하는 것을 반대했고, 이로 인해 심각한 갈등이 생겨났다.

생텍쥐페리에 대한 연구는 Eleanor Roosevelt의 자아실현 프로파일과 그녀의 인간적 성장 및 내적 변형을 분석하는 기초가 되었다(Piechowski, 1990; Piechowski & Tyska, 1982). Dabrowski 이론 틀에 기초하여 자아실현을 한 사람들을 연구한 사례 연구가 이어졌다(Brennan & Piechowski, 1991). 생텍쥐페리의 자아실현 프로파일의 타당성을 무효화하려는 노력은 엄청나게 다른 성격임에도 실제로 나타난 그의 프로파일과 Eleanor Roosevelt의 프로파일 사이의 연관성에 직면할 수밖에 없다. 그들의 삶의 철학에서도 놀랄 정도의 유사성이 나타난다. 그들은 모두 사회적으로, 정치적으로, 혹은 창의적인 방법으로 삶에 적극적으로 참여하는 것의 중요성을 강조했다. 이는 삶을 완전하게 만드는 것이다. 그들은 둘 다 인류의 존재와 의미를 지닌 존재에게 보편적이고 핵심적인 문제에 대해 걱정했으며, 둘 다 사람들에게 이 문제들의 긴급함을 일깨우고 싶어 했다(Piechowski & Tyska, 1982).

구조적 뼈대로서의 4수준과 자아실현이라는 이 뼈대를 감싸는 풍부한 묘사로 살을 붙이는 이 조합은 사실이 아니라고 하기에는 너무 뛰어나다. Charles Payne 목사는 Paul Robeson(가수, 배우이자 반성향 지도자, 도덕적 위상이 높았던 사람이다)의 정서발달에 대한 사례 연구를 통해 그가 자아를 실현했으며 4수준의 기준을 충족했음을 보여 주었다(Payne, 1987).

Anna Mróz(2002a)는 30세에서 63세 사이의 7명의 뛰어난 사람을 연구했다. 그들의 수준지수는 3.3~3.8 사이였다. 그녀는 세 번에 걸쳐 이루어진 대화 형태를 통해 자전적 이야기를 얻었다. 처음 두 번의 대화는 삶의 이야기 자체와 그녀의 질문에 쓰였고, 세 번째 대화는 이해도와 정확성을 확인하기 위한 것이었다. 그녀는 다중수준의 성장에 깊이 관여한 사람들을 찾기 위해 Miller 연구법(Miller method)을 사용하였다(Miller, 1985; Miller & Silverman, 1987). 처음 참여를 요청한 37명 중 19명이 설문에 응답했고, 최종으로 7명이 남았던 것이다.

그녀의 연구 대상자 중 한 명은 52세의 기혼의 화가였다. 어린 시절의 그는 자기 성찰적이었고, 다른 사람과 자신의 내부 세계에 관한 이야기를 나눌 수도, 그들의 세계에 대한 생각을 알 수도 없다고 생각했다고 한다. "양쪽이 서로 막혀 있었고 아무것도 할 수가 없었다."고 그는 말했다. 그러나 그는 계속해서 자신의 개별성을 지키면서도 소통할 방법을 찾았다. 그는 20대 초반 예술을 공부하는 동안 말하지 않고도 소통할 수 있는 친구를 찾았다고 했다. "가

끔찍 우리는 아무 말도 하지 않았다. 우리는 몇 시간 동안이나 앉아서 서로를 바라볼 수 있었다. 때에 따라서 우리는 입 밖으로 말을 하지 않고서도 대화를 할 수 있었다." 이후 아내와 함께 그는 '서로의 영혼을 이해하는 것 이상의 무엇'이었던 관계를 경험했다고 한다. 그의 개인적 성장은 남편이자, 아버지이자, 교사이자, 예술가로서 자신의 삶을 통합해 가는 과정에서 계속되었다. 그는 자기 삶의 모든 면에서 커져 가는 책임감을 다른 무엇보다 중요하게 생각했다.

Mróz의 연구에 등장하는 30세 배우의 경우, 6세 때까지의 시간(그는 스스로를 '숲에서 자란 아이'로 묘사했다)은 그 자체로 말 그대로 숨이 막힐 정도의 환상적인 경험이 가득했다. 그런 순간마다 그는 숨을 쉬고 있지 않음을 느꼈다고 한다. 학교에 입학한 것은 자유롭게 돌아다니던 이 아름다운 영혼에게는 충격이었다. 10대 초반 시절 그는 적응하기 위해 거친 남성성의 가면을 썼다. 그러나 그의 내면은 외로움으로 울부짖었고 어린 시절의 경험을 다시 찾고 다른 사람과 교감을 하고 싶어 했다. 10대 후반에 그는 가면을 벗고 자신을 마주하느라 혼자서 보내는 시간이 많아졌다. 예술을 공부하는 동안 '사람이 아름다울 수 있다'는 것과 '집단 속의 개인'이 선호된다는 사실을 알았다. 그가 깊은 관계로 발전했던 한 여인은 얼마 후 병에 걸렸다. 금방이라도 그녀를 잃을지 모른다는 위협은 고통과 불안을 불러왔다("나는 다음 날 그녀를 볼 수 없을까 봐 무척 겁이 났다."). 젊은 시절 그는 인간의 고통에 대한 신의 무관심에 저항했지만, 이제는 신과 하나가 되는 경험에는 삶의 일부로서 고통을 경험하는 것도 포함되는 것임을 이해한다고 했다. "나는 그녀의 고통을 보았지만, 그때 나는 그녀를 통해 고통의 전부, 그것이 얼마나 큰 것인지를 보았다." 그는 청소년들과 일하기 시작했다. "지금은 내 안에서 자랐고 지금도 자라고 있는 모든 것을 다른 사람에게 줄 시간이다."

Mróz의 또 다른 연구 대상자인 수녀는 어린 시절 전쟁(제2차 세계대전)과 아버지의 안전에 대한 위협으로 무척 겁에 질려 있었다. 그러나 그녀는 스스로를 행복하고 무척 신앙심이 깊은 아이로 기억했다. 어린아이였지만 그녀는 스스로를 다스려야 한다(경건함 이상이 필요하다)는 사실을 알고 있었다. 그녀는 자신이 신의 임재 안에 머무를 수 있고 말하지 않고도 기도할 수 있음을 깨달았다. 사실상 말로 하는 기도는 방해가 되었다. 종교 의식에서 그녀는 깃발을 들고 서서 사람들에게서 스스로를 가리는 것을 좋아했다. 신이 신속하게 임재한다는 것은 신에게 쉽게 닿을 수 있다는, 그녀에게 값없이 주어진 선물이었다고 그녀는 말했다. 그녀는 영적인 사람들이 그렇듯 많은 시련을 겪었다. 그녀의 공감은 점차 깊고 강해졌고, 내적 삶은 깊이 성장했다. 그녀를 이끄는 동기는 '내 안에 계시는 신을 배신하지 않는 것'이었고 그녀의 생각을 계속해서 정화하는 것이었다. 그녀는 외부 공간과 시간에서 신을 경험했다. 그녀는 아이들과 결혼한 부부들과 일하고 있었다. 그녀에게 있어 신은 '대단한 선생님' 같은 역할을 했다. 그녀는 스스로를 신의 성전으로 여겼다. 63세인 그녀의 노년의 삶은 5수준의 주요 역동성인 이상적 성격의 실현(요약하자면, 심오한 내적 변형)을 보여 주고 있었다.

발달의 '무게중심'이 고등 수준에 가 있는 사람들을 찾을 수 있다. 어떻게 보아야 하고, 어디를 보아야 하는지만 알면 된다. 나는 Ashley라는 44세의 대학교수를 묘사해 왔다. 나는 3년간 연이어 그녀의 발달수준과 과흥분성 측정에 대한 응답을 받아 왔다. 그녀는 가르치는 일에 일생을 바쳤으며(그녀는 아마도 내가 본 중 가장 열심히 일하는 교사일 것이다) 방학 동안에는 매우 집중해서 공부를 했다. Miller 연구법에 의한 Ashley의 보고서는 4.1, 4.2, 4.3의 점수를 기록했다(이 책의 Miiler의 장 참조). 4수준 점수는 3.6~4.5 사이에 분포되어 있다. 결과적으로, Ashley의 점수는 5수준에 가까운 매우 상위 수준의 다중수준 성장을 반영하는 것이다. 점수 자체로는 그녀에게 일어난 심오한 변화를 반영할 수 없다. 특이하게도, Dabrowski의 이론에 따른 그녀의 첫 보고서는 3수준으로 채점된 응답이 나타났다. 마지막 전체 보고서에서는 그러한 응답이 없었다. 채점을 담당했던 Nancy Miller와 Frank Falk는 그들이 채점한 270개의 원본 중 그들이 본 가장 높은 수준의 자료였다고 언급했다(Piechowski, 1992b).

Tom Brennan은 전략적 지명을 통해 이러한 유형의 사람들을 찾아냈다

(Brennan, 1987). Janneke Frank(2006)는 영재 아동에게 영감을 제공하는 교사 한 명을 추려내 그의 높은 차원에서의 다중수준 발달에 관한 심층적 사례 연구를 수행했다. Janice Witzel(1991)은 영재성이 있고, 행복해하며, 자아실현을 하고도 눈에 띄지 않는 미혼 여성 중 우연히 이런 사람을 찾아내기도 했다. 한 가지 자격('사고를 잘함') 덕에 Witzel의 연구에 지명된 이 여성들은 많은 경우 환경의 지지를 받지 못하는데도 두드러진 성취를 보여 그 성취를 더욱 놀랍게 만들었다. 그들은 높은 수준의 에너지를 가지고 있었고, 자율성과 스스로의 힘으로 발달을 이루려는 욕구를 가지고 있었으며, 기회와 도움이 제공되면 반응하고, 자부심도 높고, 매우 만족한 삶을 살고 있었으며, 평가 절하하지 않고 경험을 흘려보낼 줄 알았다. 그들은 힘든 봉사 활동에 참여함으로써 적극적으로 남을 위했다. 이런 자질이 있었음에도, 미혼 여성으로서 그들은 주목을 끌지 않았다. 그들은 Maslow가 이야기하는 자아실현의 기준을 만족했으며, 이는 그들을 상위 수준의 다중수준의 성장을 이룰 후보자로 만들었다(Witzel, 1991; Piechowski, 1998).

아마 '자아실현을 한 사람들이 모두 Dabrowski가 말하는 4수준의 기준을 만족하는가?'에 대한 답을 결정해야 할 것이다. 역으로, 즉 4수준의 기준을 만족하는 사람은 모두 자아실현을 한다는 말은 참이라고 봐도 무난하다. 이를 연구하고자 한다면 그런 사람을 분별해 낼 기준은 자아실현검사(Personal Orientation Inventory)의 방식이 아닌, Maslow의 자아실현 인간에 대한 정의에서부터 나와야 한다(Shostrom, 1963). 다른 곳에서 주장한 바와 같이, 이 검사는 기본적으로 Rogers의 '경험에 대한 개방성'이라는 개념에 한정되어 있어 Maslow의 설명에 나타나는 훨씬 더 강력한 특성을 포함하지 못한다(Piechowski & Tyska, 1982).

5수준의 문제점

4수준이 쉽게 이해되지 않는다면, 특히 이 수준을 비현실적으로 이상화된 형태로 인식하는 사람이라면 5수준은 더 큰 문제일 것이다. 누가 이 가장 높은 발달수준의 고결한 수준을 만족할 만큼 앞서 있는 사람을 개인적으로 알고 있다고 말할 수 있겠는가? 우리 중 Jesus Christ, Saint Francis of Assisi, Gautama Buddha, Paramahansa Yogananda, Dalai Lama와 같은 사람이 있을 수 있을까? 그녀의 가치를 깎아내리려는 사람들이 있음에도 테레사 수녀가 좋은 예가 될까? 성인 중에서 찾아야 할까? 종교는 신념을 갖고 따르는 경우 개인에게 힘든 수행을 부과한다. 그렇기에 종교가 없는 사람은 보다 높은 수준에 도달할 가능성이 없다고 주장할 수도 있다. 그러나 세속에서 5수준에 도달한 사람도 있다 (일부는 이를 종교적 훈련의 외부적 도움 없이 이루었다고 말할 수 있다. 이러한 관점에서 나는 항상 고등 발달의 가장 설득력 있는 예는 세속적인 경우라고 생각했다).

　내가 5수준을 이룬 것으로 본 첫 대상자는 UN 사무총장을 역임하고(1953~1961) 죽은 후 노벨평화상을 수상한 Dag Hammarskjöld였다. 원래는 그의 책 『표시(*Markings*)』를 분석하려고 했지만, 그것은 어려울 것 같았다. 그의 생각이 겉으로 잘 드러나 있지 않았던 데다 그의 감정이 항상 즉각적으로 기록된 것이 아니었기 때문이다. Dag Hammarskjöld는 모든 나라, 그중에서도 작은 신생 국가를 위해 일하기로 결심했다. 이것은 쉬운 선택이 아니었다. 그는 외로움이 자신을 억누를 것임을 알고 있었다. 그는 헌장에 나와 있는 이상대로 UN을 이끌었기 때문에 평화의 봉사자라고 불리었다. 그를 초월적 영역으로 이끈 것은 살면서 그가 추구했던 내적 변형이었다.

　　일에 대한 걱정이 느슨해질 때, 이 빛과 따뜻함, 힘을 경험하고 있음을 알게 된다. 하늘을 나는 사람에게 공기가, 수영하는 사람에게 물이 그렇듯 지속 가능한 요소… 나를 통해 영혼의 자기장의 모습이 빛을 발한다. 나는 알 수 없는 다수의 존재의 영원한 선물 속에 창조되어 있으며, 성스러운 복종 속에 살며, 내 모든 언행이 영원한 기도다(Hammarskjöld, 1964, p. 84).

'영혼의 자기장' 이라는 은유를 통해 이기적인 욕구가 아닌, Dabrowski가 이상적 성격라고 부른 내적 이상에 기꺼이 복종하는 데서 힘을 얻는 그의 영감과 에너지의 내부 원천을 감지할 수 있다(Piechowski, 2003).

　언젠가 나는 『Peace Pilgrim: 그녀가 직접 말하는 인생과 일(*Peace Pilgrim: Her Life and Work in Her Own Words*)』이라는 책을 한 권 받았다. 이 책에는 이것이 5수준의 본질적 발현이구나 하고 깨닫게 하는 참된 삶에 대한 해박한 설명이 있었다(Peace Pilgrim, 1982; Piechowski, 1992b, 2008). 그녀는 Mildred Norman이라는 이름으로 1908년 뉴저지의 한 농장에서 태어났다. 그녀의 가족은 교회에 다니지 않았다. 어린 시절부터 그녀의 태도는 다른 아이로 하여금 그녀가 하는 말에 귀를 기울이게 만들었다. 그녀는 결혼과 이혼을 겪고 15년 동안 정서적 어려움을 겪고 있는 청소년과 성인을 돕는 일을 한 뒤에서야 평화를 위해 일해야겠다는 삶의 사명을 발견했다. 그녀는 이 15년을 낮은 자아와 높은 자아 사이의 싸움으로 묘사했다(이는 그녀가 옳다고 믿었던 삶을 시작하기 위한 단호한 노력이었다). 그리고 나서 어느 순간 "버둥거리는 가운데 정점에 오르는 놀라운 경험을 했고, 처음으로 내적 평화가 어떤 것인지를 알았다. 나는 하나 됨(oneness)을 느꼈다(그것은 나와 같은 인간 존재와의 하나 됨, 모든 피조물과의 하나 됨이었다). 그때부터 무언가에서 정말로 분리되어 있다는 느낌을 가진 적이 없다."

　그녀가 내적 성장과 영적 성숙의 단계를 묘사한 방식은 다중수준 성장의 교과서적 사례처럼 읽혔다. 그녀는 낮은 자아가 높은 자아와 싸우는 과정에서 피할 수 없는 좋은 시절과 힘든 시절이 나타나는 굴곡의 길을 지나 그 뒤로 높은 의식수준에서 가끔 한 번씩 떨어지게 만드는 계곡이 있는 고원을 지났고, 마침내 내적 평화를 이룬 후 상승세가 있는 험하지 않은 길이 그녀에게 꾸준히 이어지게 되었다. 그녀는 그 싸움에서 승리하고 내적 평화를 얻었다 하더라도 내적 성장은 계속되었음을 강조했다(Peace Pilgrim, 1982; Piechowski, 1992b).

　Dabrowski는 이차적 통합이 마지막 안정기가 아니라는 것을 잘 알고 있었다. 최고의 상태가 무엇인지를 알기 위해 어떤 노력을 하든, 그 상태가 깊이나 강도에 있어 성장한다는 것은 확실히 말할 수 있을 것이다. Peace Pilgrim은 영원한 내적 평화를 얻은 후 자신의 내적 상태를 아래와 같이 설명했다. 이는 Hammarskjöld의 '영혼의 자기장'과 Dabrowski가 말한 이상적 성격을 그녀 방식으로 풀어낸 것이다.

　　사랑과 평화, 기쁨같이 모든 좋은 것으로 항상 둘러싸여 있는 느낌이 있습니다. 그런 것이 나를 보호하려고 둘러싸고 있는 것 같으며, 살면서 직면하게 되는 어떤 상황도 이겨 내게 하는 확고부동함이 느껴집니다…(p. 22).

　　나는 젊음의 에너지가 아니라 그보다 더 나은 에너지에 의지해서 걷습니다. 나는 절대 소진되지 않는 내적 평화의 끝없는 에너지에 의지해서 움직이고 있습니다! 당신이 신이 일하는 통로가 되면 더 이상 어떠한 거리낌도 없습니다. 신이 당신을 통해 일하시기 때문입니다. 당신은 순전히 도구입니다(그리고 신이 하실 수 있는 일에는 제한이 없죠). 신을 위해 일하는 동안에는 스스로 애쓰고 긴장한다는 생각이 들지 않습니다. 평온하고 잔잔하며 서두르지 않음을 느끼는 거죠(p. 26).

　　그녀의 사명은 "국가 간의 평화, 민족 간의 평화, 환경 안에서의 평화, 개인 사이의 평화, 평화가 시작되는 지점이기 때문에 아주 중요한 내적 평화"를 위해 일하는 것이었다(Peace Pilgrim, 1982, p. 25). Peace Pilgrim은 한국전쟁과 과격한 극단적 반공주의의 암울한 시대였던 1953년, 평화를 위한 2만 5000마일 도보 순례를 시작했다. 당시에도 소규모 평화주의 단체는 있었지만, 평화 활동은 아직 태동하기 전이었다(Peace Pilgrim, 1982; Rush & Rush, 1992). 순례를 하기 몇 년 전, 그녀는 평화를 위한 기도에 집중하기 위해 45일간 단식을 했다. 그녀의 기도의식은 깨지지 않는 지속적 존재 상태가 되었다. "나는 끊임없이 기도하는 법을 알았습니다. 기도의식에 단단히 접촉하여 그 속에 내가 걱정하는 상황이나 사람을 넣으면 나머지는 자동적으로 이루어졌습니다." (p. 73)

　　그녀가 1953년에서 1981년까지 동서를 횡단하는 동안 상당히 많은 사람이 그녀를 알게 되었다. 다큐멘터리 〈평화의 정신(The Spirit of Peace)〉은 그녀의 사명이 예를 들어 상습범행을 극적으로 줄이는 교화 프로그램이나 간디와 같은 목표를 둔, 갈등을 해소하면서 쌍방이 모두 승자가 되는 방식의 중재에 미친 영향을 보여 주는 인상적인 증거다. 그녀의 '내적 평화를 향한 단계'를 이용한 중재를 한 변호사들은 어느 편에서 중재를 하는가와 '무관하게' 2만 개의 사례 중 꾸준히 80%의 승소율을 보이고 있다고 말했다. 그녀의 말과 그녀와 가까이 알고 지낸 사람들의 증언을 합쳐 보면, 그녀가 지속적으로 높은 수준의 에너지, 친절함, 흔들리지 않는 내적 평화, 평화에 대한 사람들의 의식을 고양해야 한다는 자신의 사명에 대한 헌신을 갖고 있었음을 보여 주는 충분한 자료가 된다(Peace Pilgrim, 1982). 이 자료는 현대 사회를 사는 사람에게서 나타나는 5수준의 내외적 삶에 대한 통찰력을 제공한다(Piechowski, 1992b).

Peace Pilgrim은 종교적인 양육을 받지 않았다. 신에 대한 그녀의 탐구는 전적으로 내부에서부터 촉발된 것이며, Dag Hammarskjöld도 마찬가지였다. Etty Hillesum은 유대교 전통에 따라 전통적인 방식으로 자랐지만, 자물쇠에 채워져 있다고 생각했던 자신의 본질적 부분을 탐구했다. 이는 그녀를 기도의 삶과 신과의 깊은 교제로 이끌었다(Piechowski, 1992a; Spaltro, 1991). 그녀는 자신의 깊은 내면에 도달하여 증오를 이겨 냈다. 나치의 공포 속에서도 그녀는 내적 평화를 이루었다. "우리가 필요한 모든 것(우리의 삶에 의미를 부여하고, 내적 평화를 지켜주며, 당대의 문제를 해결하는)은 우리 안에 있다."라고 단언한 그녀의 말은 직접적으로 얻은 지식에서 나온 것이었다. Peace Pilgrim과 마찬가지로, 그녀도 내적 평화가 세계 평화를 위해 꼭 필요한 기반이라고 반복적으로 단언했다(Piechowski, 1992a). Etty Hillesum(1985)의 일기는 아마도 아직까지는 다중수준의 발달에 관한 가장 자세한 기록일 것이다.

Abraham Lincoln은 어머니의 침례교리에 따라 자랐지만, 젊은 시절 종교적 교리를 거부했다(Wilson, 1998). 그는 성장과정에서 엄청난 내적 변형으로 인한 내적 갈등과 우울의 시기를 거쳤다. Elizabeth Robinson(2002)과 Andrew Kawczak(2002)은 Lincoln의 삶에서 나타난 긍정적 비통합 수준을 간략하게 분석하고 그가 이차적 통합에 이르렀다고 결론짓고 있다.

Dabrowski 이론의 여지: 더 큰 영역으로의 수준

　Dabrowski 이론의 복잡성은 과소평가되어서는 안 된다(〈표 3-4〉 참조). 개인의 성장은 아동기, 청소년기, 성인기가 연속적으로 펼쳐지기보다는 산을 오르는 것과 더 비슷하다. 개인의 성장을 모든 위험과 용기, 끈기를 시험하는 등반을 하는 것과 같다고 상상하는 것은 모든 사람이 멀리 갈 만한 힘과 인내력, 의지를 갖는 것은 아님을 의미한다. 소수만이 정상에 이를 수 있다. 또한 모든 사람이 등반에 흥미를 갖는 것은 아니며, 사람에 따라서는 골짜기에 남아 있는 것을 선호할 수도 있다. 어떤 사람은 산이 있다는 것조차 모를 수도 있다. 개인이 이 상징적인 산을 오르는 데 있어 얼마나 멀리 갈 것인가에 관한 자질이 발달 잠재성을 구성한다. 다중수준의 발달의 자질이 있다는 것은 그 사람이 이미 충분히 높은 곳에서 오르막을 오르기 시작했음을 의미한다. 제한된 잠재성을 가진 사람은 골짜기에서 출발하여 높이까지 이르지 못한다.

표 3-4 | Dabrowski의 긍정적 비통합이론에 따른 정서발달 수준

1수준: 일차적 통합
사리사욕 위주의 사고방식
자기 보호와 생존에 대한 지배적 관심; 이기적 자기중심주의; 타인을 도구로 봄

2수준: 단일수준의 비통합
바람에 흔들리는 갈대 – 마태복음 11장 7절
내적 지향의 결여: 내적 분화(많은 자아; 집단의 가치에 순종; 가치와 신념의 상대주의)

단일수준의 역동성

양가감정	상반된 감정 사이의 동요; 기분의 변덕
양립경향	변덕스럽고 일치하지 않는 행동경향
제2요인	사회적 의견에 대한 감수성; 타인에 대한 열등감

3수준: 자연적인 다중수준의 비통합
최선을 추구하지만 최악을 따른다–Marcus Tillius Cicero
이상에 대한 감은 있으나 이상에 도달하지는 못함; 도덕적 관심; 자아의 높은 차원 대 낮은 차원

다중수준의 역동성

다중수준의 역동성은 세계, 타인, 자신을 비판적으로 인식하고 평가하는 방식. 이는 내적 변형 작업으로 이어짐.

가치위계와 사회적 양심

위계화와 공감	'어떠해야 하는가'와 대조되는 '어떠한가': 개인적 가치 진정성으로 이어지는 보편적 가치
긍정적 부적응과 공감	윤리적 원칙에 위배되는 것에 대한 저항

정서적으로 격한 자기 반응과 자기 판단

자신에 대한 불만족	자신의 바람직하지 못한 부분에 대한 분노: 자기혐오
자신에 대한 열등감	자신의 부족한 부분에 대한 분노, 혹은 자신의 잠재성을 인식하지 못하는 상태
자신에 대한 불안	내적 존재 상태의 부조화
자신에 대한 놀라움	자신의 바람직하지 못한 모습에 대한 놀라움
수치감	자신의 도덕적 기준에 대한 결핍 및 타인의 시선에 따른 수치감
죄책감	도덕적 실패에 대한 죄책감; 보답과 속죄에 대한 필요

4수준: 조직화된 다중수준의 비통합

평온 뒤에는 불행의 정복이 있다 – Eleanor Roosevelt
자아실현; 이상과 행동이 일치; 타인의 행복과 내적 성장을 위한 강한 책임감

내적 재구성의 역동성

주체–대상으로서의 자아	개인의 동기와 목적에 대한 비판적 검증과정; 자기 이해의 도구
제3요인	내적 삶에 있어서의 선택과 결정에 대한 실행력; 자기 통제와 자기 결정의 적극적 의지
책임감	자신 및 타인의 발달을 위한 과업을 대신함; 사회의 필요에 대한 공감적 반응성
내면의 정신적 변형	낮은 단계의 기능으로 돌아가는 것을 넘어서는 영속적 결과를 가져오는, 심층적 수준의 내적 재구성
자기 교육	변화 프로그램
자기 심리치료	자신이 고안한 심리치료와 예방법
자기 통제	발달을 조절하고 방해과정을 저지; 자율성으로 이어짐
자각	자신의 독특함, 발달에 대한 요구, 실존주의적 책임감에 대한 지식
자율성	발달에 대한 자신감; 낮은 수준의 충동과 동기에서 자유로움

5수준: 이차적 통합	
영혼의 자기장 – Dag Hammarskjöd 평등한 권리, 세계 평화, 보편적 사랑과 연민, 모든 나라의 주권 등 강한 이상에 고취된 삶	
이상적 성격	발달의 궁극적 목표(존재의 본질)
수준에 걸쳐 이어지는 역동성	
창조 본능	자기 완성의 역동성으로 변모
공감	연결성; 배려; 도움이 됨
내적 갈등	시작 수준에서는 욕구 간의 충돌; 그 후 내적 갈등은 정서적 (단일수준) 및 의식적(다중수준)이 됨
동일시	높은 수준과 이상적 성격과 동일시
비동일시	낮은 수준과 충동으로부터 거리 두기
처리 및 지시 센터	의지의 상태
	Ⅰ: 주요 동기(충동)와 동일시 Ⅱ: 복합적, 파편화, 혹은 방향의 전환 Ⅲ: 연결된(= ∼와 동일시) 수준의 결과로서의 오르내림 Ⅳ: 일치된 Ⅴ: 이상적 성격

출처: Piechowski(2003).

이 이론이 광범위하다고 말할 수 있다. 각 수준은 많은 개인적인 발달 경로를 위한 여지가 많은 큰 영역이다. 같은 IQ를 가진 사람 사이에서도 개인적인 지능 프로파일이 넓게 나타나는 것과 마찬가지로, 어느 수준에서도 발달 유형이 크게 대조적일 수 있다.

각 수준에는 실행 가능한 많은 패턴과 대안 경로를 위한 여지가 있다. Barry Grant는 Kohlberg, Gilligan, Dabrowski, Blasi의 발달이론을 적용하여 높은 수준의 도덕성 발달 사례를 연구하였다(Grant, 1988, 1990, 1996). 그는 개인의 삶과 이론 사이의 대화를 소개하고, 이론을 이용해 삶을 설명하고 삶을 통해 이론을 점검하려고 했다. 경합을 벌이는 네 가지 이론에서 어느 사례가 네 가지 이론 중 어떤 이론에 가장 잘 맞아떨어질까? 그의 대상자 중 한 명('Hendricks')의 발달은 Kohlberg와 놀라울 만큼 유사하다. "두 사람 모두 『카라마조프가의 형제들(*The Brothers Karamazov*)』에서 제기한 도덕적 질문의 영향을 받았다. 두 사람 다 민주적 가치를 믿었다." 더욱이 "두 사람 모두 도덕적 상대주의를 해결하기 위해 고심했으며 그 대안으로서 보편적 도덕성의 합리적 기반을 찾으려고 했다." Kohlberg는 '6단계 정의추론'이라고 명명한 도덕적 추론의 형태로 이루어진 보편적 법칙에서 해답을 찾았다(Grant, 1990, p. 86). Hendricks의 해답은 "진실을 찾고 논의하는 태도(관용, 열린 마음, 상충하는 시각의 장점에 대한 인식)로 합리성"을 받아들이는 것이라는 것이다(p. 87). 그의 합리적 접근은 보편적 법칙에 기초한 도덕성이라기보다는 '과정'의 도덕성이었다. Hendricks는 Dabrowski의 도식에 도전하는 것이었다. Grant는 Hendricks가 "가치체계를 발달시켰고, 강한 책임감을 가지고 이상대로 살고자 했기" 때문에 3수준 혹은 4수준에 있을 것이라고 말한다. 그러나 Grant의 철저한 사례 연구(162쪽에 달한다)는 평화는 이루었지만 내적 성장은 이루지 못한 이 남자의 삶에서 이루어진 내적 변형의 증거를 제시하지 못했다.

Grant의 또 다른 사례인 'Hope Weiss'는 상대주의와 양립하는 다중수준의 성장에 대한 가능성을 보여 준다. Dabrowski의 이론에 따른 훈련을 받은 나는 항상 단일수준의 영역에 속한 가치의 상대성과 이에 따른 도덕적 상대주의를 믿고 있었다. 그러나 Barry Grant는 세 가지 종류의 상대주의가 있다고 설명한다. '설명적 상대주의(descriptive relativism)'는 사람들과 사회의 기본적 도덕에 대한 생각이 다르며 갈등 속에 놓여 있다는 것이다(이는 내가 초기에 가졌던 좁은 개념에 부합한다). '규범적 상대주의(normative relativism)'는 한 사회나 사람에게 옳은 것이라 하더라도 같은 상황에 놓인 다른 사회나 사람에게는 반드시 옳지는 않다는 시각이다. '초윤리적 상대주의(meta-ethical relativism)'에서는 객관적인 타당한 방식으로 하나의 윤리 판단이 다른 윤리적 판단을 정당화할 수 없다고 말한다. Hope Weiss의 도덕성은 규범적 상대주의와 초윤리적 상대주의가 합쳐져 있다. 그녀의 도덕적 거리는 그녀 스스로 항상 변함없다고 생각하는 자아관에 뿌리를 두고 있었다. "제 본성은 항상 똑같았어요. 다른 사람도 다 그런지는 모르겠어요…. 제가 기억하는 가장 어린 시절인 유치원 때부터

제 내면은 정말 똑같았어요."(Grant, 1996, p. 121) 그녀는 많은 상황에서 한 가지 이상의 정답이 있다고 믿고 있었다. 따라서 그녀는 도덕적 판단에 보편적 법칙이 있다는 생각을 거부했다. 그녀의 도덕성은 무엇보다 동정심에 기초하고 있었다. 곤경에 처한 사람을 보면, 그녀는 돕지 않을 수 없다고 느꼈다.

Hope Weiss의 행동은 다중수준의 기능방식이 갖는 특징이지만, 그녀는 긍정적 비통합 과정을 통해 이 수준에 도달했다고 생각하지 않는다. 그녀는 자신이 늘 그랬다고 생각하고 있었다. 이는 대단히 강한 공감과 자아에 대한 변하지 않는 감각을 갖고 태어난 사람을 더 찾을 수도 있음을 의미한다. Ann Colby와 William Damon(1992)은 몇 년간 "시우다드후아레스 쓰레기 처리장 근처에서 살아가는 가난한 멕시코인 수천 명을 먹이고, 입히고, 의료 지원을 제공해 온" Suzie Valdez를 면접하였다. 그녀는 늘 사랑을 갖고 있었노라고 말했다. "저는 모든 사람을 사랑해요. 그 사랑은 진심입니다. 하나님께서는 저에게 저 혼자서는 이해할 수 없을 정도로 이들을 사랑할 마음을 주셨습니다."(p. 47) Colby와 Damon이 연구한 또 한 명의 매우 헌신적인 사람인 Charleszetta Waddles는 어머니가 그녀에게 "나도 너 같은 마음이 있었으면 좋겠다."라고 말했던 것을 떠올렸으며, 자신에 대해서는 "저는 정이 많았고 너그러웠지만 당시에는 그렇게 부르질 않았죠. '나도 어쩔 수가 없어, 난 자유로운 영혼이야.' 하고 말했어요."라고 했다(p. 212).

영국의 두 연구에서는 어린 시절부터 "절대 실패하지 않는 삶의 흐름(사랑)의 힘이…우리 안에 있는 삶의 중심 불꽃"(Maxwell & Tschudin, 1990, p. 195)이라고 평생 지속적으로 인식해 왔으며 언제나 본질적으로 같았다는 사람의 사례를 보고했다. "내가 '본질적'으로 많이 바뀌었다고 생각하지 않습니다…. 나는 항상 본질적 '나'는 영원하고 자유로우며 지금만 육체 안에 갇혀 있기 때문에 발생하는 억압을 감내하는 것뿐이라는 생각을 갖고 있었던 것 같습니다."(Robinson, 1978, p. 141)

아마도 어릴 때부터 자신의 본질을 인식한 사람들은 다른 사람처럼 긍정적 비통합을 거칠 필요가 없을 것이다. 자신의 본질을 찾는 것은 그들로 하여금 긍정적 비통합과 내적 변형을 통해 탐구하고, 질문하고, 의심하고, 세심히 살피고, 평가하게 만드는 삶의 과업이기 때문이다.

Grant의 연구는 하나의 이론을 제시하지 않았다. 네 가지 이론을 다 합쳐도 네 가지 도덕적으로 발달한 사례의 발달 경로를 모두 설명할 수 없었다. 개인의 삶은 어떠한 이론 혹은 이론의 조합과 비교할 수 없을 정도로 풍부하다. Goethe가 말했듯이, "모든 이론은 회색이고, 생명의 나무는 푸르다."

주옥같은 2수준

Dabrowski의 이론을 접하게 되는 개인은 보다 높은 3수준과 4수준에 초점을 맞추고, 2수준은 업신여기는 경향이 있다. 그러나 이 수준 역시 이해하고 엄청난 공감을 받을 만한 수준이다. 나도 Belenky, Clinchy, Goldberger와 Tarule(1986)의 『여자들이 배우는 방식(*Women's Ways of Knowing*)』을 읽고서야 이를 확실히 알게 되었다.

2수준은 워낙 가능성이 많기 때문에 쉽게 이해되지 않는다. 한번은 Dabrowski에게 단일수준의 비통합에 대한 이해가 잘되지 않는다고 말한 적이 있었다. 그는 농담으로 "나도 그걸 잘 이해하지 못한다네."라고 대답했다. 2수준의 특징이 항상 비통합인 것은 아니다. 사회와 개인이 당면한 환경의 관습과 명령을 따르는 부분적 통합이나 적응적 통합이 나타날 수도 있기 때문이다. 2수준은 기분이 이랬다저랬다 한다거나, 행동이 일관되지 못하거나 이쪽 극단에서 저쪽 극단으로 왔다 갔다 하는 등으로 나타나는 내적 불안을 가져오기도 한다. 그러나 관습적 가치나 지적 합리주의에 입각한 상당 수준의 통합된 세계관을 가질 수도 있다. 타인, 가족, 사회('제2요인')의 기대를 충족하는 과정은 영재 여성에게서 극단적인 경우 거식증이나 폭식증으로 이어질 수도 있다(Gatto-Walden, 1999). 내적 파편화("나는 천 조각으로 찢겨진 것 같다.")가 언제 나타날지 알 수 없는 많은 '자아' 사이의 변화도 자주 경험한다. 청소년기에 Elkind(1984)가 '조각난 자아'라고 명명한 정체성을 찾는 데 실패하는 것은 내적 혼란의 또 다른 예다. 이 수준에서 성격의 성장은 개인의 자아감(a sense of self)을 얻으려는 투쟁이 된다.

　자아감이 발달하지 않았을 때, 성격 성장은 인간으로서의 자기 내면에 들어감으로써 개별성에 대한 감을 얻는 쪽으로 이루어진다. 사람들이 외부 권위를 신뢰하고 자신이 누구인가를 정의하는 데 있어 외부 권위에 의지하는 경우, 그들은 자신의 역할에서 자아에 대한 감각을 이끌어 낸다. "나는 성격을 가진 적이 없었다. 나는 늘 누군가의 딸이었고, 누군가의 아내였고, 누군가의 어머니였다."(Belenky et al., 1986, p. 82) 이것이 바뀌지 않는 한 내적 발달이 없는 (아직 2수준이 되지 않은 1수준) 상황이 유지된다. 이 권위가 틀렸거나, 사람들을 오도하며 착취하고, 모욕적인 것으로 드러나면 위기가 발생한다. 이는 가정에서, 교회에서, 혹은 베트남전쟁 당시처럼 온 나라에서 일어날 수 있다. 배신감을 느끼는 개인은 실패했다는 이유로 권위를 부정한다. 그들은 자신과 비슷한 사람들에게서, 그리고 최종으로는 자기 스스로 자기 이해와 자각을 찾기 시작한다.

　그 첫 단계는 외부 권위를 수동적으로 수용하는 데서 벗어나 주관적 이해에 대한 신뢰로 그 자리를 대체하는 것이다. 두 번째 단계는 자아에 대한 질문이다. 이 극적인 변화에서 사람은 외부 권위에 대한 의존을 벗어나 자기 내부의 목소리에 귀를 기울이는 방향으로 이동한다. 그러나 이 목소리는 발달하지 않았고, '직감(gut feeling)'에서 나오는 것은 무비판적으로 받아들여진다. 이 목소리는 아직까지 본질적 자아를 대변하는 것이 아니다. 만약 정서적 성장이 '직감' 이상 이어지지 않는다면, 이는 다양한 기분과 의견, 운을 경험하는 사이에 흔들릴 것이다(Dabrowski는 이를 '양가감정'과 '양립경향'이라고 불렀다). 그러고 나면 이 변화는 단일수준의 영역에 갇혀 거기에 머무르게 된다. 그러나 자의식에 더 다가가며 계속 성장하는 것도 분명 가능하다.

　『여자들이 배우는 방식』에 등장하는 한 여성은 그녀가 어떻게 옳고 그름을 설명하던 외부 권위의 변덕에 순종하는 것을 그만두게 되었는지를 설명했다.

그녀는 자신이 멍청하고 무식하다는 생각을 멈추었다.

나는 직감으로만 뭘 배우는 사람이다. 나는 이것을 한 번에 생각하고 느끼면서 그것이 맞다는 것을 아는 수준까지 바꿔 놓았다. 내 직감은 가장 좋은 친구이자, 세상에서 나를 실망시키지도 않고 거짓말을 하거나 나에게 등을 돌리지도 않을 유일한 존재다(Belenky et al., 1986, p. 53).

다른 여성도 비슷한 변화, 즉 내적 이해가 처음으로 시작되었음을 표현했다.

속에 있는 어떤 느낌 같은 것이다. 마치 누가 당신에게 어떤 말을 하면 감정이 생기는 것과 같다. 당신 안에 얼간이 같은 것이 들어 있는지 어쩐지는 모른다. 그것은 설명하기 어렵다(p. 69).

내부에 얼간이가 있는 것 같은 느낌은 게슈탈트 학파의 심리학자와 Gendlin(1981)이 문제가 해결되었을 때 사물이 제자리에 놓이는 내적 이동이라고 설명했던 것을 의미할 수도 있다.

내 안에 최근까지는 알지도 못했던 부분(본능인지, 직관인지 뭐라고 부르든)이 있다. 그것은 나를 도와주고 보호해 준다. 또한 통찰력도 있고 약삭빠르다. 나는 내 안에 귀를 기울이기만 하면 무엇을 해야 할지 알게 된다(p. 69).

다른 여성은 어떻게 자신이 과거를 떠나 새롭게 시작하게 되었는지를 설명했다.

그와의 결혼생활은 애를 하나 더 키우는 것과 같았다. 나는 그의 정서적 지원체계였다. 아들까지 낳은 후, 나의 모성본능은 아예 머리끝까지 치밀었다. 정말 여기까지 찼다! 내가 첫 번째로 했던 일은 기르던 식물을 모두 죽게 내

버려 두었던 것으로 기억한다. 나는 다른 것은 돌볼 수가 없었다. 나는 식물
에 물을 주고 싶지 않았다. 어떤 것에도 먹이를 줄 마음이 없었다. 그래서 나
는 개도 없애 버렸다(p. 78).

이 여성은 남편과 이혼하고, 아들과 함께 다른 곳으로 옮겨 대안적인 생활방
식을 찾기 시작했다.

규칙을 따르는 것, 이 때문에 학교와 교회, 사회화와 개별화의 주체가 있는
것 아닌가? 만약 어느 누구도 기도해 주는 사람이 없다면 규칙에 대한 신뢰에
서 벗어나는 것은 특히 어렵다. 자신에게 질문을 던지는 일은 고되다.

나는 항상 규칙이 있다고 생각해 왔고, 그 규칙을 따르면 행복할 것이라고
생각해 왔다. 나는 왜 나는 그렇지 않은지 전혀 이해할 수 없었다. 나는 빌어
먹을, 나는 잘하고 있고, 나는 규칙을 따르고 있다고 생각했다. 나는 사람들
이 하라는 대로 했는데, 일은 내 뜻대로 되지 않았다. 내 삶은 엉망이었다. 나
는 평소 매우 좋아하던 목사님께 편지를 써서 물어보았다. "어떻게 하면 일
이 잘 풀릴까요?" 그는 답을 주지 않았다. 이때 나는 누구에게도 답을 얻을
수 없을 것임을 분명히 알았다. 나는 그 답을 스스로 찾아야만 했다(p. 61).

세 명의 각기 다른 여성은 자아감의 동요와 변화과정에서의 유쾌함과 낙관
주의를 나타내었다.

나는 매일 다른 사람이 된다. 바깥이 어떤지 혹은 내 몸이 어떤 느낌인지에
따라 다른 날이 되는 것 같다…(p. 83).
나는 지금 이 순간에만 이 모습이다. 내일이면 나는 다른 사람이 되고, 그
다음 날이면 또 다른 모습이 된다…. 나는 언제나 변화한다. 모든 것은 언제
나 변한다…(p. 83).
내일 이후에 대해서는 사실 생각할 수 없기 때문에 내가 누구라고 말하기

는 어렵다. 먼 훗날이라면 더 잘 알게 될 것 같지만, 지금은 그냥 잘 모르겠다. 내가 누구인지 찾아내는 일은 정말 재미있을 것이라고 생각한다. 알아낼 때까지는 무엇이든 하려는 것이다(p. 83).

일부 여성은 신기함과 변화에 개방적으로, 탄생과 부활, 어린 시절(다중수준과는 거리가 멀지만 성격의 성장에서 매우 중요한 단계)의 이미지를 표현했다.

> 나는 지금 태어나고, 내가 누구인지를 발견하느라 바쁘다. 나는 내가 누구인지 모른다. 어디로 가고 있는지도 모르겠다. 모든 것은 괜찮아질 것이다…(p. 82).
>
> 지금 내가 보는 나 자신은 아기와 똑같다. 나는 나 자신이 시작하고 있다고 본다. 내가 어떤 사람이 될지에 대한 가능성은 매우 넓게 열려 있다…(p. 82).
>
> 지금의 나란 사람은 이제 겨우 새로운 경험을 하는 서너 살 정도라고 생각한다. 나는 언제나 이끌려 다니고, 무엇을 해야 할지를 들었다. 나 자신에 대해 많이 생각해 보지 않았다. 지금의 나는 전부 다 다시 배우는 기분이다(p. 82).

나는 2수준의 단일수준 세계에서 이루어지는 정서적 성장을 과소평가할 것이 아니라 존중하고 더 탐구해야 한다는 생각이 무척 강하다. 이는 만약 개인의 발달 잠재성이 제한적이라면 다중수준으로의 정서 성장으로의 이행을 수월하게 하는 것이 가능할 것인가에 관한 질문이 생긴다. 또한 다중수준의 다수가 없는 조화로운 사회를 상상해 보는 것도 가능할까? 나는 가능할 것 같다(상상으로는 말이다). 중요한 과흥분성인 정서적 과흥분성과 지적 과흥분성에 대한 발달 잠재성이 부족하더라도, 긍정적인 가정이 책임감 있고 공정함과 정의감이 강하고 타인을 배려하는 아이를 키워 낼 수 있음을 보여 주었던 Ralph의 경우를 떠올려 보자. 아동발달 연구에서는 실제로 Ralph의 부모가 만든 것과 같은 환경이 성장에 낙관적임을 밝히기도 했다(Bowlby, 1969; Sroufe, 1995).

위의 사례는 모든 자료가 Dabrowski 이론의 틀을 바탕으로 만들어져야 하는 것은 아님을 보여 준다. 그의 개념에 생생하게 살을 붙이기 위해 기존 연구들을 찾아볼 수도 있다.

측정: 더 나은 방법이 분명 있을 것이다

　연구는 연구 목적에 부합하는 도구에 의존하여 이루어진다. 자전적 자료에 발달수준을 매기는 것은 매우 시간 소모적인 과정이다. 게다가 대부분의 역동성이 높은 수준에 있기 때문에 1수준과 2수준은 평가하기가 어렵다. 더욱이 1수준은 발달 역동성이 전혀 없는 것으로 정의되어 있는데, 무엇이 없는 상태는 양화하기가 어렵다.

　David Gage는 새로운 길을 찾기로 했다. 그는 다중수준의 역동성을 부적절하고 가치가 없다고 느껴지는 순간, 자신에게 절망하고 분노하는 순간, 자기 안의 갈등과 의심을 일으키는 질문을 다루는 것 등이 각 발달수준에서 나타나는 주요 주제로 볼 수 있다고 결론지었다. Gage의 세 가지 새로운 방식은 그 타당성이 철저히 검증되었으며, 후속 연구에서는 그중 정의반응검사(Definition Response Instrument: DRI)가 사용되었다. 이 방법은 여섯 가지 다중수준의 역동성에서 드러나는 주제에 대응하는 여섯 가지 질문으로 이루어져 있다(Gage, Morse, & Piechowski, 1981).

　Katherine Ziegler Lysy는 발달수준을 구분하는 데 David Gage의 도구를 처음으로 사용한 사람이다(Lysy & Piechowski, 1983). 그녀는 Jung의 이론과 Dabrowski 이론에서 도출한 개인 성장의 척도를 비교했다. 심리학적 유형에 대한 Jung의 개념은 외향형(extroversion)과 내향형(introversion)(E-I), 감각형(sensation)과 직관형(intuition)(S-N), 사고형(thinking)과 감정형(feeling)(T-F)의 세 가지 연속적인 성격 차원을 규정했다. 뒤의 두 차원은 과흥분성과 상응할 것이라는 기대를 할 수 있다(예를 들어, 사고형은 지적 과흥분성에, 감정형은 정서적 과흥분성에 상응한다). 그러나 과흥분성과 이들 차원 사이에는 매우 낮은 상관계수가 나타나, 이들이 전혀 다른 구조임을 시사했다. Jung의 차원은 경험을 처리하는 데 있어서 선호하고 습관적인 양식을 나타낸다. 과흥분성은 경험을 확장하기 위한 고조된 능력(heightened capacities)을 말한다(Lysy & Piechowski, 1983).

Kathy Lysy는 42명에게 과흥분성 척도와 발달수준 척도를 제공하였다. 그러고 나서 그녀는 과흥분성에 관한 자료와 발달수준에 관한 자료의 상관성을 살펴보았다. 정서적 과흥분성과 지적 과흥분성은 발달수준과 매우 유의미한 상관(.57과 .59)을 나타낸 반면, 상상적 과흥분성의 상관은 .38에 불과했다(이에 대한 논의와 더 최신의 결과는 이 책 Miller의 장에 나온다).

Dabrowski는 정서적 과흥분성, 지적 과흥분성 및 상상적 과흥분성은 다중수준의 성장에 필수적이라고 강조했다. 그는 또한 심체적 과흥분성 및 감각적 과흥분성이 강하면 발달을 저해할 것이라고 믿었다. 발견된 결과는 꼭 그렇지는 않다. 심체적 과흥분성과 감각적 과흥분성은 발달수준을 떨어뜨리는 효과를 나타내지 않았다. 오히려 약한 상관관계를 보였다. 그러나 Jung이 제시한 직관 기능은 매우 유의미한 수준의 상관(.44)을 나타내었다. 이는 직관이 다중수준의 잠재성을 이루는 필수 요소라는 것을 의미한다.

정서적 과흥분성과 지적 과흥분성은 다중수준의 성장을 위한 잠재성에 있어서 가장 강한 요인이다. 내면의 정신적 변형이 이 과흥분성 없이는 일어날 수 없다는 점에서, 이들 과흥분성의 힘은 상당히 중요하다. 심체적 과흥분성과 감각적 과흥분성은 그 자체로는 다중수준의 발달을 가능하게 할 수 없지만, 발달의 장애물은 아니다. 다중수준의 성장은 분명 기본적으로 정서적 과흥분성과 지적 과흥분성의 힘이 직관과 함께 기능하는 것이다. Dabrowski는 직관이 다중수준의 발달에서 강력한 요인이라고 말하기는 했지만, 이를 역동성에 포함하지는 않았다. Lysy는 직관도 포함했어야 한다고 결론지었다. 직관이 발달의 각 수준에서 다른 방식으로 작용하기 때문에, 이는 모든 수준에 걸쳐 일어나는 동일시와 공감처럼 연속적 역동성으로 놓는 것이 가장 좋을 것이다(〈표 3-4〉 참조).

　연속적 역동성에 대해 간단히 설명하겠다. 그것은 한 수준 이상에서 작용하며, 그 힘이 약해지기도 하고, 어떤 때에는 더 강해지기도 한다. 공감은 더 강해지고 깊어진다. 영재에게 공감은 이해하는 방식으로 작용한다(즉, 자신의 틀에서 벗어나 타인의 시각에서 보고 느끼는 능력을 통해 세계와 타인을 이해하는 것이다; Jackson, Moyle, & Piechowski, 출판 중). Dabrowski는 친절해지도록 내적 변형을 이루고 자신과 타인의 각기 다른 발달에 대한 책임감을 갖는 데 있어 공감이 핵심적 역할을 한다고 강조했다. 그가 생각한 공감의 개념은 타인과 자신에 대한 수용, 민주적 성격 구조, 타인과의 연대감과 같은 자아실현의 특성으로 가득 차 있다.

보존형 대 변형형 내적 성장

　Lysy의 대상자 중 일부는 내면의 정신적 변형(inner psychic transformation)을 증명했다. 발달 잠재성의 각기 다른 영향력과 종류를 심사숙고한 결과, 우리는 '보존(conserving)'과 '변형(transforming)'이라는 두 가지 용어를 도출했다. 성장을 보존하려는 잠재성은 2수준과 3수준 근처까지는 성장을 지속하지만, 그 이상으로 지속되지 않는다. 반면 변형하는 성장은 계속된다. 변형된 대상자들은 2.3, 2.4, 2.6, 3.0. 3.1의 점수를 보였다. 성장을 보존하는 것으로 여겨지는 대상자 중 가장 높은 점수는 2.4, 2.6, 2.8이었다. 3수준의 점수는 2.6에서 3.5였다. 비슷한, 심지어 같은 점수가 매우 다른 발달 유형에 숨어 있을 수 있다. 여기서도 다중수준 성장의 더 낮은 영역에서 보존형 대상자들을 찾아볼 수 있고 (2.6~2.8 사이), 변형형 대상자의 점수는 다중수준 성장의 역치(threshold) 아래에 위치하기도 했다(2.3과 2.4). 그렇다 하더라도 이 자료에는 다중수준 특성의 독특한 표현이 나타났다. 이는 아마 Dabrowski가 말한 '다중수준의 핵 (nuclei)'의 존재가 2수준에서 나타나는 가장 근접한 사례일 것이다.

Judith Ann Robert(1984; Robert & Piechowski, 1981)는 보존형 개인 성장과 변형형 개인 성장 사이의 차이를 탐구하는 일을 맡았다. 그녀는 개방형 설문에 대한 응답 내용을 검토하여 분명한 차이를 찾아냈다.

> 가치체계의 개념은 양쪽 대상에서 모두 나타나지만, 보존형 대상에게는 그들의 이상을 실현하도록 해 줄 내면의 정신적 변형이 결여되어 있다…. 이 내면의 정신적 변형이라는 개념은 변형형 대상자와 연결되어 있었으며, 내면을 재구성하기 위한 구체적인 과업이 이루어지는 과정이다. 이를 위해서는 자신의 성장과 발달에 초점을 맞추는 내향적 문제해결 방식이 필요하다. 그리고 마지막으로 대상 사이에 나타난 또 하나의 차이는 변형형 대상자가 타인과 자신의 발달에 대해 보인 책임감이었다(Robert, 1984, p. 103).

Robert는 변형형 대상자는 자신의 내적 갈등(자아의 높은 차원과 낮은 차원 사이에 나타나는 분열)에 과도하게 머무르지 않으며, 대신 다중수준의 성장과정에서 발생한 문제를 해결하는 데 적극적이라고 언급했다.

Dabrowski가 내적 갈등의 미덕을 어쩌면 지나치게 극찬했다는 느낌이 드는 것은, 그가 고통의 고귀한 가치를 믿었지만 개인이 고통을 감내하면서 성장해야 하는 것으로 수용해야만 그 고통이 고귀해질 수 있다는 것은 언급하지 못했기 때문이다. 수용이 필수적이다. 이것은 Peace Pilgram, Etty Hillesum, Ashley의 삶에서 나타나는 교훈 중 하나다. 자기 내부의 '현재 상태'를 비난하기보다는 받아들이는 것이 '이상적 상태'를 실현하기 위한 정서적 성장을 이루는 중요한 출발점이다(Piechowski, 2003).

Dabrowski의 이론과 영재교육

두 사람이 Dabrowski의 이론을 영재교육 분야에 소개하는 데 중요한 역할을 했다. Nick Colangelo와 Linda K. Silverman이 그들이다. Nick은 내가 메디슨의 위스콘신 대학교에서 상담을 공부하고 '우수학생 연구 및 지도 실험실'에서 대학원생 조교로 일할 당시 나의 연구실 동료였다. 나는 실험실에 나오는 영재 중학생 및 고등학생에게 나누어 줄 과흥분성 검사를 만들기로 했다. 이것이 첫 번째 OEQ였다. 그것은 당시 막 분석을 끝냈던 자전적 글과 언어 자극 자료에서 수집한 433개의 과흥분성 표현방식으로 이루어진 46개의 개방형 질문으로 되어 있었다. 이런 방식으로 나는 몇 년 후 『"여유를 가지라." 그럴 수만 있다면(*"Mellow Out," They Say. If I Only Could*)』(Piechowski, 2006)에 수록한 초기 자료를 수집했다. Nick은 이 이론과 내 프로젝트에 관심을 가졌고, 이것은 함께 연구실을 쓰고 있던 Kay Ogburn(후의 Colangelo)도 마찬가지였다. 우리 모두 졸업한 후, Nick과 다른 연구실 동료였던 Ron T. Zaffrann은 함께 『영재상담의 새로운 목소리(*New Voices in Counseling the Gifted*)』(Colangelo & Zaffrann, 1979)라는 제목의 책으로 묶을 생각을 했다. 이것은 관련 분야에서 처음 나온 책으로, 발달 잠재성을 다룬 개론적 장과 다중수준의 잠재성에 대한 임상 사례에 관한 장으로 채워졌다(Ogburn-Colangelo, 1979; Piechowski, 1979a).

Linda Kreger Silverman은 Dabrowski 이론의 열정적인 옹호자가 되어, 연수 과정을 조직하고 R. Frank Falk를 끌어들였다. Linda는 회의와 워크숍 등 강연 초청을 받는 어느 자리에서나 이 이론을 언급했다. 과흥분성의 개념이 충분히 수용할 만한 것으로 받아들여졌던 것은 그것이 영재 아동과 성인에게 너무나 명확하게 나타났기 때문이다. 또한 다중수준의 성장과 내적 변형의 개념에 강한 반향을 나타내는 사람들이 있었다. Linda Silverman은 성인 영재와 Dabrowski 이론에 관한 사유와 연구를 자극하는 토론의 장이 된 『고등발달(*Advanced Development*)』을 창간했다(이 책 R. Frank Falk, Nancy B. Miller, Linda K. Silverman의 장 참조).

결론과 한계

1. Dabrowski의 이론은 여러 해에 걸쳐 발전했다. 다중수준 연구 프로젝트는 수준 구조, 역동성의 정의, 발달 잠재성을 확립하는 데 도움이 되었다.

2. Dabrowski의 이론은 그 틀이 훌륭하다. 이론의 개념은 조작화를 거쳐 연구도구와 측정방법을 설계할 수 있게 되었다.

3. 이론에 대한 네 가지 경험적 검증이 가능해졌다. (1) 개인의 프로파일에 나타나는 수준의 전반적인 구조 재구성, (2) 발달 잠재성의 불변성, (3) 임상적 측정수준과 양적 평가수준의 일치성, (4) 신경학적 검사, 자전적 글, 언어 자극에서 얻은 양적 수준지수의 3차원적 일치성

4. 직관은 고등발달 수준에 의미 있는 기여를 한다. Dabrowski는 직관을 다중수준의 역동성에 포함하지 않았지만, 그 중요성은 자주 언급했다.

5. 일차적 통합(1수준)의 개념은 그것이 일차적이지도 않고 성격 구조도 아닌 사회적 방식이 낳은 결과물이라는 점에서 재조명해야 한다.

6. 비록 발달 잠재성이 제한되어 있다 하더라도, 최적에 가까운 성장환경이 제공된다면 긍정적인 인간으로 성장하는 것이 가능하다.

7. 수준을 엄격한 구조로 생각하는 것을 피하기 위해서는 Dabrowski가 개인 내면의 정신적 환경이 단일수준인지, 다중수준의 환경을 내포한 단일수준인지, 혹은 근본적으로 다중수준인지를 볼 것을 강조했다는 사실을 반드시 기억해야 한다.

8. 단일수준의 성장과정을 과소평가해서는 안 된다. 스스로의 목소리와 자의식을 찾는 과정은 존중과 공감 어린 이해를 받아야 한다.

9. 각 수준은 많은 발달 패턴이 가능한 거대 영역이다.

10. 보존형 성장과 변형형 성장은 2수준과 3수준의 경계에서 겹쳐진다. 비슷하거나 같은 수준의 점수는 대조적인 내적 성장을 숨길 수 있다.

11. 자아실현 인간에 대한 Maslow의 설명에 따르면, 고등의 다중수준의 성

장(4수준)을 이룬 개인은 자아실현적이다. 자아실현 인간이 고등의 다중 수준 과정에도 참여하는지는 아직 더 연구해 보아야 한다.

12. 자신의 본질을 알고, 자신의 자아가 근본적으로 평생에 걸쳐 같다는 사실을 아는 소수의 사람은 긍정적 비통합을 거치지 않는 것 같다. 그들의 삶은 다중수준의 기능이 발달했다는 증거를 보여 준다. 긍정적 비통합 과정을 본질(본질적 혹은 더 높은 수준의 자아)에 대한 탐구로 본다면, 자신의 변하지 않는 본질을 항상 자각했던 사람들은 긍정적 비통합이라는 엄청난 고됨에서 면제받는 것 같다.

13. 자신의 이상적 성격을 완전히 실현하여 5수준에 다다른 사람들의 사례는 현대에서도 찾을 수 있다.

14. 모든 심리학 이론 중 Dabrowski의 이론이 영재성과 창의성을 지닌 아동 및 성인의 정서발달에 대한 최고의 통찰력을 제공한다.

Dabrowski와 진정한 교육

Marlene D. Rankel, Ph.D.*

　나는 Dabrowski 박사를 만나 그의 인생 말미의 12년 동안 함께 일하는 행운을 누렸다. 나는 에드먼턴에 있는 앨버타 대학교에서 공부하던 1968년, 그의 책 『긍정적 비통합(*Positive Disintegration*)』을 읽으면서 그의 이론을 접했다. 나는 Dabrowski가 일반적으로 부정적으로 여겨졌던 단어(예, 우울이나 절망)를 긍정적으로 재구성함으로써 심리학의 세계를 거꾸로 돌려놓았다는 점에 강한 호기심을 느꼈던 것으로 기억한다. 그는 세상의 존재와 도덕적, 윤리적 행동의 정도를 이해해야 할 필요가 어느 정도인지를 이야기했다. 그가 말하는 과흥분성의 개념과 그 기원에서, 그는 지능보다 정서와 상상력을 강조했다. 그의 책을 읽은 후 나는 다른 사람에게 그에 관해 묻기 시작했지만, 같은 대학에 다녔다는 사실만을 알아냈다. 그를 찾아내는 데 약간의 시간을 허비하긴 했지만, 얼마 지나지 않아 나는 그의 초청을 받아 그의 다양한 저작과 미간행본에 관한 논의에 참여하게 되었다.

　Dabrowski와 일하는 것은 매우 강렬한 경험이었다. 그는 놀라울 정도로 일

---

* Marlene D. Rankel, Ph.D., 캐나다 앨버타 주 보몬트 시의 은퇴한 심리학자.

을 잘했고, 나는 그의 다른 학생과 마찬가지로 그 속도를 쫓아가느라 힘이 들었다. 그는 그렇게 열심이면서도 매우 이해심이 넓었고, 언제나 사려 깊고 필요할 때면 늘 가까이에 있었다. 그는 사무실에서 앞뒤로 오락가락하면서, 필요에 따라서는 내가 본 어느 누구보다도 빠르게 타자를 칠 수 있었던 비서에게 논문과 책의 내용을 받아쓰게 했다. 나는 그와 함께 일하면서 내가 느꼈던 강렬함은 일정 부분 그가 맡았던 여러 자리 때문이기도 할 것이라고 믿고 있다. Dabrowski는 몇 년 동안 교수직을 겸임하면서 에드먼턴에서 강의와 연구를 하고, 나머지 시간에는 퀘벡의 라발 대학교에서 강의(강의는 그가 구사할 줄 아는 많은 언어 중 하나인 프랑스어로 이루어졌다)와 상담을 했다. 그는 바쁜 와중에도 1969년부터 1972년까지 캐나다 의회의 연구 지원을 받았다. 학생이자 그의 연구 프로젝트를 위해 일하던 동료였던 우리는 그의 에너지에 진이 다 빠졌고, 그가 퀘벡으로 6주 동안 떠나고 나서 처음 며칠은 기력을 회복하고 나머지는 멘토의 불굴의 의지에 대해 경의를 나누는 데 보냈다.

나는 Dabrowski가 자신의 이론의 살아 있는 예라고 생각했다(그는 모든 영역에서 과흥분 상태였지만, 특히 정서적 과흥분성과 지적 과흥분성이 우세했다). 그의 모든 행동, 특히 그의 미소에서 그의 권위가 빛이 났다. 태생적으로 내향적인 그는 많은 사람 앞에서 말하는 것을 싫어하고, 소규모 강의에서 학생들과 이야기하는 것을 선호했다. 1980년에 그가 죽었을 때, 다들 그를 몹시 그리워했다. 그의 생각은 이론을 통해 살아 있으며, 제자로 하여금 스스로의 개인적 성장에 대한 책임을 지고 타인의 행복을 위한 공감을 갖도록 자극한다. Dabrowski에게 진정성이 없는 삶은 살 가치가 없었을 것이다.

그의 이론과 교육에 대한 적용에서 입증된 바와 같이, 진정성은 Dabrowski에게 중요한 개념이다. 이 장에서 나는 공동 연구를 할 영광을 가진 『진정한 교육(Authentic Education)』(Dabrowski, 연대미상. 1)에서 표현된 교육에 대한 그의 접근에 대해 논의하겠다. Dabrowski는 정신건강과 교육을 재구성하기 위해 긍정적 비통합이론을 사용하여 공교육이 사회의 정신건강을 촉진할 수 있다고 가정하였다.

정신건강: Dabrowski의 관점

　Dabrowski는 초기 저서에서는 인간이게 하는 조건이 무엇인지 더욱 복합적인 정의를 내리기 위해 지능지수(IQ)로 표현되는 지적 능력 이외의 기능을 재평가할 필요가 있음을 강조했다. 그는 정신건강이 심층적으로 연구된다면, 정서지수(EQ)로 표현되는 정서지능에 대한 검토가 필요하다고 분명히 말했다(K. Dabrowski, 개인서신, 1969년 6월). 이 용어는 1960년대 초반에는 생소했지만, 오늘날에는 보편적으로 사용되고 있다. Dabrowski는 지적 능력과 마찬가지로 정서 기능에도 수준이 있다고 믿었다.

　Dabrowski는 충분한 임상 경험을 가진 정신의학자들은 지적 기능뿐 아니라 정서 기능에도 수준이 있다는 그의 입장에 동의할 것이며, 정서 기능의 수준은 정의하고 측정하기가 좀 더 어렵긴 하나 지적 수준과 마찬가지로 관찰이 가능하다고 주장했다. 그는 낮은 수준의 정서 기능은 생물학적 결정론과 관계되어 있다는 입장이었다. 우리의 행동과 우리가 어떻게 반응하는가는 대체로 생물학적 본능의 산물이라는 것이다. 높은 수준의 정서 기능은 심리학적 결정론을 함축하고 있다. 우리는 자기 통제를 위해 노력할 수 있으며, 심리학적 시각과 태도로 우리 자신을 규정할 수 있다.

　자신의 임상 경험을 바탕으로 평균 IQ를 가진 100명을 표본 집단으로 하여, Dabrowski는 10개의 정서 기능과 본능 기능을 검토하였다. 그는 이러한 시험적 조사를 통해 이들이 IQ는 평균인 데 비해 정서 기능과 본능 기능은 매우 낮은 수준으로 나타남을 보였다. 이는 이들의 지능이 낮은 수준의 생물학적 충동을 충족하는 거의 유일한 도구로 사용되었음을 의미한다. 게다가 Dabrowski는 정서 차원과 EQ의 측면에서 이런 개인은 감정적으로 뒤처지거나 어려움을 겪는다고 생각했다. 이는 당시로서는 매우 급진적인 생각이었으며, 예상대로 학계와 의료계에서 잘 받아들여지지 않거나 완전히 거부당했다.

　Dabrowski가 보기에는 심리학이 지능과 마찬가지 방식으로 정신건강에 대한 통계적 규준을 도출하지 못할 것이 분명했다. 그는 정신건강이 무엇인지 물으면서 R. R. Hetherington의 관점과 자신의 관점을 비교함으로써 이 질문에 답했다. Hetherington이 정의한 정신건강은 "갈등 없이 자신의 잠재성을 알고, 생산적이 될 수 있다는 것을 깨달으며, 갈등 없이 '전체'가 되는 높은 정도의 통합"이다(Hetherington, 1966, Dabrowski, 연대미상. 2, p. 3에서 재인용). 이에 반해 Dabrowski는 『정상, 정신건강과 정신질환(*Normality, Mental Health and Mental Illness*)』(Dabrowski, 연대미상. 2)에서 정신건강을 "다면적(보편적)이고, 높은 가치와 이상적 성격을 추구하는, 발달을 위한 개인적, 사회적 능력(발달 잠재성)"으로 정의했다(p. 3). 그는 정신건강이 개인의 잠재성을 실현하는 것 이상이라고 언급했다. '무엇을 위한, 어디를 향하는 잠재성인가?'라는 질문을 던질 수 있다. Dabrowski의 정의는 발달에 있어 '비통합의 역할과 갈등의 긍정적 역할'도 함께 고려하고 있으며, 발달에 있어 긍정적인 잠재성과 부정적인 잠재성을 구분할 필요가 있음을 강조한다. 단순히 생산적이라는 사실이 정신건강이나 적극적 발달의 신뢰성 있는 지표가 되지는 않는다.

Dabrowski의 결론은 다음과 같다.

1. 대다수의 사람은 정서 기능과 본능 기능이 충분히 발달하지 않아 괴로워한다.
2. 통계적 평균은 정신건강의 기준을 훨씬 밑돌며, 평균적인 인간은 한 면만 불평등하게 발달한다(많은 경우 지적 측면에 치우침).

Dabrowski는 대다수의 정신장애는 낮은 정서 기능이 우세하여, 지능이 그에 종속되기 때문에 나타난다고 믿었다. 정서 기능이 낮은 개인은 이기적인 필요를 충족하기 위해 지능을 사용한다. 이러한 맥락에서 그는 정신질환을 높은 범주의 가치를 따라 개인적, 사회적 이상을 추구하는 방향으로 개인적, 사회적 잠재성을 발달시키지 못하는 상태로 정의했다.

이와 함께 그는 문제의 개요를 설명하고 해결책을 제시했다(그는 사회에서 정신건강을 어떻게 발달시킬 것인가의 문제에도 관심이 있었기 때문에, 쉬운 일은 아니었다). 그러나 Dabrowski는 개인적 발달과 사회적 발달에 있어 다양하게 나타나는 견고하고 좁은 무의식적 정신 태도와 구조를 느슨하게 하고, 심지어 해체하게 만드는 교육방법을 적용할 프로그램이 있을 것이라고 추론했다. 그는 긍정적 비통합이론이 무엇이 있을 수 있고 또, 무엇이 바뀌어야 하는지를 진단하고 예측하는 방식을 제공할 뿐 아니라, 이 이론을 적용함으로써 이러한 과업을 수행하는 방식을 제공할 것이라고 믿었다.

이런 일이 어디에서 일어날까? 가정에서? 정신의학자의 사무실에서 하나씩 일어날까? 그것도 가능하긴 하지만 기껏해야 느리게 진행된다. Dabrowski는 이러한 변화가 부모와의 협력 속에 학교에서부터 시작되어야 한다고 믿을 만큼 낙관적이었다. 교사와 상담가가 그의 이론을 접하고 나면, 발달에 긍정적인 이 방식에 대한 지식을 학생에게 적용함으로써 정신질환을 예방하는 것은 물론 정신건강을 발달시키는 데 도움을 줄 수 있다. Dabrowski는 긍정적 비통합이론을 이렇게 적용하는 것을 '진정한 교육'이라고 불렀으며, 이것이 그가 사회에 할 수 있는 가장 가치 있는 기여라고 여겼다.

진정한 교육: 사회의 정신건강을 촉진하는 교육

정신건강을 용이하게 하는 교육의 역할을 바라보는 Dabrowski의 시각은 출간되지 않은 원고인 『진정한 교육』(연대미상. 1)에 나와 있다. 이 원고는 이 장의 근간이 된다. 그는 교사가 자신의 긍정적 비통합이론을 아동 교육에 적용하여, 그가 '정신신경증적'이라고 명명한 아이들이 '다루기 어렵다'고 한쪽으로 밀려나거나 더한 경우 정신질환이 있다는 딱지를 붙이기보다는 받아들여지는, 좀 더 인간적인 학교환경이 만들어지기를 희망했다(이 이론에 친숙한 사람들이라면 정신신경증이 좀 더 고등발달을 하기 위한 잠재성을 나타내는 지표임을 알고 있다). 그는 더 나아가 미국에 그런 식의 접근법이 없으며, 교사에게

이 문제의 본질과 가능한 해결책을 인식하게 하려는 열망이 없다는 것을 걱정했다.

진정한 교육에 대한 소개

Dabrowski는 그의 글이 인본주의적 교육(진정으로 인간적인 교육)의 기본 개념을 제시하려는 것이지 그저 동물 훈련가의 방식과 같은 훈련법을 다루려는 것이 아님을 분명하게 언급했다. 그는 부모와 교사가 아동의 발달을 촉진하면서 아동 개개인을 유일한 존재로서 존중하며, 동시에 아동으로 하여금 자신뿐 아니라 타인도 그런 존재임을 인식시킬 인간적인 교육을 제공하기 위한 방법을 찾고 있다고 믿었다. 이런 교육은 차이를 거부하지 않고 존중하는 조화를 추구하며, 고차원적인 인간의 가치를 갖는 참교육의 조화야말로 동물의 훈련과 인간의 교육이 다른 점이다.

미국 교육의 우상과 신념

Dabrowski는 교육에 대한 평가에서 미국인의 삶과 교육에 존재하는 몇 가지 '우상(idols)'을 언급했다. 첫 번째 우상은 심리학의 영역에서 나타나는데, 행동주의가 목적으로 추앙받고, 그렇기에 인간성의 적절한 척도로 여겨지는 것이다. Dabrowski는 이러한 척도가 동물이나 낮은 수준의 유기체에게 적합하다며 이를 거부했다. 그는 관찰 가능한 행동으로는 기본적인 원초적 역동성만을 측정할 수 있다고 생각했다. 이러한 접근으로는 행동의 동기와 이유에 대한 답을 여전히 구할 수 없다.

두 번째 우상은 당시 미국 문화에 스며든 광고였다. 이는 내적 문제에 대해 생각하느라 보낼 수 있는 시간을 생각 없는 텔레비전과 라디오로 인해 옆길로 새게 만들었다.

세 번째 우상은 이웃과의 비교를 통해 이루어지는, 물질적 재산(차량, 집, 텔

레비전 등의 개수)에 기초한 자아척도다. 물질적 발달이 일차적 목표가 되었고, 이로 인해 도덕성 발달과 창의성 발달에 대한 관심은 약해졌다.

보편적인 특징과 평범한 사람들의 일반적인 태도에서 나오는 네 번째 우상은 확신성의 태도(자신감)다. 이런 사람은 미국인이 흔히 국제관계에 대해 지나치게 단순하고 매우 좁은 시각을 드러내는 데서 나타나듯, 자신 있게 자기가 옳다고 주장하면서 아무 생각 없이 자신의 가치를 타인에게 강요한다.

다섯 번째로 나타나는 마지막 우상은 자신과 비슷한 관습, 행동, 관점을 가진 사람을 찾으려는 미국인의 특성이다. Dabrowski는 이를 평범해지려는 적응으로 보았다.

Dabrowski의 용어로 표현하면 미국인의 삶의 방식은 (1) 단일수준과 (2) 약한 가치체계의 두 가지 특성을 갖는다. 성인에게서 나타나는 이러한 태도는 미국의 교육체계에서 길러진 것이다. 학교는 이러한 태도를 주입하는 중심이 되었고 이러한 태도를 위반하는 것을 막으려고 하기도 한다. Dabrowski가 보기에 미국인의 경제적, 재정적 가치체계는 다른 삶의 방식을 상대적으로 잘 수용하지 않는 태도와 함께 미국에 대한 다른 사회의 공감을 감소하게 만들고 있다.

단일수준의 미국인이 내적 갈등의 의미나 가치, 특히 비극의 문제를 이해하는 것은 불가능하다. Dabrowski는 경험을 통해 이러한 것이 인간의 진정한 빌딩에 관련되어 있으며, 미묘함, 공감, 창의성을 신장한다는 것을 발견했다. 비극과 같은 내적 갈등에서 야기되는 문제는 미국의 학교에서 거의 관심을 받지 못하며, 행동심리학자와 만나 '치료를' 받아 사라진다. 이와 함께 미래의 개인적 발달의 자질도 함께 사라지는 것이다. 예를 들어, 슬픔은 부정적인 것으로 여겨진다. 그러나 슬픔과 갈등은 둘 다 승화되어 창의적이고 상상적인 예술작품과 시에서 반복적으로 나타나는 주제이기도 하다. Dabrowski는 사물을 위대하게 만드는 것은 엄밀하게 말하면 삶의 비극적 요소인데도 미국인이 예술이나 일상생활에서 나타나는 비극과 드라마를 무시한다고 생각했다. 이는 행복한 결말로 끝나는 영화와 이야기를 찾는 사람들의 욕구에서 증명된다.

미국 문화는 생각 없고 위협적이지 않은 단일수준의 평화로움과 그 거짓된 안전으로 돌아가기 위해 다중수준의 발달로 나아가게 하는 문제를 간과해 왔다. Dabrowski는 현실에 대한 적응의 문제를 언급하며 다시 물었다. "어떤 현실을 말하는 것인가?"(무지하기 때문에 나오는 자신감이 있는 단일수준의 거짓된 안전인가 혹은 개인으로 하여금 두고 볼 수 없는 일에는 적응하지 말 것을 요구하는, 보다 생동감 있고 힘들 때도 많은 불확실한 다중수준의 현실인가?) Dabrowski의 관점에서 부정적 적응과 아무 생각 없이 사회에 순응하는 것은 발달을 저해하여, 개인으로 하여금 창의적 발달의 지평에 닿을 끈을 놓치게 만든다. 수준 높은 가치에 반하는 사회규범을 거부함으로써 이루어지는 긍정적 부적응(이는 용감한 사람의 길이다)은 창의적이고 다차원적이고 다중수준이자 높은 수준의 욕구가 몰고 올 폭풍을 기꺼이 받아들일 준비가 된 개인에게는 필수불가결한 것이다. Dabrowski는 이 과정에서 긍정적 부적응이 세상이 '어떠해야 하는가'에 대한 포부를 표현하면서 '어떠한가'의 상태에서 서서히 멀어져 감을 알 수 있다고 말했다.

단적으로, Dabrowski는 미국 사회가 성숙하지 못했다고 보았고, 교육은 많은 사람이 믿는 보편적 가치(쉽게 측정되고 통계적으로 분석할 수 있는 가치)에 기초하고 있다고 보았다. 이런 상황에서 교육은 완전히 실용적이고 기본적으로 반위계적인(단일수준적) 교육이 된다. 교육이 아동의 발달 잠재성과 내면의 정신적 환경을 무시하는 외부 환경의 영향 속에서 이루어지기 때문이다. 게다가 현재의 체계가 단일수준성과 물질주의적 가치, 기본적 욕구의 지배를 장려하고 있기 때문에, 그런 체계에 의해 생산된 학생들이 많은 경우 불안과 갈등으로 표현되는 다중수준의 경험, 창의성, 발달 잠재성을 받아들이지 않는 것은 어쩔 수 없는 결과다.

Dabrowski는 더 나아가 『진정한 교육』의 서론에서 간략히 제시한 문제 때문에 다면적, 객관적, 위계적 관점에 기초한 진정한 교육을 미국에 소개할 필요가 있다고 느꼈다고 언급했다. 그의 원고는 단일수준의 미국과 궁극적으로는 다중수준의 세계가 받은 선물이다.

훈련과 교육에 대하여

앞에서 언급한 대로, Dabrowski는 교육으로 알고 지내온 것 중 많은 부분이 사실은 훈련(동물을 위해 고안되고 동물에게 적용되는 훈련)이었다고 믿었다. 동물의 행복을 위해 신선한 공기와 햇빛을 강조한다. 자신을 위한 측면에서 주인은 건강한 동물이 시장에서 더 가치가 있다는 사실을 알게 된다. 높은 수준의 동물 훈련에서는 정신적 훈련방법도 사용된다. 이러한 방법은 학습심리학에서 빌려 온 것으로, 심리학적 조건에서 사용하는 보상과 처벌의 방식에 기초하고 있다. 이러한 접근방식에서는 적합한 행동에는 보상이 주어지고 수용되지 않는 행동에는 처벌이 주어진다.

부모는 아동의 발달에 필요한 조건에 대해 이와 비슷한 인식을 나타낸다. 적당한 음식, 비타민, 수면, 신선한 공기 등이 필요하다는 것이다. Dabrowski는 부모가 아동의 상이한 성장 단계에 대해 비슷한 흥미를 보이거나 정상인지 비정상인지를 알지 못하는 것이 신기하다고 느꼈다. 아동을 양육하는 데 있어 훈련형 접근을 하는 부모가 아동의 발달 잠재성을 이해하는 데 관심이 적거나 관심을 없게 만드는 결과로 이어지는 반면, 진정한 교육형 접근을 하는 부모에게는 이러한 이해가 필수적이라는 데 주목했다. 훈련은 아동을 떼지어 다니는 짐승처럼 대하지만, 진정한 교육에서는 아동을 개별적인 인간 존재로 대한다.

Dabrowski는 아동 사이에 나타나는 차이는 발달 잠재성과 그것이 어떻게 나타나는가에 따라 매우 다양하다는 데 주목했다. 어떤 아동은 음악, 미술, 연기, 발레 등에 재능을 보이는 반면, 다른 아동은 수학이나 기계에 관심이 있었다. 어떤 아동은 개인과 사회적 상호작용을 정서적으로 인지하는 특성을 나타내지만, 그렇지 않은 아동도 있다. 어떤 아동은 정서적, 지적, 상상적 과흥분성을 나타낸다. 이 세 가지 형태의 과흥분성은 내적 긴장을 만들어 내고, 이런 아동은 다른 아동보다 다루기가 힘들다. 정서적으로 폭발한다거나 사회화를 거부하는 등의 행동(Dabrowski에게 이것은 정신신경증적 특징의 증거였다)에서 상호작용하는 형태로 나타나는 과흥분성은 긍정적 비통합이론에서는 긍정적인 증상이다. 이러한 행동을 Dabrowski의 방식대로 재구성하지 않으면 부모나 교사가 이러한 아동을 진정으로 교육하기보다는 훈련형 접근을 하는 결과를 초래하게 될 것이다. 훈련은 사회적으로 받아들여지지 않는 것으로 여겨지는 행동의 빈도를 줄이는 역할을 한다. 한편 성인이 아동의 발달 잠재성을 이해할 수 있다면 아동이나 성인에게 모두 좀 더 긍정적인 결과를 초래하게 될 것이다.

아동의 잠재성을 발달시키는 것은 교육의 기본 목표라고 할 수 있다. 이를 위해 부모와 교사는 교육과 훈련의 차이를 반드시 이해해야 한다. Dabrowski는 "훈련과정에 비해, 진정한 교육은 아동으로 하여금 평범한 통계적 특징을 넘어서서(즉, 지나치거나 한계를 뛰어넘어서) 자기 고유의 가치체계와 목표를 갖도록 독려하도록 설계되어 있다. 그런 후에 가치체계와 목표를 실현하도록 교육한다."라고 강조했다(연대미상. 1, pp. 32-33). 이러한 접근에 있어 적응을 이해하는 것은 아동의 잠재성과 가치, 목표를 고려하는 과정을 포함한다. 반면 훈련 프로그램에서는 차별화, 인간다움, 창의성이 관심의 대상이 아니다.

지능은 그 자체가 진정한 교육의 목표가 아니며, 개인이 지능을 이용하는 방식이 교육의 목표가 된다. 자아중심적인 자기만족에 반하는 타인에 대한 관심과 같은, 높은 수준의 인간적 가치를 위한 지능이 진정한 학생을 측정하는 척도가 된다. 지능이 높더라도 타인에 대한 상상력과 감성이 없이 순전히 자기이익만 챙기려고 한다면, 그런 사람은 살면서 얼마나 학력이 높고 지위가 높은가와 무관하게 정신병자가 될 수 있다. 극단적이긴 하지만 훈련의 결과는 이런식으로 나타날 수 있고, 이보다는 조금 나은 경우라 하더라도 Dabrowski가 '단일수준'이라고 부른 상태에 이를 수 있다. 그는 이것이 미국에서 이루어지고 있는 교육에 대한 훈련형 접근의 전형적 예라고 보았다. 여기서는 보상과 처벌의 노력을 하기는 하지만, 평준화라는 명목으로 이러한 발달의 실질적 증거를 뿌리 뽑기 위한 목적 이외에는 개별 아동의 심리발달에 관심을 두지 않는다. 이와 대조적으로, 진정한 교육에서는 발달 잠재성을 인식하고 이해하며 더욱 인간적인, 진정한 사람으로서의 개인 발달에 있어서의 발달 잠재성의 역할에 관심을 갖는다. 그는 이런 접근방식이 인간성에 수준이 있음을 인식하고 인류의 이해를 위해 더 나은 수준으로의 발달을 지지하는 노력이 필요하다는 것을 받아들이고 있다는 점에서 이를 '다중수준'이라고 불렀다.

　Dabrowski는 생물학적이고 '훈련할 수 있는' 아동에 대해 지나치게 강조하며, 미국적 삶의 권위주의적 관점과 접근을 기르는 데 관심을 갖고 그들의 창의적 욕구를 인식하지 못하도록 하는 것을 지나치게 강조하는 교육에 대해 한탄했다(교사로 하여금 '원래 그런 것'임을 경험하고 나서 마찬가지 방법을 전파함으로써 호기심 많고 삶을 사랑하는 아동에게 문을 열어 주기보다는 도리어 문을 닫는 방식).

　Dabrowski의 두 번째 걱정은 교육체계가 현대 심리학에서 바라보고 장려하는 방식으로 사회환경에 대한 적응을 강조한다는 점이었다. 적응에 대한 이러한 접근법은 경험적 검증이나 객관적 관찰 등의 가치를 강화하고, 측정에 대한 집착을 강조한다. 이러한 연구는 대상자의 다중수준을 측정하지도 않고, 또 할 수도 없다. 과학적 엄격함에 따르는 이러한 한계는 연구할 수 있는 현상의 수와 종류를 축소하였으며, 제기되는 질문의 중요성 역시 심하게 제한하였다.

적응과 발달

　역사적으로 '적응'이라는 용어는 사실상 '수동성'을 의미했다. Dabrowski는 '적응'의 이러한 의미 속에서 무의식적인 행동의 변화는 내외적 환경의 변화 때문에 발생한다고 말했다. 환경이 변화하면, 개인은 조화와 안정을 유지하기 위해 자동적으로 적응하게 된다. 전통적 접근에서는 개인이 현재 상황에 적응하기 위해 반응한다(의식적으로 혹은 무의식적으로)고 보았다. 그 과정에서 그들이 외부 환경의 사건에 의식적 혹은 직관적으로 의존함으로써 이러한 적응이 나타난다는 외부 결정론의 한 형태를 예로 들었다.

Dabrowski가 내린 적응의 정의는 이와 달리 훨씬 더 복잡했다. Dabrowski는 적응에 대한 결정론적 태도가 성격과 문화의 다중수준의 발달 가능성에 영향을 미칠 때의 부정적 측면과 긍정적 측면을 모두 강조했다. 그가 말하는 부정적 적응은 무의식적인 적응(성찰적이지 않고 자기 통제나 자주성이 없는)을 의미했다. 이는 권위가 높은 사람을 수동적으로 묵인하는 경우("대통령이 옳을 것이다."), 개인의 태도나 행동에 대한 책임을 포기하는 경우("나는 순리를 따른 것뿐이다."), 이 상태에 아무 의식 없이 안주하는 경우에서 나타난다. 긍정적 적응과 달리, 부정적 적응에는 타인의 태도와 의견을 수용할 능력과 타인의 심리적, 문화적 차이에 대한 용인이 없다. 사회생활은 상호적 이해와 관용을 요구하며, 이것이 없으면 더 이상의 전반적 발달은 일어날 수 없다.

Dabrowski는 '부적응'이 부정적 형태, 긍정적 형태로 모두 일어날 수 있다고 말했다. 그는 부정적 부적응을 "정신병적 행동(의미 없는 혼란, 범죄, 사회적 가치 및 도덕적 가치를 수용하지 못하는 것)으로 나타난다."라고 설명했다(연대미상. 1, p. 42). 부정적 부적응은 타인에 대한 민감성이 부족하다는 점을 가장 두드러진 예로 들 수 있다. Dabrowski가 생각하는 긍정적 부적응은 인간적으로 되기 위한 기본 요소다. 가치체계에 대한 이해와 발달의 기반이 되는 과정이며, 가장 의식적이고 성찰적인 유형의 행동에서 나타난다. 긍정적 부적응은 개인이 낮은 수준의 성찰적 행동에서 높은 수준의 의식적 성찰 행위로 진보하고 있음을 나타낸다. 이는 '무엇인가'의 단계에서 '무엇이 되어야 하는가'의 단계로 가는 상승이동이다(이것이 가치체계가 발달하는 기반이다).

이러한 상승이동은 처음에는 지지부진하지만, 개인이 자신에 대한 불만족과 불안, 열등감을 분출하는 데서 자극을 받는다. 이러한 감정은 이상적 성격의 힘을 활성화하고, 자신이 누구이고 무엇이 될 수 있는가를 이해하는 능력은 내면의 정신적 환경의 기원, 내부의 환경, 앞으로의 성장의 중심, 발달하는 역동성이 보관된 곳에 닿기 위한 투쟁을 고무한다. 이 높은 수준의 내적이고 보다 의식적인 '지휘본부' 안에서는 창조 본능이 증가하고, 외부 세계에 대한 '낡은' 부정적 적응 대신 '새로운' 긍정적 적응을 추구하게 된다. 더 높은 가치는 아직 실현되지는 않았더라도 장래의 발달에 대한 씨앗으로 존재한다(이는 자율성과 진정성의 역동성에 들어 있는 자기 보호의 본능이다). Dabrowski에게 있어 긍정적 부적응이란 자기 교육과 신경과민, 자기 심리치료를 통한 개인의 발달적 진보다. Dabrowski는 여기에서 평생에 걸쳐 이루어지는 인간발달을 외부 세계에 대한 무의식적 적응에서 내부 세계에 대한 의식적 적응으로 이어지고, 그 결과 개인의 모든 행동을 의식적으로 통제하게 되는 길고 고된 여정으로 기술하고 있다.

　Dabrowski(1964a)는 비통합이 약 18개월에서 30개월 정도 사이의 어린 아동에게서 나타나고, 사춘기 때 다시 한 번 나타난다고 주장했다. 18개월에서 30개월 정도의 어린 시기에 나타나는 변덕과 주의산만, 부자연스러움, 애니미즘 같은 것에 대한 믿음, 마법 같은 생각은 흔들리는 신경계와 불안한 정신구조와 밀접하게 관련되어 있다. 사춘기에는 기분의 변화나 자기모순적 행동과 같은 비통합의 요소가 더 강해진다. 사춘기 때의 비통합은 감정 균형의 결여, 양가감정과 양립경향의 존재, 우월감과 열등감 사이를 오르내리는 감정, 비판과 자기비판, 자기혐오, 외부 세계에 대한 부적응, 현재보다는 과거와 미래에 대한 걱정 등이 특징이다. 두 시기 모두 불안, 스트레스, 심지어 부모와 교사에 대한 분노가 나타난다. 겉보기에는 앞길이 창창한 아동과 청소년의 잘못된 행동으로 보이는 풍부한 발달 잠재성을 이해함으로써 지금처럼 그것을 파괴하지 않는 것이 매우 중요하다.

통합과 비통합

Dabrowski는 수백 년 동안 '통합'이라는 단어가 '건강'한 것으로 인식되어 왔다고 말했다. 이 말은 신체적, 심리적 성장을 의미하며(다시 말해, 내적 갈등이 없고 외적 갈등을 극복할 능력을 갖춘 것), 또한 발달하려는 건전한 경향으로 비춰져 왔다. 통합을 잘 이룬 사람은 결정을 빨리 내릴 수 있고 일반적으로 '상식'을 갖고 행동한다고 여겨졌다. 이러한 설명이 '정상적'인 것으로 받아들여졌기 때문에, 사회에서는 비통합을 병적인 것으로 보게 되었다. 이 단어가 성격에 적용되면, 이는 그 사람이 불안정하고 신경질적이며 정신질환으로 고통을 받고 있거나 일반적으로 부적응을 보인다는 의미가 강하다.

이러한 느낌과는 대조적으로, Dabrowski는 비통합의 긍정적 측면과 부정적 측면에 대해 다른 시각을 제시했다. 그는 자기 통제를 할 줄 알고 정서적이지 않으며 적응을 잘하는 개인이 긍정적으로 적응한 것으로 보일 수 있지만, 사실은 개인의 이익을 위해 환경에 적응하고 있다는 데 동의했다. 많은 범죄자가 쉽게 적응하고 결정을 내리는 태도를 나타낸다(예를 들어, 링컨과 케네디를 암살한 사람들이 그랬다. 히틀러와 스탈린은 비정하고 비인간적이었던 독재자의 극단적인 사례이지만, 일상 상황에서도 일상적 업무환경 속에서 고통과 어려움, 심지어 직원의 죽음까지 초래하는 상사와 같은 예가 많이 존재한다). 인간적인 시각에서 봤을 때, 이러한 오만과 쉽게 생기는 자신감은 긍정적이 아닌 부정적 통합이다.

Dabrowski가 말한 긍정적 통합은 각종 피상적 경험 혹은 깊은 경험과 '정신쇠약'이 끝나는 지점으로, 이들은 모두 자아의 풍부함을 이해하게 한다. 이것은 '이차적 통합'이라고 불리며, 다차원적이고 다중적인 갈등의 산물이다. 이러한 경험에는 정신적 과흥분성, 부조화 상태, 내적 갈등이 포함되며, 이는 통합적 태도 안에서 과거에 경험한 어려움과 부조화, 타인에 대한 공감의 발달을 모두 받아들일 때까지 이어진다. 이와 대조적으로, 일차적 통합은 비정하고 발달되지 않은 비인간성을 드러낸다. 정신질환자에게서는 이차적 통합이 발견되지 않는다.

　Dabrowski는 2세에서 4세 사이의 아동의 저항에서부터 시작해 사춘기에 보편적으로 나타나는 매우 분명한 비통합에 이르기까지의 비통합의 문제를 논의했다. 예를 들어 양면적 행동, 내적 갈등, 열등감, 위축, 자신에 대한 불만족 등 심리적 구조를 느슨하게 하고 심지어 무너뜨리는 모든 형태가 이 시기에 나타난다. 적절한 상황 속에서 이러한 문제는 갈등의 형태에서 창의적 성향의 자기 표현으로 변형될 수 있다. 삶 자체는 극적이고 비극적이며 많은 어려움을 포함하는 엄청난 경험이다. 이러한 경험은 타인에 대한 연민과 공감을 높임으로써 긍정적 발달의 요소를 갖추게 될 것이다.

　또한 우리는 정신신경증(psychoneurotic) 증세를 보이는 소위 신경질적인 사람이 보통 사람보다 공감을 자주 표현함을 알 수 있다. 그들은 가속적인 발달과 타인 중심적 태도, 완벽을 추구하는 과정에서의 자기희생에 대한 성향이 높게 나타난다. 이 신경질적이고 정신신경증적인 사람은 지적, 정서적, 상상적 영재성을 갖춘 아동 및 청소년, 예술가와 작가 등에서 많은 비율로 나타난다. 규범과 평범함을 넘어서는 경향은 정신신경증적 개인의 특권이자 그들만의 드라마다. 이들은 신실하고, 심리적으로 활기가 있고, 상상력이 풍부하고, 인상적인 사람들이다. Dabrowski는 부모와 교사가 많은 아동이 정상 기준에서 벗어나는 것은 부정적인 것이 아닌 긍정적 징후라는 것을 알아야 한다고 말했다.

　비통합의 영역에는 긍정적 형태와 부정적 형태가 있다. Dabrowski는 적절한 교육 프로그램을 활용함으로써 이 두 가지를 구분할 줄 알아야 하며, 심리적으로 진짜 건강한 성인의 수는 늘리고 정신병 환자의 수는 줄임으로써 사회의 미래에 영향을 미쳐야 한다고 주장했다.

교육에서의 신경과민과 정신신경증

신경과민(nervousness)이란 무엇인가? Dabrowski는 이렇게 물은 뒤 그것이 정신적(psychic) 과흥분성이라는 일반적인 정의를 내렸다. 더 구체적으로 그는 그것을 감각, 상상, 정서, 심적 운동, 지적 활동 분야에서 나타나는 정신적 과흥분성이라고 설명했다. 간지럼을 잘 타고 껴안기와 뽀뽀하기를 좋아하는 아동은 감각적 과흥분성을 나타낸다. 상상과 그림 그리기를 좋아하고 명상과 상상의 세계에 살면서 매우 풍부한 꿈을 꾸는 아동은 상상적 과흥분성을 보인다. 정서적 과흥분성은 장애가 있는 개나 울고 있는 사람, 혹은 사고를 보고 매우 정서적이 되어 그 경험을 기억하거나 외워 버리는 아동에게 나타난다. 심체적 과흥분성을 지닌 아동은 매우 에너지가 넘치고, 쉬지 않으며 지나치게 활동적이다. 이런 아동은 움직일 수 있어야 하고 스포츠를 좋아한다. 지적 과흥분성은 인지적 현상에 깊은 관심을 자연스럽게 갖고 많은 질문을 던지면서 합리적 답을 요구하는 아동에게서 나타난다. 이런 아동은 보통 과학 서적을 즐겨 읽고, 집중하며 혼자 있는 것을 좋아한다. 그들은 스스로 이런 문제를 풀고 싶어 한다.

정신적 과흥분성 혹은 신경과민은 대부분의 교육학자와 심리학자에게 방해 요인으로 여겨지며, 많은 경우 신경증(neurosis)과 경계선에 있는 것으로 여겨진다. 부모 역시 이런 의견을 공유하는 경우가 많다. 과흥분하는 아동은 일반적인 유형의 아동과는 분명 다르며, 그런 점에서 '이상하다'는 생각이 들게 하기 때문에 학교나 가정에서 어려움을 겪기도 한다. 한편 Dabrowski는 이런 아동이 예민하고, 공감을 잘하며, 영재성을 갖고 있고, 창의적이라는 사실을 강조했다. 그들은 현실에 쉽게 안주하지 않는다. 이런 아동을 있는 그대로 받아들이기 위해서는 많은 노력과 이해하려는 태도가 필요하다. 부모와 교사는 부정적으로 이런 아동을 다루는 동안 분명 일반적으로 더 많은 어려움을 겪는다. 예를 들어, 만약 아동이 유독 겁이 많다면 그 아동을 조롱하거나 부끄럽게 느끼도록 만들어서는 안 된다. 그런 아동은 두려움을 이길 수 있도록 도움을 받으면서 그동안 보살핌과 인정으로 보호받아야 한다. 심체적 과흥분성을 지닌 아동에게는 그들의 에너지가 쉬는 시간이 끝나는 종이 친다고 해서 멈춰지지 않는다는 사실에 대한 공감을 가지고 에너지를 발산할 방법(놀거나, 밖에서 자유롭게 뛰어다니거나, 활동적일 기회)이 주어져야 한다. 그러나 더욱 조화로운 성격을 만들기 위한 정서적 경험으로 그들이 조용히 있을 수 있게 독려해야 한다. 지적 과흥분성을 지닌 아동에게는 그들의 관심을 넓히도록 독려함과 동시에 그 관심을 발전시킬 기회를 주어야 한다. 아동이 심미적, 도덕적, 사회적 문제와 함께 심체적 활동과 운동에도 관심을 갖도록 자극해야 한다.

여기에는 주의사항이 뒤따른다. 관심 분야 사이의 균형을 이루게 하려는 모든 방법은 너무 커다란 변형을 만들어 낼 수 없다. 유전적인 과흥분성의 유형을 바꾸는 것은 불가능하기 때문이다. 또한 이런 특징의 발달을 억제해서도 안 된다. 우리는 다른 형태의 과흥분성을 발달시킴으로써 아동이 기본적으로 갖고 있는 과흥분성의 특징이 균형을 맞추도록 도와줄 수 있다는 사실을 기억해야 한다.

Dabrowski는 또한 정신신경증이 무엇인가에 대해 질문했다. 신경증과 같지만 부모나 교사에게 훨씬 덜 알려져 있는 이것은 긴장, 불안, 우울, 내적 갈등과 같은 증상을 나타낸다. "이것은 정신적 과흥분성에 기초한 매우 분명한 긍정적 잠재성을 지닌 유전적인 타고난 현상으로, 혼재된 정리 유형의 핵심이며 개인적 유형을 넘어설 수 있는 가능성을 가지고 있다."(연대미상. 1, p. 57) Dabrowski에게 있어 정신신경증적인 개인은 빠르고 심층적인 발달을 이룰 잠재성을 나타내며, 내외적 갈등(즉, 개인의 환경 및 타인을 대할 때의 어려움)은 성격발달의 근간이다. Dabrowski는 아동에게 나타나는 정신신경증의 몇 가지 예를 제시했다.

불안형 정신신경증(anxiety psychoneurosis)은 일상생활에서 죽음과 부당함에 대한 걱정, 열등감의 느낌, 어둠과 외로움, 공격성에 대한 두려움을 포함한 갈등을 겪는 매우 민감한 아동에게서 나타난다. 불안형 정신신경증의 발생은 정서적 과흥분성의 형태로 유전된 잠재성의 영향을 가장 많이 받는다. 이러한 불안 증세는 아동이나 부모, 교사에게 불편한 것이다. 민감한 아동은 이러한 증세를 숨기거나 억제하거나 무의식 속으로 꽉 눌러 버려 강박이나 특정 행동을 초래하기도 한다. 이 아동은 자신의 불안에 대해 불안해할 수도 있다. 가속화된 발달과 성숙을 거치면서, 이는 실존주의적 불안으로 나타난다(예를 들면, 죽음, 개인적 의미의 결여, 일시적인 가치의 헛됨, 버려질 수도 있다는 가능성, 외로움에 대한 불안이다). 이런 증세와 함께 타인에 대한 깊은 측은지심과 타인의 상처에 대한 민감성, 엄청난 공감이 나타나는 경우가 많다.

불안형 정신신경증에서는 정신이 다차원적 혹은 다면적으로 풍부해지면서 문학적, 예술적, 음악적, 사회적 능력을 만들어 낼 수 있다. 한편 이런 아동 중 일부는 정신질환과 정신쇠약으로 인해 탈진할 위험에 놓여 있다. 창의적 관심을 추구할 기회나 가족 및 친구 관계에서의 안정성, 생각과 행동에서의 독립성과 자기 의존성 발달을 통해 그들의 성장을 도울 수 있다.

우울형 정신신경증(depressive psychoneurosis)은 불안형 정신신경증과 연결되어 있다. 현실을 너무 강렬하게 경험하거나, 섬세하고, 정서적으로 민감하며, 과민한 아동에게서 나타날 수 있다. 이는 현실 도피, 정신적 경직, 일상생활의 일을 처리하는 능력에 관련된 열등감으로 표현된다. 이런 아동은 현실에 위축됨을 느끼고 상처와 굴욕감을 견디지 못한다. 그들이 말하는 상처와 굴욕감 중 일부는 아동의 예민한 상상 안에서만 존재하는 것이다. 이런 아동은 매우 강한 자기비판을 하며, 죄책감을 경험하는 경우도 많고, 자신에 대해 부정확한 평가를 강하게 내린다.

이런 아동은 억제 능력, 비판, 약한 공격성, 자신에 대한 불만과 불안 등 많은 긍정적 경험과 태도를 나타낼 수도 있다. 이런 특징은 발달을 가속화하는 데 긍정적인 요소를 포함하고 있지만, 창의성을 신장하는 방향으로 영향력의 조화를 이루거나 자극하지 않고, 필요한 자신감, 안정감, 이런 능력에 관한 신념도 없는 상태로 그들에게 이런 요소를 맡겨 둔다면, 이 아동은 부정적 발달의 방향으로 가게 될 것이다(Dabrowski, 연대미상. 1, p. 60).

아동이 우울에서 벗어나도록 정서적 과흥분성에 대한 자극과 창의적 활동의 성장이 가벼운 자기비판과 균형을 이루는 것과 같은 균형이 필요하다(예민한 아동이 성숙해지려고 애쓰는 동안 이에 압도되지 않도록).

강박형 정신신경증(obsessive psychoneurosis)은 불안형 신경증이나 우울형 신경증에 비교해 보았을 때 심각한 것은 아니다. 많은 경우 엄청난 정서적 민감성이 나타나지만, 어떤 경우에는 적절한 정신적 배출이나 정서적 과흥분성과의 공조가 나타나지 않는 것 같아 보이기도 한다(즉, 공상 속의 심리적 긴장을 배출했다는 것을 인지하지 못한다). Dabrowski는 이러한 정신신경증을 강박이라고 불렀다. 강박은 열등감에서부터 나타날 수도 있고, 이 땅에 '내 자리가 없다'는 느낌에서부터 나타나기도 한다. 이는 자신이 상처를 받았거나 조롱당했다는 아동의 인식에 따른 결과일 수도 있다. 많은 경우 이런 인식은 현실적 기반이 약하거나 없다.

강박은 심리적 고립, 자폐증으로 이어질 수 있다(즉, 사회적 고립을 위해 자기 안으로 숨어 버리는 것으로, 이는 강박형 정신신경증의 상태를 더 악화할 수 있다). 외부 세계를 서서히 소개하고 아동의 관심과 능력을 지원하면서 이루어지는 많은 보살핌과 이해만이 이 증세를 개선하고 긍정적 발달의 가능성을 이끌어 낼 수 있다. 이런 아동은 본질적인 방식으로 자신이 고유한 가치를 갖고 있으며, 그들의 과흥분성은 긍정적인 것이며, 강박은 내적 삶의 깊이와 그들이 가진 발달 가능성을 나타내는 것임을 설득해야 한다. 그들은 또한 자신에 대한 작은 믿음과 함께 부모와 교사에 대한 신뢰를 가져야 한다.

불행이나 실패에 관한 정신신경증적 증세는 우울형 정신신경증과 강박형 정신신경증의 역동성의 표현인 경우가 많다. 이런 부정적인 경험으로부터 아동을 보호하기 위해, Dabrowski는 아동의 세계에서 패배가 심하게, 자주 일어나기 쉬운 맥락을 검토해야 한다고 주장했다. 예를 들어, 아동은 성적이 성공의 유일한 기준이고 아동에 대한 많은 비판이 그들의 성취를 높이는 것과 연결되어 있는 학교와 같은 맥락에서 심리적 실패를 경험하기 쉽다. 심리적으로 풍부하고 정서적, 상상적 과흥분 성향을 지닌 아동에게 이러한 맥락은 불행이나 실패에 관한 신경증을 발달시키는 결과를 초래하기가 쉽다. Dabrowski는 이 정신신경증이 다른 정신신경증과는 달리 더 높은 심리발달을 촉진하지는 않는다고 가정했다.

불행이나 실패에 대한 정신신경증의 영향을 제거하기 위해, Dabrowski는 성인이 이러한 아동의 독립적이고 차별화된 성격과 그 유형, 그들의 민감성과 과민성을 분명하게 알고, 창의적 잠재성을 고려하여 그러한 특성에 맞추어 행동하고 아동에 대한 평가를 조절할 수 있어야 한다고 주장했다. 이런 아동이 항상 실패로 여겨져서는 안 된다. Dabrowski는 성인이 역할 모델을 제시하기보다는, 아동으로 하여금 자기 고유의 발달 패턴을 따르고 그들이 세상에서 독특한 자리를 차지할 수 있도록 도와줄 그들만의 창의적 요소를 찾게 해야 한다고 주장했다.

> 아동이 이미 불행과 실패에 관한 정신신경증 증세를 보인다면, 교육과 자기 교육으로 지난 실수를 점차 보상하게 하는 방법을 자세히 설명하고, 억제된 창의성을 깨우고, 영향을 만들어 내는 것이 중요하다. 때로는 다소 인위적이더라도, 이러한 영향은 항상 발달이 더디더라도 그 영향을 동등하게 만들 수 있는 아동의 능력을 받아들이는 데서부터 나온다(연대미상. 1, p. 63).

유아형 정신신경증(infantile psychoneurosis)은 환상에 대한 너무 거대한 상상적 잠재성, 정서적 과민감성, 이상화와 전반적으로 발달이 가속화되는 경향의 결과다. 우리는 여기서 소위 말하는 정신적 미성숙을 접하게 되는데, 이는 보통 정서적 삶에 있어서 발달이 지체된 것으로 여겨진다. 이런 아동이 가진 잠재적인 풍부함 때문에 그들의 발달은 시간이 훨씬 더 걸린다. 이런 아동은 매우 민감하고 정신적으로 연약하며 과민하기 때문에, 자신의 잠재성이 피어나는 데 대해 진심으로 따뜻하고 우호적인 태도를 가져야 한다.

이 유형의 신경증은 아동의 정신적 불균형, 게으름, 좌절, 혼자 있으려는 성향, 자기 안으로의 위축, 환상에의 집착으로 표출된다. 만약 이런 아동의 정서적 나이는 부정적으로 인식하면서 지적 수준과 실제 나이를 크게 강조한다면, 또 만일 이런 아동이 그런 환경을 감당할 준비가 충분히 되어 있지 않다면, 그들은 환경에 의해 쉽게 많은 스트레스를 받는다.

이런 아동의 교육은 나이와 지능에만 기초하는 것이 아니라 그들의 정서적, 상상적 민감성과도 연결되어 있어야 한다. 이런 아동이 경험하는 긍정적 퇴행은 필수적인 것으로, 정신병적인 것이 아니라 상상 속에서 스트레스를 덜 받았던 시간, 더욱 발달하고 풍부한 정서적 재능을 강화할 수 있는 곳으로 돌아가려는 방어적 성향이다. 이런 과정을 통해 아동을 돕는 것이 그들이 외부 환경의 요구를 충족하도록 돕는 것이다.

Dabrowski는 이 신경과민과 정신신경증을 갖고 있는 아동 중 상당수의 아동이 풍부한, 심지어 발달을 가속화하는 잠재성을 보인다는 것을 강하게 지지했다. 이런 아동은 개별적으로 다루어져야 하며, 그들이 학습상의 어려움을 극복할 수 있도록 도울 준비가 되어 있어야 한다. 교사는 그들을 위해 개별화된 교육 프로그램을 제공해야 한다. 이런 아동은 병리적 사례로 여겨질 것이 아니라 미래의 소중한 사람으로 여겨져야 한다. 이런 아동의 긍정적 발달에 필요한 조건을 만들려는 노력을 통해 그들이 지나친 과민성과 그에 수반되는 실패에 대한 정신신경증으로 떨어질 위험을 줄일 수 있도록 조심스럽게 교육 시스템과 자기 교육 시스템을 적용해야 한다.

현실의 위계와 내면의 정신적 환경

Dabrowski는 과학, 특히 실증주의적 과학은 사실과 가치가 서로 완전히 다르다는 태도를 나타낸다고 서술했다(사실은 구체적인 인식과 논리적 추론에 기초하고, 가치는 주관적 태도에 기반한다는 것이다). 이와 대조적으로, Dabrowski는 어느 정도의 민감성을 지닌 개인에게 있어서는 가치체계로 이루어진 현실이 전반적으로 받아들여진다고 믿었다. 그는 진실한 사람이 있는가 하면 거짓된 사람도 있고, 교활한 사람이 있는가 하면 직선적인 사람도 있고, 지배하려는 사람과 협력하려는 사람도 있고, 누군가는 사람의 존엄성을 보지만 다른 누군가는 이런 존엄성을 무시하는 경우를 보게 된다고 말했다.

Dabrowski는 인류에 대한 시각을 분명히 하려는 평생의 노력 속에서, 정서 기능과 본능 기능의 다른 수준의 범위에 대한 일반적인 설명에서 인간 기능의 가장 원초적인 수준에서 시작하여 가장 높은 수준으로 진행되는 매우 구체적인 설명으로 옮겨 갔다. 그 특징은 자의식, 자기 통제, 자율성, 진정성, 커다란 공감과 같은 역동성이다(Dabrowski, 1996a 참조). 이 장은 진정한 교육에 관한 것이기 때문에 심리학자와 교육학자의 가장 큰 관심사일 것 같은 완전한 본질 추구의 역동성에 대해 설명하겠다.

좀 더 원초적인 단계에서 접하게 되는 집단 행동의 유사 진정성 추구(pseudo-authentism)는 모든 생각과 행동이 성찰 없이 집단에 의해 결정되는 것이다. 이 단계에서는 억압이 없거나, 있다 하더라도 적은 수준이다. 이때 보는 것은 자연스러운 행동과 활동이다. 이 단계에서 나타나는 소위 말하는 진정성은 유유상종과 다를 것이 없다. 모든 생각과 행동은 성찰 없이 집단정신에 의해 결정된다. 역사적으로 이 과정은 의식적인 춤이나 집단 의식의 형태로 나타났다. 또한 지역적 행동이나 국가주의적 행동(예, 애국심)으로 나타나기도 한다. 가장 부정적인 극단에서는 유사 진정성 추구가 실제로는 가장 능수능란한 범죄자나 사디스트를 감추는 경우도 보게 된다.

다음 단계인 단일수준의 비통합에서, 우리는 당황의 형태로 억압을 나타내며 더욱 성찰적으로 된다. 그러나 우리는 여전히 다수의 태도를 따라가는 경향을 보인다.

세 번째 단계는 두 번째 단계와 흔히 말하는 진정성과의 분명한 갈등에서 나타난다. 점차 우리의 인식과 자기 불만족과 부끄러움 및 죄책감의 역동성을 통한 투쟁 속에서 '어떠한가(what is)가 아닌 어떠해야 하는가(what ought to be)'를 생각하게 된다. 이런 역동성은 진정성 추구에 대한 진정한 인식에 다다랐음을 나타낸다.

네 번째 단계에서의 진정성 추구와 성격은 천천히 조직화된다. 이것은 제3요인의 역동성이 협력하기 때문이다. 제3요인은 제1(생물학적)요인과 제2(사회)요인을 초월하며 내면의 정신적 변형, 자의식, 자기 통제에서 나타난다. 이 단계에서의 진정성 추구는 다중수준의 역동성에 연결되어 있다(이는 사회적, 도덕적, 종교적, 심미적, 지적 역동성으로, 독창적이고 진정한 '나'와 '너'를 이끄는 역동성).

가장 높은 수준에서 개인은 자신의 이상적 성격에 가까워진다. 여기서 나타나는 진정한 태도와 사랑은 매우 섬세하지만 원시성의 흔적은 찾을 수 없으며, 타인에 대한 객관적, 주관적 평가와 존중 사이의 조화를 안정시키고 형성하고 표현한다.

내면의 정신적 환경

Dabrowski는 진정성 추구의 역동성은 가족, 학교, 전문가 및 과학자 집단, 친구, 적으로 이루어진 외부의 정신적 환경과의 비교를 통해 가장 잘 설명할 수 있다고 서술했다. 이 외부 환경은 사람과 영향을 주고받는다. 우리는 좌절과 기쁨, 고통을 경험하며, 타인에게 비슷한 영향을 미친다. 우리는 다양한 개인과 집단에게서 각기 다른 수준(낮은 수준, 중간 수준, 높은 수준)의 태도와 행동을 보게 된다. 다른 사람을 어느 정도 신뢰하기도 하고, 전혀 믿지 않을 수도 있다. 한 가지는 평온하고 안정적인 느낌을 주는 반면, 그 반대는 타인에 대한 진심이다.

내면의 정신적 환경에서도 상황이 비슷하다. 외부 환경에서 만나는 사람과 집단은 내면의 정신적 환경의 역동성 및 그 집합으로 대체된다. 우리는 여기서 우리에게 고통, 슬픔, 불만족을 가져다주는 역동성을 발견하게 된다. 또한 원초적 힘, 경쟁적 힘, 겁 많음, 자신에 대한 불만족, 자기 발전의 경향을 발견하기도 한다(이는 각기 다른 수준에서 이루어지는 협동과 갈등의 모든 느낌, 태도, 경향, 충동, 지적 활동이다). 외부 세계와의 갈등은 이렇게 내재화되고, 발달하게 만드는 역동성은 친구가 되고 발달을 저해하는 역동성은 적이 될 가능성 역시 내재화한다.

성장과 발달의 과정에서 생물학적이고 무의식적인 제1요인이 사회적이고 반의식적인 제2요인을 거쳐, 정서적–지적–상상적이며 점차 의식화되는 제3요인으로 초월하는 것을 볼 수 있다. 제3요인은 높은 수준의 자아를 선택하고 낮은 차원의 자아는 해체함으로써 이상적 성격을 완전히 의식적으로 정교화하고, 그 성격에 자신을 진정으로 동일시한다.

무엇이 발달을 지휘하는가: 이성, 욕구 혹은 정서?

Dabrowski는 우리가 수 세기에 걸쳐 이성이 감정과 욕구를 통제하는 기능이며 또 그래야 한다는 생각에 익숙해져 왔다고 서술했다. 달리 말하면, 감정 기능과 본능 기능은 지능에 복종하고 지능의 통제를 받아야 한다는 것이다. 이런 생각은 지금까지 매우 오랫동안 계속되면서 생각 없이 받아들여져서, 우리는 이성, 상식, 지적 활동을 높은 수준의 인간 행동으로 여기게 되었다.

Dabrowski는 여러 가지 사례에서 지능은 낮은 수준의 정서 기능이나 본능 기능의 표현과 다를 바 없는, 기능을 수행하지 못하는 도구적 기능이라고 주장했다. 가장 매끄럽고 효율적으로 보이는 활동마저도 사회를 기만하는 사이코패스의 도구일 수 있다. 이와 대조적으로, 인간 구조와 기능의 가장 높은 수준은 자의식이 있고, 스스로 선택하고 확증하며, 스스로 교육하여 기본적 특성의 통일성을 이루려는 개인의 욕구라고 말했다. 지능은 가장 높은 수준의 기능, 혹은 원초적, 정서적, 본능적 힘을 위한 것이라는 생각은 여기서 나온다.

본능 기능과 정서 기능 수준의 객관화

　Dabrowski는 사회와 집단의 일상생활에 대한 시각을 정교화하고, 이러한 집단환경에서의 발달수준을 묘사했다. 우리는 학교에서 아동에 대해서, 혹은 직장에서나 길에서, 일상생활에서 우리 자신에 대해 정확한 평가가 이루어지기를 원하고 또 그것을 요구한다. 그는 다음과 같이 서술했다.

　　우리는 아동, 환자와 노인에 대한 적합한 대우를 요구한다. 법정에서 내려지는 판결의 정의를 요구하고, UN과 같은 국제 재판기구에서의 객관적 정의, 즉 국제정치에서의 객관적 정의를 원한다(연대미상. 1, p. 97).

　우리는 이를 위해 과학적 객관성의 영향을 받아 인간 행동을 측정하려고 시도해 왔으나 정서 기능(emotional fucntion)과 본능 기능(instinctive function)에 관해서는 크게 진보하지 못했다. 이러한 기능은 대체로 주관적으로만 평가할 수 있는 현상으로 여겨져 왔다. Dabrowski는 심리학, 사회학, 법학에서 행동에 대한 강력한 객관적 기준이 없다고 설명한다는 점에 주목했다. 그는 인식의 객관성이 존재하며, 이는 모든 문화에서 공유되고, 긍정적 비통합이론에서 설명한 대로 발달에 대한 경험을 통해 발달의 더 높은 수준, 특히 가장 높은 수준을 경험하면서 더욱 강해진다고 믿었다. 발달수준이 높을수록 다차원적이고 다중수준의 내면의 정신적 환경이 더욱 높아지고, 이런 사람이 구체적 현상에 대해 비슷한 의견을 견지할 가능성도 더 높아진다. 그는 수준이 높은 사람은 국적이나 인종, 문화적 배경에 상관없이 서로 비슷해지며, 함께 살아가는 사람들에 대한 인간적인 대우가 무엇인지를 판단하는 데 있어서는 한 동포가 된다고 말했다.

우리는 아동과 노인, 임산부, 장애인, 가난한 사람을 보호하는 일이 기분에 따라 달라지는 것을 두고 볼 수 없지만, 전 세계에서 사회적으로, 정서적으로 원시적인 개인과 집단에 의해 이런 일이 묵살당하는 것을 보게 된다. 이런 잔혹 행위가 존재하는 한, 전 세계의 자율적이고 본질적이며 책임감 있는 사람들은 UN의 지위가 약화되었다 하더라도 사법적 정의에 대한 요구를 중단하지 않을 것이다. 그들은 자신들이 받아들인 정교한 이상체계를 위해 자신의 삶을 희생할 준비가 되어 있다. Dabrowski는 다음과 같은 예를 들었다.

> Januaz Korczak은 물리학자이자 작가이기에 앞서 교육학자다. 그는 폴란드인과 유대인의 뿌리를 갖고 있다. 제2차 세계대전 중 자신의 학교에 다니는 모든 아동을 트레블링카의 화장터에서 화장하라는 결정이 내려지자, 그는 자신은 나치로부터 사면을 받았는데도 아동들과 함께 가기로 결정했다(연대미상. 1, p. 93).

그의 결정은 지적 숙고에 의한 것이 아니라 높은 수준의 자기 보존 본능에 기초한 것이었다.

> 이러한 결정을 내리게 된 기반은 삶의 경험에 대한 만족과 자신의 도덕적, 교육적 신념과 행동을 일치시키려는 욕구였다. 이 결정은 아동들에 대한 그의 사랑과 온정, 신의에서 나온 것이었다. Korczak에게는 그것만이 머리로 하는 '된다' '안 된다' 의 모든 생각을 넘어서는 단 하나뿐이고 진정하며 본질적인, 이해할 만한 행동이었다(연대미상. 1, p. 94).

이 과정에서 그는 "양이 죽으면 양치기도 죽어야 한다." 는 태도를 나타냈다

(연대미상. 1, p. 74).

결론

Dabrowski와 내가 『진정한 교육』의 원고를 쓸 당시부터 지금까지 교육의 분야에서는 무엇이 달라졌는가? 달라진 것은 그리 많지 않다. 오늘날의 북미 교육에서 중점은 여전히 학생들이 정서지능에 대한 고려 없이 오로지 IQ로만 평가받는 '객관적'인 면에 맞춰져 있다고 생각한다. 교육적 능력에 대한 이해는 단일수준의 틀 안에 갇혀 있는 것 같다(이 안에서는 학생도, 교사도 성장할 수가 없다).

오늘날의 정서에 대한 많은 연구에서는 EQ를 자유롭게 논하지만 정서 기능의 다중수준에 대한 인식은 부족하다. 적절한 예가 '영재성'이라는 용어의 적용이다. 교육에서 이 용어는 보통 지능과 연결되어 있다. 이는 영재교육에 관한 문헌의 사례만이 아니라 영재 학생을 위한 학교 프로그램에서도 그러하다. Dabrowski에게 있어 영재성은 고뇌와 환상을 함께 가져다주는 다중수준의 '비극적 재능'을 의미했다. 심층적 비통합 상태에서 이러한 번뇌는 몇 년 동안 지속될 수도 있다. 지능과 학업 성취에만 초점을 맞추고 있는 교육체계는 여전히 이러한 아동을 교육하는 대신 훈련을 시키고 있다.

Dabrowski의 긍정적 비통합이론의 철학적 측면

William Tillier, M.Sc.*

Kazimierz Dabrowski의 긍정적 비통합이론은 네 가지 중심적인 철학 개념을 바탕으로 구축되었다. 다중수준(multilevel), '실존주의적 본질론(existentio-essentialism)', 개인 발달에 관한 사회화의 상반성, 발달과정에서의 비통합(dis-integration)의 필요성이 그것이다. 다중수준적 접근은 현실에 대한 Platon의 설명을 연상시키며, Dabrowski 이론의 초석을 이루고 있다. 다중수준의 기본 가정은 정신 기능이 몇 가지 수준으로 구별되며, 발달은 낮은 수준에서 높은 수준으로의 이행으로 이루어진다는 것이다.

Dabrowski의 위계 도식은 상당히 어렵기는 하지만, 심리학 중 특히 행동주의의 환원주의적 접근에 비해 정신적 과정과 인간 경험의 복잡한 특성에 대한 실재적인 설명을 제공한다. 두 수준은 인간의 경험과 기능의 가장 낮은 형태와 가장 높은 형태를 나타내며, 그 사이에 발달과 이행의 수준들이 존재한다. 가장 낮은 '수평적' 수준은 생물학적 본능과 사회화(외부의 사회관습을 무턱대고 고수하는 것)의 영향을 특징으로 하는 반면, 가장 높은 수준인 자기 결정의

* Bill Tillier, M.Sc., 은퇴한 심리학자, 캐나다 앨버타 주정부의 법무 및 공공안전 부서 소속.

수준은 다중수준의 경험, 자의식, 자율성을 특징으로 한다. 이러한 수준의 경험이 갖는 양적 · 질적 차이는 민감성과 발달 잠재성의 개인차를 반영하며, 쉽게 관찰하고 측정할 수 있다.

　Dabrowski는 그가 사람의 성격에 관해 전통적으로 내려오던 두 가지의 이질적인 시각을 얼마나 독특하게 조합했는지를 설명하기 위해 '실존주의적 본질주의자(existentio-essentialist)'라는 말을 만들었다. 하나는 Platon의 전통을 따르는 실존주의적 접근을 반영하고 있으며, 다른 하나는 Kierkegaard와 Nietzsche의 저작에서 발견되는, 보다 현대적이며 실존주의적인 본질론의 접근방식이다. 한 사람의 성격이 갖는 타고난 특성은 발달의 초기 기반으로 여겨진다. 그러나 Dabrowski는 일반적인 발달과정에서 사회화와 집단에의 순응으로 인해 개인성과 자율성이 실질적으로 압도당하기 때문에 개인적 본질이 물밑에 남아 있는 경우가 많다는 것을 발견했다. 앞선 성장은 낮은 수준에서 통합되어 있는 이 초기 수준을 비통합하고, 진정한 본성을 발견할 기회를 만들기 위해 초기 수준에서 벗어나는 과정과 그 결과로 얻게 되는 자기 통찰력, 그리고 결과적으로 개인의 본성을 형성하고 개선하여 독창적이고 자율적인 성격을 만들게 되는 의식적이고 자유의지에 따른 실존주의적 선택을 반드시 포함한다.

　Dabrowski는 성격과 발달에 대한 새로운 이론을 만들면서 Platon, Kierkegaard, Nietzsche[1]의 이론을 포함한 몇 가지 전통적 철학 개념을 조합하고 종합하였다. 그는 또한 고등발달에 대한 시각(이차적 통합), 발달 잠재성, 발달과정에서의 긍정적 비통합의 역할 등 독창적인 개념을 만드는 데 기여했다.

---

1) Dabrowski에게 주요한 영향을 미친 학자로는 스페인의 철학자 Miguel de Unamuno(1864~1936), 프랑스의 철학자 Henri Bergson(1859~1941), 독일의 철학자 Karl Jaspers(1883~1969)가 있다.

다중수준

　내가 Dabrowski의 제자였을 당시 그의 접근방식에 대한 배경을 얻기 위해 어떤 책을 읽어야 하는지 묻자, 그는 'Platon'이라고 대답했다. 그는 전통적인 심리학적 접근은 관찰되는 인간 행동의 넓은 범주를 설명할 수 없으며 현존하는 어떤 이론도 인간이 나타내는 가장 낮은 수준의 행동과 가장 높은 수준의 행동을 동시에 설명하지 못한다고 했다. 그래서 Dabrowski(1964a)는 다중수준 접근을 소개함으로써 심리학과 심리적 발달에 대한 생각에 있어서 패러다임의 전환을 시작했다. Dabrowski는 심리학에 현실에 대한 Platon적 유형의 다중수준적 설명을 적용하면서 감각적 인지와 상상, 인지(지적) 및 정서 기능의 두 가지 기본 수준을 포함하는 위계 모형을 발전시켰다. 하나는 가장 낮은 수준의 기능을 나타내고, 다른 하나는 가장 높은 수준의 기능을 나타낸다. Dabrowski는 양극단의 수준과 내적 현실이 차등화될 수 있으며, 중요한 차이가 쉽게 관찰되고 설명될 수 있으며 각기 다른 수준을 특징짓고 구별하는 데 활용될 수 있다고 확신했다.

　이러한 구별은 Platon의 네 가지 존재수준에 대한 설명을 반영하고 있다. 낮은 수준은 존재가 그저 더 높고 본질적이며 진정한 이상적 형상에 대한 생각, 그림자, 혹은 부족한 복제본일 뿐임을 설명하고자 한다. 예를 들어, 내가 직각삼각형을 하나 그린다면, 그것은 나의 예술적 능력이나 수학적 정확성과 무관하게 그저 피타고라스의 정의로 설명된 직각삼각형의 더 참되고 이상적인 형태에 대한 어딘가 결함이 있는 생각, 혹은 완벽에는 미치지 못하는 복제본일 뿐이다. 이와 비슷한 방식으로, 사회화는 그저 성격, 개인의 정체성, 사회적 역할과 기대 등에 대한 거대한 복제물을 만들어 낼 뿐이다. 한편 앞으로 살펴보겠지만, 개인에게 있어서 더 수준 높은 대안은 자신의 독특한 이상적 성격을 발견하고 그에 따라 이상적 성격을 형성하여 창조하며, 그 가치에 따라 살아감으로써 개인이 이상적으로 여기는 자아의 형상에 가능한 한 가까이 다가

가는 것이다.

더 높은 수준에 대한 설명과 묘사는 더 높은 수준 대 더 낮은 수준의 다양한 차원을 비교하게 하여 중요한 수직적 비교를 만들어 낸다. Dabrowski는 심리적 발달을 "더 낮고 자동적이며, 단단히 조직화된 정신 구조와 기능에서 더 높고 창의적이며, 스스로 통제하는 진정한 형태의 정신적 삶으로의 이행(발달심리학은 다중수준의 개념을 사용하지 않고서는 이 과정에 대한 만족스러운 설명을 제공할 수 없다)"이라고 개념화했다(1973, p. ix).

요약하자면, 심리적 발달은 조직화 수준에서의 기능이며, 다중수준 접근을 활용하여 사람들 간의 각기 다른 발달 형태와 수준을 구별할 수 있다. 다중수준은 심리적 차원과 기능을 여러 수준으로 구별하며, 인간의 발달과 행동에서 관찰되는 근본적인 차이를 이해하는 데 있어 중요한 새로운 방법론을 제공한다.

Platon의 동굴

발달에 대한 Dabrowski의 다중수준의 설명은 Platon의 접근과 몇 가지 공통적인 측면이 있다. 앞에서 보았듯이, Platon은 의식과 인식의 특징적 수준과 연결되어 있는 존재의 네 가지 수준을 기술하였다. Platon에게 있어 (Cavalier, 1990), 더 낮은 수준은 제한된 의식 및 대략적이거나 단순하거나 잘못 받아들여진 지각과 관련되어 있다. Platon은 현실에 대한 묘사가 수학적으로 복잡하기로 유명하지만, 동굴에 대한 비유를 통해 자신의 시각을 쉽게 이해할 수 있게 했다. 평범한 사람은 동료들과 함께 커다란 지하 동굴 속에 갇힌 죄수다. 이 사람들은 자기 앞에 놓인 동굴 벽에 펼쳐지는 삶의 모습을 수동적으로 보게 된다. 자율성을 모두 박탈당한 죄수는 의자에 묶여 있어서 뒤로 돌아 자신의 상황을 이해할 수 없다. 그들의 감각은 매우 무뎌서 자신의 속박조차 인식하지 못한다. 이들은 모르지만, 이렇게 인식된 삶은 그저 낮은 단계의 환상이자 벽에 투사된 이미지의 행렬이다. 이것은 당대의 정치에 의해 고안되어 인형놀이꾼이 수행하는 그림자놀이다. 죄수 뒤에 자리 잡은 이 인형놀이꾼(국가와 교육체계의 대표자)은 그림자 인형을 이용해 인식시키고자 하는 방식대로 삶을 그려 낸다. 이러한 환상이 고안된 것이라는 본질을 더 강조하기 위해, Platon은 인공적인 빛의 근원을 묘사했다(동굴 뒤쪽의 모닥불이 이 인형놀이의 빛을 제공한다).

어느 순간 한 죄수가 사물에 의심을 품기 시작하고 진실을 밝혀야겠다는 결심을 하게 된다. 결국 이 뭔가 특별한 죄수(Platon은 이들을 철학자나 지성인으로 보았다)는 탈출해서 전체 상황을 볼 수 있게 된다. 이 죄수는 동굴의 입구에서부터 들어오는 흐릿한 빛 쪽으로 비틀거리며 다가간다. 이 죄수는 미약한 햇빛에 이끌려 분명 길고 위험한 여정을 따라갈 것이고, 마침내 지면에 다다른다. 이 고된 길은 엄청난 힘과 의지, 특별한 내적 본질과 성격을 요구한다. 많은 사람이 도전하지만 지표면에까지 가지는 못한다. 비틀거리면서도 햇빛으로 나온 사람들은 삶에 대해 이제 완전히 다른 관점을 갖게 된다. 지각의 패러다임이 질적으로 변하게 되는 것이다.

Platon은 이 죄수가 햇빛 속에 머물고 싶어 하고 심지어 올라갈 기회가 더 있는지를 찾으려는 충동을 나타낼 수도 있다는 것을 알고, '빛을 본' 죄수의 도덕적 명령을 분명하게 묘사했다(그것은 동굴로 돌아가 자신의 동료들이 깨우치도록 돕는 것이다). 마지막 죄수가 동굴에서 빠져나올 때까지 더 이상의 개인적 깨달음은 줄어들어야만 한다. 불행히도 밝은 광명에서 침침한 동굴 속으로 돌아오는 과정에서 이 죄수는 일시적으로 눈이 멀고 자신의 길을 찾기 위해 몸부림을 친다. 남아 있는 죄수는 자신들이 거의 알아들을 수 없는 터무니없는 이야기를 듣고, 이 도망쳤던 죄수가 미쳤다는 두려움에 깨달음을 얻은 메신저를 죽이는 것으로 반응한다.

Dabrowski의 모형에 등장하는 일차적 통합수준의 개인도 Platon의 많은 죄수와 공통점을 갖는다. Dabrowski에게 있어 평범한 사람은 사회화를 수동적으로 받아들이며, 비판적 질문이나 검토를 거의 하지 않고 외적으로 파생된 매일의 현실을 받아들인다. Dabrowski는 사회화가 잘된 사람이 의식이나 개별성, 진정성이 거의 없이 모방적으로 외부에 의해 결정된 역할에 따라 산다고 믿었고, 그렇기 때문에 그는 평범한 사람을 일차적이고 기본적인 발달수준에 있다고 여겼다.

Jackson의 진화와 해체

심리학에 다중수준을 적용하면서 Dabrowski는 신경계[2]에 관한 John Hughlings Jackson의 저작에 나오는 다중수준적 접근을 받아들였다. 1884년에 이루어진 '신경계의 진화와 해체(On the Evolution and Dissolution of the Nervous System)'라는 제목의 유명한 크루니안(Croonian) 강의에서, Jackson은 낮은 수준과 높은 수준의 차이를 설명하는 신경계의 진화론적 수준 기반 모형을 서술했다(Jackson, 1884; 또한 Taylor, 1958 참조). 세 가지 변인이 각 수준을 구분한다. 낮은 수준은 더 단순하고, 더 조직화되어 있으며, 더 자동적이고 반사적이다. 높은 수준은 더 복잡하고, 덜 조직화되어 있으며, 더 의도적이고 의지적이다. 게다가 낮은 수준에서의 활동은 높은 수준의 통제에 따르는 경향을 보인다. Jackson은 진화(발달)가 낮은 수준에서 높은 수준으로의 이행이자, 마찬가지로 더욱 복합하고 덜 조직화되어 있으며 보다 의지적이고 자연적인 행동으로 이행하는 것이라고 설명했다. "높은 수준의 정신적 발달이란 더 복잡하고 의식적이며 선택의 자유가 많아서 자기 결정을 내릴 기회가 더 많은 행동을 의미한다."(1972, p. 70)

Dabrowski는 높은 수준은 낮은 수준과 비교했을 때 양적, 질적 차원에서 다르다고 강조했다. 심리학은 보통 양적 차이를 받아들인다(예를 들어, 지능은 일반적으로 검사 점수의 차이에 기초하여 수준으로 구별한다). 그러나 Dabrowski는

---

2) Dabrowski의 스승 중 한 명이 폴란드의 유명한 정신의학자 Jan Mazurkiewicz였다. Mazurkiewicz는 neo-Jackson적인 접근법을 개발하였다. 그것은 뇌 조직의 수준이 다르기 때문에 나타나는 질적으로, 발달적으로 다른 종류의 의식과 정신 기능을 강조한다(Kokoszka, 2007 참조).

고등발달이 또 다른 중요한 측면을 나타낸다고 여겼다. 어느 시점에서 커다란 질적 차이가 나타난다(예를 들면, 높은 수준의 개인이 나타내는 현실에 대한 기본적인 인식은 낮은 수준의 개인의 그것과 말 그대로 다르다). 질적 차이는 중요한 설명적 특성이 된다. 이를 통해 높은 수준의 발달과 낮은 수준의 기능이 뚜렷하게 구분되고, 성격과 발달을 범주화하는 데 증거가 될 기반을 제공한다.

본질과 실존주의

Dabrowski(1972)는 개인의 유전요인이 궁극적인 발달에 중요한 기여를 한다고 믿었다. 그는 최고의 유전요인이 최악의 환경에 억압될 수도 있고, 최악의 유전요인은 최상의 환경의 도움을 받을 수 없지만, 그냥 그런 유전요인의 결과물은 환경에 의해 결정된다고 말하곤 했다. 모든 개인이 갖고 있는 내적 본질은 성격의 중심적인 자질과 특질로 이루어져 있다. 그러나 이 본질은 단단히 고정되어 있지 않다. 그것은 오히려 발달할 수도 있고 그렇지 않을 수도 있는 잠재성으로 존재한다. 게다가 이 본질은 긍정적이며 발달을 촉진하는 역할을 할 수도 있지만, 부정적으로 발달을 제한하는 역할을 할 수도 있다. 그것은 또한 동물의 조상, 인간만의 독특한 특성, 어쩌면 한두 가지의 천재성으로부터 받는 영향을 포함한 넓은 특성을 포함한다.

개인의 본질의 표현방식 역시 주어진 것이 아니다. Dabrowski(1973)는 성격은 성취해야만 하는 것이라고 생각했다(이는 '더 나다운 것'과 '덜 나다운 것' 사이를 구별 짓는 개인적, 의식적 선택을 통해 구성된다). 발달이 진행되면서 통찰력과 자각이 생겨난다. 어느 시점에 다다르면, "개인은 자신의 '본질'을 인식하게 된다. 다시 말해, 자신의 목표와 포부가 무엇인지, 태도나 다른 사람과의 관계가 어떠한지를 알게 된다"(Dabrowski, 1973, p. 109; 또한 McGraw, 1986 참조). 개인은 이러한 초기의 본질에 기초하여, 자신이 상상하는 가능성과 꿈, 열망 등을 고려해 이상적 성격을 구성한다. 이상적 성격의 이미지가 점차 뚜렷해지면, 개인은 이 이상을 자신의 내적 본질과 비교할 수 있게 되며, 수직적, 다중수준적 비교에 기초하여 무엇을 강조하고 어떤 면을 억제해야 할까에 대해 자유의지에 따른 의식적 선택을 내릴 수 있게 된다. 이런 식으로 나타나는 개인의 성격에 대한 전반적이고 최종적인 표현은 그가 누구인가 하는 본질과 함께 그 사람의 계속되는 선택을 반영한다.

'성격'의 본질과 함께, Dabrowski는 개인의 발달 궤도를 결정하는 데 있어 핵심적인 역할을 하는 몇 가지 다른 내재적 요인을 설명했다. 여기에는 창조 본능, 자기 완성 본능, 역동성, 궁극적으로 발달에 에너지를 공급하기 위한 욕구와 정서의 조합, 끝으로 발달 잠재성이라고 부른 요인이 포함된다. Dabrowski는 발달 잠재성을 "개인의 성격 및 가능한 정신적 성장의 정도를 결정하는 유전적 재능"이라고 정의했다(1972, p. 293). 과흥분성, 능력과 재능, 자율적 요인(주로 제3요인) 등 몇 가지 주요 특성을 활용하여 발달 잠재성을 평가할 수 있다.

우리는 개인이 자신의 독특한 특성(본질)을 인식해야 하며, 그런 뒤 자유의지에 따라 이러한 본질이 개인화된 이상적 성격을 완전히 표출하도록 구체화하고 표현하는 실존주의적 선택을 내려야 한다는 말로 Dabrowski의 '실존주의적 본질적' 접근을 요약할 수 있다. Dabrowski는 "진정한 인간으로 태어나는 데 있어 본질이 존재보다 더 중요하다."는 입장을 분명히 했으며, 이어서 "순수한 본질이 없이는 진정한 인간 존재도 없다."라고 말했다(Cienin, 1972a, p. 11). 본질과 발달 잠재성, 실존주의적 선택의 독특한 기여를 인식하고 이들이 어떻게 상호작용하는가를 이해하는 것은 발달을 이해하는 데 있어 강력하고 새로운 통찰력을 제공한다.

사회화는 자율성을 억누른다

Dabrowski는 Jahoda(1958)의 영향을 받아 정신건강을 규정하는 데 있어 긍정적 접근방식을 사용했다. Dabrowski는 단순히 정신질환의 부재나 사회적 응에 대한 양적 척도에 기초한 정의를 거부하면서, 새롭고 질적으로 다른 특성에 기초하여 정신건강을 정의했다(예를 들면, 개인의 독특한 성격을 반영하는 자율적이고, 의식적으로 도출된 가치체계와 같은 것이었다). 각 수준 간의 이러한 질적 차이는 개인의 발달 상태를 나타낸다.

Jackson의 뒤를 이어 Dabrowski(1964a, 1972)는 낮은 수준이 더 간단하고, 더 조직화되어 있으며 더 견고하고 탄력적인 심리 구조를 나타낸다는 가설을 세웠다. 그러나 Dabrowski의 관찰 결과는 이러한 구조가 일반적으로 생물학적 힘(본능)과 사회환경의 영향에 굴복한다는 것이었다. 이런 식으로, 이 일차적 수준에서 개인의 이상과 목표, 가치는 외부에서 도출된 관습과 기준에 따르며 매우 제한적인 자의식과 개별성, 자율성을 나타낸다. 이 소위 말하는 '평균적'으로 사회화된 개인의 경우 심리적 통합에 대한 전통적 개념화의 근간을 이루며, 일반적으로 긍정적 측면을 함축하는 심리 특성이 잘 일치되어 있고, 조직적이고 잘 맞춰져서 통합되어 있다.

그러나 Dabrowski는 두 가지 유형의 통합을 구별했다. 낮은 수준의 초기 일차적 통합은 사회화를 반영하는데, 이는 발달을 저해한다는 함의를 지닌다. 높은 수준의 이차적이고 긍정적인 통합은 고등발달, 자율성, 자기 결정성과 연결되어 있으며 정신건강을 반영한다. Dabrowski는 일차적 수준의 개인은 개인적인 성격을 나타내지 않는다고 주상했으며, 더 나아가 "성격의 발달이 결여되었다는 것은 정신건강의 결여를 의미한다."는 결론을 내렸다(1964a, p. 122).

일차적 통합을 묘사하는 과정에서 Dabrowski는 행동이 일반적으로 자기만족의 본능과 충동을 충족하기 위해 조직화된다고 지적했다. 자기만족적인 목적을 달성하기 위해 사회적 역할을 수행하고 조작하는 경우가 많다는 것이다. 이런 개인 중 많은 사람이 카리스마 있고 강하며, 종종 사회에서 지도자의 역할을 맡는다. 불행히도, 이런 사람 중 일부는 자신의 행동이 끼칠 해악이나 사회적 책임에 대해서는 거의 생각하지 않은 채 계속 자아중심적이고 자기만족을 위한 방식으로 행동한다. 사이코패스의 이미지는 정장을 빼입고 '어떠한 대가를 치르더라도 이기는' 사업가나 자신을 정당화하는 정치가의 이미지로 떠오른다(Babiak & Hare, 2006 참조).

교육체계와 정치체계(Platon이 말한 인형놀이꾼)는 '서로 물어뜯는' 사업과 정치 세계에서 앞서갈 수 있는 개인을 만들고 격려하는 데 입각해 있다. 사회가 발전하면서 이런 '승자'를 존경한다는 것은 "그 사회가 원시적이고 혼란하다는 것을 의미한다"(Dabrowski, 1970, p. 118). Dabrowski는 더 나아가 지배적인 사회규범에 대한 개인의 적응에 기초한 정신건강에 대한 정의가 인간의 진정한 발달과 기능을 대변하지 못한다고 염려했다. 그 자체로 '원초적이고 혼란한' 사회에 적응하는 것은 발달을 저해하며, 개인적인 본질을 발견하는 것을 막고 자아를 형성하고 발달시키는 선택을 연습하지 못하게 만든다(이것은 Dabrowski가 말하는 정신건강의 기준이다; Dabrowski, 1970).

Dabrowski가 인간의 진정성에 대한 사회화의 부정적 영향을 처음으로 격정했던 것은 아니다. Kierkegaard(Kaufmann, 1969) 역시 사회적 역할과 교회의 교리에 대한 의존이 개인으로 하여금 '진짜 행동'을 하지 못하게 막는다는 말로 비슷한 염려를 분명히 표현했다. McDonald는 Kierkegaard의 입장을 다음과 같은 말로 표현했다.

> Kierkegaard의 중심 문제는 기독교도의 집단 속에서 기독교인이 되는 방법에 있었다. 이 과업은 교육수준이 높은 사람에게 가장 어려운 일이었는데, 이는 지배적인 교육제도 및 문화적 제도가 개인으로 하여금 자신만의 정체성을 발견하게 하는 대신 '군중'의 판에 박힌 일원을 만들어 내는 경향이 있었기 때문이다(2006, section 2, para. 1).

군중은 사람에게서 개인적 책임감을 앗아간다. Kierkegaard(Kaufmann, 1969; Palmer, 1996)는 개인에게 있어 단 하나의 진정한 자유는 외부의 사회적 관습과 역할에 기초하여 자신의 자아를 규정하는 것이 아니라, 자신의 자아를 선택할 수 있는 막중한 책임감(일상생활에서 내리는 연이은 결정을 통해 성공적인 자아와 신념, 가치를 구축하는 것)이라고 주장했다. Dabrowski와 비슷한 입장에서, Kierkegaard는 의식을 낮은 수준의 실제 상황과 무엇이 가능한가의 고차원적 대안 사이의 수직적 비교와 연결하였다(이는 Dabrowski의 경우 무엇'인가'에 대한 적응 대 무엇'이어야 하는가'에 대한 적응에 해당한다; 1967, p. 194).

이러한 의식은 자기의심과 불안을 낳는다. 한번 문을 의식하기 시작하면, 우리는 문 뒤에 무엇이 있을지, 우리가 그 문을 열어야 할지 말아야 할지 고민한다. 많은 사람이 문의 존재와 그에 수반하는 선택을 부정하지만, 단 하나의 진정한 해법은 현실을 완전히 의식하고 선택의 두려움과 불안을 안고 사는 것이다. Kierkegaard는 이러한 선택이 자아를 창조하는 데 필수적이라고 말했다. "사람은 스스로 결정하고, 스스로 선택한 누군가로서의 자아를 소유한다."(Dabrowski, 1967 p. 36에서 재인용) 이러한 불안에 대처하고 극복하는 과정과 개인의 가치와 신념에 기초하여 선택을 하면서 따라가는 과정은 인간의 진정성을 재확인하고 증명한다.

나는 내 삶에서 이러한 요지를 설명하는 경험을 한 적이 있다. 첫 번째 단독비행에서 나는 법을 배우는 동안, 나는 내 옆자리를 보면서 그 자리가 비어 있음을 확인했다. 나는 곧 내가 혼자이며 내 삶은 이제 나에게 달려 있다는 사실을 인식했다(나 혼자 이 비행기를 착륙하여야만 했다). 갑자기 나는 선택을 인식하게 되었고, 내가 착륙하지 않고 불시착하는 선택을 할 수 있다는 가능성에 불안과 고뇌를 느꼈다. 나는 착륙하기를 선택했고, 나음번 비행 전에 잠시 멈춰 이번에도 같은 선택을 할 것이라는 신념을 강화했다. Kierkegaard와 Dabrowski는 아마도 착륙하겠다는 의식적인 선택을 깨닫고 그러한 선택을 하는 데 있어 내가 개인으로서의 내 삶에 대한 책임을 진 것이며, 그 과정에서 최소한 잠시나마 본질적인 길을 선택했다고 말할 것이다. 물론 나를 가르친 강사는 내가 비행기를 안전하게 착륙시키도록 배운 훈련을 단순히(필요하다면 외워서) 실행할 것으로 기대했고, 나 역시 잘해서 그를 실망시키지 않고 싶다는 의식적 생각이 있었다. 그러나 내가 실존주의적 선택을 내적으로 자각하는 과정 없이 단순히 착륙했던 것이라면 자의식과 순간적인 불확실성과 두려움,

그 이후의 자기 결정과 자기만족의 경험을 전혀 하지 않았을 것이다.

　Nietzsche는 사회가 수행하는 역할에 더욱 비판적이었다. Nietzsche는 도덕성의 모든 영역은 관습을 '중간과 평균으로' 평준화함으로써 개인이 고유의 가치를 발달시키는 것을 거부하는 '대중의 도덕'을 대표하는 당대의 교리에 불과하다고 주장했다(Nietzsche, 1968, p. 159). 이 대중의 도덕은 수적 다수가 몰려 있는 지점을 나타내는 집단의 평균이 오늘날의 가치와 이상을 결정하는 동질화를 반영하고 있다. Kierkegaard와 Dabrowski와 마찬가지로, Nietzsche도 사회화로 얻어지는 관습에 적응하는 것이 스스로의 개인적 가치 가정(value assumption)을 검토하려는 욕구와 개인적이고 자율적인 도덕성을 발달하려는 책임감에서 개인을 떼어 놓는다고 생각했다. 개인은 단순히 순응하고 자아를 발달시키려는 내적 동기를 잃는 것에 만족하게 된다. 짐을 지고도 질문할 줄 모르는 동물인 낙타의 비유를 들어, Nietzsche는 평범한 사람이 그렇게 하지 않으면 느껴질 두려움과 죄책감에 반응하여 무릎 꿇고 사회가 부과한 기대와 의무를 수용하는 법을 배운다고 주장했다. Nietzsche는 특히 종교적 신념은 개인에게 자기 발달의 책임이 없음을 선언한다고 주장하며 종교를 거부했다.

고등발달의 모범

　일차적 통합과 대조적으로, 고등발달은 이제는 자기 통제, 완전한 자의식, 행동을 지시하게 되는 내적 가치 구조의 형성을 특징으로 지닌 새로운 주인(개인의 자율성)에게 복종하는 더 복합적인(그러나 덜 조직화된) 구조를 특징으로 한다. Dabrowski는 일차적 통합의 예가 되는 개인을 공감과 자아성찰을 할 줄 아는 사람들(예, 링컨, 소크라테스, 간디, 테레사 수녀)과 비교했다. 이런 사람은 의식적으로 타인의 필요를 자신의 필요보다 앞에 놓고 솔선수범한다. 이들은 발달의 연속 선상에서 최고의 전형이다. 그들의 이차적 통합은 Dabrowski가 제3요인이라고 부른, 자기 규정, 자기 결정, '자기 고유의 힘'의 성장과 표현을 포괄하는 자율적인 힘을 반영한다(Dabrowski는 이를 정신건강을 규정하는 기준으로 삼았다; Dabrowski, 1973, p. 39). Dabrowski는 자율적 변수의 핵심적 중요성을 강조하면서 성격을 "개인이 스스로 인식하고, 선택하고, 확인하고, 결정한 본질적인 정신 특성의 일치성의 성취"라고 정의했다(Dabrowski, 1972, p. 301).

사회화된 개인과 비교하여 Platon, Kierkegaard, Nietzsche 역시 고등의 개인에 대한 개념화를 나타내었으며, 각각의 접근은 자기 통제, 자기 책임, 자기 결정을 강조했다. Platon은 영혼의 세 가지 수준에 대응하는 개인적 기능의 세 수준을 설명했다. (1) 노동자 계층(worker class)은 영혼의 '욕구'에 해당한다(허리 아래). (2) 강하고 용감한 전사(warrior)는 영혼의 '정신'에 해당한다(심장). (3) 지배계층(governing class)은 지능, 합리적 사고, 자기 통제, 지혜에 대한 사랑으로 특징지을 수 있다. 본질적으로, 매우 적은 개인만 속한 영혼의 '이성'에 해당(근본적으로는 머리)하는 계급은 지배계급이다. 이 철학자의 왕은 Platon이 이야기하는 현실의 궁극적 형태인 이상적 형상을 발견함으로써 발달한다(Wikipedia, *The Free Encyclopedia*, 2007 참조).[3]

Kierkegaard에게 있어 개인의 도덕성을 발견하는 것은 의식이 촉발되고 진정한 존재가 활성화되었음을 알려 준다. 종교적 교리에 매우 비판적이긴 했지만, Kierkegaard는 진정한 자아는 이상에 도달하지 못할 수 있다는 절망을 감수하면서라도 기꺼이 신앙이 도약을 하고 진정한 자아를 선택하는 것을 요구한다는 신념에 기초한 접근을 강조했다. "'신앙'의 기반 위에서만 개인이 진정한 자아가 될 기회를 얻기 때문에, 신념은 개인이 성취해야 할 가장 중요한 과업이다. 이 자아는 영원을 위해 신이 심판하는 평생의 과업이다."(McDonald, 2006, section 5, para. 2) 불행히도, 일상생활에서 평범함은 존재의

---

3) 한 권에 걸쳐 심리학의 위계적 접근의 독특한 요건을 더 분명히 하기 위해 Dabrowski(1973)는 심리학적 개념을 다시 규정하고 다중수준, 역동성, 발달적 시각 등을 고려한 새로운 개념을 발전시켰다.

진정한 현실을 숨긴다. 그러나 절벽 끝에 몰렸을 때나 비행기에서 혼자임을 깨닫게 될 때, 개인은 새롭고 더욱 분명한 시각으로 평범했던 삶을 보는 경향이 있다.

우리 스스로를 더욱 객관적으로 보려고 노력하는 것도 발달 과업 중 일부다. Kierkegaard와 Dabrowski는 둘 다 대부분의 사람이 스스로를 너무 주관적으로 바라보며 타인에게는 너무 객관적이라고 말한다. Dabrowski가 말하는 발달의 주요 특성 중 하나는 주체-대상으로서의 자아, "밖에서 보는 것처럼 자아를 바라보고(대상으로서의 자아) 타인의 개인성을 인식하는(주체로서의 타인, 개인의 인식자) 과정"이다(Dabrowski, 1972, p. 305). 인식의 전환은 개인으로 하여금 자아를 더 잘 이해하고 비판적으로 평가하기 위해 정신적 삶에 대한 통찰력을 발달시킨다.

Kierkegaard(Palmer, 1996)는 개인이 선택할 수 있는, 각각 독특한 세계관을 특징으로 하는 세 가지 자아 영역으로 이루어진 인생의 단계를 설명했다. 가장 낮고 심미적인 영역은 Don Juan 식의 관능성과 쾌락주의로 설명된다. 이 수준은 인간 이하의 단계다. 동물을 통제하는 것과 같은 힘에 의해 지배당하기 때문이다. 오늘날 이 수준은 다른 무엇보다 이윤과 협상을 중시하는 '서로 물어뜯는' 사업가들의 이기주의로 설명될 수 있다. 앞에서 언급했듯, 이것은 Dabrowski의 일차적 통합수준에 대응한다. 이 비본질적 존재를 벗어나기 위해 개인은 Kierkegaard의 유명한 '이것이냐 저것이냐(either/or)'를 구현해야 한다(Palmer, 1996). 개인은 자신의 낮은 자아를 받아들이거나 의식적으로 낡은 자아에 종말을 선언하고 새롭고 진정한 자아를 구축하기 위한 '신념의 도약'을 해야 한다.

다음 단계인 윤리적 영역은 자신의 이상을 성취하며 자신을 보호하려는 의지와 타인에 대한 헌신으로 표현된 윤리적, 도덕적 책임을 특징으로 한다. Dabrowski와 마찬가지로, Kierkegaard는 어떤 이상이 선택되는가에 대해서는 그 과정(개인의 이상을 확립하는 과정에 이용되는 자율성)에 비해 관심이 적다.

마지막 단계인 종교적 영역은 또 다른 신양의 도약을 포함한다(이번에는 무한의 심연으로의 개인적 도약이다). 사람은 생각에 대한 신념이나 지능의 추론을 통해서 신을 알게 되는 것은 아니다. 그들은 끊임없이 신앙의 도약을 통해 신을 알게 된다. 이 마지막 도약을 하면서 개인은 마침내 자아도 구축한다. 이 순간은 자기 구성의 책임을 강조한다. 사람은 처음에 고뇌와 불안, 공포로 가득 차 있다. 이 불안은 끊임없이 선택해야 한다는 부담에 대한 인식을 반영하지만, 들뜸과 선택할 수 있다는 자유도 담고 있다. 선택이 네 번째 영원의 수준으로 옮아가는 동안 각 선택은 얼어붙어 있다. 그러나 모든 새로운 순간은 다시 선택할 기회다. Kierkegaard가 말했듯, 자아는 신앙의 반복된 고백을 통해 구성된다(다시 말해, 자아는 매일 내리는 선택과 그 선택이 묘사하는 신앙의 도약을 통해 자아 자체와 그 창의적인 힘인 신앙과 계속 연결되어 있다). 이런 높은 수준의 발달을 이룬 개인은 거의 없다. Kierkegaard는 그들을 '신앙의 기사(Knights of Faith)'라고 불렀다. Kierkegaard에게 있어 자기 창조의 이 과정은 진정한 인간 행동에서 정점에 달하는 진정한 개인적 가치 구조를 만든다. 이런 점에서 이 마지막 도약을 하는 것은 진정한 인간이 되는 것이다. 궁극적으로 우리의 선택과 가치, 성격과 행동의 총합은 신의 심판 앞에 서게 될 것이다.

Kierkegaard와 마찬가지로, Nietzsche 역시 처음에는 도덕적 신조와 종교의 역할을 혹평했다. 그의 해법은 신이 죽었다고 선언하고 여기에 지금 있는 우리 존재를 대면하는 충격을 주는 것이었다. 그는 우리에게 우리가 스스로의 도덕적 이상을 자유롭게 창주하고 또 창조해야만 하는, 신이 없는 세계를 상상해 볼 것을 요구하고, 이런 식으로 현 시점의 일상 세계에서 이루어지는 행동에 대해 당면해 있는 견고한 책임감을 강조했다. 인간발달을 설명하면서 Nietzsche는 세 가지 결과의 위계를 제시했다. 가장 낮은 수준은 '최후의 인간'으로, 이들은 발달하려는 동기 없이 만족과 편안함을 추구하는 순응자를 나타내는 대중이나 노예 집단으로 이루어져 있다. 중간 단계인 '한 차원 높은 인간'은 뭔가 더 있어야 하고, 자신의 이야기를 써야만 하는 개인이다. 마지막으로, Nietzsche는 대부분의 사람이 성취하기에는 비현실적인 기준일 수 있다는 것을 알면서도, 이상적 인간의 궁극적인 역할 모델인 '초인(übermenschlich)'을 묘사했다. Nietzsche(1961)가 자주 사용한 '초인'이라는 단어는 보통 'superman'으로 번역되지만, 'overman'이나 'hyperman'으로 번역되기도 한다.[4)]

　군중을 설명하기 위해 Nietzsche가 사용했던 낙타의 비유는 이미 언급했다. Nietzsche의 '낙타' 중 일부는 햇빛을 발견한 Platon의 죄수와 비슷한 변형을 거쳐, 현재 상태에 의구심을 품게 되고 자유와 자율성을 잡으려는 사자로 바뀐다. Nietzsche는 사회화의 신조('~하라')는 명령(즉, 타인이 우리에게 무엇을 믿어야 하고, 무엇을 진실로 받아들여야 하고, 무엇을 해야 하는지를 말해 주며, 우리는 이러한 외부 법칙을 맹목적으로 따르는 것을 좋아한다)으로부터 자유를 빼앗기 위해서는 맹수와 같은 힘이 필요하다는 의미로, 한 차원 높은 인간을 상징적으로 나타내는 데 사자를 이용했다. 사자는 기회(새로운 가치를 추구할 권리와 새로운 창조의 자유)를 만들기 위해 '~하라'의 용을 죽여야 한다.

　가장 높은 수준에서 이 사자는 새로운 가치를 만들기 위해 아동으로 탈바꿈해야 한다. 아동은 어떠한 문화에도 동화되지 않고 '~해야 한다'는 감각이 없기 때문에 순수하고 죄책감도 없다. 그렇기에 초인/아동은 새로운 개인성의 모형을 대변한다("지금의 정신이 그 의지를 남기고, 세계에서 분리된 정신은 이제 그 자체의 세계를 얻는다."; Nietzsche, 1961, p. 55). Nietzsche는 권력에 대한 개인의 의지를 권력을 더 가지려는 욕구이자, 삶에 반응만 하는 것이 아니라 삶을 실천하려는 의지라고 설명했다. Dabrowski의 제3요인을 떠올리게 하는 설명에서 권력에 대한 의지는 타인에 대한 권력이 아니라, 자기 창조와 자기 주도를 성취하고 개인의 창조성을 표현하는 데 필수적인 창의적 에너지와 자신에 대한 통제를 느끼는 것이다. 개인은 권력에 대한 자신의 의지를 활용해 옛 이상과 도덕률을 거부하고 재평가하고 극복하며, 새로운 이상과 도덕률을 만든다. Nietzsche(1961)는 이를 초인이 계보에 대한 주도권을 잡고 스스로의

---

4) 초인(übermenschlich)이라는 단어는 다음과 같이 나뉜다. '빼어나다'는 뜻의 라틴어 über, 과도함을 나타내는 그리스어 ύπερ, (존재로서의) 인간을 나타내는 독일어 menschlich.

이야기를 써 나가는 자기 극복의 연속적 과정이라고 말했다(대중의 일원의 삶에 대한 이야기는 그들을 위해 누군가에 의해 쓰인 것이다).

발달과정에서의 비통합

가장 복잡한 최고 수준은 가장 덜 조직화되어 있으며 그렇기에 덜 안정적이고 더 연약하며 깨지기 쉽다는 Jackson(1884)의 발달에 대한 시각은 정신질환에 대한 초기 이해에 영향을 미쳤다. 널리 수용된 Jackson의 시각에서 보면, 정신질환은 더 낮고 단순하며 자동적인 수준이 표현되게 만드는, 높은 수준의 '해체'를 포함하고 있다.

Dabrowski(1964a)는 이러한 입장을 거부하고, 많은 사례에서 높은 수준의 통합이 해체되는 과정(Jackson이 말한 해체)이 진보에 있어서 중요한 역할을 담당한다는 생각을 제시했다. 이러한 통합은 개인 내부의 심리적 본성을 변형하고 재구성하는 데 필요한 발달적 속성을 요구한다. Dabrowski는 주위의 압력과 사회화의 타성을 벗어나는 것이 얼마나 어려운지를 강조하고, 관찰 결과를 통해 심리적 발달에는 이러한 초기 통합이 깨지는 과정이 요구된다는 결론을 내렸다. 자율적인 개인적 발달은 생물학적 본능이나 사회화를 토대로 이루어질 수 없다. 대조적으로, 고등발달은 의식적이고 계획적으로 낮은 수준의 본능, 자기만족의 충동을 억제하고, 외부에서 도출된 정형화된 사회에 기초한 반응을 억제하는 것으로 이루어진다. 발달은 자율적 특성을 의식적이고 계획적으로 확장하는 것으로 이루어진다(예를 들면, 개인적 가치체계를 만들고 이상적 성격을 그려 내는 것이다).

Dabrowski는 이차적 통합을 나타내는 사람들의 삶은 예외 없이 강한 갈등, 위기, 고통으로 특징지어지는 비통합의 시간을 오랫동안 겪었다는 사실을 발견했다. "이러한 관찰의 결과, 정상적인 개인에게 나타나는 발달은 정도의 차이가 있더라도 비통합과 연결되어 있으며, 매우 창조적인 사람들의 발달은 내

부의 부조화, 신경과민과 일부 신경증 형태와 강한 상관관계를 보인다는 가설
이 도출된다."(Dabrowski, 1970, p. 20) Dabrowski(1964a)는 또한 이러한 재구
성은 주로 인지적이거나 지적으로 나타나지 않는다고 주장했다. 오히려 정서
구조의 근본적 해체와 재구성을 포함하고 있다는 것이다. Dabrowski는 이 과
정의 발달적 방향성을 강조하고 Jackson이 설명한 부정적 비통합 및 정신질
환에 대한 전통적 개념과 이를 구별하기 위해 이 과정을 '긍정적 비통합'이라
고 불렀다.

긍정적 비통합이론은 비통합의 세 가지 수준을, 즉 단일수준의 비통합과 두
가지 유형의 다중수준의 비통합을 기술하고 있다. 단일수준의 비통합은 수평
적인 것에 초점을 맞춘 갈등(충동, 특성, 같은 수준의 정서 상태 사이의 갈등)을
특징으로 한다. 이러한 갈등은 강력한 양가감정과 양립경향을 나타낸다(개인
은 양쪽으로 당기는 힘에 의해 동등하게 잡아당겨지지만, 선택 가능한 대안 사이에
는 실질적인 차이가 거의 없다). 의사결정 과정에 관여하는 의식이나 자의식은
매우 제한적이다. 이러한 갈등은 그 자체로는 발달적이라고 할 수 없는데,
'올라가는 길'을 제공하지 않으며 변형도 거의 이루어지지 않기 때문이다. 단
일수준의 비통합은 보통 처음 수준으로 되돌아가는 재통합으로 끝난다. 재통
합을 이루지 않고 단일수준의 비통합 상태가 계속 연장된다면 '출구가 없는'
위기가 나타날 수 있으며(Dabrowski, 1970, p. 135), 이는 자살 성향이나 정신병
으로 이어지기도 한다.

Dabrowski에게 있어 발달의 핵심은 질적으로 새로운 유형의 갈등, 높은 수
준의 기능과 낮은 수준의 기능 사이의 수직적 혹은 다중수준의 갈등을 포함한
다. 외부 환경과 그에 따르는 인식, 개인의 심리적 구조 안의 다중수준에 대한
자의식에서 높은 수준을 발견하는 것은 다중수준의 긍정적 비통합에 필요한
힘을 만든다. 내적 갈등에 대한 이 '수직적 해결책'은 발달의 특성이다. "위기
에 대한 발달적 해결책이 재통합(같은 수준 혹은 더 낮은 수준에서의)이 아니라
높은 수준의 기능으로의 통합이라는 것을 명심해야 한다."(Dabrowski, 1972,
p. 245) 궁극적으로, 이상적 상황에서 발달은 자기 정의와 자율성에 기초한 이

차적 통합의 형성으로 끝이 난다.

Nietzsche가 자라투스트라라고 명명한 인물을 통해 설명한 인간발달은 Dabrowski의 설명을 반영한다. 자라투스트라는 자신이 지혜를 찾아 10년을 보낸 산 위의 동굴에서 내려온다. 내려오는 길에 그는 예전에 자신을 알고 있던 사람을 지나게 되고, 그는 자라투스트라가 분명 예전과 달라졌다고 말한다. 그는 깨달음을 얻은 사람(아동)이 된 것이다. 첫 번째로 보이는 마을에 들어간 자라투스트라는 잠시 멈추어 서커스의 줄타기 곡예사를 본다. 그는 모여 있는 군중에게 말하기 시작하고, 그들은 그 역시 서커스의 일부라고 여긴다. 그리고 자라투스트라는 사람들에게 이렇게 말했다. "내가 여러분에게 초인을 가르쳐 주겠습니다. 인간은 넘어서야 할 존재입니다. 그를 넘어서기 위해 당신은 무엇을 했습니까?"(Nietzsche, 1961, p.41) 자라투스트라는 계속해서 "여러분은 벌레에서 인간이 되기 위한 길을 걸어왔지만, 여러분 속 많은 부분은 아직도 벌레입니다. 한때 여러분은 원숭이였고, 지금도 인간은 어떤 원숭이보다 더 원숭이 같습니다."라고 말한다(Nietzsche, 1961, pp. 41-42).

줄타기 곡예사의 비유를 이용해 자라투스트라는 우리가 동물과 초인을 연결하는 줄이자 다리라고 말한다. 발달하기 위해 우리는 동물에서 벗어나 초인으로 가는 동안 깊은 수렁으로 떨어질 위험을 감수하고서라도 이 줄을 건너야 한다. 군중은 자라투스트라의 이야기를 거부하고, 그는 우리에게 경고한다. "높은 차원의 사람들인 여러분은 나에게서 이걸 배워야 합니다. 시장에서는 아무도 높은 차원의 사람들을 믿지 않습니다. 그곳에서 말하고 싶다면, 좋습니다, 그렇게 하세요! 그러나 사람들은 눈을 끔뻑이며 '우리는 모두 평등하다'고 말합니다."(Nietzsche, 1961, p. 297) 모인 사람들은 문화적 배경으로부터 주어진 그들의 역할과 집합적 정의를 받아들여 왔다. 이 사람들에게 '높은 차원의 사람'은 없다. 모든 사람은 신 앞에서 평등하게 서 있다.

우리가 살펴보았듯이, Nietzsche의 해법은 신이 죽었다고 선언함으로써 개인으로 하여금 자율성을 행사하고 자신의 차원 높은 잠재성을 분출하려는 욕구에 불을 붙일 기회를 만듦으로써 한 차원 높은 사람들을 부활하고 자유롭게 하는 것이었다. "신은 죽었다. 이제 우리는 소망한다(초인이 살아나기를)."
(Nietzsche, 1961, p. 297) 불행히도, 대중은 Platon의 깨달음을 얻은 죄수가 얻었
던 반응과 매우 유사한 방식으로 자라투스트라에게 반응한다. 그는 미쳤거나
그저 바보로 여겨져, 자라투스트라는 자신이 그렇게 받아들여지는 것을 한탄
한다. "나는 사람들에게 존재의 의미를 가르치고 싶었다. 암흑의 사람들 사이
에서 깨달음을 얻은 초인이 되는 것 말이다. 그러나 나는 여전히 그들과 멀리
있고 나의 뜻은 그들의 마음에 대고 말하지 못한다."(Nietzsche, 1961, p. 49)

Platon의 죄수들이 아무 의심 없이 사회적 그림자놀이로부터 자신의 가치
를 도출했던 것과 마찬가지로, Nietzsche의 군중도 당시의 문화적, 종교적 관
습으로부터 '선과 악'에 대한 이상을 무비판적으로 받아들인다. Nietzsche는
우리에게 '노예적 도덕성'에 굴복하려는 충동에 저항하고 '도덕적 평가 자체
를 비판할 것'을 요구했다(Nietzsche, 1968, p. 215). 자라투스트라는 우리에게
초인은 자신의 문화에 동화된 자아를 극복하고 권력에 대한 의지를 중대한 새
창의성(진정 자율적인 자아를 구축하기 위한)에 적용하여야 한다고 말한다. 초인
은 이런 식으로 스스로의 기본적인 본능과 감정, 성격 특성, 감각에 대한 깊은
성찰을 통해 '선악'을 넘어선다. 그들은 Dabrowski의 이론에서 설명된 가치
체계와 이상적 성격과 비슷한 개인적인 삶의 가치를 계속 발달시킨다.
Nietzsche는 스스로의 가치를 창조하려는 욕구를 강조하며 이렇게 말했다.
"근본적 생각: 새로운 가치가 먼저 창조되어야 한다…. 이 과업을 아껴서는
안 된다!"(1968, p. 12) Nietzsche는 가치 창조의 과정과 새로운 가치는 규범적
이어서는 안 된다고 강조했다. "이것…이 지금 나의 방식이다…. 당신의 방식
은 어디에 있는가? 나에게 '길'을 묻는 사람들에게 나는 이렇게 답한다. 길…
이라는 것은 존재하지 않기 때문이다!"(Nietzsche, 1961, p. 213)

Dabrowski의 접근을 다시 생각해 보면, 초인적인 시각으로의 이동에는 삶
을 바라보는 방식의 질적 변화가 수반된다. '지금 여기'는 새로운 시각을 갖
게 된다. 삶은 더 나은 미래(예, 천국에서의 삶)에 대한 약속을 위해 사는 것이
아니다. 오히려 삶의 모든 순간은 지금 보이는 것으로, 그 고유한 가치와 존재

에 대한 기여로 가치 있는 것이다. Nietzsche는 신을 제거하면서 Kierkegaard 의 영원하고 궁극적인 심판도 제거했다. 이에 따라 Nietzsche의 초인은 이제 새로운 가치체계와 자아를 창조하는 데 있어 스스로의 자아에 대한 심판자가 되어야 할 책임을 져야만 한다. "당신은 자아에 당신만의 선악을 공급하고 법 칙으로서의 자아에 의지를 고정시킬 수 있는가? 스스로의 심판자이자 당신의 법칙에 대한 복수자가 될 수 있겠는가?"(Nietzsche, 1961, p. 89)

이러한 발달과정은 인간의 부활, 그리고 현실적이고 유한한(속세의) 세상의 새롭고 인간적이며 삶을 긍정하는 가치 형성을 대변한다. 이 새로운 신념은 우리의 고유의지가 더 많아지는 것, 그리고 옛 자아를 초월하고 계속해서 극 복하여 새로운 자아와 새로운 일을 만들 능력을 반영한다.

Nietzsche는 성격을 발달시키는 동안 일곱 가지 '악'을 극복해야 할 필요성 을 포함하여 자기 창조에 수반되는 혼란과 어려움을 설명했다(Nietzsche, 1961, p. 90). Dabrowski의 이상적 성격을 떠올리게 하는 존재인 초인은 극기 를 통해 지금 따르고 적용해야 하는 자신의 '사명'에 대해 분명한 내적 시각 을 발달시킨다. 이러한 발달에서 권력에 대한 의지는 두 단계로 포함된다. 우 선 사회적 도덕성(Dabrowski의 제2요인과 유사한)은 우리 안의 본성과 '야생동 물'(Dabrowski의 제1요인)에 대한 주도권을 얻기 위해 사용된다. 이에 따라 "한 발 더 나아간 자유로운 발달에서 자신을 높이고 강화하는 권력에의 의지인 이 힘을 적용할 수 있다"(Dabrowski가 말한 제3요인; Nietzsche, 1968, p. 218). 극복 에 대한 생각을 강조하는 사람은 외적이고 낮은 자아의 요소를 극복하고 자아 의 수준 높은 요소를 나타내는 이상을 성취한다("본래의 당신이 되는 것"이다; Nietzsche, 1974, p. 219).

Nietzsche와 Dabrowski는 이상에 대해 논의했을 때 모두 모범 사례와 이상 을 따라가야 한다는 규범적 시각을 주장하지 않았다는 것에 주목하는 것이 중 요하다(즉, 개인으로 하여금 외부의 이상을 따라가거나 그와 같이 되기를 꿈꾸도록 독려하지 않았다는 것이다). Nietzsche가 말했듯, "모든 이상은 위험하다"(1968, p. 130). 정확히 말하자면, 이상과 앞선 모범 사례의 교훈을 깨닫게 되는 것의 영향을 받아, 본질적 성격의 특성과 목표, 목적, 가치 등을 고려하여 자아에 대한 개인화된 이상을 만들어 고등발달을 성취하거나 따를 가능성을 실현하게 되는 것이다. 따라야 할 단 하나의 이상은 자기 스스로 만든 이상뿐이다.

앞에서 언급했듯, Dabrowski는 '성격'이라는 용어를 고등발달을 이룬 사람을 위해 남겨 두었다. 이와 비슷하게, Nietzsche(1968)는 성격을 초인의 발달과 동일 선상에 놓고 성격을 성취하는 사람이 많지 않으며, 대부분의 사람은 전혀 성격적이지 않다고 말했다. "아주 소수의 사람만이 운명에 따라 영원한 반복을 받아들이고 자신을 극복하며 그 과정에서 자신이 될 수 있고 또 그럴 준비가 되어 있다."(McGraw, 2002, pp. 191-192) Nietzsche는 "'인간성의 목표'는 스스로를 다스리고 스스로 창조하는 개인들의 '고차원적 모범 사례' 속에 있다."는 입장이 확고했다. Nietzsche는 모든 것이 너무 적은 사람들과 많은 면이 넘치는 사람들(사람, 노예, 무리에 가까운 개인)을 비교했다(McGraw, 2002, p. 192).

Nietzsche는 개인이 발달할 수 있는 잠재성을 감정, 인지, 자유의지(권력에의 의지)의 풍부함과 복잡함에 연결 지었다. 개인의 잠재력이 많을수록, 그 개인은 내적으로 더욱 복잡하다. "수준 높은 유형은 비교할 수 없을 정도의 엄청난 복잡성을 대변한다…. 그렇기 때문에 그 비통합 역시 비교할 수 없을 정도다."(Nietzsche, 1968, p. 363) 삶의 낮은 형태와 '무리 유형'에 속하는 사람은 더 단순하고, 그렇기에 삶의 현저한 영향이 거의 나타나지 않는(그리고 초인을 특징짓는 고통도 거의 나타나지 않는) 가장 낮은 유형은 "거의 파괴할 수가 없다"(Nietzsche, 1968, p. 363 참조).

Nietzsche의 시각은 Jackson(1884)의 시각 및 신경정신병리학에 대한 Dabrowski의 위계적 접근에 딱 들어맞는다. Nietzsche는 개인의 이상적 자아를 얻기 위해 계속해서 전반적, 다중수준의 발달적 비통합을 설명했다(고통은 수직적 분리로 이어져 무리에서 '영웅'이 나타나게 한다). 이러한 상승이동은 '고귀함' 및 궁극적으로는 자신의 이상적 자아를 얻는 개인의 성격으로 이어진다. 이러한 분리는 개인이 혼자 군중의 안정에서 떨어져 있으며, Nietzsche 식으로 말하면 친구가 되어 주거나 안정을 줄 신이 없다는 것을 알게 한다.

"높은 수준의 철학적 인간은 혼자이기를 원해서가 아니라 동등한 존재를 찾을 수 없는 무엇이기 때문에 고독을 갖게 된다. 이는 그를 위해 위험과 새로운 고통이 남겨 둔 것이다."(Nietzsche, 1968, p. 514) Nietzsche는 "자신의 불꽃에 자아를 태울 준비가 되어 있어야 한다. 먼저 재가 되지 않고서야 어떻게 새로워질 수 있겠는가!"라는 말로 비통합의 욕구를 분명히 했다(1961, p. 90). 극도의 연약함과 과반응성(Dabrowski의 과흥분성)의 상태가 이러한 전환기의 특징이다. "나는 영혼의 재능이 상처를 받더라도 영혼이 깊은 사람, 아주 작은 것으로도 파괴할 수 있는 사람을 좋아한다. 그래야 그가 기꺼이 다리를 건넌다."(Nietzsche, 1961, p. 45) 식물이 자라기 위해서는 씨가 죽어야만 한다.

고통을 경험하고 극복하며 고립을 견딜 자질은 초인의 중요한 특성이다. "기본적 욕구에서 보이는 고통과 불만족은 이러한 느낌이 '삶의 감정의 동요'를 만들고 '삶의 엄청난 자극'의 역할을 한다는 점에서 긍정적 특성이다."(Nietzsche, 1968, p. 370) Nietzsche(1974)는 인간의 모든 향상을 고통과 연결 지었으며 천국으로 가는 길은 언제나 지옥을 통해 연결되어 있다고 말했다. 영혼은 불행, 긴장, 고통을 반드시 견디고 인내하고 해석하고 활용하여 힘과 독창성, 용기를 경작해야 한다. Nietzsche의 깨달음은 비통합이 존재 속에 스며들어 새로운 통찰력과 힘, 발달로 이끈다는 Dabrowski의 깨달음에 앞선 것이었다. "그렇기에 나는 비통합의 길로 더 내려갔다…. 거기서 나는 사람들을 위한 새로운 힘의 원천을 찾았다. 우리는 파괴자가 되어야만 한다! …나는 개인의 본성이 전에 없이 그들을 완벽하게 만들 수 있는 비통합의 상태는 존재 전반의 이미지이자 고립된 예라는 것을 깨달았다."(Nietzsche, 1968, p. 224) "그러나 우리는 우리의 원래 모습… 새롭고, 독창적이며, 비교할 수 없고, 스스로 규칙을 만들고, 스스로를 창조하는 인간 존재…가 되고 싶어 한다."(Nietzsche, 1974, p. 266)

이러한 인용은 Dabrowski의 용어를 아주 많이 상기시킨다. 예를 들어 보자. "우리는 비통합 과정에 내재되어 있는 부조화와 불만족을 경험하는 만큼 인간이 된다."(Dabrowski, 1970, p. 122) "위기는 자아에 대한 통찰력, 창의성, 성격 발달이 증진되는 시기다."(Dabrowski, 1964, p. 18) "본질적이고 창의적인 모든 과정은 이전의 현실을 '느슨하게' 하고 '분할하거나' '박살내는' 과정으로 이루어져 있다. 모든 정신적 갈등은 붕괴와 고통과 연결되어 있다. 본질적 존재를 향해 나아가는 모든 발걸음은 충격, 슬픔, 고통과 괴로움과 뒤섞여 있다."(Dabrowski, 1973, p. 14)

이 변형에서는 신체질환도 중요한 역할을 할 수 있다. Nietzsche가 말했듯, 그는 "규칙과 그 '편견'으로부터 항상 우리를 빼내기 때문에 욕구와 지지부진한 아픔마저도 감사한다"(Nietzsche, 1989, p. 55). 그 자신이 평생 심각한 건강 문제로 괴로워했던 Nietzsche는 건강을 병이 없는 상태가 아니라 병을 직면하고 극복하는 방식으로 정의했다("병은 사람을 더 좋아지게 만든다."; Nietzsche, 1968, p. 212). Nietzsche는 '건강하고자 하는 의지'를 활용하여 병을 자율성으로 바꾸었다고 말했다. 병은 그에게 그다워질 수 있는 용기를 주었다. 현실적인 측면에서 병은 또한 그로 하여금 삶의 방식을 바꾸게 만들었고, 이러한 변화는 그의 성격과 철학자의 삶에 더 어울리는 삶의 방식을 갖게 만들었다.

결론

Dabrowski의 이론의 주요 철학적 기반에 대한 고려는 네 가지 주요한 주제를 설명한다. 첫째, 다중수준 접근은 심리학과 발달에서 나타나는 복잡하고 매우 다양한 현상을 이해하는 데 필수적이다. 가장 낮은 수준의 행동과 가장 높은 수준의 행동 사이에서 관찰되는 불일치를 설명하지 못하는 환원주의적이고 단순한 시각은 전통적 접근방식의 약점이었다. 다중수준 접근방식에도 나름의 한계가 있지만, 이는 인간 현실을 훨씬 현실적으로 반영하고 있으며, Dabrowski는 이러한 시각을 성격발달에 대한 그의 완결된 이론의 핵심적인 요소로 다듬고 적용했다.

둘째, Dabrowski는 발달의 선행 사건에 대해 사람의 성격에 대한 본질적 접근의 요소와 그가 실존주의적 본질주의의 혼합물이라고 불렀던 접근방식에 나타나는 실존주의적 요소를 조합한 독특한 시각을 나타내었다. 이러한 접근은 개인에게 스스로의 개인적 본질을 발견하고, 문자 그대로의 자기 창조과정 속에서 그 본질을 형성하고 다듬을 책임을 부과한다.

　셋째, 각 저자는 사회화된 사람에 대한 설명을 제시했다. Platon의 죄수, Kierkegaard의 군중, Nietzsche의 군중, Dabrowski의 일차적 수준은 모두 사회적 관습과 기준으로 이루어진 외적 체계의 지배를 받고 그것을 붙들고 있는 개인을 묘사한다. 그들 모두 외적 기준을 고수하는 것이 개인에게서 성장의 기회를 빼앗고 진정한 개별성과 자율성의 발달을 막는 과정을 분명히 보여 준다. 각 작가마다 이러한 경향을 극복하고 자율성을 성취하는, 높은 수준의 발달 형태에 대해서도 설명하고 있다. 그들은 이 과정에서의 조건과 한계에 대해서도 설명한다. 예를 들어, Platon은 모든 죄수가 도망쳐서 동굴 밖으로 나오는 데 성공하고 햇빛을 보게 되는 것은 아님을 분명히 했다. 이와 비슷하게, Kierkegaard는 모든 사람이 심연을 접하고, 불안과 두려움을 다스리고 높은 수준의 발달(그가 말하는 '신앙의 기사'가 되는 것)에 필수적인 신앙의 도약을 할 수 있는 것이 아니라는 것을 분명히 밝혔다. Nietzsche도 첫 번째 수준의 사람이 높은 차원의 개인을 거쳐 궁극적으로 초인이 되기 위해 요구되는 자아의 전환에 어려움이 수반된다는 여지를 남겨 두었다. Dabrowski는 개인의 성장 가능성을 설명하기 위해 발달 잠재성의 개념을 제시했다. Dabrowski 역시 모든 사람이 스스로 창조한 자율적 성격을 특징으로 하는 이차적 통합의 궁극적 수준에 도달하는 것은 아닌 것으로 보았다. 모든 저자가 고등발달의 모범 사례가 존재한다고 확신했고, 그 사례를 Dabrowski가 즐겨 말하는 가능성과 과정을 설명하며 발달의 역할 모델로 제시하였다. 그러나 그들은 고등성장의 내용을 지지하지는 않았다.

　마지막으로, 각 저자는 현재 상태와 엄청난 불안, 심지어 두려움에 직면하는 것을 포함한 투쟁의 결과를 강조한다. Nietzsche는 성장을 위한 기회를 만들기 위해 개인에게 비통합이 필요하다고 길게 쓰고 있다. Dabrowski의 전조로, Nietzsche는 개인화된 가치 구조의 과업과 개인의 성장에 있어 이정표가 될 자아의 독창적 이상화 등의 발달에 따른 과업을 개인의 어깨에 정면으로 얹어놓았다. 이미 살펴보았듯, Dabrowski는 비통합을 발달과정의 중심 요소로 보고 심리학적 관점에서 그 속성을 설명했다.

Dabrowski의 접근이 현대 심리학에서는 급진적일지 모르지만, 이 장에서 설명한 대로 이 방식은 발달을 심리학적으로 이해하려는 접근으로는 분명 급진적인 것이 아니다. Dabrowski의 생각은 앞에서 강조한 몇 가지 주요 철학적 접근의 논리적 확장과 적용을 나타낸다. Dabrowski는 이들 철학적 요소(다중수준, 본질을 발견하고 성격으로 형성하는 것, 긍정적 비통합의 발달상의 역할)를 조합하여 철학, 정신병리학, 심리학 및 교육학 등의 관련 학문에 있어 성격과 그 발달을 더 잘 이해하기 위한 새로운 패러다임이 되는 독창적인 체계적 접근법으로 만들었다.

Dabrowski와 긍정적 비통합이론의 창의성

Dexter Amend, Ph.D.*

그렇다면 오늘날 이 세계에서 돈키호테의 새로운 사명은 무엇인가? 크게 울부짖는 것, 황야에서 크게 울부짖는 것이다. 그러나 사람은 듣지 못하더라도 황야가 듣고, 언젠가 그 울부짖음은 굉장한 숲으로 변할 것이고, 황야에 씨앗처럼 퍼져 나간 이 외로운 목소리는 엄청나게 큰 삼나무로 결실을 맺어 수백, 수천의 혀로 삶과 죽음의 신에게 영원한 호산나를 노래할 것이다 (Unamuno, 1921, p. 329).

　스페인의 학자이자 소설가, 시인, 신비주의 철학자였던 Miguel de Unamuno (1864~1936)는 『삶의 비극(*Tragic Sense of Life*)』(1921)으로 잘 알려져 있다. Dabrowski는 아마도 학부 언어학 수업에서 이 책을 읽었을 것이다. Unamuno는 군사독재를 비판했다는 죄목으로 1924년 스페인에서 추방당했다. 후에 사면을 받았지만, Unamuno는 돌아가기를 거부하고 그 이후로 프랑스에서 살았다. Dabrowski는 인간 문화에 탁월한 창의적 기여를 했으며 삶

* Dexter Amend, Ph.D., 워싱턴 주 스포캔 시의 스포캔 폴스 커뮤니티 대학의 사회과학 및 철학 학부의 심리학 교수.

속에서 진정한 인간적 가치를 보여 준 영웅적 인물로 Unamuno를 자주 언급했다. Dabrowski는 돈키호테와 세르반테스, Unamuno를 상당히 친숙하게 여겼다. 그는 이 공상적이고, 비현실적이지만 전 세계의 잘못을 바로잡아야 할 의무가 있다고 생각했던 본질적으로 착한 사람과 자신을 강하게 동일시했다 (그는 긍정적 비통합이론에서 창의성의 모범 사례였다).

창조하거나 창조적이기 위해 창조자가 반드시 가져야 할 속성인 창의성은 심리학과 영어사전에서 생소한 단어다. 1950년대와 1960년대에 처음 등장한 '창의성(creativity)'이라는 명사는 '네트워크'나 '사회 기반시설'과 마찬가지로 인간 경험의 최신 발달상을 표현하려는 욕구를 충족하기 위해 새롭게 발명 (창조)되었다(Piirto, 2004). Kazimierz Dabrowski의 창의성에 대한 이 장에서의 설명은 창의성을 농업에서의 성장과정, 새로움, 직관, 신성에 연결한 고대부터의 원래 의미를 잘 상기시킨다(그리스인은 시를 '성스러운 광기'라고 불렀다; Piirto, 2004).

Dabrowski: 성스러운 광인(狂人)

Dabrowski는 일생 동안 가장 높은 수준의 영적 현실을 지향하고 그 현실에 의해 움직였다. 동시에 그는 우울과 불안, 생물학적 생활주기와 정신적 유형의 언젠가는 없어질 조건을 초월하기 위한 '창조적 노력'의 극단적인 고통을 개인적으로 경험했다. Dabrowski는 음악을 사랑했다. 그는 뛰어난 음악가였으며, 인간의 고통에 대한 깊은 몰두와 타인의 행복에 대한 걱정, 특히 민감하고 연약한 정신신경증 환자에 대한 전적인 관심이 아니었다면 음악을 직업으로 삼았을 것이다. 인간의 삶과 성격발달에서 나타나는 정신신경증적 고통의 긍정적 역할에 대한 Dabrowski의 이해는 쉽게 전달되지 않았다. 타인의 경험뿐 아니라 자신의 경험의 범위 및 세세한 사항에 대한 그의 민감성과 연약함, 심오한 반응은 그로 하여금 자신의 메시지를 전달하기 위해 많은 문학적 형태를 감상하고 창의적으로 활용하게끔 했다. Dabrowski는 Pawel Cienin(작은 그림자)라는 필명으로 『실존주의적 생각과 경구(*Existential Thoughts and Aphorisms*)』(1972a)와 『어느 광인의 일기의 단편(*Fragments from the Diary of a Madman*)』(1972b)을 출간했다. 이 짧은 단행본은 작가로 하여금 긍정적 비통합이론에서 묘사하고 설명했던 기본적인 이슈와 문제를 마음과 영혼에서 우러나오는 언어로 직접적으로 전달할 수 있게 했다. Dabrowski는 인간 경험의 전체 범주와 긴급함, 특히 성격발달의 가장 수준 높고 가장 정제되어 있으며 섬세한 측면을 나타내려고 시도할 때 부과되는 오류는 물론, 산만한 생각과 글쓰기가 갖는 한계를 뼈저리게 느끼고 있었다. 이 장은 시로 시작하여 신비극으로 끝날 것이다.

세 가지 철학적 시

이어지는 철학적 시는 Marjorie Kaminski Battaglia(2002)가 Dabrowski가 쓴 시와 다른 문학작품 뭉치에서 건진 것이다(이들은 검토조차 되지 않은 채 캐나다 국가기록보관소에 사장되어 있었다). Elizabeth Mika의 폴란드어 번역을 통해, 이 시들은 Dabrowski 및 긍정적 비통합이론에 관한 Kaminski Battaglia의 매우 신랄하고, 상세한 해석학적이고, 역사적인 연구에 등장했다.

시는 다른 문학 형태보다 직관을 너 많이 자극하고 연습하며 확장한다(또한 이는 이야기에 나오는 영웅 같은 타인과 공감하고 동일시하는 능력이다). '먼 곳에서의 목소리'(아래)는 Unamuno의 '황야에 울려 퍼진 외침'(영웅 돈키호테의 새로운 사명)에 대한 메아리다. 이 시는 독자에게 말하지 않는다. 그것은 직관을 통해 당신에게 그 내용을 시사한다. 독자는 시에서의 '당신'이 된다. '긍정적 비통합의 대표'에서 우리(인간)는 고통스럽고 괴로운 삶을 성장시키는 과정에 참여하게 되고, 그 결과 가장 높은 수준의 현실로 이어지게 된다. 우리는 '인간성'을 가지고 연약함, 용기, 인정, 책임감, 최상위의 진정한 인간적 가치를 포함한 가장 기본적이고 숭고한 인간적 자질을 고려하고 묵상한다.

먼 곳에서의 목소리

아직 때가 아니다
아직 아니다
당신 사이, 의식의 연속성 사이에는
어두운 숲이 있다
그 숲은 이미 솎아져
이미 빛이 새어 들어오고 있는데
당신의 주변은 밤이다
멀리서부터 천천히 새벽이 온다
당신 주변만 빼고, 그러나 당신 바로 가까이로
미지의 존재가 기어간다
미지의 존재는 당신에게 다가간다
인내하고, 단단히 준비하라, 멀리 새벽이 온다
창문을 두드리고 있다

긍정적 비통합의 대표

스스로를 자신과 타인에게 민감하게 만들어야 하지 않은가
세계의 선악이 궁금하지 않은가
발달 잠재성을 흔들고 있지 않은가
공포, 슬픔, 창조적 욕구가 우리를 두렵고 떨리게 만들지 않는가
신경과민, 정신신경증, 열등감이 우리 안에서 위계(인간성을 향한, 자유를 향한 성장
으로 가는 길)를 만들고 있지 않는가
이 사실에 적응할 수 없는가
우리를 괴롭게 하는가
그래야 할 것 같은 모습이 되기 위해 노력하는가

그러나 우리에게는 사랑으로 현실을 받아들일 수 없다는

강박과 긍정적 퇴행이 있다

우리가 절망하고, 자살을 생각하고, 세상의 고통이 두렵다는 사실이

우리 안에서 위계적인 내부의 환경을 만들지 않는가,

이것이 창의성을 불러일으키지 않는가?

나는 이 모두가 긍정적인 풀어짐이고

삶을 갱신하는 것이라고 생각한다

이것이 변형적 변화의 주원인이다

이것이 예민하고 신경증적인 예술의 거장들이 그렇게 많은 이유다

이것이 위로 올라가는 길이자 자신에 저항하는 이유다

그리고 정신적 통합을 거스른다

이것이 우리가 빛을 찾기 위해 어둠으로 들어가는 이유다

이것이 우리가 건강을 찾기 위해 아픔으로 들어가는 이유다

이것이 우리가 다른 현실에 대한 꿈을 찾기 위해 두려움과 떨림으로 들어가는 이유다

왜냐하면 그것은 그저 두려워하며, 슬픔에서 허우적대며 마주치는 꿈이 아니니까

그리고 정신신경증적 고통을 통하여

왜냐하면 누가 알고, 누가 배우며, 누가 찾겠는가

괴롭지 않다면, 두렵지 않다면, 먼지 속에서 무릎을 꿇지 않는다면

그리고 전체 영혼을 감싸며

정신신경증, 신경과민을 거부하지 말자.

왜냐하면 이것이 장엄한 길이기 때문에

성장과 어쩌면 사랑도 있는 땅으로 가는 길고 높은 길

어쩌면 최고의 현실도 있는 땅이기 때문에

겸손

겸손은 용기다

그러나 비굴함은 아니다

용기는 그래야만 하기 때문에 나온다

충동 때문도 아니고

괴팍함 때문도 아니고

진실 때문이다

겸손은 드러내는 것을 잘 못한다

갈등 없이 사랑하는 것이다

타인으로부터의 자유일 뿐 아니라

자기 안으로부터의 자기에 대한 자유다

이해와 친절로 공감하지만 잘못된 것은 받아들이지 않는다

자신에게 사로잡히지 않은 겸손이고

떠벌리지 않는 사명감이며

지배도 없고 복종도 없는 협력이다

사람들이 하는 말에서의 독립이자

동시에 다른 사람의 말과 행동에 진심으로 나타내는 강한 관심이다

겸손은 자기 내부의 진실과 자신을 넘어선 진실과의 결합이다

사람이 직관적으로 보지 않고도 느낄 수 있는 결합

사람이 찾아 헤매는 결합

사람이 소망하는 결합

이것은 아무것도 모른다는 것에 대한 고요한 이해다

알고 이해하려는 충동이 있지만, 보려는 충동이 있지만,

우리는 아무것도 모른다

상처를 기억하거나 잊는 것은 우리의 책임이다

완벽한 위대함, 완벽한 사랑과 완벽한 확실성과 지혜가

어디로도 빠져나갈 수 없다는 인식이다

이러한 시는 Dabrowski의 삶을 차지하고 그의 이론에서 표현되고 구성되었던 주요 관심과 생각의 대부분을 증거하고 창의적으로 환기한다. 이 장에서 창의성은 담론의 대상까지는 아니더라도 Dabrowski가 했던 생각의 중요한 측면을 보여 주는 수단 이상의 의미로서, 더 많은 관심을 받아 마땅하며 Henri Bergson이 Dabrowski에게 어떤 영향을 끼쳤는지, 창조 본능과 정서 기능, 본능 기능의 중요성, 직관의 중요한 역할, TPD의 초월적, 영적 차원 등에 대해 더 연구할 가치가 있다.

Dabrowski와의 연구

[그림 6-1]에 나오는 돈키호테와 그의 파트너, 풍차와 멋진 태양을 살펴보고, Michael Piechowski의 영문판 '정신신경증 환자들의 선언(Psychoneurotics Manifesto)'을 보면, 제2차 긍정적 비통합 국제컨퍼런스를 위한 책자를 만들 당시 Kazimierz Dabrowski와의 공동 연구를 떠올리게 된다. Dabrowski는 이전 컨퍼런스에서 사용했던 돈키호테와 '정신신경증 환자를 위한 인사말'을 빼고 싶어 했지만, 내가 두 번째 컨퍼런스를 위한 글을 썼으면 했다. 나는 『긍정적 비통합(Positive Disintegration)』(1964a), 『긍정적 비통합을 통한 성격형성(Personality-Shaping through Positive Disintegration)』(1967), 『긍정적 비통합을 통한 정신적 성장(Mental Growth through Positive Disintegration)』(1970) 등 Dabrowski의 원저를 읽고 연구했다. 컨퍼런스 책자에 쓸 글을 준비하기 위해 나는 나의 경험과 TPD에 관한 지식을 분석하고 조직하고 요약해야 했다. 나는 Dabrowski와 매일 회의를 하면서, 의미를 검토하고 논의하고 정확한 단어를 찾기 위해 노력했다. 책자에서 철학적 시각에 관한 부분을 마무리하면서 다음과 같은 말을 만들었던 기억이 난다. "…이 이론은 행동(혹은 외적 상호작용)이 내적 경험을 결정하는 데서 내적 경험이 행동을 결정하는 차원으로의 근본적인 변형을 주로 다루고 있다."(Second International Congress on Positive Disintegration, 1972)

환영을 받으라, 정신신경증 환자들이여!

당신은 둔감한 세상 속에서 민감성을 보고

세상의 확실성 가운데 불확실성을 보니까

당신은 자신을 생각하는 것처럼 다른 사람을 생각하니까

당신은 세상의 불안과 그 바닥이 안 보이는 편협함과 자기 확신을 감지하니까

세상의 먼지에서 손을 털어야 한다는 당신의 공포와

세상의 한계에 갇힐 것 같은 두려움과

존재의 부조리함에 대한 두려움을 위해

당신이 타인에게서 보는 것을 그들에게 말하지 않는 미묘함을 위해

현실적인 것들을 다룰 때의 당신의 흑이함을 위해

모르는 것을 대할 때의 현실성을 위해

당신의 초월적 현실주의와 부족한 일상적 현실주의를 위해

당신의 배타성과 가까운 친구를 잃을까 하는 두려움을 위해

당신의 창조성과 환상을 위해

'원래 그런' 것에 대한 부적응과 '그래야 하는 것'에 대한 적응을 위해

대단하지만 사용되지 않은 재능을 위해

당신의 뒤를 이을 사람들이 대단하다는 것을 인정하지 않게 만들었던

당신이 대단함의 진정한 가치를 뒤늦게 깨달았으니까

타인을 치료하는 대신 당신이 치료를 받았고, 야만적 힘에 의해 하늘이 내려준 힘을

영원히 밀어내렸으니까

당신에게는 예지력과 무한한 것이 있으니까

당신이 가는 길의 외로움과 이상함을 위해

환영을 받으라

그림 6-1　정신신경증 환자의 선언

출처: Second International Congress on Positive Disintegration(1972) 책자 중 일부.

　Dabrowski와 나는 신경학적 검사를 준비하느라 몇 달 동안 함께 일했다. 이 검사에 대해서는 제2차 국제컨퍼런스에서 발표했다(Dabrowski & Amend, 1972). 우리 연구는 응답의 수준을 끌어내고 해석하고 이를 설명하기 위한 용어를 찾기 위해 여러 과정을 조작화하였다. 신경학적 검사를 공동 작업하면서 나는 Dabrowski의 임상 및 치료적 접근에 대해 특별한 통찰력을 얻었다. Dabrowski는 내가 관찰했던 몇몇 내담자뿐 아니라 나에게도 신경학적 검사를 실시했고, 다른 사람에게 검사를 실시할 때 최소한으로 능숙해지라고 가르쳤다. Dabrowski가 내담자와 가까이에서 일하는 것을 보면서, 나는 그가 얼마나 의식적으로, 민감하게, 존경을 담아서 그들을 대하는지를 보았다. 나는 진단과 치료를 종합하는 데 있어서의 직관의 심오한 역할, 그리고 왜 그가 내담자와의 상호작용을 '협동'이라고 불렀는지를 이해하기 시작했다.

　Dabrowski의 강렬하고 창의적인 삶의 연구에 동료들과 내가 끌려들어간 것은 행운이었다. 1970년대의 삶을 포함해 평생 동안, 그는 매일 끊임없는 긴급함과 우리도 열정적으로 빠져들게 했던 전염성 강한 열정을 가지고 자신의 일을 대했다. 직접적이고 즉각적으로 우리가 관여하여 개인적으로 그리고 집단으로 예정대로 참여하였다. Dabrowski에 대해, 서로에 대해, 자신의 내적 과업에 대해 우리를 민감해지게 만들었던 끝없는 약속, 회의, 과제, 마감일은 Dabrowski와의 공동 연구가 가져오는 엄청나고 때로는 견딜 수 없는 긴장을 더욱 부추기고 유지하였다. 자신과 관련된 놀라움, 불안, 불만족, 수치감, 죄책감, 열등감(이론에 나오는 비통합적 역동성)이 우리 안에서 확고해졌다. 이 이론의 다른 요소(주체-대상으로서의 자아, '상위 자아와 하위 자아'의 경험)도 우리 행동에서 점차 명확하게 나타났다. 이는 우리가 이론을 생생하게 경험하고 있음을 반영하는 것이었다. 우리 자신과 내담자에 대한 매일의 논의, 실험 계획과 사례에 대한 분석, TPD의 각 측면을 설명하고 정의하고 평가하려는 노력은 우리로 하여금 스스로의 성장을 확고히 하고, 증폭하고, 변형하고, 용이하게 하는 환경에 몰두하게 만들었다. Dabrowski가 후대를 위해 TPD를 '구체화'하고 타당화하고 출판하도록 우리가 도왔다고 생각할 수도 있지만, 사실 우리는 주로 대부분의 시간을 우리 스스로의 성격을 찾는, 독특하고 반복될 수 없는 영웅적인 여정에 쏟았다.

TPD의 창의성: 발달의 중심

옛일을 떠올려 Dabrowski와의 공동 연구를 기억해 보면, 내담자 면접에 관해 논의하고, 자전적 글과 언어 자극 반응을 분석하고, 우리와 다른 사람의 계속되는 경험을 이야기하면서 Dabrowski가 "이건 창조 본능 같은 것이다."라는 말을 얼마나 자주 했는지 모른다. 창의성에는 각기 다르고 이질적인 표현이 매우 많은 것 같아 보였다. 그러나 연구를 계속하고 내 삶에 이 이론을 적용하면서, 나는 '다름(otherness)'에 대한 모든 경험과 방향이 Dabrowski 식의 창의성을 위한 것이었음을 깨닫고 점점 더 이해하게 되었다.

창조 역동성(creative dynamics). '다름'과 정형화되지 않은 현실을 추구하는 과정에서 나타나는 다양한 능력과 재능. 발달의 모든 역동성은 개인과 그의 현실에 대한 인식을 변형시키는 힘에 의해 창의적이 된다.

창조 본능(creative instinct). 외부와 내부 현실에서 새로운 것과 다른 것
을 찾기 위해 강하게 결집되어 나타나는, 응집력 있게 조직된 힘의 조합. 창
조 본능은 발달의 가속화와 관련 있다(원전 강조, Dabrowski, 1972, pp. 292,
293).

그와 오랫동안 함께 일한 Lina Gaudet(1981) 수녀는 Dabrowski가 '창의성'
이라는 말로 무엇을 의미했는지를 예리하게 요약했다. 창의적 과정이 무엇이
고, 언제 나타나며, 어떤 조건이 창의성의 발달에 관련되는지를 이야기하면
서, Lina Gaudet 수녀는 Dabrowski가 '본능'이라는 용어를 어떻게 사용했는
지를 언급하는 것에서부터 시작했다. 그녀는 그의 계통발생론적(phylogenetic)
본능과 개체발생론적(ontogenetic) 본능에 대한 구분을 설명했다. 예를 들어,
자기 보존은 모든 개인에게서 나타나는 계통발생론적 본능인 반면, 발달 본능
과 창조 본능은 개체발생적으로 긍정적 비통합을 거치는 사람에게서만 나타
난다. 낮은 수준의 본능과 높은 수준의 본능에 대한 Dabrowski의 구분도 자
기 보존과 자기 완성의 구분과 함께 설명되었다. 그리고 같은 본능에서도 낮
은 수준과 높은 수준을 구분했다('지금의 현실'을 벗어나기 위한 마약이나 다른
수단의 영향으로 나타나는 창조 본능 대 그 사람의 이상적 성격을 나타내기 위해 독
창적 재능과 특별한 능력을 통해 나타나는 창조 본능과 같은 것이다).

Gaudet(1981) 수녀는 인간의 발달은 그 자체로 특정 창조 역동성을 발생시
키는 엄청난 창의석 긴장이라고 말했다. 그녀는 창조 역동성과 긍정적 비통합
의 과정을 연결하였다. 이는 단일수준의 비통합의 초기 단계에서부터 시작하
여 강한 창의성이 발달 속도에 연결되는 자연적 다중수준의 비통합을 거쳐,
마침내 창조 본능이 조직화되어 자기 완성의 본능과 합쳐지는 직접적인 다중
수준의 비통합으로 이어진다. Gaudet 수녀는 발달 본능과 협력하여 자기 보
존과 다른 '원초적'이고 계통발생적인 본능을 직면하고 무너뜨려, 긍정적 비
통합을 가능하게 하고 개인을 생물학적 생애주기와 심리적 유형의 한계에서
자유롭게 하는 것이 이 개체발생적이고 창의적인 본능임을 입증했다.

창의성과 정신건강

Gaudet 수녀는 창의성의 존재가 비통합을 긍정적으로 만든다고 지적했다 (병리적 비통합이나 정신병리학에서는 창의성이 빠져 있다는 것이다). 창의성은 일반적으로 정신건강과 교육의 성공에 관계되어 있으며, 치료는 내담자의 창의적 능력을 장려하는 것으로 구성된다(Gaudet, 1981).

프레데리크 쇼팽 뮤직아카데미(Music Academy of Frederic Chopin)의 Tadeusz Kobierzycki(2002)는『긍정적 비통합 과정에서의 창의성과 정신건강 (*Creativity and Mental Health in the Process of Positive Disintegration*)』에서 Dabrowski의 폴란드의 영재 아동에 관한 1935~1949년과 1958~1965년의 생애 연구를 분석하고 요약했다. 이 장기 연구는 정신장애와 창의적 과정의 연관성을 조사하였으며 정신신경증과 창의성, 정신건강 사이의 분명한 관련성을 보여 주고 있다. 다음에 열거한 것들은 TPD에서의 창의성이 갖는 중요성을 주장한 Kobierzycki의 전기에서 찾은, Dabrowski가 쓴 후기 폴란드어 저작의 영어 제목과 날짜다.『정신신경증에서의 창조 역동성(*Creative Dynamisms in Psychoneurosis*)』(1976),『성격, 비통합, 창의성(*Personality, Disintegration, Creativity*)』(1978),『고통은 창조적인가?(*Is a Suffering Creative?*)』(1979),『창조적 발달의 문제에 관하여(*On the Problem of Creative Development*)』(1979),『창조적인 사람들의 정신건강(*Mental Health of Creative People*)』(1979),『성격, 정신건강, 창의성, 심리치료: 종합을 위한 노력(*Personality, Mental Health, Creativity, Psychotherapy: Attempt to Synthesize*)』(1979),『비통합, 정신신경증, 창의적 인물 (*Disintegration, Psychoneurosis, and Creative People*)』(1983). Dabrowski의 오랜 공동 연구자이자 바르샤바의 정신보건학교 설립자이며 1984~1994년에 교장을 지낸 Kobierzycki에 따르면 창의적 우울증이 "예술가를 정화하고 '새로운 창의성 장려'를 위한 길을 닦아 정신질환에 면역을 갖게 한다. 뛰어난 재능은 우울증으로부터 보호받지 못한다. 그것은 우울증을 '창의적 겸손'으로 변형시킨다."라고 말했다(Korbierzycki, 2002, p. 403).

　Philip Maj(2002)의 논문은 창의성과 우울증, 비통합, 내면의 정신환경의 역동성 사이의 관계를 서술하고 있다.

　　창의성은 세계와 조화를 이룰 능력이 없는 것으로 인식될 수 있고, 이로 인해 우울증이 생긴다…. 창조 본능…은 내부 환경을 느슨하게 하고 해체한다. 창의적인 사람은 세상과 다른 사람으로서의 당혹감을 경험하지만, 무엇보다도 자신과 다른 사람으로서의 당혹감이 크다. 이는 그에게 자신에 대한 열등감을 느끼게 하며, 때에 따라서는 강한 죄책감을 부여한다(p. 377).

창의성과 직관:
Dabrowski에 대한 Bergson의 영향력

　Tillier(2006)가 Nietzsche와 Dabrowski를 검토했던 것처럼(이 책 Tillier의 장 참조) Bergson과 Dabrowski를 철저하게 다룬 연구가 없긴 하지만, Maj(2002)는 TPD에 Bergson이 미친 영향에 주목했다. 예를 들어, Maj는 "Bergson은 창조적 진화의 영속성을 밝혔다. Dabrowski는 여기서 창조 본능에 의해 성격발달을 가속화할 기회가 창조적 진화 속에 있다고 보았다."라고 언급했다(p. 379). Dabrowski는 Bergson의 창조적 진화 개념의 장대한 과정의 맥락 속에서 모든 삶을 바라보았다. Benet(1948)은 Bergson의 창조적 진화를 다음과 같이 설명했다.

　　…직관이 과학이 뻗어나갈 수 없는 지점인 영혼의 본질(생의 약동, 생명의 충동이나 에너지)을 어떻게 관통하는가, 개인이 분열, 변화, 계속되는 움직임을 통해 지속적으로 일어나는 진화의 모든 실질적인 과정에 어떻게 참여하는가. 개인은 자아에 대한 감정과 지식의 강도를 이용하여 삶의 지속적인 진화

를 향한 삶의 에너지를 자신이 선택한 경로와 성취과정으로 향하게 할 수 있
다(p. 253).

Henri Bergson(1935)의 문화에 대한 철학적 기여는 엄청난 부분이었다. 그
는 생의 약동(Elan Vital)의 정신으로 진화에 생기를 불어넣었다. 그는 주관적
내부 경험의 최고 자리를 얻었다(후에 『물질과 기억(*Matter and Memory*)』으로 번
역된 *Matiere et Memoire*에서, Bergson은 직관을 지식의 가장 타당한 원천으로 설명
했다). 간단히 바꾸어 말하자면, Bergson에게 생명력(정신)과 비활성 물질(반
정신)은 창조적 진화로 끝없이 흥망성쇠를 거듭하는 순환적인 삶과 죽음의 과
정 속에서 만나고 부딪힌다. 사람들은 자신이 본능, 지능, 직관의 방식으로 이
창조적 진화에 참여하고 있음을 알고 있다. 본능은 생명력과 동조하며 그것을
향하고 있다. 지능은 이와 반대로 물질을 향하고 있으며 그에 따라 형성된다.
만약 지능이 물질과의 연결에서 자유로워질 수 있다면, 그것은 본능과 결합하
여 직관을 만들 수도 있을 것이다. 이것은 지능의 가장 높은 형태로, 현실을
직접적이고 즉각적으로 접하게 한다(Jones, 1969). Bergson(1944)에게 있어 직
관은 "…독특하기 때문에 표현되지 않는 부분에 맞추기 위해 자신을 대상 안
에 놓는 '지적 공감'을 의미한다"(p. 136). 그는 직접적으로 접할 수 있는 현실
을 규정했다. "우리 모두가 단순한 분석이 아닌 직관으로 안에서부터 붙들고
있는 현실이 최소한 하나는 있다. 그것은 시간에 따라 흐르는 우리의 성격이
다(그것을 견디는 우리 자신이다)."(p. 176)

TPD에 대한 Bergson의 영향력은 본능, 지능, 직관에 대한 Dabrowski의 논
의에서 분명하게 드러난다. 예를 들어, 물질에서 분리된 지능에 대한 Bergson
의 생각은 원초적 충동으로부터 지능이 독립한다는 생각에서도 드러난다.

비통합과 통합의 과정의 협조로 이루어진 이 발달과정에서, 지능 기능은
원초적 충동에 대한 복종에서 독립하여 통합된 구조를 향해 높은 수준의 정
서와 연결된다. 이 과정은 이성과 정서를 서로 확인하고 더 나아가 발달적 변

형이 이루어지는 상호 결정적 구조로 연결하는 것을 가능하게 만든다 (Dabrowski, 1973, p. 4).

직관에 대한 Bergson의 생각은 Dabrowski의 갈등, 발달, 창의성의 경험 속에 새겨져 있다.

> 내적 갈등, 고통, 풍부한 삶의 역사, 명상적 태도와 같은 경험은 넓은 차원의 직관적 자질을 형성하도록 돕는다. 이들은 인간 행동의 낮은 수준과 높은 수준에 관련된 공감의 성장에 기여한다…. 직관은 경험적이고 두서없는 자료의 결과를 종합하고 높은 수준에 대한 더욱 두서없는 검토를 하는 데 있어 주제가 되는 새로운 조직화된 단위를 만든다…. 예술, 문학, 특히 시에서 직관은 현실에 대한 전반적이고 종합적이며 정서적-지적-직관적인 이해를 위한 능력을 구성한다…. 개인의 발달이 더 넓고 더 다중수준이 될수록, 그의 직관적 능력은 더욱 강해지고 더욱 차별적이 된다…. 직관은 창의적 연구와 일상생활의 발견 행위에서 없어서는 안 될 요소다(Dabrowski, 1973, pp. 188-191).

Dabrowski에 대한 Bergson의 영향력은 다른 원천(Bergson의 행동)에서 나오는 것일 수도 있다.

> Henri Bergson은 1859년 프랑스에서 태어나 그곳에서 평생을 살며 가르쳤다. 1940년 프랑스가 몰락한 후에 Vichy 정부가 나치 모델에 기초한 반유대주의 조치를 도입했을 때, Bergson의 국제적 명성 때문에 그는 이 조치에서 면제되었다. 그는 자신만 차별대우를 받는 것을 거부하면서 여러 명예를 내려놓고, 당시 줄을 서 있는 동안 누군가의 부축을 받아야 할 만큼 쇠약한 노인이었음에도 다른 유대인과 함께 등록했다. 그는 며칠 후인 1941년 1월 사망했다(Jones, 1969, p. 264).

창의성과 자기 완성: 성격의 성취

창조 본능은 새로운 현실을 찾고 '심리적 자각'을 불러일으키나, 높은 수준의 발달이 성취되기 위해서는 자기 완성의 본능 앞에 굴복하고 합쳐져야만한다. 이상적 성격을 위해 창조 본능이 자기 완성의 본능과 합쳐지는 경우, 그것은 덜 명시적이고 더 '겸손'해진다. 폴란드의 위대한 시인이자 극작가인 Mickiewicz는 이렇게 표현했다. "말에는 의지만 있다(진정한 힘은 행위 속에 있다. 단 하루 동안 진정으로 착하게 사는 것은 탑을 짓는 일보다 더 어렵다)." (Dabrowski, 1973, p. 26에서 재인용) 이 구절에는 Dabrowski가 말하는 발달에서 가장 중요한 전환점인 '발달적 선택' 혹은 '다른 면으로의 전환'이 함축되어 있다. 이것은 자기 완성의 본능에 의해 야기된다.

자기 완성의 본능은 제3요인, 주체-대상으로서의 자아, 내면의 정신적 변형, 동일시, 공감, 자의식, 자기 통제와 같은 다른 역동성의 작용을 종합한다. 이러한 종합을 통해 자기 완성은 개인으로 하여금 매일의 삶에서 나타나는 자기 보존 본능을 초월하게 한다.

> 자기 완성의 본능의 형성과 기능을 보여 주는 많은 예가 있다. 소위 평범한 사람들로 불리는 많은 사람, 도덕적·사회적 목적과 의무를 위해 일상생활에서 체계적으로 헌신하고, 자기중심성을 포기하고, 책임감을 가지며 자신의 안락함을 포기하는 어머니, 아버지, 교사, 의사 등은 이 본능의 높은 수준을 나타낸다.
> 다른 사람을 구원하고 '높은 위계의 가치'를 형성하기 위해 통제된 의식은 자기 완성의 본능의 표현이다(Dabrowski, 1973, p. 31).

'높은 것'과 '낮은 것', '더 나다운 것'과 '덜 나다운 것', 의존적이고 본질적이지 않은 '나'와 자율적이고 진정한 '나' 사이의 이분법을 설명한 자기 완성의 본능은 성격의 성취에 있어 가장 높은 수준의 가장 중요한 기여를 한다.

여기서는 아무것도 달라질 수 없다: 연극

　Dabrowski가 1972년경에 집필하고 Elizabeth Mazurkiewicz가 1979년에 영어로 번역하였으며, 이후 Peter Roland(1981)가 분석하고 논의한 바 있는 『여기서는 아무것도 달라질 수 없다(*Nothing Can Change Here*)』는 긍정적 비통합에 관한 Dabrowski의 마지막 영어 저작 중 하나다. 이 연극은 고대 그리스의 비극에서 시작되어 기독교 문화를 거치면서 발전되어 왔으며, 슬라브 및 폴란드에서 국가적으로 사랑받는 드라마에까지 영향을 미친 장르인 '신비극(mysterium)' 혹은 미스터리 연극이다. Roland는 죽어 가는 영웅 George의 마지막 대사로 Dabrowski 연극의 간략한 줄거리와 그에 대한 계몽적인 설명으로 끝을 맺는다.

　　여기서는 아무것도 달라질 수 없다는 미스터리 연극이자, 이 세계의 것이 아니며 이 세계의 논리와 충돌하기도 하는 진실, 영적 진실을 희곡화하려고 노력한 작품이다. George는 다음과 같은 말에서 이 진실을 드러낸다.
　　…가장 좋은 의미에서 인간이라고 할 수 있는 것은 비록 처음부터 실패로 여겨지더라도 인간성의 진정한 본질이라고 믿는 것들을 실행하는 용기다. 우리는 끝까지 무너져서는 안 된다, 물러서거나 우리 자신에 적응되서는 안 된다… 우리는 계속 스스로이며, 악과 반대의 무게를 견뎌야 한다. 우리는 의식적으로 운명이 우리에게 지워 준 길을 가야 한다…. 어쨌든 이것은 그렇게 어렵지 않다(그런 길이 없는 존재에게는 길도 없이 방향을 찾으려 노력하는 와중에 더 큰 위험이 생기는 법이다)(원전 강조, p. 497).

결론

Dabrowski와 그의 이론에서 창의성은 매우 중요한 것이었다. 철학적으로 Dabrowski의 이론과 그의 삶은 Henri Bergson의 영향을 매우 많이 받았다. Bergson과 마찬가지로 Dabrowski도 창의적 발달과 인식과정 전반에서 지적 능력을 넘어서는 본능과 직관의 역할을 강조했다. TPD에서 창의성은 고등발달의 중심이 되는 본질적인 것이다. TPD의 중심에는 자기 보존 본능에서 자기 완성의 본능으로 가는 비통합적 과정을 역동적으로 만드는 창의적 긴장과 함께 창조 본능이 있다. 창의성은 그 존재가 정신건강을 나타낸다는 점에서 중심이 된다. 창의적인 비통합 혹은 성장과정은 긍정적이다. 그렇지 않은 비통합은 창의적인 것이 아니다. 끝으로, 성격에서 성취된 독특한 특별한 재능과 창의적 능력이 개인의 본질을 규정한다.

Kazimierz Dabrowski의 긍정적 비통합은 고통받는 인간에게 있어 영웅적이며 창의적인 선물이다. 그의 이론은 고통을 치료하거나 위로하지는 않지만 고통을 설명한다. TPD는 Dabrowski의 심오하고 놀라운 주관적 경험에 대한 설명이며, 영재 아동 및 성인에 대한 그의 길고 지속적인 연구, 분석, 치료, 협동에 대한 설명이고, 광기와 천재성 사이의 오래된 연결고리에 대한 설명이다.

진정한 정신건강에 대한 Dabrowski의 시각

Elizabeth Mika, M.A.*

　정신건강의 문제는 Dabrowski 글의 중심 주제다. 이 문제는 그의 이론적·임상적 통찰력의 기반이 되고, 그의 이론에 침투하여 있으며, 그의 철학적·개인적 탐구를 사로잡고 있다. 그는 많은 저작에서 직간접적으로 정신건강을 언급하고 있으며, 그의 저작에서 폴란드에서 출간된 그의 마지막 책 중 하나가 『정신건강을 찾아서(In Search of Mental Health)』(1996b)라는 제목을 달고 있는 것은 놀랄 일이 아니다.

　정신건강을 정의하려는 Dabrowski의 관심은 어느 정도 당대의 시대정신을 반영하고 있다. 1960년대와 1970년대 심리학에서 인본주의적 경향이 확장되면서, 이론가와 실천가는 무엇이 정신병이고 무엇이 아닌지를 구별하고 정신건강의 개념을 규정하기 위한 적용 가능한 기준을 만들기 위해 상당한 노력을 기울였다. 이러한 노력은 정신장애의 생물학적-기반 모델이 심리학과 정신의학에 대한 지배권을 잡으면서 향후 10여 년 사이에 거의 버려졌다. 정신건강은 거의 자연스럽게 정신장애가 없는 상태로 이해되었다. 심지어 인터넷이나

* Elizabeth Mika, M.A., 임상전문상담가(LCPC), 일리노이 주 시카고 시의 독립 개원의.

도서관 데이터베이스에서 이 용어를 검색해 보아도 이런 결과가 나온다. 정신 건강에 대한 가장 보편적인 정의는 직간접적으로 아프지 않은 상태라고 규정되어 왔다. 한 예로, 국립정신건강연구소(National Institute of Mental Health)에서는 그 사명을 "정신, 뇌, 행동에 대한 연구를 통해 정신질환과 행동장애의 짐을 더는 것"으로 명시하고 있다(2007).

긍정심리학의 출현은 정신건강에 대한 논의를 정신장애에서 행복과 삶에 대한 만족으로 옮겨 놓았다(Seligman & Csikszentmihalyi, 2000). 이런 변화는 환영을 받았고 필요한 것이었지만, Dabrowski적 시각에서 볼 때는 긍정적 정서에 대한 (매우 미국적인) 강조와 "충분한 만족과 진정한 행복"(Seligman, 2002, p. 293)을 위한 실용적 접근으로 인해 많은 경우 그 성격이 단일수준적이었다. 다중수준의 개념에 닻을 내리고 있는 Dabrowski의 독특한 시각은 무엇이 정신건강과 정신장애를 구성하는가에 관한 논의에 반드시 포함되어야 하는 것으로 여겨져야 하지만, 심리학과 정신의학에서 여전히 널리 인정받고 있지 않고 훨씬 덜 받아들여진다. 이 시각은 대부분의 보편적인 정신건강의 기준이 반드시 적용되지 않는, 영재와 재능을 가진 사람에게만 특별히 적용될 수 있다(Mika, 2005).

이 장에서 나는 『정신건강을 찾아서』(1996b)에 나타난 Dabrowski의 시각을 기술할 것이다. 이 책에서 Dabrowski는 자신의 개념과 비교·대조하기 위해 정신건강의 아홉 가지 주요 개념을 검토하고 있다. 그의 안내를 따라, 나는 여기서 그중 다섯 가지 개념에 초점을 맞추어(오늘날의 우리의 사고에 가장 만연해 있다고 내가 생각하는 것이다) Dabrowski가 정신건강에 대한 자신의 정의가 오늘날의 심리학 및 정신의학, 또한 전반적인 사회에 잘 알려진 기준과 어떻게 다르다고 보았는지를 보여 줄 것이다.

정신장애가 없는 상태로서의 정신건강

첫 번째로 널리 받아들여진 개념에서는 정신건강을 정신장애가 없는 상태와 동일시한다(이는 정신건강 전문가뿐 아니라 일반인 사이에서도 보편적인 시각이다). 이러한 입장에 대응하기 위해, 혹은 더욱 정확히는 이러한 입장을 수정하기 위해, Dabrowski는 소위 말하는 많은 병적 정신 상태 혹은 장애가 질병으로 구성된 것이 아니라 사실은 성격발달에 필수적인 과정이라고 강조했다. 과흥분성과 같은 정신 상태나 신경증 및 정신신경증의 많은 증세는 "분명하고 다면적인 발달의 필요조건이자 장애가 아닌 정신건강의 기본 조건 중 하나다" (Dabrowski, 1996b, p. 4). Dabrowski의 시각에서 정신장애를 가려내는 데 보편적으로 사용되던 구분법은 정신건강과 정신장애의 결정적인 기준이라고 볼수 없었다. 그는 정신병이나 정신지체와 같이 분명 병적인 조건도 있으며, 이러한 조건은 다중수준적 발달의 가능성을 막는다는 데 동의했지만, 많이 나타나는 소위 정신장애가 건강하지 못한 것이라는 정형화된 진단에 대해서는 경고했다. 창의적이고 긍정적인 특성을 가진 발달과정이 이러한 증세와 연결되어 있기 때문이다.

Dabrowski 시대 이후 정신장애에 대한 분류법이 바뀌었고 더 이상 최소한 DSM-IV(American Psychiatric Association, 1994)에 따라 신경증과 정신신경증을 진단하지는 않지만, 무엇이 정신장애이고 무엇이 아닌가에 대한 이해는 그다지 나아지지 않았다. 새롭고 차별화된 진단명을 붙인다고 해서 정신장애로 여겨지는 조건에 대한 원인론, 현상학이나 목적론에 대한 지식이나 사람의 정신병리학적 고통에 대한 지식 전반의 질이 특별히 높아지는 것은 아니다 (Anderson, 2007). Dabrowski를 따르는 임상의는 진단에 중다적 접근을 적용함으로써 어떠한 증상과 조건이 단일수준적이고 발달에 방해가 되며, 그런 점에서 정말로 병적인지, 또한 장애로 보이긴 하지만 어떤 것이 긍정적 비통합을 통한 성장의 과정을 나타내는지를 평가할 수 있어야 한다.

심리적 통합 상태로서의 정신건강

모든 정신 기능이 부조화나 방해 없이 매끄럽게 기능하는 심리적 통합 상태는 정신건강의 필수적인 조건으로 여겨지는 경우가 많다. 흔히 하는 말로 '한데 모으는 것'은 바람직한 상태와 이런 통합의 함축된 힘과 선을 표현한다.

Dabrowski는 부조화와 비통합은 발달에 긍정적인 형태의 신경증과 정신신경증은 과흥분성의 핵심이며, 이들이 없이는 다중수준의 성격발달이 불가능하다는 것을 상기시키면서 이러한 시각을 부정했다. 많은 경우 영재성과 창의성은 물론 발달의 비동시성(asynchrony)과 연결되어 있는 과흥분성은 그 존재만으로도 부조화와 혼돈을 가져온다. 그러나 그것은 또한 발달의 가속화를 안내하고 지휘하는 발달 역동성을 일으키기도 한다. Dabrowski는 다음과 같이 썼다.

> (과흥분성은) 처음에는 가정생활, 학교, 직업생활에서의 갈등, 실망, 고통을 유발한다(한마디로 그것은 외부 환경과의 갈등으로 이어진다). 과흥분성은 또한 내적 갈등과 그 갈등을 극복할 방법을 함께 유발한다. 둘째, 과흥분성은 정신신경증적 과정을 촉발하며, 셋째, 갈등과 정신신경증적 과정은 발달을 가속화하는 지배적 요인이 된다(1970, p. 38).

이런 식으로 한편에서는 소위 말하는 정신장애의 많은 형태에서 발달의 가속화를 나타내는 증상을 발견할 수 있는데, 이들은 분명한 비통합을 특징으로 한다. 다른 한편에서는 발달의 가장 낮은 수준에서 정신 기능이 통합되었음을 나타내는 정신병(고차원적 감정은 없고 지능은 낮은 수준의 본능에 포함되어 있다)이 발달을 막고 정신건강과는 상반된다. 그러나 분명한 비통합을 특징으로 하는 흔히 정신장애라고 부르는 많은 형태에서 발달의 가속화를 암시하는 증세를 발견할 수 있다.

통합되었다는 것은 일반적인 의미로 청소년기의 격동의 비통합 경험을 통해 얻은 성인의 심리적 성숙과도 연결되어 있다. 이러한 성숙은 정신건강과 인간의 발달에 관한 많은 심리적 접근과 정신의학적 접근은 물론, 사회 전반에서도 바람직하게 여기고 장려하는 상태다. 이런 식으로 이해한 심리적 성숙은 자신의 상황에 적응할 수 있고, 다른 사람처럼 행동하며, 무엇을 원하는지를 알고, 독립적이고, 합리적이며, 타인을 이해할 줄 아는 사람을 말한다. 그러나 Dabrowski가 지적했듯, 이런 성숙한 사람은 높은 수준의 발달에 도달하지 못하고 다른 발달수준에만 도달할 뿐이다. 이러한 종류의 성숙은 낮은 수준의 규범과 행동 기준을 성찰 없이 고수하는 데 기초하고 있으며, 이는 발달보다는 정체로 이어지기 때문에 정신건강과 조화될 수 없다.

영재성이 높고 창의적인 개인 중 대부분은 아니더라도 많은 사람, 특히 예술가는 이런 식으로 이해한 성숙에 도달하지 않는다. 그들은 영원히 '미성숙'한 채로 남는다(순진하고, 너무 개방적이고, 너무 민감하고, 이상적이고, 로맨틱하고, 일상적 기능에서 무능하고, 물활론이나 마법 같은 생각에 쉽게 끌리고, 감정을 극단적으로 표출하고, 아이 같은 호기심을 갖기 쉽다). 간단히 말하면, 그들은 일반적 기준에서 보기에 이상하고 적응을 하지 못한다. Dabrowski는 "긍정적 유아주의" 혹은 "긍정적 미성숙"(1973, p. 153)이라는 용어를 처음으로 도입하여 창의성과 연결된 이러한 종류의 미성숙과 발달의 가속화를 위한 자질을 설명했으며, 행동에서 이런 특성을 보인 예술가로 많은 사람 중 Chopin, Van Gogh, Musset, Slowacki, Kafka, Shelley를 열거했다.

심리적 통합이 정신건강에 필수적이라는 생각에 이의를 제기하면서 Dabrowski가 활용한 다른 논의는 긍정적 비통합에 내재되어 있는 내적 갈등과 절망이 다중적인 내면의 환경 발달과 성격 성장의 가속화에서 차지하는 중요성과 관련되어 있다. Dabrowski가 관찰했듯, 우리는 목표와 바람을 실현해 가는 과정에서 장애와 절망을 직면할 때에만 내외적 갈등, 양가감정, 양립경향을 경험한다. 이러한 갈등 때문에 개인이 갖고 있던 높은 발달 잠재성이 더욱 자아 성찰적이 되고, 가능한 선택이 무엇인지를 더욱 깨닫게 되며, 결과적으로 자신의 감정, 생각, 행동의 다른 수준(높고 낮은)을 더 의식하게 된다. 이렇듯 내외부적으로 격동적인 조건 속에서 개인은 "자신의 삶에 새로운 통제요인을 도입하여, 높은 수준의 감정이 낮은 형태의 본능적·정서적·인지적 기능을 조절하기 시작한다"(Dabrowski, 1996b, p. 7).

이쯤 되면 보편적으로 알고 있는 심리적 통합에 기초한 정신건강의 개념이 Dabrowski가 상정한 것과 반대된다는 것을 알 수 있다. 그의 접근방식에서 진정한 정신건강은 그 위치와 범위를 바꾸어 가며 이루어지는 비통합과 통합의 역동적 상호작용에서 드러난다. 정신적으로 건강한 사람은 긍정적 비통합과 높은 발달수준에서의 부분적 이차적 통합을 받아들일 자질이 있고, 결과적으로 전반적인 이차적 통합수준에서의 성격을 형성하는 방향으로 나아가게 된다. 일차적 통합의 특징 중 정신적·정서적 지체로 가장 생생하게 드러나는 다중수준의 발달을 위한 자질의 부족은 정신건강과 현저하게 대조된다.

지각과 사고의 현실성, 효율성과 생산성 및 현실 적응 능력으로서의 정신건강

인지적 현실성은 효과적이고 생산적인 행동 및 현실에 적응하는 능력에 대한 요구와 함께 정신건강에 대한 접근에서 자주 접하게 되는 기준이다. A. Maslow, K. Horney, M. Jahoda, G. Allport, W. Glasser, T. Bilikiewicz 등 다수 (Sowa, 1984, p. 255)와 P. Janet(Dabrowski, 1996b, p. 9)를 비롯한 많은 심리학자와 정신의학자에게 있어 지각과 삶의 철학의 현실성은 정신건강의 필수적인 요건으로 여겨진다.

Dabrowski는 이러한 시각에 부분적으로 동의했으나, 인지 기능에 현실성이 결여되었다는 것이 발달에 있어서는 긍정적 가치를 가질 수 있다고 언급했다. 그는 내적 과정(예감, 꿈, 상상의 프로젝트와 계획, 내적 의심, 갈등, 흥분, 억압과 같이 현실에 느슨하게 기초하고 있거나 혹은 전혀 기초하지 않는)이 우리의 창의성과 발견 및 혁신에 대한 욕구를 깨운다고 말하면서, 발달을 가속화하는 데 있어서의 상상과 직관의 중요성을 강조했다. 최고 수준의 창의성은 현실에 대한 정확한 인식에 의존하지 않는다. 사실 과도한 인지적 현실성은 창의성과 성격의 성장을 억누를 수 있다.

　정신건강에 필수적이라는 효율적이고 생산적인 행동을 위한 요구 조건은 Dabrowski가 볼 때 마찬가지로 의심의 여지가 있는 것이다. 인간이 추구하는 가장 가치 있는 것 중 많은 부분에 관련된 효율성과 생산성은 평가하기가 어렵기 때문이다. 물질적 차원에서의 효율성이나 생산성은 쉽게 관찰하고 측정할 수 없지만, 인간의 행위 중에는 이런 평가가 가능하다고 해도 매우 어려운 부분이 있다. 한 예로, 정서발달과 창의적 작업의 경우는 두 가지 활동에 개입된 창의적 과정이 창조자에게는 물론 사회에 있어서도 가장 강렬하고 유용하다 하더라도 매번 눈에 보이는 생산물을 내놓지 못할 수도 있다. Dabrowski는 예술가는 효율적이지도 않고 비생산적이라고 여겨지는 경우가 많고, 그들이 만든 작품의 가치는 예술가와 그의 예술에 대해 실용적인 판단을 적용하려는 당대에 의해 종종 묵살되거나 과소평가된다고 지적했다. 그는 겉에서 보기에는 서툴고 비효율적으로 보일지 몰라도 심오한 영적 노력을 기울이는 천재와 탁월한 개인, 심지어 더 나아가서는 정신신경증 환자의 효율성과 생산성에 대해 이야기하기는 어렵다고 말했다.

　Dabrowski는 Vincent Van Gogh, Miguel de Unamuno, Juliusz Slowacki와 같은 예술가의 삶을 효율성과 생산성의 프리즘을 통해 평가하는 것은 이 두 가지 용어에 대한 우리의 이해를 크게 수정하지 않고서는 불가능하다고 믿었다. 그는 정신건강을 규정하는 데 유용한 것으로 여겨지는 이 특정 기준을 거부하지는 않았으나, 현실에 대한 다중수준 접근의 맥락 안에서 적절히 이해할 필요가 있다는 말로 여기에 부차적인 중요성을 부여했다. 그는 효율성과 생산성에 관련된 대부분의 인간적 특성과 행동은 항상은 아니더라도 사회관습에 대한 정형화되고 차별적이지 않은 적응을 보여 주는 경우가 많으며, 단일수준의 통합을 나타내는 것일 수도 있다고 언급했다. 그렇기에 이런 것은 Dabrowski가 봤을 때 진정한 정신건강의 발현이었던 가속화된 발달과 공존할 수 없다. 그는 다음과 같이 썼다.

> 개인의 총체적 성격의 영구적 속성으로서의 효율성과 생산성은 긍정적이고 가속화된 발달, 창의성, 독창성과 조화를 이룰 수 없다. 일차적이고 정형화된 개인에게서 자주 접하게 되는 이러한 속성은 강한 자동적 반응을 나타내는데, 이는 정신병적 특성을 자주 드러내는 것이다(1996, p. 14).

인지적 현실성과 효율성 및 생산성과 긴밀하게 연결된 정신건강의 기준은 현실에 적응할 수 있는 능력이다. Dabrowski는 많은 경우 이 요건이 집단과 사회에 맞추기 위해 최소한 어느 정도는 자신의 시각, 기준, 이상을 포기한다는 것을 의미함을 지적하며, 이 요건에 대한 가장 보편적인 이해에 질문을 던졌다. 그렇기 때문에 이 요건은 정신건강과 양립할 수 없다는 것이다. 사회에 대한 개인의 적응의 다양한 변형을 기술하기 위해, Dabrowski는 긍정적 부적응(자신의 행동과 환경의 영향력에서 나타나는 낮은 수준의 경향에 대한 부적응)과 부정적 부적응(정신질환과 정신장애), 또한 긍정적 적응(개인의 이상적 성격으로 완전하게 표현되는 현실, 가치, 목표 체계에서 가장 높은 수준에의 역동적 적응)의 개념과 부정적 적응(통계적 규범에 따라 낮은 수준의 현실, 가치, 목표에 대한 적응, '무엇인가'에 대한 적응)의 개념을 도입했다.

정신건강의 징후로서 현실에 대한 효과적 적응의 기준은 항상은 아니지만 전형적으로 부정적 적응을 기술하는 데 사용되었다. 이는 사회적 규범과 행동을 무비판적으로 혹은 기회주의적으로 수용하는 것에 기초하며 단일수준적인 실용주의와 도덕적 상대주의를 나타낸다. 이는 개인이 자신의 내적 진실과 신념을 창조할 능력이 결여되어 있으며 지위나 물질적 소유를 지키기 위해 다양한 이데올로기에 쉽게 굴복하는 상태인, 현재 상태에 대한 순응의 태도이자 성찰하지 않고 현실에 적응하는 것이다. 부정적 적응은 많은 경우 효율성과 연관되어 있다(자신의 목표를 성취하기 위해 변화하는 환경 조건에서 장점을 취할 능력으로 이해되는 이러한 효율성은 도덕적 · 지적 무관심과 자신의 발달은 물론 타인의 발달에 대한 관심의 결여를 나타낸다).

부정적 적응(그리고 부정적 통합)의 최극단은 자신의 지능을 원초적 동기를 위해 사용하는 사이코패스의 행위에서 나타난다. 그들은 자신의 목표를 성취하는 데 있어 효율적이고 생산적이다. 목표를 추구하는 과정에서 의심, 망설임, 내적 갈등, 수치감, 죄책감, 타인에 대한 공감과 같은 비통합적 경험으로 인한 지장을 받지 않기 때문이다. 그들은 변화하는 외부 조건에 쉽게 적응하고 현실을 알고 있다. 많은 경우, 그들은 똑똑하게(혹은 그 정도는 아니더라도) 개인적 출세를 위한 기회를 활용하여 영향력과 권력의 자리에 올라간다. 우리 사회에서 이런 기회는 자신감, 단호함, 공격력, 효율성, 생산성으로 상대를 감동시키는 사람들에게 쉽게 주어진다. Dabrowski는 사이코패스를 "성격과 사회집단의 발달에 가장 큰 장애물"이라고 생각했으며(1986, p. 123), "(사이코패스의) 심리적 유형을 깨닫지 못하는 (우리의) 일반적인 무능력은 엄청난 고통, 대규모 테러, 폭력적 억압, 대량학살, 문명의 쇠퇴의 원인이 된다."라고 말했다(1973, p. 40).

한편 Dabrowski가 보기에 정신건강의 예를 보여 주는 사람인 정신신경증 환자들은 그들의 가속화된 발달과 관련된 내부 경험이 풍부하기 때문에 비현실적이고 효과적이지 못하다. 그들의 내적 갈등과 의심, '지나치게 활발한 의식', 더 나은 세상에 대한 이상과 비전, 도덕적 심사숙고와 의문은 그들을 현실의 손이 닿지 않는 곳에 있는 것처럼 보이게 한다. 그들은 변화하는 삶의 조건에 적응하는 데 어려움을 겪는다. 이러한 변화는 그들이 사람과 장소와 맺은 깊은 유대를 방해하고 가장 높은 수준의 가치와 공존할 수 없는 경우가 너무 많기 때문이다. 그들은 실재적이고 측정 가능한 방식으로 현실에 영향을 미치는 기술이 없어서, 그들의 행동은 보통 사람에게는 이상하거나 목적이 없어 보일 수 있다. Dabrowski의 언급에 따르면, "정신병 환자는 목적이 있지만 가치는 없다. 정신신경증 환자는 가치가 있지만 목적이 없다. 성격은 가치와 목적을 모두 갖는 것이다"(1970, p. 160).

그러나 '가치와 목적을 모두 갖고 있는', 성격이 발달했거나 발달 중인 사람도 단일수준 기준에서는 기이하고 무력하다고 인식될 수 있다. 평화를 위한 도보를 시작하겠다는 Peace Pilgrim의 결심은 분명 당시의 많은 사람에게 미친 게 아니라면 이상한 것으로 여겨졌을 것이다(Piechowski, 1992b). 많은 사람은 성공적인 예술가로서의 길을 버리고 크라쿠프의 빈민가에 살면서 노숙자가 음식, 거주지, 직업을 찾도록 도운 Brother Albert의 가난한 사람에 대한 극단적 헌신을 정상이 아니라고 여겼다(Mika, 2004). 어떤 사람은 '그의' 아이들과 함께 트레블링카의 가스실로 들어가겠다는 Janusz Korczak의 선택을 어리석다고 비판했다(Lifton, 1997). Michelangelo, Adam Chmielowski(Brother Albert로 알려져 있음), Francis Bacon, Fra Bartolommeo, Paul Cezanne, Willem de Kooning 등 많은 걸출한 예술가는 자신의 작품을 파괴하려는, 겉으로 보기에 이해할 수 없는 욕구로 당시 사람들을 혼란에 빠뜨리고 화나게 했다. 그러나 Dabrowski가 지적한 것처럼, 이러한 욕구는 정신병과는 거리가 멀며, 이렇게 창의적인 사람에게서 나타나는 높은 발달 잠재성에 관련되어 있다. 그것은 긍정적 비통합 수준에서 유발된 두 가지 높은 수준의 본능이 표현된 것이다(이는 자기 완성의 본능과 부분적 죽음의 본능으로, 자신의 이상적 성격을 실현하기 위해 애쓰는 개인에게서 낮은 수준의 존재를 파괴하거나 그 표현을 하찮은 것으로 만들려는 욕구로 나타난다).

이러한 행동은 바깥에서 보기에는 이상하거나 정신병적으로 보이기도 하지만, 강한 발달 본능과 많은 경우 긍정적 통합의 가장 높은 수준을 나타낸다('바람직한 상태', 즉 가장 수준 높은 인간적 가치와 이상의 현실에 대한 순응이다). 차별화되고 높은 수준의 현실에 대한 이러한 순응은 가속화된 발달에 관여하는 개인들의 특징이다. 그들은 통계적 다수를 지배하는 규범에 적응할 마음이나 에너지, 기술은 부족하다. 그러나 이런 사람은 생물학적 주기와 심리적 유형의 한계를 초월하기 위한 고되고 장기적인 노력은 매우 잘할 수 있고 자신의 이상적 성격을 실현하는 방향으로(개인적 위기와 우울증, 내적 갈등, 내적 고뇌의 상태를 거쳐) 진보할 수 있다. 이 특별한 노력을 설명하기에 이런 용어가 적합한 것 같지는 않지만, 이러한 시도 속에서 이들은 매우 효과적이고 심지어 생산적이기까지 하다.

Dabrowski의 시각에서 원초적이고 자동적이며 집단과 사회의 삶에 해로운 것을 거부하는 것을 특징으로 하는 긍정적 부적응과 긍정적 적응(개인의 이상과 가장 고차원적인 인간 가치에 대한)의 상호작용은 개인과 집단의 진정한 정신건강이 갖는 본질적 특성을 나타낸다.

심리적 균형으로서의 정신건강

정신건강에 대한 생물학적 접근과 일부 심리적 접근에서 유명한 개념인 심리적 균형(equilibrium)은 행동을 지배하는 큰 힘 간의 균형 상태로, 변화하는 조건에 대한 적응과 효과적인 심리적 기능을 가능하게 한다. 심리적 기능의 가장 최적의 바람직한 상태로서의 균형의 개념은 조화와 치우치지 않음을 특징으로 하는 '중용'적 접근을 옹호하는 보편적 지혜의 많은 지지를 받는다.

Dabrowski가 지적했듯, 이러한 접근방식은 이렇다 할 긴장이나 격변 없이 생물학적 요구를 채우기 위해 이루어지는 행동을 중심에 두고 인간의 삶을 바라보는 단일수준적 단계 기반의 시각이다. 이런 시각은 내적 갈등과 심각한 정서적 경험, 우울증, 불안, 강박, 억압, 개인의 생물학적 주기와 심리적 유형을 초월하려는 강렬한 열망(긍정적 비통합)을 통해 창의적이고 진정한 가속화된 성격발달이 진보한다는 입장을 취하고 있는 TPD에 나타나는, 인간발달의 다중수준적 개념과 공존할 수 없다.

높은 발달 잠재성(다양한 형태의 과흥분성, 창의적 재능, 풍부한 내부의 환경)을 가진 사람은 그 의미상 삶에 불균형을 초래하는 절망, 갈등, 긴장에 빠지기 쉽다. 그러나 이러한 불균형은 빠른 정서발달로 이어진다.

매일의 관찰과 임상 연구를 바탕으로, 발달의 모든 본질적 과정은 내외부적 현실에 대해 일차적으로 통합되었던 태도를 와해하거나 더한 경우 해체하는 것에 기초한다고 말할 수 있다. 본질적으로 창의적인 경우가 가장 많은 내적 갈등은 두려움과 고통과 짝을 이룬다. 진정성을 향한 모든 발걸음은 충격과 슬픔, 고통을 그 값으로 치른다(Dabrowski, 1996b, p. 12).

통합과 마찬가지로, 영구적인 상태나 성향으로서의 심리적 균형은 이런 면에서 긍정적 비통합을 통한 가속화된 발달과 반대된다. 심리적 균형이 지속된 상태는 정신병리적 증세, 특히 정신병이나 정신지체의 증세가 아니면 발달과 성격의 최고 높은 수준이다. 그러나 후자인 이차적 균형은 Dabrowski의 시각에서 봤을 때 거의 드물게 접하게 된다. 따라서 "적당한 불균형"(Dabrowski, 1996b, p. 13)의 상태가 정신건강의 징후다.

신체적 · 정신적 · 사회적 행복으로서의 정신건강

신체적 · 정신적 · 사회적 행복의 기준은 정신건강을 개념화하는 데 매우 자주 사용되어 정상에 대한 신화를 지배하는 데 있어 떼려야 뗄 수 없는 부분이 되었으며, 특히 미국의 정신건강 전문가 사이에서 인기를 얻었다. Sowa는 정신의학자들이 사용하는 정신건강 개념의 문화적 뿌리와 그 적용에 대한 논의에서 이 신화를 "다분히 쾌락주의적인 미신"이라고 지칭했다(Sowa, 1984, p. 206).

Dabrowski가 언급했듯, 개인의 행복에 기초한 정신건강의 정의는 안녕과 행복의 상태는 내적 갈등, 망설임, 고통과 괴로움(신체적, 정신적인), 상실과 애도, 깊은 공감의 경험, 심지어 창의성과 같은 가장 의미 있는 인간 경험과 양립하지 않는 경우가 많다는 사실을 설명하지 못한다. 그의 생각은 다음과 같다.

…슬픔과 우울증은 자기만족과 심리적 만족에 비해 가장 심연적인 가치를 더 많이 만든다. 비극이 없는 위대한 창의성도 없다. 슬픔, 우울증, 내적 갈

등, 오해, 때에 따라서는 번민에 이르기까지의 경험을 하지 않고서는 도덕적 개선과 가장 심층적 형태의 공감이 있을 수 없다(1979b, p. 262).

Dabrowski에 따르면, 이런 식으로 전반적인 행복을 강조하는 정신건강의 정의는 낮은 수준의 현실에 대해 지속적이고 부정적인 적응을 하도록 하고 고차원적인 감정과 가치로 이루어진 현실을 인정하지 않는다. 이런 고차원적 현실은 언제나 불안과 걱정, 우울, 고통과 연결되어 있다. 대신 이러한 정의는 정신적, 신체적 균형, 쾌락주의와 순응성을 강조하고, 정신건강의 발달적 측면과 위계적 측면을 포함하지 못한다.

Dabrowski는 발달의 가속화에 관여하게 되는 개인에게 행복의 시기는 여러 가지 어려움과 그에 연결된 긍정적 부적응의 상태(실존적 두려움과 우울증, 죄책감, 인간의 삶에 내재된 비극을 감지하는 경험)를 정복한 뒤에 나타난다고 말했다. 성장을 가속화할 자질이 있는 개인에게 발달의 높은 수준에서 일어나는 완전한 행복의 상태는 거의 일어나지 않으며 순식간에 지나간다. "발달하는 개인은 시시각각으로 기분이 나빠야 하고 슬픔, 분노, 우울, 내외부적 갈등으로 고통받아야 한다. 이러한 경험 없이는 발달도 없고 자각의 성장도 없다." (Dabrowski, 1996b, p. 22) 행복의 상태가 지연되거나 영속적으로 나타나는 것은 자신과 타인, 인간의 삶 전반적인 실존주의적 현실에 대한 민감성이 적은 사람의 특징이다.

Dabrowski는 또한 신체적 · 정신적 · 사회적 행복의 상태가 고등발달이 가능한 사람에게 반드시 동시에 나타나는 것은 아님을 지적했다. 사이코패스와 기질적 뇌손상과 같은 분명히 정신병적인 많은 상황은 신체적으로는 건강하지만 정신적으로는 건강하지 않다는 특징을 가지고 있다고 언급했다. 그는 또한 신체적 결함이나 심각한 질병으로 정상적인 생활은 불가능했지만 높은 수준의 정신건강을 보인 사람의 예를 열거하기도 했다. 그가 보기에 진정한 정신건강의 모범이 되는 사람들이 신체적 · 정신적 · 사회적 행복이 조합된 상태였던 것은 아니다.

오늘날의 정신건강에 대한 개념은 비록 그 지지자들이 '좋다고 느끼는' 쾌락주의적 감정과 긍정적 기능을 구별하려고 노력하고는 있지만, "다분히 쾌락주의적인 미신"을 유지하고 있다(Keys, 2002). 이는 긍정적 감정이 정신건강을 나타내기에 충분하지 못할 가능성과 긍정적인 인간 기능이 불행한 감정과 신체적 문제와 공존할 수 있다는 가능성을 허용한다. 그러나 흔히 부정적이거나 정신병적인 것으로 여겨지는 어려운 경험이 정신건강의 한 부분이며 정신건강의 필수적인 구성요소다. 특히 '좋은 일을 하는 것'의 강조와 함께 긍정심리학에서 옹호하는 정신건강을 구성하는 우세한 개념은 긍정적 감정의 중요성과 정신장애의 증세가 없음을 강조한다(Seligman, 2002). 이러한 측면에서 이 시각은 Dabrowski의 정신건강 개념에 비해 그 폭과 깊이가 부족하다.

Dabrowski의 정신건강 개념

Dabrowski의 정신건강 개념은 역동적이고 다면적 · 위계적 · 목적론적인 측면을 강조한다. 그의 정의에 따르면, 정신건강은 "구체적인 개인적 · 사회적 이상에 따라 더 높은 현실 및 가치체계를 다차원적으로 이해하고, 경험하고, 발견하고, 창조하려는 발달의 자질"이다(1996b, pp. 22-23). Dabrowski가 이렇게 이해한 정신건강은 상태가 아닌 과정이다. 그것은 개인의 생물학적 주기와 심리적 유형의 한계를 초월하려는 노력을 특징으로 하는 연속적인 심리적 과정이다. 이 다중수준적 · 다면적 발달은 긍정적 비통합과 성격수준에서의 전반적인 이차적 통합을 위한 부분적 이차적 통합을 통해 진행되며, 모든 필수적인 심리 기능(다중수준적 증후의 도덕적 · 심미적 · 사회적 가치뿐 아니라 본능적 · 정서적 · 지적 가치)을 포함한다. 성격은 긍정적 비통합을 통한 발달의 궁극적 목표이자 결과다.

Dabrowski는 세 가지 발달 유형을 묘사했다. (1) 낮은 발달 잠재성에 기초한 평균적 발달, (2) 한 가지 강한 재능이나 특정 기술에 기초한 단면적 발달,

(3) 높은 발달 잠재성과 연결되어 있는 가속화된 발달이다. 이에 따라 그는 보통 사람과 탁월한 사람, 성격을 성취한 사람(혹은 가속화된 발달에 관여한 사람들)의 정신건강을 논했다. 이 세 집단이 발달 잠재성의 세 가지 유형을 대표하기 때문이었다.

보통 사람의 정신건강은 변화하는 삶의 조건에 상대적으로 쉽게 적응하는 것(즉, 부정적 적응)이 특징이다. 이런 사람의 삶에서 간간이 부적응이 나타난다고 해도, 그것은 강렬하지 않고 오래 지속되지 않으며 보통 그들의 정신에 남을 만한 흔적을 남기지도 않는다. 보통 사람은 일반적으로 활동에 있어 효율적이고, 효과적이고, 생산적이며, 어려움을 극복할 수 있고, 기본적인 욕구를 충족하는 데 초점을 맞춘다. 그들의 삶의 목표는 보통 직업에서의 성공, 물질적 부, 높은 사회적 지위, 다른 사람에 대한 어느 정도의 영향력 같은 것이다. 그들의 정서적 삶은 균형을 특징으로 한다. 예를 들어, 이런 사람이 경험하는 슬픔이나 우울은 적정 수준 정도로 자기 변형적인 노력으로 이어지지 않는다. 그들의 영적 삶은 사회규범과 일맥상통하고 보통 정형화된 독실함에 따라 정의된다.

탁월한 사람은 자신의 특별한 재능과 그에 관한 포부를 실현하려는 강한 열망을 드러낸다. 그들의 심리적 성장은 재능의 단면적인 발달과 재능의 실현에 관한 삶의 영역으로 제한된다. 그들의 심리적 특성에서는 때때로 어떤 기능 안에서 혹은 기능 사이에서 나타나는 중요한 발달적 불일치가 발견된다. 이는 그들의 주요 재능이나 특별한 능력이 수학, 물리학, 기술적 능력, 혹은 정치에 관련되어 있을 때 특히 뚜렷하게 나타난다. Dabrowski가 언급했듯, 이런 사람은 보통 자신의 내면의 환경을 일깨우고 발달하려는 열망이 적거나 아예 없고, 자기 변형에 관심이 없다. 그들은 타인과의 관계에서 공감이 결여되어 있고, 가끔은 잔인성과 함께 공격성을 나타내기도 한다. 이런 사람은 정신장애의 위험이 있다 해도 매우 적다.

가속화된 발달에 관여하거나 성격의 수준에서 기능하는 사람들이 보여 주는 위계적이고 다면적이고 다중수준적인 정신건강의 예는 그들의 다차원적 성장의 표현이다. 그들은 자기 내면의 정신적 환경의 발달을 중시하고 비슷한 노력으로 다른 사람을 돕는다. 그들은 어느 때보다도 높은 가치체계를 실현하는 데 헌신하며 자기 성격의 개발되지 않은 부분을 향상하고 강화하기 위해 고군분투한다. 그들은 교육학, 사회학, 심리학, 정신병리학, 철학 등 삶의 다른 분야에 대한 고정관념적인 접근뿐 아니라 자신의 생물학적 생애주기와 심리적 유형을 극복하려는 경향을 보이며, 정신적 홍분성(특히 정서적·상상적·지적 홍분성)이 신장되는 징후를 나타낸다. 이런 사람의 생애사는 내면의 정신적 변형과 자기 완성에 대한 그들의 욕구와 연결된 어려운 경험으로 가득 차 있다. 이러한 경험은 신경증과 정신신경증을 포함하는 경우가 가장 많은데, 이는 더 높은 현실을 어느 때보다 온전히 이해하고 발견하며 창조하려는 노력을 표현하는 것이다. 자신과 타인에 대한 그들의 태도는 개인적·사회적 본질에 들어 있는 구체적인 이상적 성격에 대한 분명한 인식에 기초하고 있다.

이와 같은 설명에서 보면, 마지막 집단(성격 혹은 긍정적 비통합을 통해 성격적 수준으로 발달해 가는 개인)만이 Dabrowski가 다중수준적이고, 다차원적이며, 가속화된 성격 성장으로 이해했던 진정한 정신건강을 대표하는 것이 분명하다. 이런 기준에 따르면 정신적으로 건강하다고 할 수 있는 사람이 아주 적다는 것은 인정한다(발달의 높은 수준에서 기능하는, 높은 발달 잠재성을 갖춘 영재 중 일부만이 가능하다). 사회의 대다수는 진정한 정신건강의 기준에 못 미친다. Dabrowski는 이러한 발견에 동의하면서, 사회 전체가 이 소수 사람의 삶에서 예로 들고 있는 분명하고 구체적인 가치체계를 갖지 않는다면 발달하여 높은 수준의 정신건강을 이루지 못할 것이라고 말했다. 이 사람들은 '바람직한 상태'에 대한 모델일 수 있다. 이러한 개인은 그들의 구체적인 삶의 사례를 통해 집단과 사회의 발달(그리고 정신건강)을 일깨우고 자극할 가능성을 보여 준다. 대다수 사람은 어느 정도의 발달 잠재성을 갖고 있으며, 이는 그들의 민감성과 개인적 재능과 특별한 능력, 다소 발달된 자각과 내부 환경의 초기 단계에서 볼 수 있다. 이 잠재성은 Dabrowski가 기술했듯, 발달될 수 있으며 고등발달의 사례가 되는 사람들이 이 과정에서 중요한 역할을 한다.

결론

    Dabrowski의 긍정적 비통합이론과 그의 정신건강에 대한 독특한 개념은 어수선하고, 평균적인 측면과 예외적인 측면 모두에서의 인간발달에 대한 훌륭한 모형을 제공해 준다(이 모형은 특히 영재와 창의적 인재의 평가 및 치료에 적용할 수 있다). Dabrowski가 주장했듯, 정신의학과 심리학에서 우위를 점하고 있는 정신건강과 정신장애의 단일수준적 기준은 삶의 다중수준적 · 다차원적 현실이라는 맥락 속에서 정서적 · 도덕적 · 영적 발달을 이루려는 인간의 노력을 고려했을 때는 불충분하며 많은 경우 부적합하다. 발달과 정신건강에서 긍정적 비통합이 역할을 담당한다는 그의 생각은 이 빈 공간을 메운다. 그는 다중수준적 현상, 특히 창의성, 성격의 성장, 정신건강을 평가하는 데 협소하게 이해되는 활용성과 효율성과 같은 단일수준적 기준을 사용하는 것에 대해 경고했다. 그는 황홀감의 상태와 우울, 자신에 대한 불만족, 억제, '현재 상태'에 대한 부적응과 '바람직한 상태'를 이루려는 열망과 같은 강렬한 경험이야말로 발달적 포부를 가진 모든 사람뿐 아니라 많은 예술가, 과학자, 사회개혁가, 성인의 특성임을 상기시켰다.

    이러한 상태(심리적 균형, 통합, 행복과는 분명 거리가 멀고 대세적인 기준에서 판단할 때는 정신건강을 표현한다고 볼 수 없는)는 자기 변형에 대한 노력과 발달하는 개인의 내적 삶의 본질적 요소를 자극한다.

    이러한 경험을 정신적으로 건강하지 못하다고 하는 것은 인간만의 독특한 측면과 존재의 가장 가치 있는 측면을 박탈하는 것이다. 창의성과 자기 변형에 관련한 비통합적 경험을 정신병으로 여김으로써, 우리는 빠른 성장을 겪고 있는 개인을 낙인찍고 그들의 부담을 덜어 주려고 하기보다는 부담을 더하고 있다. 또한 사회가 머물고 있는 쾌락주의적 안주 상태라는 평지에서 높은 수준의 발달을 향해, 혹은 최소한 그러한 수준을 인정하고 이해하는 수준까지 나아갈 가능성을 줄이고 있다. 게다가 정신건강의 단일수준적 기준을 장려함으로써 우리는 정신병적인 사람들이 권력과 명성을 얻을 수 있게 하고 있으며, 이런 사람은 자신의 원초적이고 많은 경우 비인간적인 목표를 추구하는 데 이 권력과 명성을 파괴적으로 사용한다.

Dabrowski의 긍정적 비통합이론은 정신건강이 무엇인가에 대한 오늘날의 제한적 인식에 대한 유망한 대안을 제시한다. 심리적 이론이 세상을 바꾸기를 바라는 것이 '긍정적인 의미에서 어린아이 같을'지 모르지만, Dabrowski의 이론을 적용하는 것은 정신건강과 정신병리학에 대한 우리의 인식을 재평가하는 데 기여하고, 이 두 가지에 대한 좀 더 진정한 평가를 내리는 데 큰 도움이 될 것으로 생각해 볼 수 있다.

Dabrowski's Theory of Positive Disintegration

제8장

영재교육 분야에서의
긍정적 비통합이론

Linda Kreger Silverman, Ph.D.*

영재교육에 Dabrowski의 긍정적 비통합이론(TPD)이 소개된 것은 1979년 『영재상담의 새로운 목소리(*New Voices in Counseling the Gifted*)』(Colangelo & Zaffrann, 1979)라는 책의 두 개 장을 통해서였다. Piechowski(1979a)는 '발달 잠재성'에 관해 쓴 2장에서, 과흥분성(OE)이 지금껏 알려진 체크리스트나 IQ 검사, 현재의 다른 판별방법보다 영재성과 창의성을 판별하는 더 좋은 지표가 된다는 것을 강력하게 보여 주는 사례를 들었다. 11장에서 Ogburn-Colangelo(1979, 1989)는 이 이론이 어떻게 영재 내담자를 상담하기 위한 기반으로 사용될 수 있는지를 설명했다. 그녀는 음악을 직업으로 삼고 싶은 자신의 열망과 부모를 기쁘게 해 주고 싶은 마음 사이에서 고민하는 대학교 1학년 학생과의 실제 상담 기록을 제시하였다. 이 사례는 TPD의 시각을 통해 아름답게 해석되었다. 이 두 개 장은 영재교육 분야에 잊을 수 없는 인상을 남겼다. 이후 Dabrowski의 이론은 미국과 호주에서 영재의 심리적 측면을 이해하는 데 기초로 받아들여졌다. TPD가 영재 교사에게 가장 와 닿았던 면은

* Linda K. Silverman, Ph.D., 콜로라도 주 덴버 시의 고등발달 연구소 및 영재발달센터 소장.

Dabrowski의 과흥분성이었다.

Dabrowski 이론의 기반은 지적·창의적 영재 아동·청소년 및 성인과의 상당히 많은 임상 경험(Piechowski, 1992b, 2006), 그리고 탁월했던 사람들의 일대기에 대한 분석(Dabrowski, 1970)에 있다. 1960년대 후반까지의 연구는 경험적이기보다는 매우 임상적으로, 광범위한 사례 연구로 이루어졌다. 당시 앨버타 대학교에서 분자생물학을 가르치던 젊은 교수 Michael Piechowski는 1967년 Kazimierz Dabrowski를 만나 그의 공동 연구자이자 번역자가 되었다. Dabrowski가 1969년에서 1972년까지 캐나다 의회에서 받은 연구 지원으로, 이 이론을 경험적으로 연구하려는 첫 번째 체계적 시도가 가능해졌다. Piechowski는 언어 자극에 관한 개방형 설문과 자전적 자료를 통해 대상자에게서 얻은 엄청난 양의 서사적 데이터를 분석하기 위한 방법으로 내용분석 기법을 발달시켰다. 그 결과로 두 권의 책인 『정서발달 수준론(*Theory of Levels of Emotional Development*)』(Dabrowski & Piechowski, 1977)이 나왔다(이 책은 8년간의 긴밀한 공동 연구의 결실이었으며, Piechowski는 그 사이 메디슨의 위스콘신 대학교로 돌아가 상담심리학 분야에서 두 번째 박사학위를 취득했다). Dabrowski는 TPD의 개념적 틀을 고안했다. Piechowski는 이를 경험적으로 뒷받침하고, 내용분석 기법을 만들었으며, 이 이론과 방법론을 자아실현을 이룬 사람들의 연구에 적용하고, 이 이론을 영재교육 분야에 소개하는 데 기여했다. 결과적으로 영재성에 대한 심리적 연구는 이론적 기반을 얻었고, 긍정적 비통합이론은 경험적 기반을 얻었다.

과흥분성

과흥분성 혹은 정신적 과흥분성은 다양한 형태의 자극에 대해 강렬한 방식으로 반응하는 선천적 성향이다(Piechowski, 1999). 이 용어는 폴란드어 'nadpobudliwosc'를 번역한 것으로, 문자 그대로 하면 신경학적 의미에서의

'초자극 반응(superstimulatability)'(자극에 대한 강한 신경학적 반응)을 의미한다 (Falk, Piechowski, & Lind, 1994; Piechowski, 1999). 영어로 번역했을 때 'over' 는 부정적 어감을 갖는다. 그러나 과흥분성(OE)은 에너지의 과잉 혹은 경험을 풍부하게 신장할 능력으로 생각하는 것이 더 적절할 것이다.

  Dabrowski의 과흥분성 개념은 1937년 「자해의 심리적 기초(Psychological Bases of Self-Mutilation)」라는 논문에서 처음 등장했고, OE의 유형에 관한 첫 논문은 1938년에 출간되었다. OE에 관한 가장 오래된 연구는 Dabrowski가 1962년 바르샤바에서 수행한 것이다(Dabrowski, 1967). Dabrowski(1972)는 바르샤바에서 영재성과 창의성을 지닌 청소년 80명을 연구했는데, 여기에는 인지적으로 발달한 학생과 발레, 연극, 미술의 순수예술을 하고 있는 청소년이 포함되어 있었다. 그는 지능검사와 투사적 검사, 신경학적 평가, 설문, 면접, 병력 청취와 사례 연구를 실시했다. 그는 예술학교에서 관찰한 모든 아동이 긴장을 완화하고 자극에 반응하는 특징적인 방식을 갖고 있음에 주목했다. 그는 이러한 반응을 심체적(psychomotor), 상상적(imaginational), 정서적(emotional), 지적(intellectual), 감각적(sensual)인 것으로 분류했다. 이 다섯 가지 OE 는 선천적인 힘이다. 이들은 기질의 변수이며(Nixon, 1996b) 행동수준, 반응의 강도, 반응의 식역(threshold)과 같은 기질적 특성과 가장 긴밀하게 연결되어 있다고 여겨져 왔다(Gottfried, Gottfried, Bathurst, & Guerin, 1994; Silverman, 1998; Thomas, Chess, & Birch, 1968).

  과흥분성의 각 형태는 감각기에서 평균 이상의 민감성을 나타낸다. 결과적으로, 다른 형태의 과흥분성을 가진 사람은 많은 것에 놀라고 얼떨떨하게 반응한다. 그는 사물, 사람, 사건과 충돌을 일으키고, 이런 것은 그에게 놀라움과 불안을 가져온다. 어떤 과흥분성 형태를 나타내는 사람, 특히 여러 형태의 과흥분성을 나타내는 사람은 남과 다르고, 보다 강하고 다면적인 방식으로 현실을 인식한다고 말할 수 있다. 이런 사람에게 현실은 점차 무관심한 것이 되지만 그 사람에게 깊이 영향을 미치고 오래 남는 인상을 남긴다. 증대된 흥분성은 이런 점에서 더 자주 상호작용하고 폭넓게 경험하는 방법이 된다 (Dabrowski, 1972, p. 7).

1959년 폴란드에서 출간된 『사회교육적 아동 심리치료(*Social-Educational Child Psychiatry*)』(1964년에 개정)에서 Dabrowski는 다섯 가지 정신적 과흥분성 유형을 전체적으로 다루면서, OE의 임상적·교육적 적용과 "아동이 높은 수준의 자극을 쉽게 받도록 키우는 과정에서 놓이게 되는 문제"를 논의했다 (Piechowski, 1995, p. 3).

> Dabrowski는 심리적 기능의 다양한 영역에서 나타나는 균형을 깨고 질서를 파괴하며 통합을 해체하는 과흥분성의 작용을 강조했다…. 과흥분성은 다음과 같은 특성으로 정의되었다. (1) 자극에 비해 과한 반응, (2) 평균보다 훨씬 오래 지속되는 반응, (3) 자극과 무관한 반응(예를 들어, 지적 자극에 대한 반응으로서의 환상적 이미지), (4) 정서 경험이 빠르게 교감신경계로 이어짐(빠른 심장 박동, 홍조, 땀 흘림, 두통)(Piechowski, 1995, p. 3에서 번역 인용).

흥분이 기준을 넘을 때만이 발달 잠재성에 기여하고 과흥분성으로서의 조건을 만족한다(Piechowski, 1979a). 과흥분성이 갖는 힘은 그 사람의 경험의 질에 영향을 미친다. "강렬함은 질적으로 다른 특성으로 이해되어야 한다. 그것은 정도의 문제가 아니라 경험의 질이 다르다는 문제다. 그 경험은 생생하고, 몰입하게 만들며, 모든 것을 관통하고, 아우르고, 복합적이고, 지배적이다(떨리도록 생생한 방식이다)."(Piechowski, 1992b, p. 181)

■ 심체적(psychomotor) OE는 에너지의 잉여분 혹은 "전반적인 과잉 행동을 통한" 정서적 긴장의 표현이다(Dabrowski, 1970, p. 31). 증상으로는 과도한 신체적 에너지, 일중독, 신경증적 습관(틱이나 손톱 물어뜯기 등), 빠른

어투, 움직이기를 좋아하는 것, 충동성, 움직임에 대한 압박 등이 있다
(Piechowski, 1979a, 1999).

- 감각적(sensual) OE는 감각의 반응성, 심미적 감상, 관능성, 관심의 중심에
  있는 것을 즐기는 것 등을 포함한다.

- 상상적(imaginational) OE는 사건을 아주 잘 시각화하는 자질과 독창성, 창
  의성, 상상, 시적, 극적, 예술적 능력이다. "상상적 과흥분성은 탐구와 회
  상, 다시 말해 미래를 계획하는 데 자신의 과거 경험을 이용할 능력을 발
  달시키는 기반을 제공할 수 있다." (Dabrowski, 1970, p. 31)

- 지적(intellectual) OE는 진실을 알려는 질문, 분석적 사고, 성찰성, 문제 해
  결, 추상화와 이론에 대한 관심을 포함한다. 이 OE는 지적 영재성에 가장
  긴밀하게 연결된 것 같아 보이지만, 영재는 정서적 OE 역시 높다는 결과
  도 반복적으로 보고되었다(예, Bouchet & Falk, 2001; Silverman & Ellsworth,
  1981; Tieso, 2007b).

- 정서적(emotional) OE에는 타인과의 강렬한 유대감과 사물을 심층적으로
  경험하는 능력, 죽음에 대한 두려움, 당혹감, 죄책감, 정서적 대응성이 포
  함된다.

Piechowski(1979a)는 OE 혹은 '원래의 장치(original equipment)'는 많은 유형
의 영재와 창의적인 사람이 공유하는 영재성의 기본 요소라고 주장했다. "과흥
분성은 창의적인 사람의 실질적인 심리적 잠재성으로 여겨질 수도 있을 것이
다." (p. 49) "이러한 형태의 강도와 풍부함은 창의적 영재성에 관한 믿을 만한 질
적 평가를 가능하게 한다." (p. 54) 영재성에 대한 Piechowski의 확장적 시각은
유명한 책 『마음의 틀(Frames of Mind)』에서 지능에 대한 인식을 넓히려던
Howard Gardner(1983)의 시도보다 앞선 것이다. 『창의성 백과사전(Encyclopedia
of Creativity)』에서 Piechowski(1999)는 창의적인 사람은 어떠한 근본적인 특성
을 갖추고 있어야 한다고 주장했다. 지능과 재능, 과흥분성이 바로 그것이다.
OE는 창조자의 충동, 생동감 넘치는 감각적 경험, 끈질긴 탐구, 가능성을 상

상하는 능력, 창의적 표현에 연관된 강도와 복합성에 중요하게 기여한다.

Piechowski와 Colangelo(1984)는 OE가 특수한 재능 영역이거나 엄청난 성취가 아님을 강조했다. "오히려 그것은 재능을 먹이고, 양육하고, 풍부하게 하고, 힘을 북돋아 증대하는 자질을 나타낸다."(p. 87) Dabrowski의 모형은 "모든 아동 개개인에게 세상에 반응하는 중요한 방식을 알아내겠다고 약속하고 있다"(Piechowski, 1974, p. 91). OE의 다양한 순열(permutation)과 영향력은 영재 집단 안에서도 넓은 범위에 걸쳐 나타나는 개인차를 최소한 부분적으로라도 설명한다. 유아에게서 발견되는 기질의 변수와 마찬가지로, 과흥분성은 각기 다른 종류의 재능을 가진 아동의 흥미, 동기, 행동을 다르게 만드는 안정적인 특성인 것으로 보인다.

과흥분성에 관한 연구

Michael Piechowski는 Dabrowski의 발달수준 연구의 대상자 여섯 명의 자전적 자료에서 OE가 나타난 433건의 사례를 검토하면서 과흥분성의 표현을 체계적으로 생각하기 시작했다(Piechowski, 1979a). 대상자 중 한 명은 역사적 사례 연구 대상이었던 생텍쥐페리다. 이 자료로부터 그는 각기 다른 OE를 이용한 46문항으로 구성된 개방형 도구를 개발했다. 이것이 최초의 과흥분성검사(Overexcitability Questionnaire: OEQ; Piechowski, 1999)로, 여러 번에 걸쳐 축소되어 41문항(Lysy & Piechowski, 1983), 21문항(Lysy & Piechowski, 1983), 12문항(Ackerman & Miller, 1997)까지 줄었다.

1973년 초, Piechowski는 위스콘신-메디슨 대학교의 우수학생을 위한 연구지도 실험실(Piechowski, 2006)과 아이오와 대학교(Piechowski & Colangelo, 1984), 덴버 대학교(Piechowski & Miller, 1995)에서 이루어진 일련의 연구에서 영재 중·고등학생의 데이터를 모았다. 14세부터 19세까지의 학생 27명과 함께 2년 동안의 추후 연구가 실시되었다. 이는 청소년기 동안의 내적 성장 차원을 관찰할 수 있는 기회가 되었다. 이 연구의 결과는 131명의 학생에게 받은 5000개의 응답에 대한 분석을 포함하여, 최근 『"여유를 가지라." 그럴 수만 있다면(*"Mellow out," They Say. If I Only Could*)』(Piechowski, 2006)이라는 제목의 눈에 띄는 책으로 출간되었다. 이 책의 [부록 2]에 46문항의 OEQ와 21문항의 OEQ가 나와 있다.

영재의 판별

OE의 강도가 개인의 영재성을 재는 척도로 활용될 수 있다는 Piechowski의 가설에 기초하여, 미국, 캐나다, 터키, 베네수엘라에서 나온 여러 석사논문과 연구 프로젝트에서 각기 다른 국적, 인종, 사회경제적 환경을 가진 영재와 창의적인 사람을 판별하는 데 있어 과흥분성의 활용을 탐구해 왔다(예, Ackerman, 1993, 1997b; Breard, 1994; Buerschen, 1995; Calic, 1994; Domroese, 1993; Ely, 1995; Gallagher, 1983; Manzanero, 1985; Schiever, 1983; Yakmaci-Guzel & Akarsu, 2006). 이러한 연구에서 사용된 도구는 21문항의 과흥분성검사(OEQ)로, Katherine Ziegler Lysy의 도움으로 원래의 46문항의 개방형 질문을 축소한 것이다(Lysy, 1979; Lysy & Piechowski, 1983). 몇 가지 예시 질문은 다음과 같다. "어떤 것이 당신의 마음을 움직이게 합니까?" "당신은 언제 스스로에게 '내가 누구인가?' 라고 묻습니까? 그 답은 무엇입니까?"(전체 검사지는 Falk, Manzanero와 Miller[1997], Lysy와 Piechowski[1983], Piechowski[2006], Piechowski와 Cunningham[1985], Piechowski와 Miller[1995], Piirto[1998]에 나와 있다.)

서술형 응답은 내용분석 기법을 이용하여 코딩하였다. 두 명의 훈련받은 채점자가 독립적으로 코딩 지침서인 『과흥분성의 강렬함 평가 준거(*Criteria for Rating the Intensity of Overexcitabilities*)』(Falk et al., 1994)에 요약된 구체적 기준에 따라 OE를 0에서부터 3까지 점수화하였다(이 기준은 Piechowski, 1997, pp. 368-369, '정신적 과흥분성의 형태와 표현(Forms and Expressions of Psychic

Overexcitability)'에 표로 요약되어 있다). 평가는 응답의 풍부함과 강도를 기준으로 이루어졌다. 채점자들은 차이에 관한 논의를 통해 의견 일치를 이루기 위해 노력했다. 의견이 일치되지 않는 경우에는 중재를 위해 전문 채점자에게 자료를 보냈다(Michael Piechowski 혹은 Frank Falk). 어떤 경우에는 단순히 채점의 평균을 내기도 했다. 채점자 사이의 신뢰도는 1985년에서 1996년 사이에 이루어진 10건의 연구에서 나타난 모든 OE에 대해 계산하였다(n=427). 의견 일치 전 채점자 사이의 신뢰도는 대략 .66~.86의 범위로 나타났다(Ackerman, 1996, 1997b). 성인 60명 집단의 3~6주 사이의 OEQ 검사-재검사 신뢰도는 .65였다(Ammirato, 1987). 다른 연구에서는 성인 영재에 대한 전체 OE 점수의 내적 신뢰도(Cronbach α) 값이 평균 .77로 나타났다(Miller, Silverman, & Falk, 1994).

과흥분성검사의 타당성은 알려진 특성을 가진 집단에 대한 연구에서 축적되었다. Falk, Manzanero와 Miller(1997)는 과흥분성 개념의 비교문화적 타당성을 제공했다. 미국 예술가(Piechowski, Silverman, & Falk, 1985)와 OEQ의 스페인어 번역본을 적용하여 본 베네수엘라의 예술가들(Manzanero, 1985)은 모두 높은 상상적 OE 점수를 나타내었다(Falk et al., 1997). 상상적 OE는 매우 창의적인 중학생과 그렇지 않은 학생을 구분해 냈고(Schiever, 1983, 1985), 6학년을 대상으로 한 Torrance 창의성 검사(Torrance Tests of Creative Thinking)에서 높은 점수를 받은 학생과 그렇지 않은 학생을 구분해 냈다(Gallagher, 1983, 1985). 상상적 OE는 또한 뮤지컬, 시각미술, 창의적 글쓰기를 공부하는 재능 있는 고등학생의 사례에서도 같은 결과를 나타냈다(Piirto & Cassone, 1994). 상상적 OE에서 평균적인 또래 이상의 점수를 낸 데서 더 나아가, 영재 청소년은 성인 영재와 대학원생보다도 높은 점수를 기록했다(Piechowski & Colangelo, 1984; Tieso, 2007b). Tieso의 한 연구에 등장하는 아동(5~15세, 최빈값은 10세)은 OEQ-II에서 성인보다 유의미하게 더 높은 상상적 OE 점수를 나타내어(Falk, Lind, Miller, Piechowski, & Silverman, 1999b), "성인은 현실과 성인으로서의 책임에 복종하면서 어린아이 같은 궁금증과 생생한 상상력에 대한 감각을 잃는 경향이 있다."라는 결론을 제시했다(Tieso, 2007b, p. 19). 어머니와 딸의 상상적 OE 점수 차이는 아버지와 아들의 상상적 OE 점수 차이보다 크게 나타났다.

여자 영재 아동의 상상적 OE 점수가 억제되는 것은 중학교 때부터 시작될 수 있다. Tieso(2007a)의 두 번째 연구에서는 초등학생 나이의 여자 영재 아동에 비해 영재성을 지닌 여자 중학생에게서 상상적 OE의 '가파른 감소'가 나타났다. 영재 집단(n=296)은 지적 OE와 상상적 OE에서 일반 집단(n=184)을 뛰어넘었으나, 영재성을 지닌 여자 중학생의 경우에는 두 가지 OE 모두 뚜렷한 감소를 나타냈다. 저자는 "중학교는 대부분의 영재 여성에게 지내기 힘든 장소인 것으로 보인다."고 평했다(p. 237). 중학교는 모든 영재 학생에게 지내기 힘든 곳일 수도 있다. Tieso는 '걱정스러운 결과(모든 영재 중학생은 초등학생에 비해 평균적으로 낮은 OE 점수를 나타냈다)'라고 보고했다(Tieso, 2007a, p. 237).

대부분의 연구에서 정서적·지적·상상적 OE는 영재로 선정되지 않은 표본의 결과와 영재 아동 및 성인 영재의 응답 결과가 다르게 나타났다(예, Piechowski et al., 1985; Silverman & Ellsworth, 1981). 이론적으로, 이 세 가지 OE가 발달 잠재성에 기여하기 위해서는 최소한 감각적·심체적 OE만큼 강력하거나 혹은 더 강해야 한다(Dabrowski, 1972; Piechowski, 1975b). 그러나 OE에 관한 여러 연구에서 심체적 OE가 영재 아동과 다른 학생을 구별하는 중요한 수단이라는 것을 밝히고 있다(Ackerman, 1997a; Bouchard, 2004; Gallagher, 1985; Schiever, 1985; Tieso, 2007b). 이러한 확고한 결과는 세 가지 다른 검사(OEQ, ElemenOE, OEQ-II)를 사용한 미국 및 캐나다 내 다양한 지역의 폭넓은 연령 범위에서 나타났다. OEQ에 있어서 심체적 OE는 다른 네 가지 OE에 비해 영재로 판명된 캘거리의 고등학생 집단과 영재로 판명되지 않은 집단을 더욱 뚜렷하게 구별해 냈다(Ackerman, 1993, 1997a, 1997b). 이것은 또한 ElemenOE를 이용했을 때, 텍사스의 영재 아동 집단(4~12세)에게 있어 가장 강한 OE였다(Bouchard, 2004).

Ackerman과 Bouchard의 결과와 같은 맥락에서, Tieso(2007b)는 OEQ-II를

이용하여 동부의 한 대학교에서 운영하는 여름방학 프로그램에 참가한 143명의 영재 학생에게서 심체적 OE가 가장 높은 OE 점수를 기록하였다고 보고했다. 그녀는 "심체적 OE는 학령기 아동의 영재성을 가장 잘 예측하는 것일 수 있다."고 언급했다(p. 19). 이와 비교하기 위해 5개 학군에서 510명의 아동을 연구한 두 번째 연구에서, Tieso는 "보통 남성의 평균 심체적 OE 점수가 영재 남성에 비해 높게 나타난 것은 이전 연구와 상반된 결과…"임을 알아냈다(2007a, p. 236). Tieso의 첫 표본은 정서적 OE와 지적 OE 점수 역시 높게 나타났다. 그녀는 심체적 OE와 정서적 OE가 높다는 것은 영재 학생에게 "주의력결핍 과잉행동장애(ADHD)나 다른 행동장애 진단을 받게 만들 수 있는" 위험 요인이 된다고 생각했다(Tieso, 2007b, p. 20). 분명 심체적 OE는 발달 잠재성에 유의미한 기여를 하기 전에 다른 과흥분성과 통합되어야 한다(Manzanero, 1985; Falk et al., 1997; Piechowski & Cunningham, 1985).

OE에 관한 연구는 영재가 감각적 OE가 높다는 임상적 관찰(예, Meckstroth, 1991)에 어느 정도 신빙성을 더해 주는 것 같아 보인다. 그러나 감각적 OE에서의 이러한 지지는 다른 과흥분성에 비해 타당하지 않다. 성인 영재의 OE 프로파일과 이질적 표본인 대학원생 집단을 비교한 결과, Silverman과 Ellsworth(1981)는 영재 집단이 다섯 가지 OE 중 정서적, 지적, 상상적, 감각적 OE의 네 가지에서 유의미하게 높은 점수를 기록했음을 발견했다. 감각적 OE는 성인 영재 집단에서보다 성인 예술가 집단에서 더 강하게 나타났다(Piechowski et al., 1985). 예술가 집단은 상상적 OE와 정서적 OE에서 지적 영재를 능가했으며, 지적 OE에서는 같은 수치를 나타냈다(Piechowski et al., 1985). 이후 Bouchet와 Falk(2001), Gallagher(1985), Piechowski와 Colangelo(1984), Piechowski와 Cunningham(1985), Piirto, Cassone, Ackerman과 Fraas(1996), Schiever(1985), Silverman(1983), Silverman과 Ellsworth(1981), Tieso(2007b) 등의 연구에서, 모든 영재 표본은 지적 OE 점수가 높았고 정서적 OE 역시 높게 나타났다.

Piechowski와 Colangelo(1984)는 전국 각지의 9세에서 성인까지 다양한 연령대로 이루어진 여러 영재 집단 및 창의적 집단을 비교했고, Tieso(2007a)와 달리 모든 연령에서 OE 점수가 일관성을 나타낸다고 보고했다.

> 가장 어린 영재 집단(Denver의 9~11세 표본)은 성인 영재와 같은 T(지적),
> M(상상적), E(정서적) OE 프로파일을 보였다. 이러한 일관성은 발달 잠재성을
> 원래의 장치로 보는 생각을 지지한다(Piechowski & Colangelo, 1984, p. 87).

Piechowski와 Miller(1995)는 9~14세의 아동에 관해 OEQ로 모은 데이터와 면접방식(원래는 Gallagher, 1983에 의해 고안)을 통해 수집한 데이터를 비교하였다. 또한 그들은 OE 점수에 대한 연령과 성별의 영향력을 조사하였다. 성인을 대상으로 한 선행 연구에서는 연령과 OE의 상관관계가 나타나지 않았다(Lysy & Piechowski, 1983; Miller et al., 1994). 이 연구에서 성별 차이는 나타나지 않았지만, 12~14세의 더 연령이 높은 아동은 9~11세의 어린 아동보다 더 높은 점수를 나타내었다. 이는 주로 더 어린 아동이 답을 쓰는 데 겪는 어려움 때문이었던 것으로 보인다. 그렇다 하더라도 면접 방식이 검사지 방식에 비해 더 높은 OE 점수를 나타내지 않았다는 점에서 이 두 방식은 거의 동등한 것으로 여겨졌다. Piechowski와 Miller는 12세 이하의 아동을 평가하는 데에는 면접방식을 사용할 것을 추천했다. OEQ의 신뢰도와 타당성에 대한 더 많은 정보는 Miller 등(1994), Piechowski와 Miller(1995), Falk 등(1997)에 나와 있다.

Cheryl Ackerman과 Nancy Miller(1997)는 원래 문항 중 12문항으로 구성된 더 짧은 형태의 OEQ를 탐구했다. 1985년에서 1995년 사이의 9편의 연구에서 수집한 데이터 분석 결과 그들이 제시한 12문항의 형태도 받아들일 만한 신뢰도 기준을 만족하는 것으로 나타났다. 더 나아가 그들은 정보의 큰 손실은 없고 소요 시간이 단축되어 응답자와 채점자, 궁극적으로는 연구자에게 도움이 된다고 주장한다. 지금까지 이 형태는 어느 연구에서도 사용되지 않았다.

성별 차이

Piechowski(1986)는 다양한 표집을 비교하는 데 있어 그 성비를 아는 것이 중요하다고 주의를 주었다. 여성은 남성에 비해 정서적 OE 점수가 더 높은 경향이 있다. 성별의 중요성은 반복적으로 설명되어 왔다. Felder(1982)는 OEQ를 사용하여 12명의 여성을 포함한 14명의 영재교육 대학원생과 16명 중 15명이 남성으로 이루어진 화학공학 전공자를 비교하였다. 화학공학 전공자는 심체적 OE가 어느 정도 높게 나온 반면, 영재교육 대학원생의 감각적 OE와 상상적 OE, 정서적 OE는 상당한 차이로 더 높게 나타났다. 지적 OE에 있어서는 거의 동등했다. OEQ를 이용해 성인을 연구한 Lysy와 Piechowski(1983), 아동을 연구한 Breard(1994) 역시 남성이 여성에 비해 지적 OE가 높게 나타난다는 사실을 발견했다. 여성이 대다수인 영재교육 대학원생은 그렇지 않은 중년 여성에 비해 지적 OE와 상상적 OE에서 상당히 높은 점수를 기록했지만 정서적 OE는 매우 유사하게 나타나(Sorell & Silverman, 1983), 정서적 OE에 성별 효과가 나타난다는 Piechowski의 주장을 입증했다. 화학공학 전공자와 영재교육 전공자의 정서적 OE 결과에서 나타나는 차이는 많은 부분 표본의 성비 때문이었다.

OEQ와 OEQ-II를 활용한 다른 연구에서도 다양한 연령의 여성이 정서적 OE에서 남성에 비해 높은 점수를 나타내는 확연한 성별 차이가 나타났다(Ackerman, 1997a; Ammirato, 1987; Bouchet, 1998; Bouchet & Falk, 2001; Breard, 1994; Gross, Rinn, & Jamieson, 2007; Miller et al., 1994; Piechowski & Cunningham, 1985; Piechowski & Miller, 1995; Piirto et al., 1996; Tieso, 2007a, 2007b). Bouchet과 Falk(2001)의 연구에서 남성은 지적, 상상적, 심체적 OE에서 여성에 비해 상당히 높은 점수를 나타냈다. 영재 청소년을 연구한 Gross 등(2007) 및 영재 초등학생 및 중학생을 연구한 Tieso(2007a)와 마찬가지로, Bouchet과 Falk(2001)는 여성이 정서적, 감각적 OE에서 유의미하게 높은 점

수를 나타낸다고 밝혔다. Miller 등(1994)의 연구에서 나타나듯, 성별 차이는 성역할의 사회화에 기인한다.

> 선행 연구는 한 가지 일관된 결과를 보여 주고 있다. 정서적 OE는 여성에게서 더 높고 지적, 심체적 OE는 남성에게서 더 높다는 것이다. 감각적 OE는 많은 경우 여성에게서 더 높게 나타났다. 이러한 결과는 전통적인 성역할에 대한 기대를 반영하고 있다. 우리 사회는 남성을 지적, 심체적 능력을 표현하도록 사회화하는 반면, 여성은 일반적으로 이러한 지적, 심체적 능력을 억제하도록 사회화한다. 이와 비슷하게, 여성은 관능성을 드러내도록 사회화되는 반면, 남성에게는 관능성을 숨길 것을 기대한다(Bouchet & Falk, 2001, p. 261).

Ackerman(1997a, 1997b)과 Gross 등(2007)은 청소년기의 여자아이는 남자 청소년에 비해 상상적 OE가 높다는 것을 발견했지만, Bouchet과 Falk(2001)의 결과는 이와 반대되었다. "이는 상상적 OE가 여성보다 남성에게서 높음을 발견한 첫 연구였다."(p. 265)

과흥분성을 평가하는 새로운 방법

과흥분성검사의 새로운 버전인 OEQ-II가 1999년 공개되었다(이는 리커트 척도를 적용한 50문항의 자기평정 척도다; Falk et al., 1999b). OEQ-II는 OEQ 문항에 대한 여러 연구의 300개의 개방형 응답에 대한 분석을 기반으로 몇 년에 걸쳐 개발되었다. 이 검사법은 각각의 요인이 각 OE에 대응되어, 10문항으로 구성된 다섯 가지 요인의 안정적 요인 구조를 갖고 있다. 562명의 대학생으로 이루어진 첫 번째 표본은 중서부의 대규모 대학교의 학부생을 모집단으로 하여 추출했다(Bouchet, 1998; Falk & Lind, 1998). 평균과 표준편차는 다음과 같았다. 정서적 OE는 M=3.72, SD=.77, 지적 OE는 M=3.50, SD=.79, 상상적 OE는 M=2.86, SD=.83, 감각적 OE는 M=3.28, SD=.87, 심체적 OE는 M=3.35, SD=.79다. 미국과 캐나다의 연구자들은 구인타당도를 입증하기 위해 324명에 대한 표본(15~62세)을 제공하였다. 비록 두 번째 표본의 평균 연령은 첫 번째 표본에 비해 5세 어렸지만, 아주 근소한 문항 간 차이만이 발견되었다(Falk & Lind, 1998; Kort-Butler & Falk, 1999).

Bouchet과 Falk(2001)는 어릴 때 영재 수업을 받기 위해 판별되었던 학부생(n=142), 영재 프로그램에 참여하지 않지만 AP(Advanced Placement) 수업을 들은 학부생(n=131), 평범한 교육 프로그램에만 참여했던 학부생(n=288)이 참여한 OEQ-II에 대한 연구를 발표했다.

> 각 요인에 대한 문항은 .50 이상의 부하량을 나타냈다. 척도의 신뢰도를 위한 Cronbach α 값은 심체적 OE가 .86, 감각적 OE가 .86, 상상적 OE가 .85, 지적 OE가 .89, 정서적 OE가 .84로 높았다….
>
> …영재 학생은 AP나 평균 범주에 속하는 학생에 비해 유의미하게 더 높은 정서적, 지적 OE 점수를 나타낸다. 또한 AP 범주에 속하는 학생은 이러한 OE에서 평균 범주에 속하는 학생보다 두 번째로 유의미하게 높은 점수를 나타냈다….
>
> …정서적 OE에 있어, 여학생이 남학생보다 세 가지 범주 모두에서 점수가 높았다(pp. 263-264).

OEQ-II가 공개된 이후에 중국어, 스페인어, 터키어, 폴란드어로 번역되었다. Pardo de Santayana Sanz(2006)는 이를 스페인의 8~15세 영재 아동 102명과 비영재 아동 102명에게 적용하였다. Chavez(2004)는 멕시코에서 OEQ-II를 90명의 성인(30명의 창의적 인재, 30명의 통제군, 30명의 정신과 외래환자)에게 사용하였다. Chang(2001)은 2046명의 초·중·고생을 규준집단으로 하고 대만에서 5학년, 8학년, 11학년에 재학 중인 영재 951명을 대상으로 하여 가장 야심 찬 연구를 하였다(결과는 이 책 10장에 나와 있다).

가정에서의 과흥분성에 대한 연구에서는 Tieso(2007b)가 OEQ-II를 활용하여 영재 아동과 그 부모의 OE 사이의 관계를 연구하였다. 그녀는 부모의 OE 점수와 자녀의 OE 점수 사이에 높은 상관성을 발견했다. 아동의 OE 점수에서 나타나는 변량(78~99%)의 대다수는 어머니 혹은 아버지의 OE 점수로 설명되었다. 기술적 OEQ를 사용했던 Miller 등(1994)의 결과와 마찬가지로, 남성은 지적 OE에서 더 높은 평균 점수를 나타냈고, 여성은 정서적 OE에서 평균 점수가 더 높았다. Tieso의 연구에서 가장 높은 지적 OE 점수는 아버지에게서 물려받은 것이고, 가장 높은 정서적 OE 점수는 어머니에게서 얻은 것이었다. 여성은 감각적 OE 역시 남성에 비해 높게 나타나, Felder(1982), Bouchet과 Falk(2001)의 연구 결과를 뒷받침했다.

Gross 등(2007)은 남부의 한 대학에서 열린 여름방학 프로그램에 참여한 248명의 영재 청소년에게 OEQ-II를 사용했다. 그들은 과흥분성을 자아개념 척도(Self-Description Questionnaire II; Marsh, 1990)와 비교하여, "심체적 과흥분성이 영재 청소년의 자아개념을 높이는" 반면, "상상적 과흥분성은 분명 자아개념과 가장 부적 상관관계를 맺는다."는 것을 발견했다(Gross et al., p. 247). 언어로 표현된 자아개념 점수는 심체적 OE를 제외한 각 OE와 정적 상관관계에 있었으며, 정서적 안정성에 관한 자아개념은 지적, 상상적, 정서적 OE와 부적 상관관계에 있었다.

아동용 OEQ-II는 Susan Daniels, Frank Falk와 Michael Piechowski(근간)에 의해 개발되고 있다. 2003년, 영재의 정서적 요구를 지지하는 사람들의 모임(Supporting Emotional Needs of the Gifted: SENG)은 이 연구자들에게 (연장 가능한) 2년간의 연구 지원금을 수여하여 9~12세 아동이 읽기 쉽도록 쓰인 형태의 OEQ-II인 OEQ2-c를 설계하고 검증하도록 했다. 초고도 영재 아동의 부모와 대규모 질적 면접이 현재 콜로라도 주 불더에 있는 록키마운틴 영재창의학교에서 진행되고 있다. 『강렬하게 살기: 영재 아동, 청소년 및 성인의 민감성, 흥분성, 정서발달에 대한 이해(*Living with Intensity: Understanding Sensitivity,*

Excitability, and Emotional Development in Gifted Children, Adolescents, and Adults)』(Great Potential Press에서 출간 예정)는 일반 아동과 영재 아동, 고도영재 아동의 과흥분성 패턴을 구별하는 이 새로운 척도의 개발과 신뢰도에 관해 설명하고 있다. 면접은 OE가 영재의 삶에 가져오는 어려움과 장점을 지속적으로 기록한다.

취학 전 아동과 초등학생의 과흥분성을 평가하기 위한 다른 방법도 개발되고 있다. 몇 년 동안 호주 시드니의 심리학자들은 OE의 존재를 규명하기 위해 영재 부모 설문을 분석해 왔다(H. Dudeney, 개인서신, 2002년 6월 1일). 호주의 교육상담가인 Helen Dudeney는 OEQ-II의 '나는…'을 '내 아이는…'으로 바꾸어 부모에게 적용했다(Falk, Lind, Miller, Piechowski, & Silverman, 1999a). 이 부모용 과흥분성검사(Overexcitability Inventory for Parents)는 이제 덴버에 있는 영재발달센터(Gifted Development Center)의 내담자를 대상으로 연구 중이다. 교사를 위한 OEQ-II는 계획 단계에 있다(M. Kane, 개인서신, 2007년 8월 28일).

Tucker와 Hafenstein(1997)은 학교기록 분석, 아동 관찰, 교사와 면담 등의 질적 사례연구 방식을 도입하여 유치원 나이의 영재 아동의 OE를 규명했다. Bouchard(2004)는 교사에게 아동의 OE의 빈도 및 강도에 대한 점수를 매기도록 한 30개 문항의 리커트 척도인 ElemenOE를 개발하였다. 이 과정은 5~10분이 걸린다. ElemenOE는 Dabrowski의 저술과 현존하는 과흥분성검사, 영재 판별을 위한 체크리스트에서 100개 문항을 편집한 것에 기초하고 있다. 이 문항들은 Dabrowski의 연구에 능통한 학자 5명의 내용 심사에 의해 평가되었다. "ElemenOE가 지적, 심체적 OE를 측정하는 데는 타당한 것으로 밝혀지긴 했으나, 정서적 OE에 대한 신뢰도는 약하며 감각적 및 상상적 척도의 신뢰도는 만족스럽지 못하다."(Bouchard, 2004, p. 347)

높은 성취를 이룬 성인에게 나타나는 과흥분성의 존재와 영향력을 연구하는 데에도 질적 방법과 양적 방법이 같이 활용되었다. Lewis, Kitano와 Lynch(1992)는 영재의 '강렬함'(OEs)과 특성을 측정하는 검사지를 고안하고 이를 17명의 여성을 포함한 31명의 교육학 박사과정 학생에게 시행해 보았다. 이 중 대다수가 여성으로 구성된 11명의 하위 집단은 포커스 집단에 참여하여 그들의 지각이 질적으로 조사되었다. 연구자들은 상상적 · 감각적 강렬함이 나타났고 그와 함께 지적 · 정서적 강렬함 또한 강하게 나타난다는 것을 확인했다.

발달 잠재성

과흥분성에 대한 논의는 발달 잠재성에 대한 언급 없이는 완결되지 않는다. Dabrowski에게 있어 OE는 개인이 더 높은 수준의 가치로 발달하는 잠재성을 결정하는 근본 요소였다. Dabrowski(1972)는 발달 잠재성을 개인이 이룰 수 있는 내면의 정신적 성장의 특성과 정도를 지배하는 자질로 규정했다. 정신적 과흥분성, 지능, 특별한 능력과 재능, 자율적 요인이 개인의 발달 잠재성을 구성한다(Mendaglio & Tillier, 2006). Piechowski(1986)는 발달 잠재성을 기반으로 하는 영재성에 대한 관점을 제시했다.

영재성은 특정 재능과 우호적인 환경적 사건, 성격의 독특한 특성 간의 상호작용을 포함하는 다면적 현상이다…. 발달 잠재성의 개념…은 성격과 높은 수준의 능력 사이의 상관성을 다룸으로써 영재성 개념의 지평을 넓힌다. 이 모형은… 그저 성인기의 삶의 생산성에 대한 교육이라기보다는 자아실현과 고도의 도덕성 발달을 가르치려는 교육의 목표를 아우른다….

영재는 에너지가 넘치고, 열정적이며, 자신이 추구하는 것에 깊이 몰입하고, 생생한 상상력, 관능성, 도덕적 민감성, 정서적 취약성을 갖추고 있다는 사실이 자주 언급된다….

이러한 특성은 각기 다른 재능을 아우르는 작가, 작곡가, 무용가, 배우, 과학자, 발명가, 시민사회 및 영적 지도자에게서 발견된다. 많은 경우 이러한 특성은 어린 시절 만큼이나 어른이 되어서도 강하게 나타난다….

Dabrowski(1964c)는 영적 완성을 추구하는 사람과 함께 창의적인 사람에게서 발견되는 이 엄청나게 다양한 경험 채널을 개인적 성장의 강화와 연결 지었다. 상대적으로 피가 끓지 않는 사람은 피가 끓는 사람들을 다르고 비정상적이며 신경증적이라고 바라본다…. 그러나 Dabrowski에게는 이러한 꼬리표가 매우 의미 있는 것(더 풍부한 심리적 자질의 징후)을 감추는 것이었다. 그는 뛰어난 지적·예술적 능력을 지닌 청소년 중, 소위 말하는 신경증적 증세(불안, 충동, 정신신체 질환) 중 상당수가 강화된 경험방식을 나타내는 지표와 상관관계를 갖는 것을 발견했다. 그는 "신경증과 정신신경증은 발달과정에서 정상적인 현상"이라는 결론을 내렸다(Dabrowski, 1972). 그는 이를 발달 잠재성의 징후로 보았다….

영재나 그 부모에게 이러한 개념을 소개하면 즉각적인 깨달음과 안도의 반응이 나오는 경우가 많다…. 이것이 그 순간만큼은 자신의 일반적이지 않은 반응이 정당한 것이라는 느낌을 갖도록 도와주는 것이다(pp. 190-191).

Piechowski(1986)는 영재에게서 나타나는 OE의 능력과 표현을 연구하는 것이 중요한 함의를 갖는다는 입장을 유지했다. 이는 (1) 영재성의 본질을 이해하는 데 있어, (2) 다양하게 분포되어 있는 영재성을 판별하는 방식의 기반으로서, (3) 높은 발달수준으로 발달했던 혹은 아직까지 높은 수준의 발달을 나타내는 개인을 연구하는 데 있어서의 함의다. 높은 수준의 발달을 이룬 사람들에 대한 성격분석적(psychobiographical) 사례 연구에서는 모든 사람이 영재였으며 과흥분성을 나타냈음을 밝히고 있다(Brennan, 1987; Brennan & Piechowski, 1991; Grant, 1990; Piechowski, 1978, 1990, 1992a; Spaltro, 1991).

Dabrowski(1972)는 낮은 발달수준에서는 개인이 유전(제1요인)과 환경(제2요인)에 휘둘린다고 상정했다. 그러나 이 문턱을 넘어 다중수준 발달에 들어선 사람은 제3요인(자율적이고 자기 주도적인 역동성)의 징후를 나타낸다. "의식의 성장과 자기 결정, 진정성, 자율성이 제3요인의 특징이다."(Mendaglio & Tillier, 2006, p. 81) 이 역동성은 그 사람의 내면의 환경이 풍부하다는 것과 변형의 자질이 있음을 나타낸다. "이러한 변형의 목적은 본인의 이상과 행동을 하나로 일치하게 만들고, 사랑, 인정, 유익함과 효과적 행동의 수칙에 따라 살려는 것이다."(Piechowski, 1986, p. 193; 발달 잠재성에 대한 추가의 정보는 이 책 Michael Piechowski와 Nancy Miller의 장 참조).

영재 아동 및 성인은 높은 수준의 발달을 이루기 위해 이 필수적인 과흥분성과 지능을 나타내지만, 이러한 잠재성이 실현되는 경우는 거의 없다. 정서적, 도덕적, 영적, 성격 차원에서 잠재성을 실현하지 못하는 것은 부분적으로 우리 사회가 이러한 차원을 가치 절하하는 데 기인한다. 어쩌면 이러한 차이는 진로를 자기 규정의 기반으로 지나치게 강조하고, 발달하고 있는 사람을 방치한 것에서부터 시작되었을 수도 있다. 지금까지 이루어진 연구에서 여성은 남성보다 더 높은 수준의 발달을 이루었다(Felder, 1982; Miller et al., 1994). 이러한 결과는 성역할의 사회화라는 용어로 설명될 수 있을 것이다. 여성에게는 감정을 발달시킬 자유가 더 많이 허락되기 때문이다. 생산성을 영재에게 필수불가결한 것으로 보는 시각에서 벗어나면 보다 균형 잡힌 발달이 용이해질 것이다(Grant & Piechowski, 1999; Piechowski, 1986).

Piechowski(1992b)는 "이타주의, 자아실현, 높은 수준의 도덕성 발달을 위해 인간의 잠재성을 찾고 양육할" 필요성에 대해 언급했다(p. 181).

우리에게는 이러한 잠재성을 판별하고 개발할 도구가 필요하다. Dabrowski의 정서발달에 대한 이론이 바로 그런 도구다. 그것은 인류의 형제애, 평화, 봉사, 자아실현과 같은 보편적 이상에서 영감을 받은 삶을 향한 인간의 초월에 관한 이론이다. 이 이론은 영재 아동·청소년 및 성인과 함께했던 그의 풍부한 임상적 경험에서 나온 것이다(p. 181).

결론

영재교육 학회지인 *Gifted Child Quarterly*는 각 연구논문 앞에 '이 연구의 활용'이라는 부분을 붙인다. Tieso(2007b)의 논문 앞에 나오는 이 부분은 특히 흥미롭다.

> Dabrowski의 과흥분성은 영재 아동의 강렬함을 조망하는 다면적 시각을 대변한다. 연구자와 일선 상담가가 겪는 어려움은 이러한 강렬함을 검토하고 부정적 특성은 상쇄하도록 가르치면서 학생의 긍정적 특성을 강화할 개입 전략을 세우는 것이다. 이러한 어려움을 다루기 위해 연구자들은 이러한 민감성을 탐구하고 영재 학생과 그 부모, 교사에게 설명해야 한다. 영재성과 재능을 가진 창의적 학생을 판별하는 일을 담당하는 사람은 다면적이고 포괄적인 판별에 과흥분성을 부가적인 도구로 활용해야 한다. 또한 교사는 학습장애나 행동장애를 나타내는 특성이 이러한 과흥분성을 통해 나타나는 영재성의 특성일 수 있음을 반드시 알아야 한다. 마지막으로, 학생과 그 부모는 학생의 독특한 민감성과 강렬함을 이해하고 축하하도록 도움을 받아야 한다(p. 11).

영재교육에 관한 가장 유서 깊고 저명한 학술지에서 TPD에 보낸 이 최근의 지지는 이 이론이 관련 분야에서 받아들여지고 있다는 증거다. Dabrowski의 이론은 영재심리학의 열쇠가 되었다. Michael Piechowski, Frank Falk와 그들의 동료가 설계한 도구는 이 이론을 뒷받침하는 경험적 연구를 용이하게 했을 뿐 아니라 TPD에 대한 인식을 국제적으로 높였다. 영재의 과흥분성에 기초한 연구는 전 세계적으로 계속 뻗어 나갈 것이다.

제9장

Dabrowski의 시각:
영재의 이해를 위한 함의

Michael C. Pyryt, Ph.D.*

이 장에서는 Dabrowski의 긍정적 비통합이론(TPD)의 맥락에서 영재에 관한 연구를 검토하고 이 이론이 영재교육의 주요 현상을 이해하는 독특한 시각을 어떻게 제공하는지를 논의한다. 이 이론에서 개인의 발달 잠재성은 과흥분성과 활성화된 역동성이 결합된 결과라는 주장을 하고 있기 때문에(Piechowski, 1975b), 이 장에서는 영재교육에서 과흥분성과 역동성에 대해 알려진 것을 강조하게 될 것이다. 여기서는 또한 Dabrowski의 시각이 어떻게 영재교육에 대한 우리의 전통적 인식에 도전하는지를 탐구할 것이다.

과흥분성

영재교육에 관련한 논의와 연구의 큰 초점은 정신적 과흥분성에 맞추어져 왔다(Dabrowski, 1972). 긍정적 비통합이론은 사람이 세상을 경험하는 5개의

* Michael C. Pyryt, Ph.D., 캐나다 앨버타 주 캘거리 시의 캘거리 대학교 영재교육센터 소장, 응용심리학부 조교수, 교육학 교수.

채널(심체적, 감각적, 지적, 상상적, 정서적)이 있다고 주장했다. 이 이론에서는 이러한 과흥분성이 나타나고 섞이는 정도에 개인차가 존재하며, 이것이 발달 잠재성에 영향을 미친다고 주장한다. 사람들이 다른 사람과 세상과의 관계에 대한 강한 걱정을 특징으로 하는 정서적 과흥분성을 갖지 않는 한, 그들의 발달 잠재성은 단일수준 발달 단계로 제한된다.

영재 및 일반 개인의 과흥분성에 대한 가장 대규모의 연구는 과흥분성검사 (Overexcitability Questionnaire: OEQ)를 이용한 Ackerman(1997b)의 이차 분석이다(Lysy & Piechowski, 1983). Ackerman은 OEQ를 사용한 13개의 북미 연구에서 데이터를 얻을 수 있었다. 이 연구 중 일부는 영재와 평재 표본을 명쾌하게 비교하였다(Ackerman, 1993; Breard, 1994; Domroese, 1993; Ely, 1995). 다른 연구는 영재(Jackson, 1995; Miller et al., 1994; Piechowski & Miller, 1995; Schiever, 1985)나 평재 학생(Felder, 1982; Hazell, 1984; Lysy & Piechowski, 1983; Sorell & Silverman, 1983)의 과흥분성 점수를 간단하게 보고했다. Ackerman(1997b)이 9~54세의 영재 253명과 평재 318명에 대해 제시한 요약 정보를 통해 영재와 평재가 다섯 가지 과흥분성 영역에서 얼마나 다른지를 결정할 수 있다. 영향력의 크기를 나타내는 가장 알려진 지표인 Cohen(1988)의 d는 영재와 평재 집단의 평균 차이를 각 과흥분성에 대한 총 표준편차로 나누는 방식으로 계산한다. 이는 다음과 같이 쓸 수 있다.

Cohen의 d = (평균$_{영재}$ − 평균$_{평재}$)/표준편차$_{총합}$

이렇게 얻은 Cohen의 d 값은 심체적, 감각적, 상상적, 지적, 정서적 과흥분성에 대해 각각 .29, −.10, .42, .48, .11이었다. Cohen(1988)의 조언에 기초하여 .20이 안 되는 효과는 사소한 것, .20~.50은 그 영향력이 작은 것, .50~.80은 중간, .80 이상은 영향력의 크기가 큰 것으로 본다. 이 분석은 OEQ로 측정하였을 때 지적, 상상적, 심체적 과흥분성에서는 영재 학생의 차이가 작음을 시사한다. OEQ로 측정한 정서적 과흥분성에서 영재의 우세함은 미미한 차이만을 나타냈고, 일반 학생의 감각적 과흥분성 역시 미미하다.

　원래 OEQ는 21개의 자유응답 문항으로 구성되어 있으며, 이 도구는 OEQ 응답을 평가하기 위해 훈련을 받은 채점자들이 점수를 매길 것을 요구한다. OEQ-II(Falk et al., 1996b)의 등장은 과흥분성에 관한 연구를 수행하기 위한 능력을 신장시켰다. 이 자기보고형 도구는 응답자에게 50문항(5개의 과흥분성 각각에 10문항씩 포함)의 정확도를 점수로 매기도록 했다. 다섯 가지 하위 척도의 내적 일치도는 .80 이상이었다. 요인분석 결과가 이 도구의 구인타당도를 뒷받침하고 있지만, OEQ와 OEQ-II의 상관성은 기술 지침서에 나와 있지 않다.

　10~76세로 이루어진 전체 OEQ-II 규준표본(n=887) 중 324명의 부표본(sub-sample)이 연구에 활용되었고, 이 중 65%는 영재반 혹은 우수반에 참여한 적이 있었다. Bouchet과 Falk(2001)는 중서부의 한 대규모 대학교에 다니는 561명의 학부생에 대한 데이터를 제공했다. 영재 프로그램이나 AP 수업에 참여한 적이 있다고 응답한 학생은 지적, 정서적 과흥분성에서 특별반 경험이 없는 학생들에 비해 높은 점수를 나타냈다. 그 효과는 지적 과흥분성의 경우 .41이고 정서적 과흥분성은 .22였다. 이는 효과가 작다고 해석할 수 있다. 심체적, 감각적, 상상적 과흥분성에 대한 평균과 표준편차는 제시되지 않았다.

　Bouchard(2004)는 초등학생의 과흥분성을 측정하기 위한 관찰형 체크리스트(ElemenOE)를 개발했다. 텍사스 주 휴스턴과 인근의 교사는 96명의 영재 및 75명의 비영재 아동 표본에 대해 ElemenOE를 작성했다. 교사는 영재로 분류된 학생이 지적 과흥분성을 좀 더 많이 나타내며(ES=.74) 심체적 과흥분성은 덜 나타내는(ES=−.39) 것으로 평가했다. 영재는 상상적 과흥분성에서 조금 우세한 차이를 나타내었다(.21). 감각적 과흥분성(ES=−.18)과 정서적 과흥분성(ES=.09)의 차이는 미미하였다.

　영재와 평재로 구성된 표본의 과흥분성에 대한 연구를 검토해 보면 어떤 방법을 사용했는가와 무관하게 영재가 지적 과흥분성이 더 높게 나타난다는 것을 알 수 있다. 실제로 영재와 평재를 비교하는 연구가 매우 적게 이루어졌다는 것은 상당히 놀라운 일이다. Bouchet과 Falk(2001)의 연구를 제외하면, 영재와 평재의 정서적 과흥분성은 비슷한 정도인 것으로 보인다. 이러한 결과는 많은 영재가 Dabrowski가 생각하는 발달 잠재성을 제한적으로 갖고 있으며, 이타주의적이기보다는 자기중심적으로 행동하기 쉽다는 것을 시사한다. 그러나 과흥분성은 발달 잠재성 공식의 반쪽일 뿐이다. 역동성은 우리에게 무엇을 말해 주는가?

역동성

긍정적 비통합이론에서는 유전적 요인과 환경의 상호작용으로 역동성이라는 이름의 자율적인 내적 힘이 활성화된다고 가정한다. Piechowski(1975b)는 긍정적 비통합이론의 각 수준을 나타내는 것으로 제시된 역동성에 대해 설명한다. 역동성의 존재는 비통합을 반영하는 것으로 보인다. 1수준에서는 활성화된 이렇다 할 역동성은 없다. 2수준에서 활성화된 관련 역동성으로는 '양가감정'과 '양립경향'이 포함되어 있으며, 이는 '어떠한가(what is)'와 '어떠해야 하는가(what ought to be)' 사이의 근본적인 갈등을 반영한다. 3수준에서 활성화된 역동성으로는 외부 현실과 이상이 괴리되어 있다는 인식에서 오는 '자신에 대한 불만족' '수치감' '죄책감' 등이 있다. 4수준에 이르면 '자각'과 '자율성'이 실제 자아와 이상적 자아 사이의 내적 갈등을 해결할 수 있는 자질에 관련된 자아효능감을 제공한다. 5수준에서는 '이상적 성격'이라는 역동성이 활성화된다. 그 결과, 사람은 이상적 자아를 성취하고, '이차적 통합'이라는 조화 상태에 도달하게 된다.

Mendaglio와 Tillier(2006)는 역동성이 영재교육 연구에서 대체로 등한시되었다고 지적한다. 아마도 개념적, 방법론적 문제 때문이었을 것이다. 역동성은 오늘날까지 널리 구하기도 힘든 원서를 끈질기게 읽고 또 읽어야 하는 이론에 복잡성을 추가한다. 학술 논문에서 발달의 다양한 수준에서 어떻게 역동성이 과흥분성과 상호작용하는지를 전달하기 어렵다. 게다가 여기에는 평생에 걸쳐 나타나는 역동성의 지표를 직접적으로 제공해 주는 평가도구의 부재로 인한 방법론적 결함이 있다. 보통은 사례 연구, 자전적 글의 일부, 상담 기록 등을 사용하여 특정 사례에서 나타나는 특정 역동성의 존재를 증명한다. 대규모의 영재 및 일반인 표본에서 나타나는 역동성을 비교한 연구는 없다.

몇 가지 안 되는 보고서 중, Mendaglio와 Pyryt(2004)는 높은 수준의 역동성을 활성화하는 데 필요한 지적 필요조건을 분석하고 '자각'과 '공감'의 역동성에 지능이 요구된다고 주장했다. 이러한 분석을 바탕으로, Mendaglio와 Pyryt는 지능이 높은 발달 잠재성의 충분조건은 아니지만 필요조건이라는 결론을 내렸다. Nixon(2005)은 긍정적 비통합이론에서 지능의 역할에 대한 그들의 시각이 Dabrowski의 원래의 저서에 맞아떨어진다고 언급했다.

Dabrowski의 시각과 영재

긍정적 비통합이론은 심리학과 영재교육에 관심이 있는 사람 누구에게나 독특한 의미를 갖는다. 우선 이 모형은 발달의 최고 수준에 도달하는 데 있어 정서적 과흥분성이 가장 중요하다고 주장한다. 오늘날 영재교육에서 정서적 영역은 무시하고 인지적 영역을 강조하는 것은 오도된 것으로 보인다. 영재교육의 목표가 발달의 최고 수준에 올라가도록 발전시키는 것이라면 영재의 지적, 상상적 과흥분성과 함께 정서적 과흥분성을 인정하는 것이 필수적이다. 이를 위해서는 WISC-IV(Wechsler, 2003)나 Stanford-Binet V(Roid, 2003)와 같은 개인의 지능에 대한 척도를 넘어서서 면접, 일기, 개방형 설문을 통해 관계와 연민에 대한 개인의 관심을 임상적으로 규명하는 인증 절차가 필요할 것이다.

이 이론의 두 번째 의미는 많은 영재가 자신들의 정서적 민감성(Piechowski, 1991a) 때문에 '어떠한가'와 '어떠해야 하는가' 사이의 괴리를 경험하면서 내적 갈등으로 고통받기 쉽다는 것이다. 이러한 갈등을 부정적으로 보는 대신,

이 이론에서는 분명하게 이와 같은 실존주의적 갈등을 발달 잠재성을 나타내는 긍정적 지표로 본다.

셋째, 이 모형은 영재성이 지적, 창의적, 정서적, 감각적, 신체적 등 많은 방식으로 나타날 수 있다는 시각과 그 맥을 같이한다. 그러나 개인의 재능을 나타나게 하는 것은 과흥분성의 조합이라는 것을 주지해야 한다. 지적 과흥분성만이 나타나는 개인은 배움을 잘 습득하는 사람일 수 있다. 지적 과흥분성과 정서적 과흥분성을 같이 갖고 있는 사람은 인도주의적인 노력에 지능을 활용할 가능성이 더 높다.

자아개념(self-concept)의 발달은 반영된 평가(reflected appraisals), 사회적 비교(social comparision), 귀인(attribution)의 세 가지 이론적 시각으로 개념화되었다(Mendaglio & Pyryt, 1995, 2003; Pyryt & Mendaglio, 1994, 1996/1997). 어떤 이론 모형을 사용하느냐에 따라 영재와 일반 학생의 자아개념 형성과정의 공통점과 차이점을 둘러싼 질문에 대한 독특한 답을 기대할 수 있다. 자아개념이 '반영된 평가'라는 접근방식이 영재에게 적용되는 경우, 한 개인이 의미 있는 타인으로부터의 자기 참조적(self-referent) 피드백을 얼마나 인지적으로 다루는가를 강조한다. 더 높은 지능은 사회환경으로부터 들어오는 피드백과의 더욱 복잡한 상호작용으로 귀결된다.

사회적 비교의 관점에서는 준거집단의 구성요소가 변할 수 있다고 본다. 예상컨대, 영재는 자신을 스스로와 비교하는 데 있어 뛰어난 모형을 선택할 것이다.

귀인의 관점에서 영재는 성공을 자연적 귀인과정으로서의 능력 덕으로 돌리고, 거만해 보이는 데 대한 두려움으로 인해 성공을 다른 요인 덕으로 돌리라는 경쟁적 압박을 경험하게 될 것이다.

영재성이 어떻게 개념화되는가는 다른 중요 요인이다. 영재성을 높은 지능으로 보면, 특히 높은 성취도와 짝지어지는 경우 영재에게서 학문적 자아개념 점수가 더 높음을 발견할 수 있다. 그러나 Dabrowski의 관점에서 봤을 때, 자아개념에 관한 기대는 극적으로 바뀐다. Dabrowski의 이론은 높은 발달 잠재성을 가진 사람은 다양한 부정적 감정을 경험하고, 이러한 감정은 보통 낮은 자아존중감과 연결되어 있다고 주장한다. 영재성을 이러한 관점에서 보면 본질적으로 긍정적일 수도 있고 부정적일 수도 있는 전통적인 자아개념의 관점보다는 자기 수용에 더 큰 중요성이 부여된다.

영재를 가르치는 교사에게 영재성과 완벽주의 간의 관계가 분명하게 설정되어 있다. 완벽주의 성향은 우수 학생을 판별하기 위해 가장 널리 사용되는 교사평가 척도 중 하나이다(Renzulli, Smith, White, Callahan, & Hartman, 1976). 완벽주의에 대처하는 것은 영재에게 상담이 필요한 부분 중 하나로 자주 인용되었다(Kerr, 1991; Silverman, 1993). 보통 영재 아동을 다루는 교사는 완벽주의의 두 가지 부정적 효과를 걱정한다. 미성취와 정서적 혼란이 그것이다. 미성취에 관해서는 Whitmore(1980)가 완벽주의 성향으로 일부 영재 학생이 미성취의 취약점에 놓여 있다고 보고한 바 있다. 그들은 완벽하지 않으면 과제를 내지 않기 때문이다. 정서적 스트레스의 측면에서 완벽주의는 영재가 지나친 기대에 맞게 살지 못하는 경우 느끼는 무가치함과 우울감을 일으키는 것으로 본다. Delisle(1986, 1990)은 완벽주의가 일부 영재 청소년을 자살의 위험에 빠뜨린다는 일화를 증거로 들었다.

완벽주의 구조를 설명하는 데 있어서의 어려움 중 하나는 관련 문헌에 나타나는 다양한 용법을 알아내는 것이다. 탁월함의 높은 기준에 도달하려는 노력과 지나친 기대를 만족할 수 없기 때문에 느끼는 자괴감의 경계는 모호하다. 일부 저자는 두 가지 유형의 완벽주의를 비교하는 방식으로 이러한 이분법을 다루었다. Bransky, Jenkins-Friedman과 Murphy(1987)는 개인을 독려하는 가능형(enabling) 완벽주의와 개인의 기능을 막는 불가능형(disabling) 완벽주의를 구분한다. Hamachek(1978)은 정상적(normal) 완벽주의와 신경증적(neurotic) 완벽주의를 구분하고 있다. 다른 저자들(Barrow & Moore, 1983; Burns, 1980; Pacht, 1984)은 완벽주의를 증상의 부정적 측면을 지칭하는 데 사용한다. 학업적 재능탐색(Talent Search) 참가자들에 대한 최근 연구(Parker, 2000; Parker & Mills, 1996)는 성취형 영재 학생이 건강한 완벽주의의 징후를 나타낸다고 시사한다. 이와 같이 영재성과 완벽주의 간의 연결은 한때 생각했던 것만큼 강하지 않다. Dabrowski의 긍정적 비통합이론은 완벽주의에 대해 긍정적 혹은 부정적이라고 인식된 측면이 발달수준과 복잡하게 연결되어 있을 것임을 시사한다.

오랜 시간 영재교육 문헌(Hollingworth, 1942; Terman, 1925)에서는 영재성과 높은 수준의 도덕성 발달을 동일시해 왔다. Clark(1988)는 도덕적 판단을 영재의 독특한 정서적 특성 중 하나로 격상시켰다. Kohlberg(1969)는 IQ와 도덕적 판단 사이에 비선형적 관계가 있음을 시사했다. IQ가 평균 이하인 사람은 도덕 추론 과제에서 평균 이하의 점수를 나타냈다. IQ가 평균 이상인 사람의 경우에는 점수와 지능이 관련이 없었다.

Pyryt와 Mendaglio(2001)는 지능과 도덕성 발달의 관계의 본질을 규정하고, 이 관계의 상관성을 밝히기 위해 메타분석 기술을 사용하였다. 도덕성 발달은 Piaget(1948), Kohlberg(1969), Rest(1979)와 궤를 같이하는 인지발달에서부터 개념화한 것이었다. 이 시각에서는 개인의 인지 구조가 진보하는 것과 마찬가지로 진보하는 도덕성 발달의 단계를 제시한다. 개인의 도덕성 발달 단계에 대한 평가가 보통 도덕성 판단 면접에 대한 개인의 응답에 기초하고 있기 때문에, 도덕성 발달의 이러한 구조는 '도덕적 판단' 혹은 '도덕적 추론'이라고 불린다.

이 메타분석 연구 결과는 지능과 도덕성 발달은 곡선적인 관계라는 Kohlberg의 원래 가설을 뒷받침한다. 분명히 도덕적 추론을 위해서는 어느 정도 수준의 인지발달이 필요하다. 한번 이 식역에 도달하면, IQ가 부차적으로 증가한다고 해서 도덕성 발달이 더 증가하는 결과로 나타나지 않는다. 영재들을 연구할 때 지능과 도덕성 발달 단계 사이의 낮은 상관성은 범위가 제한되었기 때문으로 설명될 수도 있다. 그렇다 하더라도 영재성의 단계를 도덕적 추론 능력의 단계와 동일시하는 경향은 섣부른 것으로 보인다. 또한 최근 연구에서 사용되는 도덕성 발달은 도덕적 추론에만 초점을 맞추고 있다는 사실도 주지해야 한다. 앞으로 도덕적 추론 과제의 점수와 도덕적 행동지표 사이의 관계가 규정되어야 한다. 영재는 분명 도덕적으로 비난받을 행동을 보일 수도 있다(Tannenbaum, 2000). Dabrowski의 성격이론은 태도와 행동에 있어 도덕성 발달에 더 큰 무게를 두고 있다. 내적 갈등은 이상적 방식과 비교해 세상에서 드러나는 방식에서 가치가 충돌하기 때문에 나타난다. 상대주의적 가치에서 보편적 도덕 원칙의 수용으로 이행하는 것은 높은 발달 단계의 또 다른 특성이다. 이타주의적 행동은 이상적 성격의 중심 요소다.

결론

영재는 일반인에 비해 지적 과흥분성의 징후를 보이는 경우가 더 많다. 이것을 정서적 과흥분성 및 높은 수준의 역동성과 결합하면, 높은 수준의 잠재성이 예측될 수 있다. 영재가 일반인에 비해 이러한 요소를 더 많이 갖추고 있음을 뒷받침할 증거는 제한적이다.

Dabrowski의 긍정적 비통합이론은 영재성에 대한 전통적 인식에 독특한 시각을 제공한다. 이 이론은 논리적 추론보다 연민을, 자아개념보다 자기 수용을, 현재 상태보다 이상적 성격을, 그리고 도덕적 판단보다 살아 있는 이타주의를 더 중시하도록 우리에게 도전을 던진다.

제10장

과흥분성의 측정:
5개국 반복연구

R. Frank Falk, Ph.D.*
Buket Yakmaci-Guzel, Ph.D.
Alice (Hsin-Jen) Chang, M.A
Raquel Pardo de Santayana Sanz, Ph.D.
Rosa Aurora Chavez-Eakle, M.D., Ph.D.**

저자들은 Drs. S. Daniels, N. B. Miller와 M. M. Piechowski에게서 유용한 조언과 제안을 받았음을 밝혀둔다.

Dabrowski의 긍정적 비통합이론은 그가 청소년기에 겪은 매우 힘든 감정적, 개인적 경험(특히 6세에 사망한 여동생의 죽음과 제2차 세계대전의 잔혹함)의 영향을 받았다(Battaglia, 2002; Hague, 1986). 그의 어린 시절에 일어났던 이 사

* R. Frank Falk, Ph.D., 오하이오 주 애크런 시의 애크런 대학교 사회학과 명예교수이며, 미국 콜로라도 주 덴버 시의 고등발달연구소 연구소장.
Buket Yakmaci-Guzel, Ph.D., 터키 이스탄불 시의 바가지시 대학교.
Hsin-Jen Chang, M.A., 대만 타이페이 시의 대만시립중산 여자고등학교.
Raquel Pardo de Santayana Sanz, Ph.D., 스페인 칸타브리아 주 빌라세빌 시의 프란시스코 데 케베도 학교.
Rosa aurora Chavez-Eakle, 박사. 미국 메릴랜드 주 볼티모어 시의 존 홉킨스 대학교.
** 공저자의 이름은 동등한 협력이 이루어졌음을 나타내기 위해 무작위로 배열되었다. 모든 질문은 R. Frank Falk, Ph.D. (Institute for the Study of Advanced Development, 1452 Marion St., Denver, CO 80228)에게 보내기 바란다.

건들은 성격발달에 대한 그의 인식에 엄청난 영향을 미쳤다. 그의 통찰력은 정서 발달, 도덕성 발달에 대한 그의 이론을 구성하는 세 가지 기초적 개념, 즉 다중수준, 발달 잠재성, 긍정적 비통합(Dabrowski et al., 1970)에서 뚜렷하게 드러난다. 다중수준은 "행동 구성의 기저를 이루는 구조"의 일부인 가치체계를 말한다(Dabrowski & Piechowski, 1977, p. 12). 개인의 발달수준은 이 근본 구조에 의해 결정된다. 발달 잠재성은 삶의 외부적 힘에 맞서는 내면의 정신적 환경의 강함 혹은 약함에 관한 것이다. 긍정적 비통합은 개인이 발달수준을 올라가는 과정을 설명해 준다. 이것은 현재 수준의 정신 구조가 높은 수준의 행동 구성 등 더욱 자기 통제적 구조로 가는 길을 열어 줄 때 발생한다.

이 개념들이 함께 만드는 광대하고 복잡한 이론은 "내적 갈등과 위기, 정서적 및 상상적 과흥분성, 원초적 기능과 구조의 해체, 더 일반적으로 말하자면 발달론적 시각의 이론적 틀에서 강조되고 설명되었던 정신적 비통합 과정의 긍정적 본질이 발달에서 담당하는 역할"을 강조한다(Dabrowski et al., 1970, p. 116). 이 장에서는 영재교육 분야에서 Dabrowski 이론이 갖는 중요성을 논의하고 다른 언어권과 문화에서 어떻게 과흥분성을 측정할 수 있는지를 설명한다. 다양한 나라의 연구 결과는 과흥분성 개념의 타당성을 뒷받침한다.

영재성

교육 분야의 많은 사람에게 있어 발달 잠재성의 개념은 중요하다. 우리는 재능 있는 사람들이 사회에서 성공할 수 있도록 하는 기술과 지식을 가지고 그들을 가르친다. 개인의 잠재성과 다양한 능력은 교사에게 발달을 도울 다양한 기회를 만든다.

영재를 가르치고 상담하는 사람의 주 관심사는 학생의 발달 잠재성을 이해하고 그들의 삶을 안내하는 것이다(Colangelo & Zaffrann, 1979; Jacobsen, 1999; Piirto, 2004; Silverman, 1993; VanTassel-Baska, 1998). Sal Mendaglio와 William

Tillier(2006)는 과흥분성 연구에 대한 검토에서 Dabrowski의 이론, 특히 발달 잠재성의 개념이 영재성을 이해하려는 연구에서 중요한 역할을 했음을 언급했다. 그들이 지적한 Dabrowski의 발달 잠재성 개념은 다음과 같다.

> …그가 고등 성격발달과 관련 있다고 믿었던 심리적 특성을 지칭한다. 이러한 특징은 세 가지 주요 특성을 포함한다. 그것은 (1) 특별한 능력(운동이나 탁월한 음악적 능력과 같은)과 재능, (2) 다섯 가지 형태의 과흥분성, (3) 개별성을 성취하려는 강한 자율적 충동이다(pp. 69-70).

이 세 가지 특성이 모두 발달 잠재성의 이론적 정의 안에 포함되기는 하지만, 교사의 눈길을 사로잡는 것은 과흥분성(OE)의 개념이었다. Kazimierz Dabrowski는 그의 초기 저작에서 고조된 흥분성의 다섯 가지 차원을 심체적, 감각적, 상상적, 지적, 정서적으로 묘사했다. 그러나 그 자신과 Dabrowski가 자전적, 임상적 자료를 가지고 수행했던 연구에 기초하여 이 정의를 명확히 하고 확장한 것은 Michael Piechowski였다(Piechowski, 1975b). Piechowski는 또한 OE를 교사와 상담가가 이해할 수 있는 용어로 설명할 수 있는 사람이었다.

Piechowski의 논문 「발달 잠재성(Developmental Potential)」이 『영재상담의 새로운 목소리(New Voices in Counseling the Gifted)』에 실린 것은 교사에게 중요한 사건이었다(Piechowski, 1979a). 발달 잠재성 개념에 대한 Piechowski의 설명은 독자들의 호기심을 불러일으켰지만, 그중에서도 아동의 OE에 대한 그의 묘사야말로 영재교육 분야에 있던 사람들이 가장 강하게 동의하는 부분이었다. Piechowski의 말을 인용해 보자.

> 신경과민은 신경계의 긴장으로, Dabrowski는 긴장감을 유발하는 환경에 처한 아동을 관찰하면서 이러한 발상을 하게 되었다(그 환경이란 당연히 학교였다). 옛날에는 교사가 교실에 들어설 때까지 아동들은 조용히 서 있어야만 했다. 그들은 조용히 앉아 있었다. 그러나 이렇게 강요된 억제 속에서도 어떤

아동은 끊임없이 앉은 자리에서 꼼지락거렸고, 어떤 아동은 편안히 있었지만 공상에 빠져 있었다(그들의 시선은 공허하거나 이리저리 방황했다). 어떤 아동은 눈은 감고 눈꺼풀을 파르르 떨면서 조금은 긴장한 채 똑바로 앉아 있었다. 몇몇 아동은 초롱초롱하고 기대감에 차 보이기도 했다. Dabrowski는 이것을 이런 방식으로 해석했다. 억제의 강요는 정서적 긴장을 일으킨다. 이 긴장감은 몇 가지 다른 양상으로 표현된다. 의자에서 꼼지락거리는 아동은 심체적으로 긴장을 해소한다. 공상하는 아동은 환상의 세계로 빠져들거나 마음속으로 긴장의 원천에 대한 이미지를 어떤 그림이나 장면을 만들어 내면서 긴장에서 빠져나간다. 똑바로 앉아 긴장하고 있는 아동은 그 긴장을 정서적으로 느낀다. 초롱초롱한 아동은 마음을 움직여 기지를 발휘할 준비를 하고 있다. 긴장은 심체적, 감각적, 상상적, 지적, 정서적 양상의 다섯 가지로 표현된다. 이런 것은 정신적 과흥분성의 형태라고 불린다(p. 28).

과흥분성

영재를 다루는 교사와 상담가는 이제 영재 아동의 행동을 긍정적 시각에서 바라보게 만드는 개념화와 설명을 얻게 되었다. 게다가 OE는 영재성을 판별하는 데 활용할 수 있는 방법으로 보인다. 이제는 지능검사나 능력검사에만 의존하는 대신, 정서지능(Goleman, 1995)이나 강렬함(Piechowski, 2006)에 다가갈 수 있는 방식이 나타났다. 영재성을 이해하는 새로운 방식이 곧 나타났다.

다섯 가지 OE는 다음과 같은 방식으로 이해되었다. 정서적 OE는 강렬한 감정으로 알 수 있다. 긍정적 감정, 부정적 감정, 복합적 감정, 타인의 감정과의 동일시가 이에 해당한다. 정서적 OE를 가진 사람은 타인에 대한 강한 정서적 유대와 애착 능력을 갖고 있다. 상상적 OE는 풍부하고 특이한 연상, 창의적 상상, 발명에 대한 선호로 표현된다. 은유를 사용하고, 물활론이나 마법에 대한 생각이나 극화하는 것 역시 그 표현 형태다. 지적 OE에는 지식에 대한 만족할 줄 모르는 의문이 포함되며 끝없는 호기심을 예로 들 수 있다. 지속적으로 집중할 수 있는 자질이나 복잡한 개념과 문제에 사로잡히는 것도 지적 OE의 지표다. 감각적 OE는 강화된 형태의 감각적 만족감으로 표현된다(예를 들어, 미각이나 촉각의 만족감이나 과식의 과도함 등이다). 심체적 OE는 신체적 활동성이 높고 에너지가 넘치는 것이 특징이다. 그것은 말이 지나치게 많거나, 손톱을 물어뜯거나, 일중독에 빠지는 등 때로는 조절이 힘들 정도로 빠른 움직임으로 나타난다(Falk et al., 1997, pp. 210-202).

자전적 자료에 대한 분석에 기초한 경험적 연구는 1970년대 중반부터 나타나기 시작했다(Piechowski, 1975b). 과흥분성 검사(OEQ)에 기초한 연구는 1970년대 후반에 이루어져(Lysy, 1979) 몇 년 후에 출간되었다(Lysy & Piechowski, 1983). OEQ는 13세 이상을 대상으로 하는 21문항의 개방형 설문이다. OEQ를 가장 먼저 활용한 연구는 Linda Silverman과 Bernita Ellsworth가 1981년 제3차 Dabrowski 이론에 관한 국제 컨퍼런스에서 발표한 논문이다. 그들은 영재로 판별된 성인이 작성한 31개의 설문을 분석하여 놀랍게도 그들의 정서적 OE 점수가 지적 OE 점수만큼이나 높다는 사실을 발견했다. 이때부터 OEQ를 활용한 많은 연구가 나왔다(이에 대한 전반적 검토는 Mendaglio & Tillier, 2006과 Tieso, 2007b 참조).

지금까지 OEQ를 활용한 연구 중 북미를 벗어난 지역에 초점을 맞춘 것은 베네수엘라 예술가에 관한 연구(Falk et al., 1997)와 터키의 고등학생에 대한 연구(Yakmaci-Guzel & Akarsu, 2006)의 두 가지다. 이들 연구에서 검사지는 대상자에게 친숙한 언어인 스페인어와 터키어로 각각 번역되었다. 원본의 번역에는 연구자 자신이 참여했으며, 이중언어 전문가를 활용하여 번역을 완성했다. 베네수엘라 연구에서는 역번역도 이루어졌다. 이 연구들에서 개방형 설문에 대한 응답은 부호화 지침서와 공동 연구자인 Michael Piechowski와 Sharon Lind의 협조로 제1저자가 확립한 기준을 활용하여 평가되었다(Falk et al., 1994).

베네수엘라 연구는 높은 수준의 상상적, 지적, 정서적 OE를 나타내는 베네수엘라와 미국의 예술가를 묘사하였다. 이 연구는 "물활론적, 직관적, 정서적 사고가 예술가에게 나타나는 강한 특성이라는 가설을 추가적으로 지지"하였다(Falk et al., 1997, p. 204). 터키 연구의 결과는 지적 능력이 높은 학생이 지적 능력이 낮은 학생에 비해 상상적 및 지적 OE에서 더 높은 점수를 기록했음을 보여 준다. 지적 능력은 Raven 검사(Raven Advanced Progressive Matrices Test)를 이용하여 측정하였다(Yakmaci-Guzel & Akarsu, 2006). 이 연구는 둘 다 OE 개념의 비교문화적 타당성에 기여하고 있다.

과흥분성검사 II

OEQ를 이용한 연구는 많은 노동력이 필요하다. 많은 경우, 채점에는 두 명의 훈련받은 채점자가 각 검사지당 한두 시간씩을 써야 한다. 게다가 채점자의 의견이 다른 경우에는 어떤 형태의 합의가 필요하다. 대부분 연구에서 평가자 간 신뢰도는 합의 전 60% 이상이었다. 그러나 한 가지 점수만을 사용할 수 있기 때문에 의사결정의 방법을 적용하여야 한다. 경우에 따라 두 명의 채점자는 합의를 도출할 때까지 의견이 불일치하는 지점에 관해 논의한다. 가끔씩 불일치가 지속되면, 해결을 위해 검증된 전문 채점자에게 응답과 점수를 보낸다. 어떤 경우에는 수적으로 두 점수의 평균을 내기도 한다. 일부 연구에서는 채점자를 한 사람만 쓰기도 했다. 이러한 채점방식은 더 큰 표본이 바람직한 경우에는 매우 어렵다.

연구자들이 집단 간의 관계를 탐구하기 위해 대규모 연구의 필요성을 인식하게 되면서(OE의 분포를 규정하고 OE와 다른 변수 사이의 연관성을 탐구하기 위한), 그들은 더욱 객관적인 검사 형태를 찾기 시작했다. 동료들과 나는 OE를 측정하기 위한 객관식 검사지를 완성하기 위해 수많은 학생과 헌신적인 사람들과 함께 몇 년 동안을 고군분투했다. 우리는 검사지를 만들기 위해 연

구 팀이 구성한 문항과 OEQ에서 얻은 실제 응답을 가지고 연구했다. 이 도구
는 과흥분성검사II(OEQ-II)로 알려졌다. 타당도와 신뢰도 연구에 대한 자세
한 내용은 『과흥분성검사II: 지침서, 점수체계, 검사지(The Overexcitability
Questionnaire-Two(OEQ-II): Manual, Scoring System, and Questionnaire)』에 나와
있다(Falk et al., 1999b).

OEQ-II는 다섯 가지 요인에 동등하게 분배된 50문항으로 이루어져 있다.
이 요인 구조는 배리맥스 회전을 이용한 주성분 분석으로 구성하였다. 각 요
인, 즉 각 OE를 대표하는 척도마다 10문항이 있다. 문항의 신뢰도는 .84에서
.89까지 다양하게 나타난다. 따라서 우리는 OE를 측정하기에 경험적으로 타
당하고 신뢰할 수 있는 검사지가 OE를 측정하고 있다는 것이 확인되었다는
결론을 내렸다(Bouchet & Falk, 2001; Falk et al., 1999b).

비교문화 연구

OEQ-II는 출간된 이후 중국어, 스페인어, 터키어 등 최소 3개 이상의 언어
로 번역되었다. 중국어 버전은 대만에서 사용하는 언어다. 두 가지 스페인어
버전은 멕시코와 스페인 문화를 반영하고 있다. 여기서는 번역과정과 영재에
대한 스페인, 멕시코, 대만, 터키에서의 네 연구 결과에 대해 논의하겠다. 끝으
로, 우리는 OE에 대한 이 비교문화적 연구로 얻은 결과와 미국 대학생 표본의
OE 데이터를 비교할 것이다(Bouchet & Falk, 2001).

연구의 특성

스페인에서 이루어진 Pardo de Santayana Sanz(2006)의 연구에는 204명의
학생이 참여했다. 102명은 높은 IQ 점수를 이용하여 표집된, 영재 프로그램에
속한 학생이고, 102명은 평재다. 학생의 연령은 8~15세였다. 영재 집단의 평

균 연령은 11.05세이고, 평재 집단의 평균 연령은 11.70세다. 영재 집단은 72% 의 남성과 28%의 여성으로 구성되어 있는 반면, 평재 집단은 49%가 남성이 고, 51%가 여성이었다. 모두 합치면 남성은 60%, 여성은 40%였다.

Rosa Aurora Chavez-Eakle(Chavez, 2004)의 멕시코 연구 대상자는 90명이었 다. 30명은 전일제로 예술적·과학적 창의성을 발휘하는 데 전적으로 헌신하 고 있는 사람들로, 자신의 분야에서 국내외로 상을 수상하며 성공적인 진로를 개발하고 있었다. 30명은 통제집단으로 이 분야에서의 활동에 참여하고 있지 않았다. 나머지 30명은 연구 당시 약물치료를 받고 있지 않은 정신과 외래환 자였다. 이들 대상자는 모두 성인으로, 46%는 남성이고 54%가 여성이었다.

대만에서는 Hsin-Jen Chang(2001)이 초등학교, 중학교, 고등학교 학생을 표 본으로 삼았다. 그녀의 연구는 총 2997명을 나눈 2개의 각기 다른 표본으로 이 루어져 있다. Chang은 '규준 표집'(n=2046)과 영재 표집(n=951)을 연구에 포함 하였다. 규준 표집은 5학년, 8학년, 11학년으로 이루어져 있으며, 이 학생들은 대만 전체에서 표집되었다. 영재 및 우수 학생 표본에 속한 학생도 같은 학년 에서 표집되었지만, 그들은 대만 지역의 영재 프로그램에 참가하는 학생이었 다. 규준 표집의 평균 연령은 12.8세로, 51%가 남학생이고 49%가 여학생이었 다. 영재 표집에서는 35%가 남성이고 65%가 여성이었다. 모두 합친 성비는 남 자가 45%이고 여자가 55%였다.

터키에서는 500명의 10학년 학생이 Buket Yakmaci-Guzel(2002, 2003)의 연 구 표집을 구성했다. 이 학생들은 이스탄불 지역 15개 학교의 27개 학급에서 표집되었다. 이 표집은 공립, 사립, 실업계, 과학, 소수자, 외국인 사립고등학 교 등 7개의 각기 다른 학교 유형을 대표하고 있다. 각 학교별로 표집된 학생 의 수는 이스탄불의 학생 분포에 따라 결정되었다. 학생의 나이는 15~20세 로, 평균 16.8세였다. 남성은 39%이고 여성은 61%였다.

이 연구들 사이에는 흥미로운 차이점이 있다. 이들 연구는 언어도 3개로 각 기 다르고, 문화도 4개이고, 대상자의 연령대도 8세에서 성인에 이르고, 연구 자도 네 명이다. 또한 그중 2개의 언어는 인도-유럽계 언어가 아니라는 점을 알아야 한다. 터키어는 알타이어 계통의 언어이고, 중국어는 만다린어 계통이다. 이러한 차이가 있음에도 그 결과는 다음에 제시된 대로 놀랄 만큼 비슷하게 나타났다.

표 10-1 연구 특성: 4개 문화의 OE 비교

연구	N	평균 연령	남(%)	여(%)
스페인	204	11.37	60	40
멕시코	90	성인	46	54
대만	2997	12.80	45	55
터키	500	16.80	39	61

OE 요인의 신뢰도

4개의 비교문화 연구는 OE 문항의 각 요인마다 허용할 만한 수준의 내적 일치도를 나타내었다. Cronbach α 신뢰도 계수는 스페인의 경우 .70~.83, 멕시코는 .80~.91, 대만은 .71~.81, 터키에서는 .73~.77로 꾸준히 높게 나타났다. 연구의 전반적 신뢰도는 .80으로, 이러한 유형의 척도 문항으로서는 적정수준 이상의 신뢰도다.

표 10-2 4개 문화에서의 OE 신뢰도

연구	심체적 OE	감각적 OE	상상적 OE	지적 OE	정서적 OE
스페인	.83	.82	.82	.81	.70
멕시코	.81	.89	.87	.91	.80
대만	.75	.71	.81	.81	.77
터키	.77	.74	.73	.74	.73

OEQ-Ⅱ의 번역

스페인에서는 OEQ-II 원본과 멕시코에서 활용하려고 개발된 버전을 참고하여 번역이 이루어졌다. 스페인어 번역은 스페인과 멕시코의 문화적·언어적 차이를 반영하도록 설계되었다. 스페인어 버전이 만들어진 후, 최소 어느 정도 연령이 되어야 OEQ-II 문항을 이해할 수 있는지를 알아보기 위해 6~9세의 아동에 대한 예비연구가 시행되었다. 연령대에 맞는 언어에 맞추기 위해 몇 가지를 수정하고, 어린 아동에게 더 쉬운 새로운 제시문 형태가 제안되었다. 최종 버전은 원래 미국 버전과의 동등성을 확인하기 위해 다시 영어로 역번역되었다.

멕시코의 OEQ-II는 영어 버전을 직역하였다. 문항의 명확성을 평가하기 위해, 번역 결과 나온 스페인어 버전은 10명의 대상자에게 시험해 보았다. 새로운 버전을 시험해 본 대상자에게는 혼란하거나 불분명한 표현을 찾으면 말해 달라고 이야기했고, 모호한 부분이 있다고 생각되면 그 부분을 더 명확하게 고쳐 달라고 요청했다. 이 과정을 거친 후, 비속어나 문장의 사용은 피하고, 멕시코 문화에서 이해하기 쉬운 유의어를 사용하기로 결정했다. 그 후 대상자들에게 직역한 버전과 문화적 차이를 적용한 수정본의 의미를 비교해 달라고 요청했다. 그 목적은 원래 의미를 유지하면서도 두 번째 버전이 첫 번째 버전에 비해 더 명확한지를 결정하기 위한 것이었다. 이 과정이 끝난 후의 OEQ-II 문항은 이 연구의 대상자들이 바로 알아들을 수 있고 활용할 수 있겠다고 판단되었다.

대만에서의 직역은 동양 문화권 학생들에게 적합하지 않다고 여겨졌다. 따라서 OEQ-II 번역본을 사용하는 대신, Dabrowski 이론에 따른 새 척도인 '나의 특징 검사(The Me Scale)'가 개발되었다. 따라서 이 연구는 다른 검사지가 만들어졌기 때문에 다른 연구와는 조금 다르다. 새로운 검사지의 원본에는 91문항이 들어가 있었다. 각 OE 요인마다 5문항이 역채점 문항이었다. 첫 번째 예비조사를 위해 5학년, 8학년, 11학년 일반학급의 학생 120명에게 새로운 검사를 실시했다. 그 후 75문항이 남았고, 각 OE 요인마다 역채점 문항이 5개씩 있었다. 이 검사는 영어로 번역되어 Dabrowski 이론, 영재교육, 통계, 방법론에 익숙한 전문가 9명에게 이메일로 보내졌다. 이 전문가들이 75문항을 평가한 후 66문항이 남았고, 각 OE당 1문항씩만이 역점수 문항이었다. 이 과정에 이어, 5학년, 8학년, 11학년의 다른 일반학급 학생 220명에게 2차 예비조사를 수행했다. 2차 예비조사 결과로 6문항이 삭제되었다. '나의 특징 검사'의 최종 버전에는 60문항이 들어가 있고, 각 OE 하위요인마다 12문항이 포함되어 있으며, 역채점 문항 없이 각 문항별로 1~7점으로 점수를 매겼다.

OEQ-II를 터키어로 번역하는 과정은 처음에는 연구자에 의해 시작되었고 이후 이중언어를 구사하는 5명이 각각 추가로 참여했다. 이 5명 중 2명은 Dabrowski의 이론과 OE의 개념에 친숙한 사람들이었다. 이후 연구자와 이 이론에 친숙한 번역가 두 명이 모여 번역물을 합쳐 검토하고 논의하였다. 터키어, 문법, 문장 구조를 사용하여 고칠 부분을 고치고 최종 OEQ-II 터키어 버전이 준비되었다.

요약하자면, 멕시코 버전과 터키어 버전은 성인에게 사용할 목적으로 원래 영어 버전을 직접적으로 적용한 것이었다. 스페인어 버전은 문화적·언어적 차이로 인해 멕시코 번역본을 변형하여 만든 것으로, 더 어린 대상자에 맞추어 다듬어졌다. 대만에서는 영어 버전을 중국어로 직역하려는 시도가 효과적이지 않다고 여겨졌다. '나의 특징 검사'라는 새로운 버전이 중국어로 개발되었고 평가를 위해 영어로 번역되었다. Dabrowski의 이론과 영재교육에 익숙한 전문가 패널이 이론적 타당성을 위해 문항의 점수를 매겼다. 대만 연구를 제외하면 모든 버전은 50개의 문항으로 이루어져 있고, 각 문항은 1~5점의 척도로 점수가 매겨졌다.

기술 통계

〈표 10-3〉은 스페인, 멕시코, 대만, 터키 연구의 OE 평균과 표준편차를 나타낸다. 대만의 원래 평균은 각 문항별로 1~7점의 12문항을 요약한 것을 단위

표 10-3 | 기술 통계: 4개 문화의 OE 비교

OE	평균		표준편차
스페인			
P-OE	3.41		0.82
S-OE	3.42		0.71
M-OE	3.10		0.81
T-OE	3.61		0.67
E-OE	3.45		0.60
멕시코			
P-OE	3.25		0.75
S-OE	3.71		0.85
M-OE	2.52		0.89
T-OE	3.48		0.80
E-OE	2.87		0.73
터키			
P-OE	3.57		0.67
S-OE	3.52		0.65
M-OE	2.90		0.70
T-OE	3.53		0.61
E-OE	3.62		0.66
대만 OE	조정평균	평균	표준편차
P-OE	2.76	46.44	11.46
S-OE	2.83	47.55	11.45
M-OE	2.78	46.77	13.73
T-OE	2.83	47.59	12.29
E-OE	2.97	49.96	11.95

로 하여 보고되어 있다. 다른 연구의 점수와 비교할 수 있는 점수를 만들기 위해, 평균은 12로 나눈 뒤 5/7, 즉 .71을 곱하였다. 그러나 이것은 조정값일 뿐 이 점수는 완전히 등가라고 볼 수 없다.

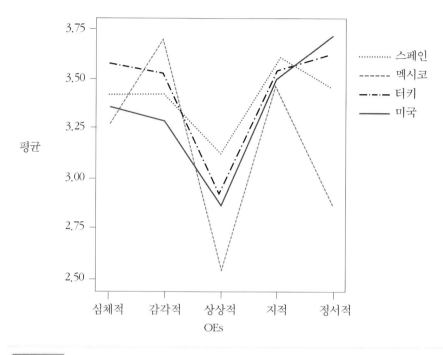

그림 10-1 스페인, 멕시코, 터키, 미국의 OE 평균

[그림 10-1]에는 스페인, 멕시코, 터키, 미국(Bouchet & Falk, 2001, 아래에 설명됨)에서 실시된 연구의 OE 평균이 나와 있다. 이 연구들은 같은 척도를 사용하고 있기 때문에 비교하기가 쉽다. 일반적으로, 상상적 OE는 다섯 가지 OE 중 가장 낮아 보인다. 네 연구의 감각적, 지적 OE는 대략 비슷하다. 터키와 미국 연구에서는 심체적 OE와 정서적 OE가 감각적 OE와 지적 OE보다 높게 나타나지만, 멕시코 연구에서는 두 가지 다 더 낮다. 스페인 연구는 감각적 OE나 지적 OE에 비해 정서적 OE는 더 낮고 심체적 OE가 더 높게 나타난다. 주의할 것은 그림의 척도가 2.5에서 3.75까지의 단위만 나타나 있는 것에 혼동되어서는 안 된다는 것이다. 이 연구들은 평균 차이가 작다. 모든 평균 차이는 1점 이하다.

[그림 10-2]는 대만 연구의 조정평균을 더한 것이다. 가장 분명하게 관찰되

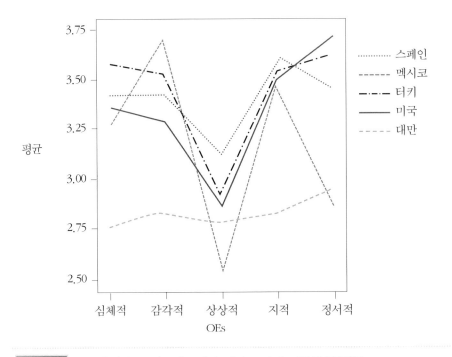

그림 10-2 조정된 대만 OE 평균과 스페인, 멕시코, 터키, 미국의 OE 평균

는 것은 대만 OE 평균의 차이가 작다는 것이다. 이와 대조적으로, 멕시코 연구의 평균은 차이가 크다. 비록 대만 평균 사이의 변량이 더 작기는 하지만, 상상적 OE가 가장 낮은 평균을 보인 두 개 중 하나이고, 감각적, 지적 OE 평균은 거의 같다.

요약하자면, 대만과 터키, 미국에서는 정서적 OE 평균이 연구 내의 다른 평균보다 상대적으로 가장 높다. 이에 비해 스페인 연구에서는 지적 OE가 가장 높으며, 멕시코 연구에서는 감각적 OE가 가장 높게 나타난다. 이런 차이가 나타나는 이유를 알기 위해서는 다른 표집 특성도 고려해야 한다. 예를 들어, 스페인 연구의 경우에는 대상자의 절반(102명)이 영재였고, 스페인에서의 영재성은 오로지 높은 IQ 점수만으로 규정된 반면, 다른 나라에서는 부가적인 정보가 고려된 경우가 많다. 멕시코 표집에는 정신과 외래환자가 포함되어 있

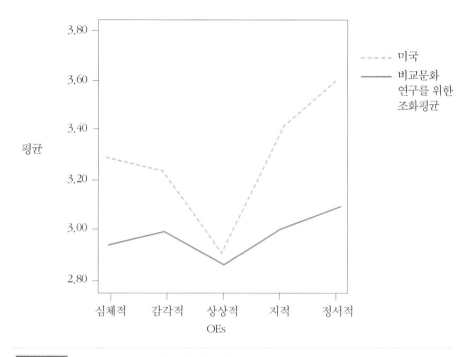

미국
비교문화
연구를 위한
조화평균

그림 10-3 비교문화연구와 미국 연구를 조합한 조화평균

고, 그것이 어떠한 영향을 가져왔을지는 모른다. 터키 표집에는 일곱 가지 다른 유형의 고등학교에 다니는 학생이 포함되어 있다.

[그림 10-3]에서 우리는 미국 이외의 연구를 대상으로, 표집 크기에 따라 가중치를 부여한 평균인 조화평균을 계산했다. 이 그림에 나오는 두 가지 OE 평균 그래프선 패턴은 놀라울 정도로 비슷하다. 유일한 예외는 심체적 OE로, 전체 표집에서는 그 기울기가 감소하지만 미국 표집에서는 그 기울기가 증가한다. 여기서도 좁은 척도(2.8~3.8)로 인해 그 차이는 별로 크지 않다. 베네수엘라와 미국의 예술가들을 비교한 선행 연구에서도 비슷한 결과가 나왔다(즉, 베네수엘라는 미국보다 심체적 OE가 낮게 나타났다; Falk et al., 1997). 미국의 연구대상자들의 심체적 점수가 더 높게 나온 이러한 결과는 다른 문화에 비해 빠른 속도의 활동성을 선호하는 이례적인 미국 문화에 대해 더 많은 것을 말해

줄 수 있을 것이다.

경험적 결과

성별 비교

스페인의 경우, 여학생이 전체 표집의 남학생에 비해 정서적 OE(t[202]=−3.516, p<.001)와 감각적 OE(t[202]=−4.824, p<.001)가 유의미한 수준의 높은 점수를 기록했다. 이것은 영재 집단에서도 마찬가지로, 여학생의 정서적 OE(t[100]=−3.87, p<.005)와 감각적 OE(t[100]=−3.628, p<.001)가 더 높았다. 그러나 평재 집단에서는 여학생의 감각적 OE(t[100]=−3.28, p<.05)만 더 높게 나오고, 남학생은 심체적 OE(t[100]=−2.92, p<.05)가 더 높은 것으로 나타났다.

멕시코에서 성별 차이에 관련해 유의미한 것으로 나온 유일한 결과는 남성이 여성보다 심체적 OE가 유의미하게 높다(z=2.82, p=.004 Wilcoxon test)는 것이었다. 대만의 영재 표집에서도 같은 결과가 나타났다. 남성은 여성에 비해 유의미한 수준에서 높은 심체적 OE를 나타냈다(F=22.06, p<.05). 대만의 영재 여성은 남성에 비해 정서적 OE(F=18.31, p<.05)와 감각적 OE(F=3.52, p<0.05)가 높았다. 터키에서는 성별 비교가 이루어지지 않았다.

지적 능력 비교

스페인에서는 영재 집단이 평재 집단에 비해 지적 OE 점수(t[201]=4.533, p<.001)와 상상적 OE 점수(t[202]=2.188, p<.05)가 유의미하게 높았다. 한 영역에서는 평재가 더 뛰어난 것으로 나타났는데, 평재 집단의 심체적 OE가 영재 집단보다 높았다(t[202]=−3.192, p<.005).

멕시코 연구에서는 감각적 OE(F=11.52, p=.0001), 지적 OE(F=16.60, p=.0001), 상상적 OE(F=5.56, p=.005)에서 세 집단 사이에 유의미한 차이가 발견되었다. 사후검증 결과에 따르면 예술적, 과학적으로 창의적인 집단이 다른 두 집단에 비해 이들 OE 영역에서 높은 점수를 나타내었다.

지적 능력 분석을 위해 대만의 영재 학생을 분류한 결과에서는 영재 집단, 재능아 집단, 규준집단의 세 집단으로 나뉘었다. 분석 결과, 영재 학생은 재능 학생이나 평재 학생에 비해 높은 지적 OE 점수(F=14.44, p<.05)를 나타냈다. 영재 및 재능아는 평재 학생에 비해 높은 감각적 OE(F=63.91, p<.001), 지적 OE(F=208.90, p<.001), 상상적 OE(F=117.34, p<.01), 정서적 OE(F=18.74, p<.001)를 보였다.

　터키 연구에서는 500명의 학생에게 Raven 검사를 실시했다. 성적수준을 나누는 터키 기준에 따라 학생들은 이 시험 점수에 따라 '평균 이상' '평균' '평균 이하'로 분류되었다. 연구 결과 '평균 이상' 집단의 지적 OE 점수가 다른 두 집단에 비해 유의미하게 높게(F=9.699, p<0.001) 나타났다.

비교문화 연구 결과 요약

　성별 비교를 보고한 세 연구(스페인, 멕시코, 대만)에서 남성은 최소한 한 집단(즉, 영재, 평재 혹은 전체 표집)에서 여성보다 높은 심체적 OE를 나타냈다. 여성은 스페인과 대만 연구에서 정서적 OE 점수가 남성보다 더 높게 나왔다. 스페인에서는 영재 집단과 전체 표집에서 여성의 정서적 OE 점수가 더 높았다. 대만에서는 영재 및 재능아 집단의 여학생이 남학생에 비해 정서적 OE 점수가 높았다. 또한 스페인과 대만에서는 여학생의 감각적 OE 점수가 남학생과 비교했을 때 높게 나타났다. 이러한 결과는 스페인의 영재 여학생과 대만의 평재 여학생에게 적용된다.

　비교분화 연구에서 예술적이고 창의적인 사람과 평균 이상의 학생을 포함한 영재 집단은 재능이 있는 학생이나 평재 집단에 비해 지적 OE 점수가 높게 나타났다. 또한 영재이거나, 재능이 있거나, 창의적인 사람은 평재 집단에 비해 상상적 OE 점수가 높았다. 멕시코에서는 창의적 연구 대상자의 감각적 OE 점수가 창의적이지 않은 비교집단에 비해 높았다. 대만의 경우 영재 및 재능아 집단은 감각적, 정서적 OE에서 높은 점수를 기록했다. 단 하나의 연구(대만)에서만 평재 집단이 비교집단보다 높은 OE를 나타냈는데, 평재 학생은 영재 및 우수 학생보다 심체적 OE가 높았다.

미국 표집과의 비교

미국에서는 OE의 성별 차이와 지적 능력별 차이를 알기 위해 562명의 대학생 표본을 분석하였다. 중다변량분석(MANOVA, 전체 F(5,540)=35.74, p < .001) 결과 남학생의 심체적 OE(p=.01), 지적 OE(p=.00), 상상적 OE(p=.00) 점수가 여학생보다 더 높았던 반면, 여학생은 정서적 OE(p=.00)와 감각적 OE(p=.05)가 더 높게 나타났다. 이러한 결과는 남학생의 심체적 OE가 더 높고 여학생은 정서적 OE와 감각적 OE에서 더 높은 점수를 나타낸다는 비교문화 연구의 결과와 비슷하다. 다른 연구와는 달리, 남학생의 감각적 OE와 상상적 OE 점수 역시 여학생의 감각적 OE와 상상적 OE 점수에 비해 높게 나타났다.

영재 및 우수 학생과 AP 학생, 평재 학생에 대한 집단 비교에서는(전체 F(10, 1080)=3.95, p < .001) 영재 혹은 우수 학생으로 판별된 대학생들이 AP나 평재 집단보다 지적 OE(p=.00)와 정서적 OE(p=.00)가 높았다(Bouchet & Falk, 2001). 이러한 결과는 영재 학생, 창의적인 학생, 평균 이상의 학생들이 재능이나 평재 집단과 비교했을 때 지적 OE가 높다는 비교문화 연구의 결과와 일맥상통한다. 그러나 상상적, 감각적, 심체적 OE에 관련하여 일부 비교문화 연구에서 나타난 결과는 미국 연구에서 나타나지 않았다.

향후 연구 및 결론

지금까지 살펴본 것과 같은 연구는 미래의 연구자들에게 질문을 던진다. 현재 우리는 개인의 점수를 OE라고 확정 짓는 OEQ-II(혹은 그 번역본)의 정확한 점수를 모른다. 기초선이 되는 규준을 세우는 것, 가능하다면 각기 다른 연령대의 집단에 대한 규준을 세우는 것이 중요한 다음 단계다. 5학년, 8학년, 11학년으로 이루어진 대만의 규준 표집이 그러한 시작점을 제공할 것이다. 그러나

이 연구에서는 규준집단과 영재 및 재능아 집단을 구분하지 않았다. 그렇다 하더라도 2.75 이상의 점수는 그러한 기초선을 나타내는 것으로 보인다. 이러 한 기초선 규준을 더욱 정확하게 만드는 향후 연구가 필요하다.

　여기에 실린 것과 같은 연구들은 OE가 영재성과 연결되어 있다는 확신을 준 다. 그러나 측정방식은 계속해서 개선해 나가야 한다. 최근 발달한 측정방식은 어린 나이의 아동을 위한 영어 버전의 OEQ-II다. 이 검사, 즉 OEQ2-c에 대한 검증은 현재 진행 중이다(Daniels et al., 근간). 선행 연구의 결과는 9~13세 아동 의 다섯 가지 OE를 판별할 수 있는 신뢰성 있는 도구라는 것을 보여 준다.

　앞으로의 연구는 OE와 관련된 변인을 탐구해야 한다. 현재 두 명의 공저자 가 신경심리학적 변인과 OE 사이의 관계를 검토하는 연구를 진행 중이다. Hsin-Jen Chang과 동료들은 대만에서 재능 있는 학생에 대한 신경심리학적 측정 및 OE 측정방식과 함께 뇌 구조를 연구하고 있다(H. Chang, 개인서신, 2007년 1월 8일). Chavez-Eakle은 신경전달물질인 세로토닌과 도파민을 위해 부호화되어 있는 유전자의 분자 변형과 매우 창의적인 사람의 OE 간의 관련 성을 평가하기 위한 멕시코시티의 국립정신의학연구소(National Institute of Psychiatry) 연구 프로젝트의 마지막 단계에 와 있다(R. A. Chavez-Eakle, 개인서 신, 2007년 3월 20일). 현재의 개념을 뛰어넘는 이와 같은 대담하고 창의적인 연 구들은 영재 및 우수한 인재의 OE와 그 결과에 대한 새로운 통찰력으로 이어 질 것이다.

　여기에 제시된 연구들의 대상자의 언어, 문화, 연령 및 각 연구자가 차이가 있는데도, 이 데이터에서 OE의 존재는 분명하게 나타난다. 더욱이 검사지 응 답에 나타나는 OE의 표현에는 성역할에 대한 전형적 사회화가 나타난다. 성 고정관념은 사실 문화마다 나타났으며, 다양한 집단에 걸쳐 나타나면서 보편 적으로 성별을 반영한 응답을 나타내게 했다. 어쩌면 OE 응답을 이해하는 것 이 개인이 외부 환경에 반응하는 방식을 설명할 수도 있다.

　교육 분야에서 더욱 중요한 것은 OE가 영재와 평재를 구분할 수 있다는 것 을 알았다는 점이다. 이러한 결과의 한 가지 함의는 미래에 교육학자가 영재성의 수많은 징후에 OEQ-II를 중요한 정보로 포함할 수도 있다는 것이다.

이러한 결과가 발달 잠재성의 이론적 구조와 관련해 알려 줄지는 여전히 의문이고 더 많은 연구가 필요하다. 아직까지는 OE가 긍정적 비통합을 통해 다중수준의 발달로 이어진다는 증거가 적다. 그러나 OE가 발달수준을 예측한다는 것은 증명되었다(Lysy & Picchowski, 1983; Miller et al., 1994). 이 반복연구에서 얻을 수 있는 중요한 소식은 Dabrowski 이론이 비교문화적 타당성을 보여 준다는 것이며, 그러므로 OE의 개념에 대해서도 비교문화적 타당성을 나타내는 것 같다는 점이다. 이 결과는 문화와 언어에 무관하게 진실성을 유지한다. 복잡한 긍정적 비통합이론의 이 유익한 개념은 정서적 세계의 강렬함과 정서지능으로 우리의 관심을 이끈다. 이는 오늘날 마땅히 받아야 하는 관심을 받고 있을 뿐인 사회적 발달과 도덕성 발달을 이해하는 데 있어 필수적인 분야다.

Dabrowski's Theory of Positive Disintegration

신비주의 인물들의 성격의 비통합과 재통합

Laurence F. Nixon, Ph.D.*

내가 처음 긍정적 비통합이론을 접했을 때, 나는 연결된 단계들이 신비주의(mystical) 학자들과 신비주의 지침서의 저자, 자전적 글에서 묘사하는 신비적 발달과정과 긴밀하게 맞아떨어진다는 사실에 충격을 받았다. 이 이론의 저자가 각기 다른 수준에서의 구조 사이의 연관성을 포함한 근본적인 성격 구조를 체계적으로 기술하고 있을 뿐만 아니라, 더 나아가 성장과정의 원인(어느 정도의 환경적 지지와 결합된 발달 잠재성과 외적 좌절)을 밝혔다는 사실에 더욱 관심이 생겼다. 그래서 나는 석사논문(Nixon, 1983)과 박사논문(Nixon, 1990)에서 이 이론을 적용하여 명상에 관한 경험적 연구를 검토하였다. 나는 이 이론을 활용하여 신비적 발달의 시작 단계를 분석하면서, 이 단계를 '신비주의적 투쟁'이라고 불렀다. 이 과정에서 나는 Michael Piechowski가 수행한 엄청난 연구를 공부했을 뿐 아니라 Andrew Kawczak이 진행한 긍정적 비통합이론에 대한 대학원생 세미나에 참여하면서 많은 도움과 격려를 받았다.

이 장에서 나는 자전적 글로 전해지는 종교적 신비주의자의 삶을 연구하는

* Laurence F. Nixon, Ph.D. 캐나다 퀘벡 주 몬트리얼 시 도슨 대학의 종교학부 학장.

데 있어 긍정적 비통합이론이 갖는 가치를 설명하고 싶다. 다른 곳에서(Nixon 1989, 1990, 1994a, 1994b, 1995a, 2000) 나는 긍정적 비통합에서 설명된 성격의 단계가 신비주의자들의 삶에서 발견된다고 주장해 왔지만, 여기서는 개인을 신비주의적 소명으로 이끄는 요인 중 일부, 즉 기질적 요인과 환경적 요인(발달 삼재성[특히 과흥분성], 외적 좌절, 지지적 환경으로 나타나는 요인)에 특히 초점을 맞추고자 한다. 끝으로, 나는 Dabrowski도 발견했으며 조직화된 다중수준의 비통합 과정에서 사용된 신비주의 자서전에서도 나타난 방법(신비주의 관련 서적 읽기, 일기 쓰기, 명상, 금욕주의 등)에 대해 언급하고자 한다. 이러한 유사점을 따라가다 보면 신비주의 인물을 잘 이해하는 동시에 긍정적 비통합이론 자체를 잘 이해할 수 있을 것이다. 선택된 신비주의 자서전에 나타나는 정신적 과흥분성의 예를 드는 것으로 글을 시작하겠다.

정서적 과흥분성

과흥분성의 다섯 가지 형태 중 발달 잠재성 측면에서 가장 중요한 것은 정서적, 상상적, 지적 과흥분성이다. 나는 신비주의 인물의 과흥분성에 대한 예를 이 세 가지 형태로 제한하고, 이 자서전들에 나오는 묘사를 단순히 표면적 가치로만 받아들이지 말라는 몇 마디의 주의와 함께 정서적 과흥분성의 예를 드는 것부터 이야기를 시작하겠다. 예를 들어, 정서적 과민감성의 증거는 14세기 독일의 수녀이자 신비주의자인 Margaret Ebner(1291~1351)의 『계시록(*The Revelations*)』에서 찾아볼 수 있다. 그녀는 자신에 대해 다음과 같이 말한다.

나는 모든 사람으로부터 숨었다. 나는 자매들(즉, 동료 수녀들)을 제외한 누구와의 대화나 방문도 참고 견뎌 내고 싶지 않았다. 나는 신에 대한 이야기 말고는 어떠한 말도 듣고 싶지 않았다. 내 앞에서 소문이나 거친 말들이 나오는 것조차 나에게는 너무나도 견디기 힘든 일이라서 나는 울어 버리곤 했다

(Ebner, 1993, p. 86).

물론 이런 글은 매우 조심스럽게 평가해야 한다. 자서전은 어디까지나 자서 전이고, 그 속에서는 저자의 성스러움이나 성스러울 수 있는 잠재성을 밝힌 문장을 발견하게 되는 경우도 많다. 위의 문단도 분명 그렇다. 게다가 대상자가 일상적인 세상의 대화를 혐오스러워했다는 보고는 칭송 일색의 글쓰기에서 볼 수 있는 많은 평범한 비유 중 하나다. 물론 이것은 Ebner가 사실은 그런 대화를 싫어하지 않았다는 뜻이 아니라, 그저 부가적인 확증적인 증거가 필요하다는 것이다. 소문을 혐오하고 신에 대한 대화에 빠져 있었다는 것이 흔한 비유라면, Ebner가 묘사한 울어 버리는 정서적 반응은 그렇지 않다. 그녀가 자신이 좋아하지 않는 행동에 대한 자신의 반응을 설명하는 데 있어 일관적이라는 사실 역시 Ebner의 삶에 정서적 과흥분성이 존재했다는 사실을 더욱 뒷받침한다.

누군가 하녀들에게 화가 나서 "너는 우리를 섬길 자격이 없다."라고 말했다는 이야기를 들으면, 나는 깊은 슬픔이 밀려와서 울면서 생각했다. '하나님께서는 절대 내가 그를 섬길 자격이 없다고 말씀하신 적이 없었다.' 나는 소를 도살하는 장면을 보던 중 소가 도살당하는 것을 견딜 수 없어서 울음을 터뜨리면서 하나님께서는 내 그릇된 행실 때문에 나를 도살하신 적이 없다는 생각을 했다. 나는 모든 것에 연민을 느꼈고, 어떤 종류의 고통이든 고통스러워하는 모든 사람이 진정으로 안쓰러웠다(p. 90).

여기서 Ebner는 마찬가지로 울음이라는 동일한 반응을 나타내고 있으며, 더욱이 이 문단에서는 그녀의 독특한 내적 삶의 어떤 부분과 그녀가 얼마나 정서적으로 예민했는지를 볼 수 있다.

정서적 과흥분성의 징후를 나타냈던 신비주의자의 두 번째 사례는 힌두교의 종교지도자인 스와미(Swami)였던 Paramahansa Yogananda(1893~1952)다.

다음과 같이 격동적이었던 그의 정서적 삶에 대해 이야기하고 있는 글귀가 많이 있다.

> 나는 아직도 아기 때 무기력하게 당했던 모욕을 기억한다. 나는 걸어 다니면서 나 자신을 자유롭게 표현하지 못한다는 사실에 분개했다. 내 몸의 무력함을 깨달으면서 내 안에서는 신앙심의 욕구가 솟아났다. 나의 강한 정서적 삶은 많은 언어를 통해 정신적으로 표현되었다(Yogananda, 1973, p. 3).

아마도 Yogananda는 말을 시작하기 전의 아기였던(그렇다 하더라도 '많은 언어'로 생각할 수는 있었던) 시절 자신의 정서적 삶의 본질과 강렬함을 정확히 기억할 수 있었던 것 같지만, 비판적 독자에게는 어느 정도의 의심을 품을 여지가 있을 것이다. 한편 Yogananda가 성인이 된 자신의 정서적 반응을 떠올린 다른 글은 의심이 덜 간다.

> 나의 기질은 근본적으로 헌신적이다. 영성철학으로는 가득 차 있지만 헌신에는 메말라 있는 것 같은 나의 스승이 주로 차가운 영적 수학의 용어로 자신을 표현하는 것이 처음에는 당황스러웠다(p. 145).

사람들은 Yogananda가 자신의 영적 스승에 대해 평가하는 부분이 나오면서 그의 좋은 면을 보려는 성향을 가질 것이라고 기대할 것이고, 따라서 그가 자신의 스승에 대해 호의적이지 않게 말하는 맥락 속에서 자신의 정서적 기질을 드러내자 그의 정서적 기질에 대한 폭로에 더욱 무게가 실린다.

Yogananda와 같은 20세기 신비주의자의 경우에는 자서전 이외의 자료도 있다. 그중 하나는 Sananda Lal Ghosh가 쓴 그의 삶에 대한 이야기로, 그는 Yogananda와 특히 가까웠던 형제다. 그의 전기에서 Ghosh(1980, pp. 27-29)는 Yogananda가 어렸을 때 기르던 금붕어의 죽음에 매우 강한 정서적 반응을 보였던 일화를 묘사하고 있다. 그는 슬픔을 가누지 못하고 하루 종일 눈물을 흘렸다고 한다. 이 일화가 Yogananda의 정서적 민감성을 말해 주기는 하지만, 그를 찬양하려는 목적은 아니다. 이 일화에 어떤 목적이 있다면, 사실 오히려 그 반대의 목적이라고 볼 수 있다. Ghosh는 어린 Yogananda가 사고로 그 물고기를 죽인 집안의 하인을 붙잡아 그를 흔들면서 "왜 내 금붕어를 죽였어? 왜?" 하고 울부짖었다는 이야기도 같이 하고 있기 때문이다. 그러자 아들을 달래기 위해 Yogananda의 아버지는 하인을 화형하였다고 한다! 이 이야기에는 앞으로 그가 성스러워질 것임을 시사하는 부분도 없고, 분명히 자신의 삶에 대한 Yogananda 스스로의 설명과 연결되어 있지도 않다. 따라서 이는 정서적 과흥분성이 존재했다는 상대적으로 믿을 만한 증거다.

한정된 지면으로 인해 신비주의자의 자서전을 비판적으로 평가하기 위한 기준에 대해 자세하고 종합적으로 설명하기는 어렵다. 따라서 주의를 기울여야 할 부분에 대한 설명은 위에서 인용한 몇 가지 사례면 충분할 것이다.

상상적 과흥분성

상상적 과흥분성을 암시하는 부분은 19세기 프랑스의 수녀였던 Thérèse of Lisieux(1873~1897)의 영적 자서전에서 찾을 수 있다. 그녀는 자신의 시각적 기억력이 좋았다고 설명한다. "하나님이 나의 청을 들어주셔서… 어린 나이부터… 어린 시절의 기억이 머릿속 매우 깊이 새겨져서, 이야기하려는 것이 거우 어제 일어났던 일 같다."(Lisieux, 1976, pp. 16-17) 상상적 과흥분성이 나타나는 다른 방식은 Thérèse가 상상적인 이야기를 만드는 것을 좋아했다는 데서 나타난다.

(어린 시절의) 나는 또한 생각나는 대로 지어낸 이야기를 말하는 것을 좋아했고, 친구들은 즐거이 내 주변에 모여들곤 했다…. 같은 이야기가 며칠씩 이어졌는데, 내가 만들어 낸 이야기를 듣는 친구들의 얼굴에 뚜렷하게 드러나

는 감동을 볼 때마다 이야기를 더욱더 흥미롭게 만드는 것을 좋아했기 때문이다(p. 81).

Thérèse는 또한 어린 시절 글을 읽는 것에 빠져들었으며, 이는 몰두 상태로 이어졌다고 한다.

> …나는 그림과 독서에 대한 사랑에 관해서는 말한 적이 없다…. 당신이 나에게 상으로 주었던 아름다운 그림에 감사한다. 그것은 내가 덕을 연마하도록 도와준 가장 달콤한 기쁨이자 강한 영감이었다(Thérèse의 자서전은 그녀의 자매이자 당시 그녀의 수녀원 원장이었던 Pauline에게 바치고 있다). 나는 그 그림들을 보면서 몇 시간 동안이나 말조차 잊었다. 예를 들어 〈성스러운 죄수(Divine Prisoner)〉에 나오는 작은 꽃은 나에게 너무 많은 것을 말해 주어서 기억에 깊이 박혔다(p. 71).

우리는 이 인용문에서 상상적 과흥분성의 자질이 Thérèse를 영적 독서와 명상(신비주의자들이 심리적−영적 발달에서 활용하는 두 가지 방법)에 참여하도록 이끌었음을 알 수 있다.

20세기 선불교의 여승인 Satomi Myodo(1896~1978)는 남편과의 결별에 대한 자신의 반응을 묘사한 글에서 시각과 청각으로 나타나는 상상적 과흥분성의 증거를 보여 주고 있다.

> 나의 첫 번째 환상은 아이 아빠가 나를 떠난 직후에 나타났다…. 나는 (들에서) 일을 마치고 피곤했던 터라, 밭 사이의 볏짚 더미 위에 앉아 있었다. 잠깐 사이에 무엇이 나를 때렸는지 알기도 전에 나는 무아지경에 빠졌다…. 별안간 어디선가 장엄한 목소리가 내 이름을 부르는 것이 들렸다. "마츠노! 마츠노!" 깜짝 눈을 뜨자 그 목소리가 "여기를 보게!" 하고 말하는 소리가 다시 들렸다. 나는 의심스러워하며 슬쩍 돌아보았고… 얼마나 놀랐던지! 한때는

먼지만 날리던 평원이었던 곳이 지금은 들판 가득 완두콩이 활짝 피어 있었다. 더 가까이 보았는데… 이게 무엇인가? 완두콩 밭에는 녹색 애벌레가 바글바글했다…. "인간 세계도 이와 같이 심하게 훼손되었다네!" 그것은 목소리가 들려주는 메시지이자 동시에 내 직관에서 나오는 말이었다. 그리고 뻥! 하는 순간 완두콩밭은 사라지고 그곳은 울창한 숲이 되어 있었다(Myodo, 1987, pp. 13-14).

남편을 잃고 뒤이어 아이들까지 잃자 Satomi는 마침내 정신질환을 겪게 되었으며, 다음 글에서 그 징후를 볼 수 있다. 그러나 그녀는 동시에 후에 이상적 성격의 형태를 띠게 되는 초월적 이상도 나타내었다.

…남편이 떠난 순간부터 시작하여 약 2년 동안 나의 정신 상태는 매우 이상한 영적 단계에 있었다. 그것이 어떤 이상한 신비주의였을까? 내가 미쳤던 걸까? 나는 같은 몸 안에 있으면서도 종종 인간 세계를 뛰어넘어 시작을 모를 영원의 머나먼 세계로 올라갔다. 그곳에서 나는 신의 가슴에 완전히 안겼다. 나는 내 형체를 잃고 신과 하나가 되어 평화로운, 진정 평화로운 단 하나의 빛으로 온 주변을 빛냈다. 그것은 형용할 수 없고 더없이 행복한 만족감이었다. 이 상태는 내가 절대적 무(無)의 세계를 지나 무의식으로 들어갈 때까지 지속되었다. 나는 환상이 보일 때까지 다시 앞으로 나아갔다(pp. 11-12).

위에서 인용한 상상적 과흥분성의 사례는 조직화된 다중수준의 비통합의 특징적 역동성이나 수련으로 발전했다. 그러나 다음에 나오는 임제선(Rinzei Zen)의 대가로 유명한 Hakuin Ekaku(1686~1769)의 상상적(그리고 정서적) 과흥분성에 대한 이야기에서 나타나듯, 정서적 과흥분성과 상상적 과흥분성은 모두 자연적 다중수준의 비통합이 나타나게 만드는 역할을 한다. Hakuin은 어릴 때 듣던 설교에 상상적 과흥분성이 드러나는 방식으로 반응했다.

> 내가 7, 8세였을 때 어머니가 나를 처음으로 절에 데려가 우리는 지옥에 관한 설교를 들었다…. 집에 오는 길에, 나는 짧은 삶의 행동을 돌이켜 보고 나에게는 희망이 없겠다는 생각을 했다. 나는 어디로 가야 할지 몰랐고 온몸에 소름이 돋았다. 나는 비밀리에 법화경에 나오는 관음과 대연민심(Greant Compassion)의 다라니(dharani)를 계속 외우며 밤낮으로 암송했다.
>
> 어느 날 어머니와 목욕을 하는데 어머니가 물을 더 데워야겠느냐고 물으시고는 하녀에게 불을 더 지피라고 하였다. 점차 열기로 내 피부가 따끔거리기 시작했고, 철 가마솥이 우르르 소리를 내기 시작했다. 나는 갑자기 지옥에 관해 들었던 묘사가 떠올랐고, 무서워서 이웃집까지 들릴 정도로 크게 소리를 질렀다.
>
> 그때부터 나는 집을 떠나 승려가 되겠다고 결심했다…(Hakuin, 1971, pp. 115-116).

지옥에 관한 설교를 들은 결과, 자신에 대한 불안이 생겨났다("나는 짧은 삶의 행동을 돌이켜 보고 나에게는 희망이 없겠다는 생각을 했다."). 이 역동성은 욕조에서의 경험을 통해 더욱 강화되어, 그는 불교 승려가 되겠다는 결심을 하기에 이르렀다. 15세의 나이에 Hakuin은 정말 집을 떠나 승려가 되었고, 자연적 다중수준의 비통합 단계를 넘어서서 더욱 발달한 수준의 성격에 도달했다.

지적 과흥분성

신비주의자들의 자서전에서 지적 과흥분성은 다양한 방식으로 표현되지만(Nixon, 1999 참조), 많이 나타나는 형태는 의미에 대한 질문, 영적·철학적 독서의 형태로 나타나는 욕구를 충족하려는 시도, 영적 인도에 대한 추구, 명상이다. 20세기의 초종파 기독교 신비주의자인 Irina Starr는 지적 호기심을 충족하기 위해 어린 시절부터 철학과 종교학에 대한 책을 읽었다고 말한다.

내가 책을 읽지 않았던 때는 없었던 것 같고, 그보다 꽤 이전부터도(아마 한 2년 전) 나는 무엇이든 손에 잡히는 대로 읽었지만, 어머니의 책장에 있는 철학, 종교 및 각종 난해한 주제에 관한 책에 가장 관심이 있었다(Starr, 1991, pp. 5-6).

힌두교 요기(yogi)인 Ram Chandra(1899~1983)도 비슷한 이야기를 했다.

나는 9세 때부터 현실에 대한 어떤 목마름을 느꼈으며, 마치 물에 빠진 사람처럼 계속해서 혼란스럽고 당황해했다. 나는 그때 『바가바드기타(Bhagavad Gita)』를 읽기 시작했지만, 이 책은 내 시각을 내가 원하는 만큼의 상태로 이끌어 주지 못했다…. 얼마 후 나는 철학에 관심을 갖게 되었고, 내 방식대로 문제를 생각하기 시작했다. 철학 책을 읽고 싶어진 것은 15~16세 때였다(Ram Chandra, 1980/1974, pp. 3-4).

어린 나이에는 Ram Chandra가 말한 것처럼 지적 과흥분성이 '현실'을 이해하려는 형이상학적 탐구로 나타나며, 그는 힌두교의 위대한 고전 중 하나인 『바가바드기타』를 읽음으로써 이 인지적 욕구를 충족하려고 했다. 그는 청소년기에 철학적 글을 읽기 시작했고, 성인이 되자 자신을 가르치고 실질적으로 지도하여 영적 발달의 과정으로 이끌어 줄 영적 지도자를 찾았다.

잘 알려진 학자이자 선불교 수련자인 D. T. Suzuki(1870~1966)의 경우, 지적 과흥분성과 6세 때 아버지를 잃은 경험이 합쳐지면서 의미를 향한 탐구가 시작되었다. Suzuki는 왜 그러한 운명이 자신에게 닥쳤는지를 묻기 시작했다.

그 당시에 아버지를 잃는다는 것은 아마도 지금보다 훨씬 더 큰 상실감이었을 것이다. 교육이나 이후의 삶에서 자신의 위치를 찾는 것 등 너무 많은 것이 그에게 달려 있었기 때문이다…. 나는 이 모든 것을 잃었고, 17세인가 18세가 되자 이런 불행은 나로 하여금 내 업보에 관해 생각하게 만들었다. 왜

나는 삶을 막 시작하는 시점에 그런 불이익을 겪어야 했을까? 그러자 나의 사고는 철학과 종교로 기울었고, 우리 가족이 선불교의 임제종에 속해 있었기 때문에 내가 문제에 대한 답을 얻기 위해 선불교를 찾은 것은 자연스러운 일이었다. 가족이 등록해 있는 절(그곳은 가나자와에서 가장 작은 절이었다)에 가서 그곳 주지스님에게 선이 무엇인지를 물었던 기억이 난다. 당시의 많은 선승처럼, 그도 아는 것이 많지 않았다….

나는 종종 내 나이 또래의 다른 학생과 철학과 종교에 관한 질문을 논하곤 했으며, 무엇이 비를 만드는지가 항상 풀리지 않는 의문이었던 것으로 기억한다….

그 즈음 학교에 새 선생님이 오셨다. 그 선생님은 수학을 가르쳤다…. 그러나 그 선생님은 선종에도 관심이 있었다… 그는 학생들도 선종에 관심을 갖게 하려고 최선을 다했고, Hakuin Zenshi의 오라테가마(Orategama: 선종의 대가였던 Hakuin이 제자들에게 쓴 편지)를 복사하여 나누어 주었다…. 그것을 많이 이해하지는 못했지만, 나는 어쩐지 매우 관심이 가서 그에 대해 더 알기 위해 선종의 한 큰스님을 찾아가기로 결심했다…(Suzuki, 1986, pp. 3-5).

아버지를 잃은 데 대한 Suzuki의 반응은 지적 과흥분성의 발현으로, 권위자일 것이라고 생각했던 사람(주지스님)에게서 답을 찾으려고 하고, 동료들과 토론에 참여하는 것이었다. 마침내 그는 수학 선생님의 모습으로 나타난 신비주의 멘토를 만났고, 그 선생님은 그에게 Hakuin이라는 모범자의 자전적 글을 소개해 주었다. 이는 Suzuki를 더 탐구하고 명상 훈련에 참여하게 만들었다.

Suzuki의 지적 호기심은 그를 아버지의 이른 죽음에 따른 풀리지 않는 의문에 집착하게 만들었다. 지적 과흥분성이 영적 수수께끼를 풀려는 시도로 나타난 또 다른 예는 20세기의 평화운동가이자 신비주의자인 Peace Pilgrim의 자서전에서 찾을 수 있다.

나는 고등학교 졸업반이 되면서 신을 찾기 시작했지만, 나의 노력은 모두 바깥쪽을 향하고 있었다. 나는 계속 물었다. "신이 무엇일까? 신이 뭐지?" 나는 무척이나 꼬치꼬치 캐묻는 성격이었고, 여러 사람에게 많은 질문을 했지만 어떠한 답도 듣지 못했다! 그렇지만 나는 포기하지 않았다. 머리를 써도 밖에서는 신을 찾을 수 없었기 때문에, 나는 다른 접근을 해 보았다. 나는 개와 함께 멀리 산책을 하면서 그 질문을 깊이 숙고해 보았다. 그 후 잠자리에 들어 자는 동안에도 그 생각을 했다. 그리고 아침이 되자, 나는 안에서부터 들려오는 아주 작은 목소리를 통해 답을 얻었다(Peace Pilgrim, 1991, pp. 1-2).

Peace Pilgrim이 자신의 수수께끼를 해결한 방식은 자연스러운 환경 속에서 성찰적으로 명상을 하는 것이었다. 그 결과 그녀는 더 높은 목적을 위해 자신의 삶을 바치도록 인도한 통찰을 하게 되었다. 그녀는 성격이 발달할수록 자신의 삶을 더욱 헌신했다.

부정적 환경 조건, 특히 상실의 역할

특히 정신적 과흥분성을 포함한 발달 잠재성이 긍정적인 내면의 정신적 변형에 필수적이긴 하지만, Dabrowski는 많은 경우 어떠한 환경적 요인 또한 나타나야 한다는 입장을 취했다. 많은 사람은 어떠한 종류의 환경적 지지가 자산일 수 있다는 점을 직관적으로 받아들이겠지만, 대부분은 부정적인 환경적 상황의 역할이 필수적이라고 보지 않을 것이다. 그러나 긍정적 비통합이론은 이름에서도 알 수 있듯이 역설을 특징으로 하는 이론이다. 성격의 비통합은 긍정적일 수 있고, 사회 부적응도 긍정적일 수 있고, 정신신경증도 병이 아닌 것으로 볼 수 있다. 마찬가지로, 부정적인 환경 조건 역시 성장을 촉진하는 경우로 볼 수도 있는 것이다. Dabrowski는 다음과 같이 말한다.

저자는 완전히 안정적이고 모든 기본적 욕구가 충족된 상태에서는 이러한

(정신적) 변형이 일어날 수 없다는 점을 강조하고자 한다. 더 높은 수준의 욕구와 더 높은 수준의 정서발달을 위해서는 부분적 좌절이나 어느 정도의 내적 갈등, 기본적 욕구의 결핍이나 어느 정도의 어려움이 필수적이다….

보편적이고 감각적이며 편안한 것에 대한 애착을 개인적이고 배타적이며 지속적인 것으로 대체하게 만드는 슬픔과 애도, 우울감, 망설임, 외로움, 죽음에 대한 인식과 다른 고통스러운 경험도 꼭 필요한 것들이다….

이는 기본적 욕구를 충족하는 과정 속에 인간의 진정성을 실현하게 만들고, 삶의 의미에 대한 민감성, 실존주의적 혹은 초월적 관심, 가치체계, 직관, 사색에 대한 민감성을 인식하고 성숙시킬 수 있는 조건이 자리 잡을 공간을 만들기 위해 어느 정도의 불만족이 있어야 한다는 것을 뜻한다.

불쾌한 경험, 특히 실존주의적 충격과 불안은 다른 사람과 자신의 발달에 대한 민감성의 성장을 돕는다. 이는 과거, 현재 혹은 앞으로의 즐거운 순간이나 강한 행복의 경험이 발달에 긍정적 효과를 미칠 수 있다는 가능성을 받아들이지 않는다는 뜻은 아니다.

우리가 '부정적' 경험의 창조적 역할을 특히 강조하는 것은 발달에 있어서 이러한 경험의 역할이 간과되고 잘못 이해되는 경우가 많기 때문이다 (Dabrowski, 1970, pp. 35-36).

'모든 기본 조건이 충족했을 때는' 성격발달이 일어날 수 없다는 Dabrowski의 주장은 완전히 상반된 입장을 취한 Abraham Maslow(1971)를 염두에 둔 것이다. Dabrowski에게 있어 부정적인 삶의 사건과 좌절은 성장을 위한 경험이었고, 정신적 과흥분성을 소유한 사람은 일반적으로도 그렇고 특히 상실을 경험하는 경우에 있어 부정적인 환경 조건의 덕을 가장 많이 볼 수 있는 사람들이었다.

보통 사람들은 심지어 가까운 친구나 친척의 죽음 앞에서도 약간의 충격을 받고 괴로워할 뿐 더 강한 느낌을 받지 않는다. 정신쇠약자나 신경쇠약자의 경우는 다르다. 그들은 과도한 자기 분석과 공포감, 우울, '이상에 대한 갈구와 영원에 대한 향수'에 빠지는 경향이 있다(Dabrowski, 1937, pp. 29-30).

여기서 Dabrowski는 정신적 과흥분성과 결합된 상실의 경험이 자연적 다중 수준의 비통합에서 발견되는 자기비판적 역동성과 이상을 함께 고무할 수 있다고 주장하고 있음을 주목하라.

자전적 글 자료와 임상 연구에 관한 Dabrowski 자신의 연구는 그로 하여금 성격의 성장이 나타나는 곳에서는 어디서나 불행과 상실로 인한 슬픔도 함께 나타난다는 시각을 갖게 만들었다. Dabrowski의 시각에서 "심리적 변형, 불행, 실패, 상실, 무너짐 등이 일어날 때마다 슬픔의 상태 및 많은 경우 우울의 상태를 만나게 된다는 것이 특징적이다…."(Dabrowski, Kawczak, & Sochanska, 1973, pp. 156-157) 이것은 신비주의자의 삶에서 여러 번 반복되어 나타난다(Nixon, 1995b, 1998).

상실에 대해서는 Satomi Myodo와 Daisetz Suzuki의 자서전에서 앞서 인용한 부분에서 언급되었다. Dabrowski가 묘사한 반응 유형의 또 다른 예는 티벳 불교의 승려인 Chagdud Tulku Rinpoche(1930~2002)의 이야기에서 찾을 수 있다. 그의 어머니는 그가 11세 되던 해 그를 장기간의 집중 명상 수행에 참가시켰다. 수행을 하던 중에 그의 어머니는 사망했다. 장례식에 참석한 후 그의 외삼촌이 자신의 집에서 그를 기르기를 원했지만, 그는 다시 수행에 참가했다(이후 그는 승려가 되었다). 다음은 어머니의 죽음이 자신에게 어떤 영향을 미쳤는지를 Chagdud가 설명한 내용이다.

수행을 시작한 지 넉 달쯤 지났을 때, 내 어린 시절을 완전히 바꾸어 놓은 소식을 전해 들었다. 나는 어머니의 죽음에 망연자실했다. 어머니는 이제 막 40대 초반으로 젊었고, 나는 어머니가 아프다는 사실조차 몰랐다….

어머니의 죽음은 나에게 영원하지 않은 것을 붙드는 것이 얼마나 절망적인가 하는 생각을 강화하였다. 나는 나의 양아버지와 누나, 다른 많은 사람과 마찬가지로 어머니를 사랑했고 그분에게 의지했고, 우리 모두에 대한 어머니의 사랑과 정은 무한했다. 그러나 그러한 강한 유대도 어머니가 우리 손을 떠나 죽는 것을 막지 못했다. 어머니의 지혜에 대한 깨달음마저도 죽음은 초월했지만, 그 육신의 상실을 피할 수는 없었다.

처음 몇 달 동안의 수행은 내가 엎드려 딴 짓을 하는 통에 불안한 출발을 보였지만, 어머니의 죽음 이후 수행으로 돌아왔을 때 나의 수행은 훨씬 목적의식이 있게 되었다(Chagdud, 1992, pp. 49-54).

어머니의 예상치 못했던 죽음의 결과, Chagdud는 고차원적인 가치에 관심을 돌렸으며 자기 안에서 그러한 가치를 따를 결단을 발견했다. 정신적 과흥분성은 다양한 좌절, 실망, 외상을 일으키는 사건과 어우러지면서 영적 거장에게 영적 위기 혹은 영적 비상 상태를 일으킨다. 이러한 위기는 흔히 자연적 다중수준의 비통합을 위한 역동성을 발생시키는 촉매제로 여겨진다.

자연적 다중수준의 비통합 표현으로서의 신비주의적 위기

거의 모든 신비주의자의 행적에서 어느 시점이 되면 전반적이고 지속적인 의식의 위기가 닥치며, 이것은 때에 따라 몇 년간 지속된다. 이 상황을 특징짓는 것은 가치체계와 최고의 가치에 따라 살지 못하는 데 대한 자책이다. 이쯤에서 몇 가지 예를 살펴보는 것이 유용할 것 같다. 첫 번째 예는 명나라 때의 현자이자 신비주의자였던 Lin Zhaoen(1517~1598)으로, 그의 사상은 도교와 불교, 성리학이 조합되어 있다. Lin은 고위 관직에 오르기 위한 글공부에 매진하던 중에 다중수준의 위기 때문에 그 공부를 포기하였다.

나는 과거를 앞두고 공부하면서 「중용을 지킨다는 것에 대하여」와 「한 줄기에 대하여」라는 두 편의 글을 썼다. 당시 모든 사람이 나의 글이 요, 순, 공자로부터 내려오는 원칙을 고수하고 있다고 말했다. 나 역시 기뻐하며 내가 그들을 이해했다고 생각했다. 1~2년쯤 지난 어느 날, 나는 문득 내가 쓴 것을 행동에 체화하려고 노력하는 동안에도 그 말이 무엇을 뜻하는지 이해하지 못했다는 것을 깨닫게 되었다. 그것은 선조의 잔재를 반영한 것에 불과했다. 나는 그러한 글로 다른 사람을 속였을 뿐 아니라 나 자신도 속이고 있었던 것이다. 스스로를 호되게 비난하면서, 나는 과거 공부를 버리고 현자와 훌륭한 사람들의 도를 따라가기 시작했다. 나는 내 안에서 그 도를 실현하고, 마음에 도를 얻어 행동으로 그 도를 나타낼 방법을 찾겠다고 결심했다. 내가 어찌 감히 그저 말뿐인 것을 되풀이하는 일에 다시 한 번 전념할 수 있었겠는가 (Berling, 1980, pp. 63-64).

다중수준의 위기의 두 번째 사례는 14세기의 이슬람 신비주의자 Sayyid Haydar Amuli(1319~1385)로, 그는 수피(Sufi)로서의 개인적 변형과정을 추구하기 위해 당시 이란의 통치자였던 Fakhr al-Dawlah를 섬기는 명예와 부가 보장된 직업을 포기한 사람이다.

　　나는… (이란 황제의 궁중에서의) 임무를 맡게 되었다. 그리 오래지 않아… 나는 상상할 수 없을 만큼의 상당한 지위와 부를 얻게 되었다. 이런 식으로, 나는 국민, 친구, 이웃보다 호화롭고 부유하며 영예로운 삶을 살게 되었다.
　　진리에 대한 열망, 그 본능적이고 자연스러운 욕망이 내 안에서 불붙기 시작하고 알라께서 내 무지와 알라를 잊고 산 결과 내 안에서 악과 부패가 자라고 있음을 알게 하실 때까지 나는 그런 상태로 얼마간을 보냈다. 내가 바른 길에서 벗어나 사악한 길을 따르고 있다는 것이 분명해졌다. 내가 죄악과 범죄의 벼랑에 가까운 잘못된 길을 딛고 있었음이 분명하게 나타났다. 그 순간 나는 내면 깊은 곳에서부터 신께 기도를 드렸다. 나는 이러한 나의 행동으로부터 나를 자유롭게 해 달라고 애원했다(나의 모든 열정과 열망은 이 세상과 그 즐거움에서 벗어나는 것이었다). 나는 내 안에서 진리를 향해 돌아서서 성스러운 연합(tawhid)의 길을 떠날 준비가 되어 있음을 알았다(Amuli, 1989, pp. xvii-xix).

우리는 이 두 사람의 사례에서 가치체계(그들 각자의 종교적 문화에 따라 표현된)와 그에 대응하여 자신이 높은 가치라고 믿는 것에 충실하지 않은 것에 대한 강한 불만족과 자기비판을 발견할 수 있다.

신비주의 책 읽기

전반적이고 지속적인 다중수준의 위기에 대한 잠재적 신비주의자의 반응은 자신이 이루고 싶은 영적 성장의 과정을 자극하고 지지할 환경을 찾는 것이다. 다른 것 중에서도 이러한 환경은 이런 포부가 큰 사람을 신비주의적 글쓰기, 구전으로 전해지는 가르침과 꾸짖음, 격려, 다양한 신비주의적 수련에 관한 상담에 노출시킨다. 미래의 신비주의자가 거치는 훈련에는 영성 서적 읽기, 금욕, 명상이 포함된다. 영성 서적을 읽은 사례는 20세기의 힌두교 Swami Ramdas(1884~1963)를 들 수 있다. 그는 간단하게 "때때로 그는 Sri Krishna(바가바드기타)와 부처(아시아의 빛), 예수 그리스도(신약), 마하트마 간디(젊은 인도와 윤리적 종교)에 관해 읽으라는 '하느님' Ram의 부름을 받았다"(Ramdas, 1994, p. 4). Swami Ramdas는 겸손의 표현으로 그의 자서전에서 자신을 3인칭으로 언급하고 있다. 그가 고른 책들은 분명 현대적으로 절충된 것이지만, 핵심은 그가 이러한 책에서 자신의 영적 발달의 영감을 찾았다는 점이다.

많은 신비주의자가 자신들에게 정보와 통찰력, 동기, 격려를 제공한 것으로 영성 서적을 꼽는다. 다른 사례인 Swami Purohit는 영성 서적을 읽은 것이 자신에게 미친 긍정적 효과를 설명한다.

이런 식으로, 나는 다양한 요가법을 접하게 되었다. 나는 *Geeta*를 주기적으로 읽으면서 점점 더 그 책을 이해하게 되었다. 나는 *Gur[u]-Charita*를 읽었고, 이 책은 내 마음에 헌신이라는 커다란 원칙을 주입하였다. 내가 읽은 성자들의 삶에 관한 책은 (영성의) 실제적 삶을 장려해 주었다(Purohit, 1992/1932, p. 31).

성자의 삶을 다룬 책을 읽은 것이 영감의 원천이었다는 Purohit의 만족감은 『긍정적 비통합을 통한 성격형성』 중 발달에 도움을 주는 요소에 관한 논의에 나오는, 영웅의 삶에 대한 Dabrowski의 평가와 일맥상통한다. "때때로 핵심적 역동성을 성격발달에 대해 심리적으로, 이데올로기적으로 민감하게 만드는 영웅의 이야기를 보여 주는 책은 이러한 발달을 자극하는 중요한 요인일 수 있다."(1967, p. 150)

한편 Swami Purohit에게 있어 영성 서적을 읽는 것은 한계가 있었다. 발달의 어느 지점에 이르자, 그는 명상과 같은 더 변형적인 수련에 참여하기 위해서는 영성 서적을 버려야만 한다고 느꼈다.

나는 빛을 찾아 여기저기를 헤매었다. 나는 종교와 요가에 관한 많은 책을 읽었다. 마침내 어느 날 위기가 찾아왔다. 나는 Shrikrishna 신의 경전인 *Geeta*를 읽고 있었다. "욕정, 분노, 탐욕이야말로 세 가지 큰 적이다. 그러므로 그것들을 죽이라." 이러한 계율은 매일 읽어 왔던 것이었지만 쓸모없게 여겨졌다. 이러한 것은 실현되이야만 한다. 공부만 하는 것은 나를 더욱 똑똑하게 만들었다. 나에게 필요한 것은 지식이 아닌 지혜였다. 배움으로는 나를 다스릴 수 없었다…. 나는 *Geeta*를 비롯한 모든 성서를 던져 버리고, 가만히 앉아 움직일 수 있는 모든 심력을 다하여 집중하고 (하나님) Lord Dattatreya를 명상했다…(Purohit, 1992/1932, pp. 46-47).

다른 많은 신비주의적 전통(예, 선불교)에서도 신비주의 연구가 일정 지점을 넘어서면 한계에 부딪힌다는 언급이 등장한다는 것을 주지하기 바란다.

금욕

공부에 대한 태도가 어떠하든(그것이 발달에 단기적인 도움을 준다고 보는가 혹은 장기적인 도움을 준다고 보는가) 모든 신비주의적 전통에서는 다양한 형태의 금욕(asceticism)과 명상(meditation)을 격려하고 있으며, 모든 신비주의자가 이를 받아들인다. 성격발달에 대한 Dabrowski의 접근에서 나타나는 독특한 특성 중 하나는 그가 당시에는 인기를 끌지 못했던 수련(명상과 특히 금욕)의 치료적 가치를 인식했다는 점이다. 모든 사람이 훌륭한 음악가, 발레무용수, 피겨 스케이터 혹은 야구선수가 되기 위해 필요한 금욕주의적 엄격함을 찬미한다. 그러나 성격발달 역시 다양한 형태의 희생이나 자기부정을 요한다는 생각은 대부분의 성격발달 이론에 들어가 있지 않다. Dabrowski에게 있어 절망과 불안, 상실이 자연적 다중수준의 비통합을 이끌어 내는 것과 마찬가지로, 자신이 시작하여 자신이 통제하는 절망과 박탈감은 조직화된 다중수준의 비통합과 이차적 통합과정에서 필수적이다.

> 문화적 가치의 세계에서 희생은 중대한 역할을 한다…. 이를테면 고통과 죽음까지도 더 높은 가치를 낳을 수 있다…. 힘든 경험이 언제나 정신적 삶을 사라지게 하는 것은 아니고, 많은 경우 정신적 삶을 강화하고 개선한다. 단식, 자신을 통제하는 연습과 금욕은 저항을 불러일으키고, 개인의 도덕적 각성을 강화하며, 개인이 붙들고 있는 원칙을 위한 의식적 싸움을 더욱 기꺼이 준비하도록 한다. 고통은 바르게 경험한다면 우리를 타인의 고통에 민감하게 만들어 주고, 새로운 인식을 일깨우며, 우리를 둘러싼 세계를 향한 매우 자기중심적인 태도를 깨뜨린다(Dabrowski, 1967, p. 30).

다른 곳에서 Dabrowski는 부분적 죽음 본능으로서 금욕을 언급하고 있으며, 이것이 낮은 수준의 성격 구조를 제거하는 역할을 한다고 설명한다.

발달의 한 요인으로 부분적 죽음 본능이 작용하는 것을 살펴보았다. 이는 낮은 수준의 성격 구조를 근절하는 의식적이고 정교한 프로그램이다. 이를 이루기 위해서는 일차적 수준에서 남아 있는 내면의 심리적 환경의 구조를 파괴하기 위해 일부 역동성의 비통합적 작용(예를 들면, 제3요인의 거부적 측면, 주체-대상으로서의 자아의 비판적 측면, 자기 통제의 억제적 측면)이 증가할 수 있다. 이는 금욕이나 타인을 위해 개인적 열망을 억제하는 것, 혹은 개인의 기본적인 욕구를 의도적으로 자연적으로 좌절시키는 등의 형태를 취할 수 있다(Dabrowski & Piechowski, 1977, pp. 172-173).

물론 Dabrowski가 신비주의 인물에 매우 친숙했으며, 심지어 『긍정적 비통합을 통한 성격형성』에서는 이러한 인물에 대한 분석을 한 가지 이상(Hippo의 St. Augustine) 포함했다는 것도 언급해야 한다. 따라서 그의 이론과 신비주의 발달 모형 사이에 둘 다 금욕을 위한 공간을 남겨 놓았다는 것 등 몇 가지 대응되는 점이 있다는 것은 놀랍지 않다. Dabrowski는 금욕에 대한 논의에 발달 잠재성 측면에서의 설명을 추가하였고, 발달에 있어 금욕이 수행하는 구체적인 기능을 확인해 냈다. 신비주의자의 자서전은 매우 엄격한 금욕적 수행을 언급하는 경우가 많지만, 여기서는 아마 한 신비주의자의 삶에서 나타나는 적당한 수준의 금욕의 예를 인용하는 것으로도 충분할 것이다. 이는 20세기의 평범한 힌두교인인 Gopi Krishna(1903~1984)의 자서전에서 발췌한 내용이다.

…이를 모든 것에 대한 나의 의지를 단호히 주장하는 지점으로 삼고 작은 것에서부터 시작해 점점 크고 어려운 화두로 그 적용을 확장해 나가면서, 나 자신을 다스린다는 느낌이 들고 일상적인 유혹의 쉬운 사냥감으로 전락하지는 않겠다는 확신이 자라는 것이 느껴질 때까지 실망 속에 움츠리고 있는 쉬운 것을 좋아하는 본성에 반하여 나 자신을 귀찮고 엄격한 과업을 해내야 하는 고행으로 몰아붙였다(Krishna, 1993, p. 82).

이 문단은 자기 통제의 역동성이 시작되는 것을 잘 보여 주고 있다. Gopi Krishna는 여기서 Dabrowski가 말한 것처럼 발달에 필수적인 좌절과 고통스러운 경험을 내면화하는 신비주의 수행을 명쾌하게 설명하고 있다. 내면화를 통해 Gopi Krishna는 자신의 유혹을 다스리게 되었고, 그렇게 자신의 성격발달에 대한 주도권도 잡았다.

명상

비록 지속적이고 종합적인 방식으로 명상에 대해 쓴 적은 한 번도 없지만, Dabrowski는 이 수행에 대해 여러 번 언급했고, 이를 체계적으로 조직해 보면 명상은 성격의 각기 다른 수준에 작용하는 기능 모형(model of the functions)이다(Nixon, 1996a 참조). 나는 여기서 자연적 다중수준의 비통합과 조직화된 다중수준의 비통합 수준에서 명상이 하는 역할을 간단히 언급하겠다. 3수준에서의 고독을 논의하면서, Dabrowski는 "성찰, 명상과 사색에 대한 욕구가 증가하면서 다중수준의 비통합 역동성을 발달시키기 위한 필요조건으로서의 고독에 대한 욕구가 증가된다."라고 말한다(1996a, p. 116). 그리고 성공에 대해 언급하면서, 그는 3수준에 대해 다음과 같이 말하였다.

…외적인 성공과는 점차 멀어진다. 도덕적, 이타주의적, 창의적 성공으로 무게가 옮겨 간다. '낮은' 형태의 성공은 '높은' 것을 위해 포기하게 된다. 가끔 강제로 이상을 성취하려는 과정에서 낮은 종류의 성공이 돌발적으로 사라지기도 한다. 이것은 관용과 자기희생의 극적인 초기 형태에서 나타난다. 때에 따라 이것은 금욕과 세속적 삶에 대한 포기의 더 큰 형태로 나타나기도 한다. 성공의 의미는 명상과 사색 속에서 발달한다(1996a, p. 93).

이러한 언급은 힌두교 Swami Purohit가 자신의 자서전에 기록한 경험에 잘 나타나 있다.

> 나는 요가 자세를 연습했고, 명상을 하면서 몇 가지 가르침을 얻었다. 나는 항상 짚으로 만든 깔개에 누워 베개 없이 잠을 잤고, 규칙적으로 두세 번씩 목욕을 하고, 사원에 가고, 세상 속에서도 신의 이름을 되뇌며 내 마음을 신에 대한 한 가지 생각으로 채우려고 노력했다. 내 의식은 매우 민감해졌고, 나로 하여금 내 결함을 깨닫게 했다. 나는 히말라야를 올라야만 한다는 것을 알고 있었고, 내 앞에 놓인 막중한 과업을 수행할 자격을 갖추기 위해 온 힘을 다해 스스로를 무장하려고 애썼다(Purohit, 1992/1932, pp. 31-32).

영적 성공(여기에서는 히말라야 산맥을 오른다는 은유로 언급되었다)을 얻기 위해 무엇이 필요한지를 성찰한 결과, 이 Swami는 금욕적 수행과 명상 요법을 수행했다. 결과적으로 그의 '의식은 매우 민감해졌고', 그는 '자신의 결함을 깨닫게' 되었다. 다시 말해, 그는 명상 수행의 결과로 자연적 다중수준의 비통합의 역동성을 경험했다.

조직화된 다중수준의 비통합 수준에서, 명상은 '매우 높은 수준의 현실에 도달할' 기회를 제공할 수 있다(이차적 통합에 대한 통찰력을 얻거나 그 상태를 맛보게 된다).

> 명상의 상태가 내적 고요, 개인의 약함에 대한 고요한 깨달음, 일상생활의 투쟁에서 얻는 것에 평온한 평정을 가져온다는 것은 잘 알려져 있다. 이러한 내적 평온은 명상적인 억제로 여겨질 수 있으며, 이는 우리의 성취를 강화한다. 흔치 않은 경우이지만, 개인은 매우 높은 수준의 현실에 도달할 기회를 얻기도 한다. 그런 순간에 새로운 통찰력이 나타나, 어떤 식으로 우리를 '위로' 자극한다. 이러한 경험의 즉각적 결과라고 할 수 있는 이 자극은 긍정적이고 평화로운 긴장으로 가득하다. 그것은 '위로부터' 오는 평온한 자극이

다. 이를 사색적 흥분이라고 부를 수 있다(Dabrowski, 1996a, p. 80).

다른 곳에서 Dabrowski는 높은 수준의 현실이라는 말이 무슨 뜻인지를 좀 더 설명한다.

> 높은 수준의 현실은 발달에 대한 철학적 개념과 실존주의적 경험, 진정한 신비주의, 사색과 황홀경으로 표현된다. 최고 수준에서의 현실은 사물과 정신사회학적 관계의 현실이 아닌 이상의 현실이다. 그것은 직접 경험을 통해 발견하는 초월적 현실의 경계다(Dabrowski, 1996a, p. 93).

명왕조대의 성리학자였던 Gao Panlong(1562~1626)의 자서전에서 금욕과 명상이 어우러짐으로써 성취된 더 높은 수준의 현실에 대해 단편적으로 살펴볼 수 있다.

> 배에서의 다음 날, 나는 진지하게 자리를 정돈하고 심각하게 규칙과 규제를 만들었다. 하루의 반나절 동안 나는 조용히 앉아 있기(즉, 명상)를 수행했고, 나머지 반나절 동안에는 공부를 했다. 조용히 앉아 있는 동안, 나는 어떠한 특정 방식에 고정되지 않고 그저 Ch'eng과 Chu가 일반적으로 이야기한 방법을 따라 하나하나씩 수행했다. 온전히 숭배하는 마음으로 고요를 근본적인 것으로 여기고, 기쁨과 분노, 슬픔과 행복이 일어나기 전 모습을 살피고, 조용히 앉아 마음을 정화하고, 천국의 원칙을 실현한다. 내가 서 있을 때나, 앉을 때나, 먹을 때나, 쉴 때나, 이런 생각은 계속 나타났다. 밤이 되어도 나는 옷을 벗지 않았고, 뼛속까지 피곤해진 뒤에라야 잠이 들었다. 일어나자마자 나는 다시 자리에 앉아 이 다양한 수련방법을 바꾸어 가며 반복했다. 마음의 본질이 깨끗하고 고요해지면 모든 천지가 채워지는 느낌이 들었지만, 이는 오래가지 않았다(Taylor, 1978, pp. 126-127).

Gao는 강에 묶여 있는 배를 수행의 장소로 삼았다. 그는 그곳에서 공부, 금욕, 명상 요법 프로그램을 만들었다. 그는 명상을 통해 더 높은 현실이라고 이해한 것의 단편을 보았지만, 그것은 그저 단상일 뿐이었다("이는 오래가지 않았다."). 일반적으로 신비주의 경험으로 불리는 Gao의 초월적 현실에 대한 경험은 아래에서 다루어질 것이다. 우선 나는 신비주의 발달 혹은 성격발달에 대한 또 하나의 중요한 지지 자원(즉, 신비주의자의 멘토)에 대해 논의하려고 한다.

신비주의자의 멘토

거의 모든 신비주의자의 자서전에서 중요한 역할은 영적 조언자, 구루, 사부 혹은 안내자(성장하고 있는 신비주의자를 더욱 성장하도록 가르치고 인도할 사람)에게서 나타난다. 모로코의 Sufi Ibn Ajiba(1747~1809)의 자서전에 나오는 문단이 이를 설명할 것이다.

> 우리의 샤이흐(shaykh, 영적 안내자) Sidi Muhammad al-Buzidi al-Hasani는 나와 서신을 주고받기 시작했다. 그는 나에게 신과의 우호와 합일을 추구하라고 격려했다. 그는 나에게 이렇게 썼다. "만일 당신이 '신비주의적' 지식을 원한다면, 만일 이해라는 보물을 원한다면 오시오!"…
> 그가 나를 처음 맡았을 때, 나는 이렇게 말했다. "저는 선생님 손에 있습니다! 저와 함께 원하시는 대로 하십시오. 저에게 선생님께서 바라시는 바를 명하십시오!"… 그때부터 나는… 신이 나에게 위대한 환상을 줄 때까지 샤이흐를 자주 찾아갔다…(Ibn Ajiba, 1999, pp. 78-79).

Ibn Ajiba는 더 나아가 샤이흐는 필수적이라고 말한다.

'깨달음을 얻은' 샤이흐, 그리고 심오한 진리와 모두에게 열려 있는 법이 함께 어우러진 영적 안내서에 대한 지속적이고 완전한 복종과 순종 없이는 수피의 길을 갈 방법이 없다는 것을… 알아야 한다. 특히 누군가 만일 베일을 벗고 깨닫기를 꿈꾼다면 더욱 그렇다. 영적 길은 아주 위험하고 주어진 길에서 조금만 벗어나도 목적에서 아주 멀리 벗어나는 결과로 이어지기 때문이다 (p. 101).

Dabrowski는 성격발달을 돕는 데 있어 조언자가 중요한 역할을 하게 만들었다.

우리는 모든 단계, 그중에서도 특히 초기 단계 및 그 이후 단계(즉, 엄청난 갈등과 창의적 긴장의 시기, 무너질 가능성이 매우 높은 시기)에서 조언자가 성격발달에 대한 매우 중요한 역할을 한다는 사실에 주목해야 한다.

첫 번째 단계에서 주요 역할은 조언자(즉, 가정교사, 교사, 부모 혹은 의사)에게 맡겨져 있는 반면 발달의 두 번째 단계에서 주 역할은 발달하는 개인 자신에게로 넘어간다. 그렇다 하더라도 이것이 두 번째 단계에서 도움이 불필요하다는 뜻은 아니다. 반면, 수동적 민감화 단계에서 자신의 힘을 동원하는 단계, 개인의 내부의 환경을 강하게 작동하는 단계를 거쳐 비통합의 시기로 넘어가는 데에는 조언자 입장에서의 엄청난 책임과 경계가 필요하다. 조언자의 도움은 개인의 발달과정에서 최종적이거나 부적절하거나 혹은 너무 떨어져서 개입하면 안 되며, 점차 더 감지할 수 없는 것이 될 것이고, 더 미세하고 더 '유용한' 것이 되어야 한다(Dabrowski, 1967, p. 151).

두 가지 전반적인 단계에 대한 Dabrowski의 구분은 구루의 역할에 대한 Paramahansa Yogananda의 설명에서 드러난다.

나의 구루는 제자들을 혹평했다…. 그는 나처럼 간절히 제자가 되기를 청

한 누구에게도 관용을 보이지 않았다…. 그는 언제나 말할 때는 평이하고 질
책할 때는 예리했다…. 그러나 Sri Yukteswar가 나의 심리적으로 뒤틀린 부
분을 모두 다림질로 펴도록 내버려 두겠다는 내 결심은 변하지 않았다…. 나
는 그가 나의 허영심을 다루던 겸손한 충격에 무한히 감사하고 있다…. 이기
주의의 단단한 중심은 무례한 방법이 아니고서는 몰아내기 어렵다. 출발과
함께 마침내 이 성인은 방해받지 않는 통로를 찾았다…. 제자들의 간단하고
무시할 수도 있는 단점을 거창한 무게를 실어 지적하는 것은 사부의 수련이
었다…. 사부는 내키면 언제 어디서나 끈질기게 나를 분석했다…. 내면의 분
함을 버리고 나자, 혼이 나는 일도 눈에 띄게 줄어들었다. 아주 미묘하지만,
사부는 비교적 관용적인 자세로 누그러지셨다. 이윽고 나는 성격이 일반적으
로 보호하고 있는 합리화와 무의식적인 의구심의 모든 벽을 허물었다
(Yogananda, 1973, pp. 140-145).

Sri Yukteswar의 멘토법은 Dabrowski가 제안한 두 번째 단계의 모형을 따랐
던 것 같다. 구루와의 관계를 시작할 무렵의 Yogananda는 스스로 "자아의 단
단한 중심은 몰아내기 어렵다."고 말했던 대로 자신의 발달을 통제할 수 없었
다. 이 시점에서 그에게는 지속적으로 도전을 받는 것이 필요했다. Yogananda
가 자신의 발달에 대한 책임을 질 수 있게 되면서(예를 들어, 자신의 분노를 버리
는 등) Sri Yukteswar는 적극적인 역할에서 한발 물러났다. 인용구의 마지막 문
장에 나오는 '나는 허물었다'는 표현이 묘사하듯, 이제 Yogananda는 자신의
발달에 대한 책임을 질 수 있었다. 그는 적극적 주체가 된 것이다.

Yogananda가 멘토링의 초기 단계에서 구루에게서 받은 방식의 대우는
Dabrowski가 앞에 인용된 문단에서 언급한 내용과 비슷하지 않다.
Dabrowski는 임상 경험을 바탕으로, 자살의 위험에 놓일 정도로 연약한 환자
를 언급한 것으로 볼 수 있다. Sri Yukteswar는 단단한 성격 구조를 허물어야
하는 자신의 역할을 분명히 알고 있었다. 그렇다 하더라도 Dabrowski와 Sri
Yukteswar는 모두 멘토링에 두 가지 단계가 있으며, 두 번째 단계에서는 조언

을 받는 사람에게 스스로의 발달에 대한 책임을 질 공간을 열어 주어야 한다
는 사실을 알고 있었다.

　Dabrowski가 언급한 성격발달에 대한 지지 자원은 많은 신비주의자의 자서
전에서 찾을 수 있듯이 "개인의 결심이 실현되는 데 초점을 맞추고 성격발달'
의 주어진 영역에서 개인이 성취한 바를 인지하면서" 일기를 쓰는 것
(Dabrowski, 1967, p. 79), "자연 속에서 긴장을 흘려보내는" 것 등(Dabrowski,
1967, p. 182) 다른 것도 많다. 앞에서 인용한 Peace Pilgrim의 자서전 중 한 부
분에서 우리는 후자의 예를 발견할 수 있다. 전자의 예는 20세기 선불교의 대
가였던 Tsuji Somei(b. 1904)에 나타난다.

> '독신승이 될 것인가 말 것인가를 결정하려고' 영적 갈등을 겪던 시간 동
> 안, 나는 작은 공책을 들고 다니면서 어떤 식으로든 생각을 정리하는 데 도움
> 을 줄 것이라는 기대로 스쳐 가는 생각과 느낌을 적곤 했다(Somei, 1993, p.
> 128).

　이것이 그의 다중수준의 갈등을 묘사하는 맥락에서 나온 것이기 때문에, 일
기를 썼다는 이 간략한 언급을 하면서 Somei는 그가 결정하거나 성취한 내용
을 기록했다고는 말하지 않고 있으며, Dabrowski 역시 일기가 생각과 느낌을
기록하고 생각을 정리하기 위한 가치가 있다고 명쾌하게 말하지는 않지만, 일
기를 쓰는 것이 발달에 대한 조력자로 유용하다는 Dabrowski의 평에서 그가
분명하게 언급한 것 이상의 의미를 유추할 수 있다고 생각한다. 발달에 대한
다양한 지원요소의 목표는 물론 성격의 변형이며, 이 과정의 한 부분은 신비
주의 경험을 통해 재구성된다.

신비주의 경험

Dabrowski가 신비주의 경험을 나타내기 위해 사용한 용어는 '황홀경(ecsta-sy)'으로, 그는 이를 "제한된 영역에 대한 강렬한 사색의 결과로 나타나는 반무아지경 상태로 이어지는 극도의 주의집중, 신비주의 경험을 특징짓는 상태"라고 정의한다(1972, p. 294). Dabrowski가 이해하는 신비주의 경험 혹은 황홀경은 이를 경험하는 사람의 성격수준에 따라 몇 가지 기능(비통합적인 기능과 통합적인 기능을 모두 포함)을 갖는다(Nixon, 1983). 여기에서 나는 두 가지만 언급하겠다. 이러한 의식 상태의 한 가지 효과는 다음과 같다. "어느 때보다도 빈번하고 깊게 나타나는 황홀감의 상태는 사람을 점차 더 큰 에너지로 채우며, 이것이 그 사람으로 하여금 자신의 본능적 본성에 대한 어느 때보다도 강한 통제력을 얻게 한다."(Dabrowski, 1967, p. 34) 이러한 효과는 19세기 하시디즘의(Hasidic) 신비주의자였던 코마르노의 Isaac Eizik(1806~1874)에게서 발견할 수 있다.

나는 세상에서 완전히 분리되었다. 5583년(1823년) 겨울이 시작될 무렵에 일어난 일이었다. 하루에 두 시간만 자고 나머지 시간을 토라(Torah)와 탈무드(Talmud), 법규('Law' Codes), 경전(the Zohar), 스승(Isaac Luria)의 글과 Rabbi Moses Cordovero의 저술을 공부하는 것(뒤의 세 가지는 신비주의 서적임)이 나의 습관이었다. 그러나 나는 세 달 동안 이 모든 단계에서 멀리 떨어져 영혼이 극도로 작아진 상태에 있었다. 많은 거칠고 악마적인 힘이 일어나 내가 토라를 공부하지 못하게 말리려고 나와 맞섰다. 가장 나빴던 것은 내가 우울의 상태에 던져져 있었던 것이다. 그러나 나의 마음은 바위처럼 단단했다. 이 시기 동안 내가 스스로에게 허용했던 단 하나의 즐거움은 매일 조금의 물과 작은 빵 한 조각을 먹는 것뿐이었다. 내가 공부하는 토라에 무슨 말이 나오건, 내가 무슨 기도를 되뇌건 아무 기쁨이 없었다. 추위가 무척 혹독하고 악마의 힘은 어마어마하게 강해서, 나는 실제로 어떤 선택을 하느냐에 따라 두 갈래 길 사이에서 정확히 가운데에 균형을 잡고 서 있는 셈이었다. 이러한 감언이설의 결과로 엄청난 씁쓸함이 머릿속을 스치고 지나갔다. 정말로 죽음보다 천 배는 더 쓰러졌다. 그러나 일단 그 감언이설을 넘어서자, 일순간 환한 대낮에… 엄청난 빛이 내게로 쏟아졌다…. 그때부터 나는 엄청나고 변하지 않는 환상을 갖고 모든 것의 창조자를 섬기기 시작했다. 달콤한 말은 더 이상 나에 대한 영향력을 갖지 못했다. 그 후 나는 한동안 다시 한 번 넘어지고서야 내가 이미 그 빛을 받기 위해 다듬어진 그릇을 갖고 있기 때문에 그분의 빛을… 나에게로 이끌어 주는 성자들을 따라 여정을 떠나야 한다는 것을 깨닫게 되었다(Jacobs, 1978/1976, pp. 240-241).

이 문단에서는 신비주의 서적을 명상하며 공부하고, 금욕하였으며, 마침내 신비주의 경험을 했다는 말과 그 영향에 대한 언급이 나온다(Dabrowski의 언어를 사용하자면, "점차 더 큰 에너지로, 이를 통해 그 사람으로 하여금 자신의 본능적 본성에 대한 어느 때보다도 강한 통제력을 얻게 하는" 것이다).

Dabrowski는 또한 이차적 통합수준에서의 현실 기능을 논하면서 신비주의적 경험과 이상적 성격 사이의 관계에 관해 말하고 있다.

이상적 성격은 이상적 현실로 이전시키는 영향력으로 작용한다. 이는 진정한 공감, 신비주의적 사색, 황홀감을 통해서만 얻을 수 있는 것으로, 이기심과 순간적이고 자아중심적인 행동과 생각에서 자유로운 현실이다. 이는 이상의 현실이고, 초월의 경계선에 있는 창의성과 자기 완성의 현실이다. 객관적인 현실과 주관적 현실을 동등하게 대변하며 구체적으로 초월을 가능하게 하는 고차원적 가치와 이상의 세계로 무게중심이 이동한다(Dabrowski, 1996a, p. 64).

성격의 초월적 이상을 드러내는 신비주의 경험을 한 사람의 사례로는 20세기 북미의 선불교 수행자였던 Flora Courtois를 들 수 있다. 다음은 그녀의 묘사다.

> 전에 없이 중심을 잡은 느낌과 동시에, 나는 온 우주가 각 지점에 중심을 잡고 있음을 알았다. 비어 있음의 중심으로 들어가 옛 의미에서의 모든 합목적적인 것을 잃어버린 나는 이제까지 그렇게 한곳에 집중되어 있고 명쾌하며 단호한 느낌을 느껴 본 적이 없었다. 분리에서 자유로워져 우주와 하나가 됨을 느끼자, 나 자신을 포함한 모든 것이 대번에 독특하고 동등한 것이 되었다. 신(God)이라는 단어가 나를 받아들인 이 존재를 뜻하는 것이라면, 모든 것이 성스럽거나 혹은 아무것도 아니었다. 어떠한 구별도 할 수 없었다. 모든 새와 싹, 작은 벌레, 점, 원자(atom), 결정체(crystal), 모든 것이 의미 있었고 그 자체로 완전했으며 그 자체로 너무도 중요했다. 위대한 교향곡의 악보처럼, 무엇 하나 크거나 작지 않았고, 전체에서 무엇도 더 중요하거나 덜 중요한 것이 없었다. 나는 이제 하나가 됨과 성스러움이 하나라는 것을 알았다 (Courtois, 1986, p. 51).

신비주의자의 자서전 연구의 가치

나는 긍정적 비통합이론을 신비주의자의 삶에 적용하는 것이 그들의 삶을 성격발달의 측면에서 더 잘 이해할 수 있도록 한다는 것을 밝혔다. 특히 이 이론이 각기 다른 역사적 시기와 종교적 문화의 신비주의자의 삶에 보편적으로 나타나는 기질적, 환경적인 공통의 경향을 확인해 내는 데 유용하다는 것을 밝혔다. 이는 또한 성격의 다양한 단계에서 신비주의자가 발달하는 데 있어 조력자의 역할을 구별해 내고 이해하는 데에도 유용하다. 그러나 긍정적 비통합이론과 신비주의 발달을 비교하는 것의 가치는 그저 일방적인 것이 아니다. 한편으로 이 이론과 신비주의자의 삶을 비교하는 것은 신비주의 현상 전반과 특히

신비주의자의 성장을 더 잘 이해하게 하지만, 다른 한편으로 이러한 대응관계
는 신비주의자의 자서전이 Kazimierz Dabrowski가 설명한 성격발달을 잘 이
해하기 위한 추가 자료를 제공할 수 있다는 것을 의미한다.

이들 자서전에 나타나는 심리영성적 발달은 Dabrowski의 수준과 흥미롭게
도 밀접한 평행관계를 그린다. 또한 흥미롭게도, 성격발달에 대한 지지 자원
을 논하면서 Dabrowski는 세계의 다양한 종교적 전통의 신비주의자의 자서전
에서 언급된 발달에 대한 지지 자원을 거의 모두 언급했다. 한편 그는 이러한
지지 자원이 얼마나 다양하게 표현되는지에 대해서는 설명하지 않았다. 게다
가 발달에 대한 도움을 언급하는 것과 그것을 비교문화적으로 실제로 이해하
는 것은 별개의 문제다. 이를 통해 발달에 대한 지지 자원이 특정 역사적, 문화
적 배경 속에서 기능하는 방식에 대한 이해가 풍요로워질 것이다. 연구자가
신비주의자의 자서전에 나타나는 특정한 종교적 세계관을 묶을 수 있다면, 나
는 이런 글을 연구하는 것이 성격의 비통합과 재통합에 대한 이해와 그 과정
에서 발달에 대한 지지 자원이 기능하는 방식에 대한 이해를 늘릴 수 있다고
믿는다.

제12장

정서 관리와 정서발달: 사회학적 접근

Nancy B. Miller, Ph.D.*

"정서가 당당히 연구 분야가 되는 시대가 도래했다." Michael Lewis와 Jeannette Haviland는 1993년 『정서에 대한 안내서(*Handbook of Emotions*)』(p. ix)의 서문에서 이렇게 선언했다. 1980년대 들어 기본 충동 혹은 귀찮은 감정으로 여겨져 온 정서는 심리학의 인지, 학습, 지각이나 사회학에서의 정체성, 태도, 상호작용과 같은 인간의 과정에 대한 연구를 보완할 수 있고, 심지어 필수적인 것으로 사회과학에 다시 소개되었다. 이들 분야와 다른 사회과학 분야(예, 철학, 역사, 문화연구)에서 정서를 연구 가치가 있는 분야로 포함하게 된 것은 정서에 대한 새로운 모형, 새로운 측정기술, 새로운 개념의 발달에 기인한다(Lewis & Haviland, 1993).

이 장에서는 사회학적 시각을 통해 정서발달을 살펴볼 것이다. 정서와 정서 관리에 대한 사회학자의 시각은 Kazimierz Dabrowski(1977)의 정서발달 수준과 연결될 것이다. Cathryn Johnson(1992)의 정서 분석 틀이 정서적 자아를 바라보는 발달론적 시각으로 제시된다. 다음으로, 두 가지 기본적 정서인 분노

* Nancy B. Miller, Ph.D., 콜로라도 주 덴버 시의 영재발달센터 '고등발달(Advanced Development)' 부편집장이자 심리교육 평가자, '사회의 여성 사회학자' 대표 역임, 애크런 대학교 조교수 역임.

와 기쁨이 Dabrowski 이론의 다섯 번째 수준에서 나타나는 정서 표현과 구분되어 사용된다. 끝으로, 발달수준에 대한 평가는 이론의 경험적 검증을 위해 1969년에 Dabrowski에게 수여된 캐나다 의회의 연구지원 자료 원본에서부터 (Dabrowski, 1977) 정의응답검사(Definition Response Instrument; Gage et al., 1981)와 Miller 평가 부호화 체계(Miller Assessment Coding System, 1985), 도덕적 정서발달의 평가를 위한 Bouchet(2004)의 표현군 사전(dictionary of phase groups) 개발에 이르기까지 연대순으로 기록되어 있다. 정서발달 수준을 평가한 양적 연구와 질적 연구가 모두 포함된다.

정서의 사회학

정서 연구에 참여하는 사회학자는 주로 면대면 상호작용에서 어떻게 정서가 표현되거나 억압되는가와 개인의 집단 구성원, 사회 지위, 혹은 사회적 범주(예, 사회계급, 성, 인종)에 따라 표현이 어떻게 달라지는가에 초점을 맞추었다. 특히 두 가지 요인(권력과 지위)이 정서 표현에 영향을 미치는 것으로 밝혀졌다(Kemper, 1993). 상사와 의견이 불일치하는 경우 개인의 정서 반응은 동료나 부하와 의견이 충돌하는 경우의 반응과는 다를 것이다. 이는 구조적 상황이 우리가 느끼고 반응하는 방식에 어떻게 영향을 주는지를 설명한다. 다른 사회학자는 정서의 본질을 더욱 문화적인 것으로 본다. 그들은 정서가 "사회적으로 구성되고 문화적으로 규정된 사회적 삶의 속성"이라고 믿는다 (Wisecup, Robinson, & Smith-Lovin, 2006). 그들이 볼 때, 우리의 경험은 자기확신적이고 따라서 긍정적인 것으로 해석하거나 확신할 수 없는 부정적인 것으로 해석하는 데 문화적 규범이 사용된다. 긍정적 평가는 자부심과 행복으로 이어지지만, 부정적 평가는 수치감과 죄책감, 불안의 감정으로 연결될 수 있다.

사회학자는 사회적 상호작용과 사회관계가 정서를 발생시킨다고 믿는다.

따라서 정서 표현은 사회화되고, 통제되며, 심지어 관리될 수 있다. 델타 항공사에서 일하는 승무원을 다룬 Arlie Hochschild(1983)의 획기적 연구는 공적 얼굴이라는 가면으로 인간의 진정한 정서를 가리려는 노력을 드러내었다. 그녀의 연구는 일을 하면서 적합한 감정을 표현해야 한다는 승무원의 필수조건에 초점을 맞추었다. 사람의 정서를 관리하려는 시도는 '정서 경영(emotion work)'이라는 이름이 붙었고, 직업에서의 성공을 위해 정서를 통제하는 것은 '정서 노동(emotion labor)'이라고 불렀다. 이러한 정서 처리과정은 개인으로 하여금 표면 행위와 내면 행위를 하도록 요구한다. 표면 행위는 사람이 화가 나거나 슬픈 상황에서도 웃는 경우에 나타난다. 내면 행위는 개인에게 부적절한 정서와 연관된 상황을 재평가함으로써 정서 자체를 바꾸려고 노력할 것을 요구한다. Hochschild의 연구는 정서적 억압이 가져오는 불행한 효과, 즉 정서 억압이 일하지 않는 시간에까지 이어지는 현상인 '정서 마비(emotional numbing)'도 밝혀냈다. 그녀의 뒤를 따르는 연구자들은 교실, 조직 상황, 치료 장소 등 다른 장소에서의 정서 관리와 그 결과를 연구했다(Erickson & Cuthbertson-Johnson, 1997).

사회학과 정서발달

초기 철학자이자 사회심리학자인 George Herbert Mead는 정서를 행위의 시작으로 보았다(문화적 처방에 따라 사회화된 방식으로 표현되는 충동이나 감정이라는 것이다; Mead, 1934). 중요한 타인, 특히 부모와 양육자와의 상호작용은 우리에게 상황에 보다 적합하게 대응하기 위해 특정 반응을 대체하고 감추거나 억누르도록 가르친다. 다른 아동에게 도전을 받은 아동은 악의 대신 친절함을 띠고 대하도록 주의를 받고, 그에 따라 처음의 부정적인 정서 반응을 억제하고 다른 방식을 취할 수 있다. Mead에게 있어 사려 깊은 대응을 위해 행위를 지연하는 능력은 자의식적이고 생각 있는 행동, 혹은 성찰적 지능을 대변하는 것이었다.

Mead의 주요한 기여 중 하나는 구체화였다.

> …사람이 어떻게 사회적 상호작용을 통해 정신을 발달시키고 자아를 획득하는지의 과정이론에 대한 구체화다. 그는 담론의 세계(참조적 상징)를 으뜸으로 여겼고, 어떻게 아기가 마음을 갖고 자기 성찰을 하는 사회적 존재로 변화하는지를 묘사하는 발달 단계를 구체화했다(Johnson, 1992, p. 183).

Mead에 따르면, 자아는 스스로에 대해 객관적이고 비인칭적인 태도를 취하는 법을 배우면서 나타나는 것이다. 이로 인해 자각이 발달하고, 그 사람은 다른 사람이 자신에게 대하는 방식으로 자신에게 반응할 수 있게 된다. 이러한 발달은 (1) 무의미한 모방, (2) 역할놀이, (3) 자신에 대한 타인의 태도 평가, (4) 공유된 태도, 정의, 기대의 내면화를 포함하는 네 단계로 일어난다(Charon, 1995).

자아와 그 성찰적 본성에 대한 연구에서 Mead가 유명하기는 하지만(Falk & Miller, 1998), 사회학자 사이에서 자아의 정서적 영역에 대한 관심을 끌어낸 공을 인정받은 것은 Charles Horton Cooley다(Turner & Stets, 2006). Cooley(1964, 1902)는 거울자아로 묘사했다. 우리는 타인의 반응 속에서 자신을 보고, 그들의 평가를 상상하며 그들의 판단에 따른 감정(즉, 자부심 혹은 수치감)을 경험한다. Cooley에 따르면 감정요소는 "타인의 시각을 받아들이는 것"을 포함하고 있기 때문에 자아의 형성에 중요하다(Charon 1995, p. 105). 이는 자신에 대한 다른 사람의 역할을 받아들이는 능력을 시사한다. Mead와 Cooley는 모두 자아발달 분야에서의 사회학적 연구의 기반을 닦았다.

「정서 자아의 출현: 발달이론(The Emergence of the Emotional Self: A Developmental Theory)」이라는 논문에서 Cathryn Johnson(1992)은 정서발달에 초점을 맞추어 Mead의 다섯 가지 사회화 단계를 확장했다. 그녀는 정서발달이 정신과 자아의 발달과 긴밀하게 맞추어져 있다고 주장한다. Johnson에게 있어 "정서는 사회관계 속에서 자아가 시작되어 발달하는 경험적 자아의 과정으로 보인다"(p. 184). 그녀는 정서발달의 7단계 이론에서, "단순한 것에서 더욱 복잡한 것으로 가는 정서적 경험의 위계"를 나타내는, 경험 기반의 진행과정을 제시하고 있다(p. 184). 아동은 1~5단계에서 기본적인 감정을 경험하고 자극에 대한 단순한 반응에서부터 타인과 감정을 공유하고 자신의 정서와 타인의 정서를 구별하는 단계로 나아간다. 6단계가 되어서야 이 아동은 공감이나 죄책감 같은 더욱 복합적인 정서를 경험하기 시작한다. 이것은 자신에 대한 타인의 입장을 받아들일 수 있고(Mead 식으로 말하자면 성찰적 역할) 관계에 대한 의식이 생기게 될 때(즉, 역할에 대한 태도가 집단이나 공동체에 맞추어 일반화되고 내면화되었을 때) 가능한 일이다. 아동은 이제 내면화된 일반적 기대와 정의에 따라 어느 정도의 일관성을 갖고 행동할 수 있다. "이 단계에서 아동은 무엇이 느껴지는가와 무엇을 표현할 수 있는가 사이의 분리를 더욱 정교하게 이해하게 된다…. 그들은 또한 다양한 감정을 표현할 적절한 때를 배우게 된다."(p. 197)

7단계에서 아동은 상황에 맞지 않는 감정을 보다 적절한 것으로 바꾸어 자신의 감정을 '관리하는', 앞에서 '정서 경영'이라고 언급한 방법을 배운다. 때때로 이 과정은 아동 혹은 성인에게 사회적 관습을 고수하기 위해 진정한 정서를 감출 것을 요구하기도 한다. 정서를 유발하고, 다듬고, 억압할 수 있는 능력은 중요 타인에게서 배운 '감정 법칙(feeling rules)'에 의거해 개발된다. 이러한 과정은 "교회에서는 장난치지 마라."와 같은 모방과 지시를 통해 일어난다.

사회 관습이 아닌 자신의 가치에 따라 정서와 행동을 관리하는 것은 뒤에서 다룰 Dabrowski(1977)의 고등 정서발달 수준(3수준에서 5수준에 이르는)의 특징과 연결 지을 수 있다. Dabrowski의 높은 단계에서 개인의 윤리와 도덕 기준이 정서발달을 이끌고, 자기 통제와 자기 지시와 같은 과정은 정서 표현을 촉진한다.

Dabrowski, Piechowski와 정서

1970년대 중반, Kazimierz Dabrowski(1977; Dabrowski & Piechowski, 1977)와 Michael Piechowski(1975b)는 정서와 감정을 중심 단계에 놓은 인간발달에 관한 연구를 출간했다. 우리가 생각하는 것뿐 아니라 느끼는 것이 성격발달을 이해하는 데 핵심적이라는 것이다. 이 이론에서 발달의 낮은 수준에서 높은 수준으로 개인이 변형하는 데 있어서 정서의 역할은 인지와 동등하거나 인지를 뛰어넘는다.

Dabrowski는 이론을 만드는 데 있어 자신의 경험을 반영했다. "내외부적 현상의 세계는 나의 경험 속에서 각기 다른 위계수준에 따라 배열된 가치의 세계로 형성되기 시작했다."(Dabrowski, 1977, p. xii) 이 이론은 정서, 도덕성, 사회성 발달의 각 단계에서 가치가 구별되어 있다는 점에서 독특하다. 최근 Mróz (2002b)는 그녀가 발견한, 이 이론에 사용된 가치의 두 가지 구별되는 의미를 제시했다.

> 한편으로, 가치는 개인이 중요하다고, 심지어 자신의 행동을 일으키는 것으로 인식하는 모든 욕구로 규정된다. 그것은 개인의 발달수준(다중수준의 가치의 특성을 결정하는)에 따라 충동, 사회환경이나 자연적 요인의 영향력 등을 포괄하는 다양한 요인 속에서 결정될 수도 있다. 다른 한편으로 Dabrowski는… 개인의 경험에 우선하는 절대적 가치의 존재를 가정했다. 이러한 가치는 비통합 과정에서만 발견되고 이러한 발견은 고등발달 수준(즉, 3, 4, 5수준)의 성취와 연결되어 있다…. 개인이 의식적으로 선택하고 적용한 가치는… 이러한 수준에서 형성되는 이상적 성격의 구성 재료가 된다…(pp. 141-142).

가치를 행동의 동기요인이자 고등발달을 위한 구성 재료라는 차원에서 활용한 다음 실험은 두 가지 기본 정서가 1수준에서부터 5수준에 이르기까지 어떻게 달라지는가를 보여 준다. 이는 발달수준을 잘 연구한 설명이나 이 두 정서를 포괄적으로 다룬 것으로 볼 것이 아니라, 발달의 각 수준의 구별이 가능하다는 것을 보여 주는 예를 드는 것이다. 그 밖에도 이 실험은 이론적 개념을 현실에 적용하려는 노력이 이론 전체에 대한 이해를 넓히는 것으로 이어진다는 것을 보여 준다.

근원, 표현 그리고 억제요인 검토

1990년대 말 위스콘신 대학교에서 열린 정서발달과 영재성에 관한 한 하계 워크숍에서, 나와 내 동료(Frank Falk)는 참가자에게 발달의 다양한 수준에서 나타나는 정서 표현을 어떻게 구별할 수 있겠느냐는 질문으로 집단 회기를 시작했다. 우리는 우정과 놀이(Mos & Boodt, 1991), 완벽주의(Silverman, 1990), 자아(Loevinger, 1976)와 같은 개념에 대해 발달론적 시각을 제시하려고 앞서 노력했던 선행 연구들을 설명했다. 우리는 가장 기본적인 정서에 대한 Dabrowski(1977)의 설명에 대해 간단히 논의했다. 그 후 우리는 집단에게 정서수준을 평가하는 데 활용할 수 있을 만한 차원을 판별하여 볼 것을 요청했다. 이어진 대화와 주제에 대한 각자의 연구를 바탕으로 (1) 정서의 근원, (2) 표현방식, (3) 억제요인의 세 가지 영역이 추려졌다.

이 개념은 다음과 같은 방식으로 규정되었다. '근원'은 정서를 자극하거나 끌어내는 주체다. 이는 외부 환경에서 올 수도 있고, 자기비난과 같은 내적 과정에서 나타날 수도 있다. '표현'은 정서가 표현되는 방식을 의미하며, 그 방향과 빈도를 모두 포함한다. '억제요인'은 정서 표현과 정서 자체를 경험하는 것을 통제할 수 있는 요인을 뜻한다. Izard(1971), Ekman(1984)과 다른 학자들(예, Dabrowski, 1977)이 기본적인 정서로 꼽은 '분노'와 '기쁨'을 사용하여, 집단은 Dabrowski(1977)가 설명한 발달의 다섯 수준에서 나타나는 근원, 표현과 억제요인을 설명하는 예를 제시하였다. 〈표 12-1〉과 〈표 12-2〉는 워크숍의 결과를 간략하게 요약한 내용이다. 정보가 부족하거나 누락된 부분은 필자가 보충

표 12-1 분노의 표현

수준	근원	표현	억제요인
I	기본적 욕구 실현의 장애; 지위 상실	자연적, 즉각적, 외향적; 야만적일 수 있음	보복에 대한 두려움
II	개인적 갈등; 자아 안의 반대 성향	덜 자동적이고 덜 공격적	사회적 기준; 타인과 자신에 대한 동정심
III	자신의 의도와 행동 사이의 불일치	타인을 향한 분노가 적음; 개인적 결함에 대해 자신을 향한 분노가 많음	행동의 개인적 기준
IV	불공정; 불공평함	통제됨; 어느 정도 감소	타인에 대한 존중과 공감
V	도덕적, 윤리적, 사회적 잘못	위반에 대한 조용한 저항	보편적 사랑과 이해

표 12-2 기쁨의 표현

수준	근원	표현	억제요인
I	기본적 욕구의 충족	만족감을 절제 없이 표현	실패; 상실; 무력감
II	타인의 지지와 친절; 안정감	조건이 붙는 열정	자기의심; 양가감정
III	자기 발견; 내적 갈등 극복; 이기적이지 않은 행위	이상에 대한 열정	자기 안의 부정적 속성
IV	내적 힘; 타인에 대한 섬김	통제된 즐거움	타인에게 관심을 보이고 자신의 이상적 성격에 도달하는 속도가 느림
V	진정한 자아; 모두를 아우르는 사랑; 이상의 실현	만족감	불공정; 불평등; 타인의 착취와 고통

하였다. 여러 수준에 걸쳐 나타나는 특성은 다음에 요약해 두었다.

분노를 표현하기

좀 더 부드러운 형태의 분노는 짜증이나 조급증이고, 분노가 강하게 나타나는 것이 격노 혹은 격분의 상태다. 1수준에 속하는 개인은 언제든 화가 나면 보통 화를 분출하는 것으로 반응한다. 예를 들어, 화가 난 직원은 실제로 상사를 칠 수도 있지만, 많은 경우 직장을 잃을 수 있다는 두려움에 그렇게 하지 않을 것이다. 사귀는 사람이 다른 사람에게 관심을 갖는 경우는 공공연히 내는 화나 억제된 분노, 되갚아 주려는 시도로 이어진다. 연적을 납치하고 폭행하려고 한 혐의로 체포된 여성 우주비행사를 생각해 보자(NASA, 2007). 강한 사회적·도덕적 금지도 그녀의 계획을 저지하지 못했다.

2수준에서의 분노는 권력, 위신, 특권이라는 주제를 둘러싼 개인의 갈등에서 나타나지만, 덜 자동적이고 많은 경우 덜 공격적이다. 화가 난 직원은 상관과 다른 사람에게 말로 화를 내지만 그 분노가 얼마나 크든 간에 상관을 때리지는 않을 것이다.

3수준에서 타인을 향한 분노는 신뢰와 같은 기대를 어겼거나 규칙을 위반했기 때문에 나타난다. 이 단계에서 나타나는 분노의 주요 대상이라고 할 수 있는 자신을 향한 분노는 자신의 의도와 행위가 불일치하기 때문에 나타난다. 타인을 향한 분노는 밖으로 표현되는 경우가 적고, 그 빈도도 더 낮으며, 덜 자동적이다. 자기비난도 그 정도가 어떻든지 타인을 향한 분노의 표현을 따르기 쉽다. 분노의 표현은 많은 경우 행동에 대한 개인의 기준에 의해 억제된다.

집단은 두 가지 최고 단계를 구별하려고 노력했지만, 비슷한 근원과 표현, 억제요인만을 발견했다. 불공정과 개인의 행동과 도덕적 관심이 일치하지 않는 경우 4수준에서 개인을 분노하게 만들지만, 이때의 분노는 조절되고 미세하며 경험과 표현에 있어 약화되어 있다. 결점에 대한 자기비난도 가라앉는다. 타인에 대한 존중과 공감이 긴장과 갈등에 대한 의식적 차단과 함께 억제요인으로 작용한다. 5수준에서는 도덕적, 윤리적, 사회적 위법 행위에 대해 조용히 저항하나, 타인이나 자신에 대한 분노는 없다. 보편적 사랑과 이해가 분노를 경험하거나 표현하는 것을 막는다.

기쁨을 표현하기

기쁨은 정복이나 성취에 수반되는 '크게 기뻐하는 감정'이다. 이것은 성공이

나 안정감, 자기 발견, 내적 힘, 개인의 이상 실현에 따라오는 행복과 만족일 수도 있다. 1수준의 기쁨은 개인의 욕구를 충족하는 것이다(예를 들면 좋은 음식, 음료, 감각의 즐거움 등이다). 만족감과 자부심을 절제하지 않고 표현하는 것이 그 표현법이다. 실패, 상실과 무력감은 불행으로 이어진다.

이에 반해 2수준에서의 기쁨은 타인의 지지와 친절과 예측 가능한 관계의 안정감에서 온다. 열정과 감사, 기꺼움이 이 기쁨의 보편적인 표현이다. 자기 의심과 불확실성이 보통 행복을 막는다.

자기 발견은 3수준에 있는 사람들의 기쁨으로 이어질 수 있으며, 내적 갈등의 해소도 마찬가지다. 개인의 이상에 대한 열정이 이 수준의 특징이다. 개인의 잘못과 부정적 속성은 수치감과 죄책감, 분노, 불행을 야기할 수 있다.

4수준에서는 내적 힘과 섬김이 기쁨의 근원이다. 행복은 절제된 만족으로 나타난다. 사람은 타인에게 다가가는 것 혹은 자신의 이상적 성격을 얻는 일이 늦어지는 것으로 인해 불행해질 수 있다.

끝으로, 5수준에서의 기쁨은 모든 것을 포괄하는 타인에 대한 사랑과 진정한 자아를 얻는 데서부터 온다. 이러한 감정은 순수한 즐거움과 만족감으로 이어진다. 행복을 저해하는 요소는 불공정, 착취와 타인의 고통이다.

이 실험을 바탕으로, 이 이론의 두 가지 핵심적 측면이 밝혀졌다. (1) "정서 표현의 수준별 차이가 특정 정서 사이의 차이보다 더 크고 유의미하다." (Dabrowski, 1977, p. 119)는 것, (2) "더 낮은 발달수준 사이의 차이가 높은 발달수준 사이에서 나타나는 차이보다 훨씬 분명하다." (Dabrowski, 1977, p. 102)는 것이다. 집단 토론을 통해 이 중요한 차이를 발견한 것은 수준에 대해 혼자 책을 읽어서는 얻지 못할 통찰력을 제공해 주었다. 참가자들이 이 과업에 열심히 임해 주었기 때문에, 그들은 스스로의 배움을 이끌어 내는 능력을 보여 주었다고 할 수 있다. 그들은 정서발달의 수준이 갖는 중요한 속성에 대해 이해하게 되었다.

정서발달 수준 평가

정서발달 수준에 대한 경험적 검증은 1969년에 캐나다 의회에서 Kazimierz Dabrowski에게 연구를 지원하면서 시작되었다. 앨버타 대학교에서의 프로젝트에 참가한 연구자들은 여러 데이터 수집법을 사용하여 발달 프로파일을 구성했다. 여기에는 신경학적 검사, 자전적 에세이, 언어 자극에 대한 반응(예, 엄청난 기쁨, 엄청난 슬픔)검사, 임상면접(질문과 초기평가), Wechsler 성인지능검사(Wechsler Adult Intelligence Scale)가 포함되어 있다(Dabrowski & Piechowski, 1977). 수백 명의 대상자 중 걸러낸 결과, 각기 다른 검사마다 최종적으로 활용한 대상자 수는 81~950명이었다.

초기 연구는 성공적으로 주요 목표를 달성했다. 여기서는 연구방법을 결정하고, 절차를 개발하고, 이론적 개념과 개인 응답 간의 관계를 설정하고, 전반적으로 이론을 뒷받침했다. 그러나 평가 절차는 "복잡하고 경제적이지 못한 작업"으로 밝혀졌다(Dabrowski & Piechowski, 1977, p. 224). 게다가 전체 집단 중 높은 수준에 있는 개인이 매우 적었다(사람들은 평균적으로 1수준과 2수준의 교차점에 해당하는 점수를 기록했다). 자세한 방법론과 연구 결과는 「발달연구에 대한 이론적, 경험적 접근(A Theoretical and Empirical Approach to the Study of Development)」(Piechowski, 1975b)에 나와 있다.

1981년, David Gage, Philip Morse와 Michael Piechowski는 정서발달 수준을 평가하기 위한 개방형 검사를 고안하여 검증하였다. 정의응답검사(Definition Response Instrument: DRI)라고 불리는 이 설문은 정서발달 수준을 반영하면서 발달 역동성을 알기 위해 부호화할 수 있는 응답을 끌어내기 위한 것이다. DRI는 6개의 사고력을 요하는 질문으로 구성되어 있으며, 각각의 질문은 중요한 발달 역동성에 중점을 두고 있다(〈표 12-3〉 참조). 여기에는 (1) 타인의 영향력에 대한 민감성, (2) 내적 갈등, (3) 열등감, (4) 자신에 대한 불만족, (5) 자아 성찰과 평가, (6) 이상적 성격이 포함된다. 수준을 측정하는 다섯

표 12-3	정의응답검사(DRI)

개방형 문항

1. 다른 사람이 당신에 대해 어떻게 생각하는가에 강한 영향을 받았던 때나 어떤 면에서 스스로를 다른 사람과 비교했던 때를 생각해 보세요.

2. 당신에게 강한 의심을 불러일으키거나, 당신을 좌절하게 하거나, 결과적으로 불안이나 우울감을 갖게 하는 질문을 생각해 보세요. 문제는 주로 외적인 것 때문에 겪는 것(예, 순수하게 경제적인 문제)이 아니라 내적 갈등(예, 철학적, 성적, 정서적인 것)으로 제한되어야 합니다.

3. 당신이 부적절하고, 가치가 없으며, 만족스럽지 않다고 느꼈던 때를 기억해 보세요. 당신 안에 부족한 것(능력, 기술, 재능, 개인적 특성 등) 때문에 좌절을 느꼈던 순간도 가능합니다.

4. 자신에게 좌절이나 분노를 느끼게 만들었던 상황을 생각해 보세요. 당신이 했던 어떤 행동에 대해 나중에 후회하는 경우, 혹은 당신이 했어야 했던 어떤 행동을 하지 않았던 경우일 수 있습니다. 이와 비슷하게, 어떠한 감정을 느꼈거나 더 이상 진짜라고 생각하지 않는 어떤 것을 믿었던 것 때문에 화가 났을 수도 있습니다. 그러한 상황과 당신의 감정을 기술하세요.

5. 뒤로 물러서서 자신을 객관적으로 바라보려고 했던 순간이 있는지 생각해 보세요. 있었다면 구체적으로 무엇에 관해 자신을 되돌아보았습니까?

6. 당신의 '이상적 자아'와 이상적 삶에 가장 어울린다고 생각하는 특성에 대해 생각해 보세요. 가장 갖고 싶은 특성은 무엇입니까?

출처: D. F. Gage, P. A. Morse, & M. M. Piechowsk (1981). Measuring levels of emotional development. *Psychology Monographs, 103,* 150. Copyright 1981 by The Journal Press. 저작권 인가 후 인용.

가지 다른 방법을 비교하여 수렴타당도와 변별타당도 등 수준 구조에 대한 중요한 이론적 증거가 입증되었다(Gage et al., 1981). 채점자 간 신뢰도는 .8로 나타났다. 이 연구자들은 자신들의 경험 연구에 기초하여 수준을 평가하는 데 있어 신뢰성 있고 타당한 효율적인 방법으로 DRI를 추천할 수 있었다.

1970년대와 1980년대에 Michael Piechowski는 일리노이 대학교와 노스웨스턴 대학교에서 Dabrowski의 이론에 관하여, 정서발달 수준 평가가 포함된 박사논문 3편과 석사논문 3편을 지도했다. 이 논문들은 다음과 같이 요약된다.

1. Margaret Schmidt, M.A.(1977)는 Kohlberg, Loevinger, Dabrowski 등의 발달이론에서 나타나는 일차적 통합을 연구하였다. 그는 Dabrowski의 1수

준에 해당하는 개인이 사회적 환경의 산물로, '제한적이고 편협하며 Marx의 관점에서 말하자면 진정 소외되어 있음'을 밝혀내었다. 그녀의 연구는 일차적으로 통합된 성격 구조를 가진 사람들을 상담하는 데 있어서 함의를 제공한다.

2. Katherine Lysy, Ph.D.(1979)는 상담심리학 및 다른 분야를 연구하는 대학원생들의 개인적 성장을 연구하였다. 그녀는 Jung과 Dabrowski의 개인 성장 모형을 이용하였으나 이들 개념에서 두 학생 집단 사이에 차이가 없음을 발견했다. 그러나 두 이론의 개념인 Jung의 직관 기능과 Dabrowski의 정서적, 지적 과흥분성(OE)은 DRI로 측정한 발달수준과 관련되어 있었다. 그녀는 연구에서 성장을 보존형 성장과 변형형 성장으로 구별하였다. 보존형 성장은 Dabrowski의 수준 중 2수준과 3수준에서 작용하는 반면, 변형형 성장은 더 높은 발달수준에 필수적이다.

3. Cynthia Tyska, M.A.(1980)는 Eleanor Roosevelt와 Antoine de Saint-Exupéry의 자아실현을 비교하였다(Piechowski, 1978). 그녀는 두 사람의 전기에 드러난 성격 특성에서 비슷한 패턴을 발견했다. 그녀의 분석은 Eleanor Roosevelt는 비초월자, 혹은 Maslow 식으로 말하자면 '실천가'였던 반면, Antoine de Saint-Exupéry는 초월자 혹은 '선견지명이 있는 사람'이었음을 보여 주었다. 이러한 구분을 하긴 했으나, 두 사람 모두 자아실현인이었다는 사실은 바뀌지 않았다.

4. Lorel Greene, M.A.(1982)는 Dabrowski의 정서발달 이론과 Loevinger의 자아발달 이론을 비교했다. 그녀는 낮은 수준과 중간 수준에서 겹쳐지는 부분이 있는 것을 발견했다. 그러나 "Loevinger의 이론은 대다수의 사람이 속해 있으며 '정상적인' 발달과 관련된 단계라고 할 수 있는, 발달의 낮은 차원에 대한 자세한 설명을 제공하고 있다…. 반면 Dabrowski의 이론은 폭넓은 성격 구조에 대한 다섯 수준의 개념적 순서와 보통 사람에게서는 거의 발견하기 힘든 높은 수준의 발달에 대한 정교한 그림을 제시한다."고 밝혔다(pp. 60-61).

5. Judith Robert, Ph.D.(1984)는 보존형 대상자와 변형형 대상자를 구별하는 개인 성장에 대한 유형 분류체계를 개발했다. 변형형 대상자는 보존형 대상자들에 비해 '위계'(자신을 이끄는 보다 높거나 낮은 차원의 원칙에 대한 느낌), 자기 평가, 자아에 대한 감각과 같은 정서적 변인에서 더 높은 점수를 보였다. 그들은 타인의 반응에 기초한 자신을 향한 부정적 반응에서는 낮은 점수를 나타냈다. 초월적 대상자는 또한 문제 해결, 자기 성찰, 호기심 등의 일부 지적 변인에서도 높은 점수를 나타냈다. 사고력이나 탐구를 요하는 문항에서는 평균 점수를 보였다. 보존형 대상자는 이들 변인에 대해 점수가 반대로 나타났다. 그녀의 연구는 높은 수준의 발달에 필수적인 성격 특성을 확인했다.

6. Thomas Brennan, Ph.D.(1987)는 고등의 다중수준 발달에 대한 기준을 충족하는 3명의 개인을 대상으로 심층 사례 연구를 했다(그들은 Dabrowski가 말하는 4수준 혹은 Maslow의 자아실현자다). 그는 대상자 1명을 추가하여 다른 3명의 다중수준의 잠재성과 그 성취를 비교하였다. 그는 고등 성격발달의 모범 사례로 자아실현의 특성을 지닌 사람의 실제 사례를 사용하였다.

이와 같은 시기에 아이오와 대학교의 Berdena Beach(1980)는 Dabrowski의 고등발달 모형을 사용한 박사논문을 한 편 더 완성하였다. Beach는 여성의 발달과 자아실현에 관한 프로파일을 검토하여, 자신을 레즈비언으로 규정한 여성과 이성애자로 규정한 여성을 비교하였다. 그녀는 레즈비언이 지적, 상상적, 감각적, 심체적 OE 발달수준을 나타내는 DRI 지표는 더 높게 나왔지만, 정서적 OE는 그렇지 않았음을 밝혀내었다.

1980년대 중반 노스웨스턴 대학교에서 대학원 과정을 수료한 Clive Hazell은 자신의 박사논문 연구 주제(공허함의 경험, 1982)에 관한 연구를 계속했다. 그는 두 개의 각기 다른 학생 표집을 이용하여 공허함과 실존주의적 관심, 정서발달 수준과 가치 사이의 관계를 검토하였다(1984, 1989). 영재 내담자와 함께 한 연구에서, 그는 Dabrowski 이론 및 그것이 공허함의 경험과 갖는 관계에서 "상담 전략의 역동성을 설명할" 통찰력을 얻었다(Hazell, 1999, p. 31).

Piechowski의 연구(Piechowski, 1975b, 1978, 1979b)뿐만 아니라 Piechowski의 직접적인 영향을 받은 연구들은 정서발달 수준에 관한 연구를 촉망받는 새로운 연구 분야로 확장하였다. 이들 연구는 여러 컨퍼런스 발표와 심리학 학회지 기고로 이어졌다(Brennan & Piechowski, 1991; Lysy & Piechowski, 1983; Piechowski, 1975b, 1978; Piechowski & Tyska, 1982). 나아가 다른 학문 분야에서도 정서발달에 대한 관심을 넓히게 만드는 효과를 가져왔다(예, 영재교육, 고등교육, 종교학, 사회학 등).

당시 대학원생이었던 나의 Dabrowski 이론에 대한 관심은 Linda Silverman과 Frank Falk를 포함한 덴버 대학교의 연구자들에 의해 촉발되었다. 나는 성격발달과 내용 분석에 관심이 있었고, 그들은 DRI 문항과 21개의 OE 측정 문항인 과흥분성검사(OEQ; Lysy & Piechowski, 1983)에 대한 개방형 응답의 부호화에 참여했다. 이것이 완벽하게 맞아떨어져서 박사논문 프로젝트가 탄생되었다. Michael Piechowski는 여러 차례 덴버에 와서 채점자를 가르쳤다. 나는 그에게서 분석기술을 배우는 행운을 누렸다. 그러나 나는 DRI를 부호화하는데 어려움을 겪던 중 표준화된 기술을 발전시키자고 제안했다. 이것은 Miller 평가 부호화 체계(Miller Assessment Coding System: MACS)로 알려지게 되었다(Miller, 1985; Miller & Silverman, 1987). MACS에서의 범주는 자기 성찰, 자기 평가, 판단, 사회적 비교, 다른 사고과정이 개인 행동의 결정인자라는 동기에 관한 인지적 관점을 반영하고 있다. 세상과 자신, 타인에 대한 동기부여는 가치, 자기 감정, 타인과의 관계에 관한 주제에 반영되어 있다. 〈표 12-4〉는 각 수준의 하위 범주를 보여 준다.

새로운 부호화 체계에서 각 문단은 각기 채점되었다. 채점자는 각 문단이 세 범주(가치, 자아, 타인) 중 무엇을 반영하는지 판별한 뒤, 그에 맞는 수준이나 하위 범주를 찾았다. 채점자가 32개의 역동성을 모두 염두에 두어야 했던 이전 채점방식과 비교했을 때, 새로운 체계는 여러 가지 면에서 더 낫다고 볼 수 있다. (1) 부호화가 쉽고, (2) 시간 소모가 덜하기 때문에 비용이 절감되며, (3) 범

표 12-4 | Miller 평가 부호화 체계

수준	가치	자아	타인
I	이기적	자아중심적	피상적
II	고정관념	양가적	적응적
III	개인적	내적 갈등	상호 의존적
IV	보편적	자기 주도적	민주적
V	초월적	내면의 평화	교감적

출처: N. B. Miller & L. K. Silverman (1987). Levels of Personality Development. *Roeper Review, 9*, 223. 저작권 인가 후 인용.

주 간 일관성이 있고, (4) 무엇보다 채점자 간 신뢰도가 높아졌다(.73 대 .40).

MACS 부호화 체계를 사용한 연구는 체계화, 객관성, 신뢰도를 높이는 것부터(Miller & Silverman, 1987) 수준 점수의 예측치를 조사하는 데까지 계속되고 있다(Miller et al., 1994; Bouchet, 2004). 지적 성인 영재에 관한 한 연구에서는 정서적 OE와 상상적 OE가 발달수준의 강한 예측치였다. 지적, 심체적, 감각적 OE는 추가해도 그 값이 크게 오르지 않았다(Miller et al., 1994). 이러한 연구 결과는 10년 전 대학원생 표집을 대상으로 이루어진 연구 결과와 중복되는 것이었다(Lysy & Piechowski, 1983). 두 경우에서 모두 정서적 OE가 발달수준과 가장 높은 상관관계를 나타내었고(성인 영재 표본은 .47, 대학원생 표본은 .59), 따라서 수준의 주 예측치라고 할 수 있었다. 감각적 OE와 심체적 OE를 추가한 결과는 두 연구 모두 그 차이가 미미했다.

연구 결과에서 나타난 유일한 차이는 대학원생 표본에서 상상적 OE보다 지적 OE가 수준을 설명하는 데 유의미한 기여를 했다는 점이었다. 이 차이는 정서적 OE, 지적 OE, 상상적 OE의 세 변인 간에 보통 어느 정도의 상관성이 존재하기 때문인 것으로 이해할 수 있다. 이 세 변인은 모두 이론과 맥을 같이하며, 수준 점수와 높은 상관성을 나타낸다. 이것은 독립적인 변량만을 고려하는 회귀분석에서 문제가 된다. 그 결과, 성인 영재의 경우 정서적 OE 및 상상적 OE가 수준을 예측하는 것으로 밝혀진 반면, 대학원생의 경우는 정서적 OE

와 지적 OE가 수준을 예측하는 것으로 나타난 것이다.

영재교육에서는 덴버 대학교의 Samuel Ammirato(1987)가 Linda K. Silverman의 지도하에 Dabrowski 이론의 여러 개념을 측정하는 데 사용되는 도구를 비교한 박사논문을 완성했다. 그는 우선 현재의 두 가지 설문(OEQ와 DRI)과 이들과 매우 비슷하지만 명확성과 문법적 수정을 거친 수정본을 비교하였다. 그 결과, 수정본이 원본과 비슷한 것으로 나타났다. 따라서 연구자들은 미세한 변화가 응답에 영향을 주지 않는다는 것을 알고 수정된 도구를 자유롭게 사용할 수 있게 되었다. 다음으로, 그는 개방형 설문과 교육학자와 사회과학자로 구성된 덴버 대학교 내 연구자 집단에서 개발한 객관식 응답도구를 비교하였다. 그 결과, 객관식 형태의 응답으로 얻은 OE 및 발달수준 점수는 개방형 설문의 점수와 같지 않은 것으로 나타났다. 내가 아는 한 이들 개념에 대한 객관식 측정도구 설계에 관한 연구는 더 이상 진행되지 않았다.

오클라호마 주립대학의 Mark Wagstaff는 1990년대 말 DRI와 Maslow(1970)의 자아실현 개념에 기초한 자아실현검사(Personal Orientation Inventory: POI)를 활용하여 리더십 기술을 평가했다. 그는 기본적으로 공동리더 사이의 관계요소로서의 자각에 관심을 갖고 있었다. Mark는 박사논문에서 자각과 대인관계 영향력에 대한 강사의 대인관계 영향력에 대한 인식 간의 관계를 탐구했다. 연구 결과는 정서발달과 대인관계 영향력 사이에 약하지만 긍정적인 관계가 있고, POI 척도와는 중간 정도의 상관관계를 보이는 것으로 나타났다. 그러나 Wagstaff가 이 개념을 사용한 것은 이후 연구에 중요한 함의를 갖는다(정서발달이 다른 관심변수와 어떤 관계가 있는가를 이해하고 새로운 연구 문제를 찾았다는 점이다). 예를 들어, 그는 "자기 주도적인 사람들이 전문가로 인식되기 더 쉬운가?"라는 질문을 던졌다. Wagstaff는 결론에서 그의 전문 분야에 이 이론에서 얻은 바를 활용할 수 있는 추가적 방식을 제시한다. 그는 다음과 같이 쓰고 있다.

DRI로 조작화된 정서발달은 행동과 가치 지향을 분석하는 방식으로서의 풍부한 정보를 제공한다…. 만일 자각이 정서발달의 맥락 안에서 결정된다면… 외부 지도자를 훈련하는 사람은 훈련을 받는 사람의 발달수준에 기초하여 '부드러운 기술'을 증진하기 위한 구체적인 목표를 세울 준거를 얻는 것이다(1997, p. 91).

연구를 용이하게 하는 것과 함께, 수준을 매기는 것의 또 다른 소중한 기능은 그것이 개인의 성장에 대한 통찰력과 상담을 제공한다는 점이다. 일례로, Linda Silverman(1996)은 그녀를 찾아온 한 청년에게 구체적으로 Dabrowski에 기초한 상담을 하기 위해 OEQ와 DRI를 둘 다 작성하도록 했다. DRI에 대한 그의 응답은 Dabrowski의 3수준 역동성을 분명히 드러내고 있었다. 예를 들어, 그는 스스로의 신념에 따라 살지 않는다며 자신을 심하게 꾸짖고 있었다. 4번 문항에 대한 응답에 대해 그는 다음과 같이 썼다.

나는 타인에게 화를 내고 있는 자신을 발견할 때 스스로에게 화가 난다. 나쁜 짓을 하거나, 잔인하게 행동하거나, 내가 아닌 누구에게든 혹은 무엇에게든 화를 내려는 생각을 경멸한다…. 비슷한 선상에서, 나는 나 자신이 좋은 일을 할 기회를 지나쳐 버린 것을 알게 되면 매우 거슬린다(p. 6).

다른 사례에서 Piechowski(1992b)는 교수와 개인적인 문제로 괴로워하고 있는 두 아이의 어머니를 초청하여 DRI에 응답하게 했다. 그녀는 3년 동안 기꺼이 그렇게 했다. 그녀의 응답에는 변형적 성장이 분명히 나타났다. 그녀는 '내가 얼마나 부족한가'에 집착하던 모습에서 그녀 앞에 놓여 있는 자신의 약점을 완벽하게 만들 방법을 발견하는 경지까지 발전했다. "중요한 것은 내가 이미 갖고 있는 것을 잘 살펴보고, 그것들에 감사하며 갖고 있지 않은 것들을 개선하려고 노력하는 것이다…. 내가 요즘 더 많은 관용, 더 많은 인내 등에 쏟고 있는 능력은 결실을 맺을 것이다."(p. 200) "흠 잡을 데 없이 살기, 남의 기분을 상하게 하지 않도록 연습하기, 인간애를 실천하기"가 그녀의 주문이 되었다

(p. 200).

　Dabrowski의 고등발달 모형에 초점을 맞춘 더 최신의 연구로는 Frank Falk 의 지도 아래 쓰인 애크런 대학교의 Nicole Bouchet(2004)의 박사논문을 들 수 있다. Nicole의 일차적 목적은 '어떤 사회적 요인이 도덕적 정서발달에 영향을 주는가?' 하는 질문에 답하는 것이었다. Bouchet은 컴퓨터 내용분석 프로그램을 사용해 변인을 측정하여 Dabrowski의 정서발달과 정서적 OE(.31), 상상적 OE(.18), 지적 OE(.25) 사이에 유의미한 수준의 긍정적 상관관계가 있음을 발견했다. 또한 그녀가 만든 혼돈(.62), 도덕적 명령(.25), 긍정적 상태(.34), 슬픔(.35), 열망(.21) 등의 새로운 변인도 발달수준과 상관관계가 있었다. 그녀의 분석 중 심체적 OE, 감각적 OE, 성, 연령, 교육, 식구 수, 가까운 관계, 폭력의 여덟 가지 변인은 수준과 상관관계를 갖지 않았다. 그녀는 컴퓨터의 도움을 받아 채점한 발달수준과 이전에 같은 자료를 가지고 합의적 평가를 비교하였을 때 컴퓨터 점수가 약간 더 높다고 밝혔다. 두 경우 모두 평균 점수는 2~2.5 수준 사이로 나타났다.

　Bouchet 자신은 이 이론의 가장 중요한 기여가 "연구자가 구성한, 1수준의 가장 이기주의적이고 자기중심적인 감정에서부터 5수준의 가장 이타적인 감정에 이르기까지 도덕적 정서의 다섯 가지 발달수준을 나타내는 표현군이 확립되었다는 점"이라고 밝히고 있다(2004, p. 11). 이러한 표현군은 사실 선행연구의 DRI에 대한 응답에도 포함된 단어이며, MACS 범주(가치, 자아, 타인)를 이용하여 점수화되었다. 자아 범주의 '표현군'은 〈표 12-5〉에 제시되어 있다. 이 연구에서 얻은 표현군은 Bouchet의 논문 부록에 있는 도덕적 정서발달 평가를 위한 'Bouchet 사전'에 수록되어 있다. 이 사전은 DRI 설문을 이용한 향후 연구에서 더 확장되거나 다듬어질 수 있을 것이다.

■ 표 12-5　도덕적 정서발달 평가를 위한 'Bouchet 사전'에서 발췌한 내용

수준	자아의 하위 범주	표현군
1	자기중심적	많은 돈, 끔찍한 성격, 따라잡힐까 하는 걱정, 상실에 대한 두려움, 자기 분석을 피함, 나는 버릇없는 사람이다, 나는 잔인할 수도 있다, 나는 충분히 매력적이지 않다, 약한 의지력, 내 자취를 남기다, 내 모습, 제대로 된 남자친구를 고르다, 자의식, 내가 매우 말랐으면 좋겠다.
2	양가감정	언제나 부적절하다고 느낀다, 더 주장적으로 되기, 혼자 있지 못한다, 다른 사람과의 비교, 나에게는 없는 용기, 자신이 의심스럽다, 나를 받아들이고 싶다, 당황스럽다, 내 한계에 초점을 맞춘다, 잘못했을까 두렵다, ～에 지나치게 민감하다, 많은 사람이 하는 대로 한다, 내가 실패자라는 느낌이 든다, ～에 부합하지 않는다, 사람들이 어떻게 생각할까 걱정이다, 내 염려, 내 불안감, 인정받으려는 욕구, 충분하지 않다.
3	내적 갈등	～을 덜 하는 자신에게 화가 난다, 괴롭게도 알고 있다, 양심의 가책을 받은, 내 삶을 올바른 방향으로 이끌기, 스스로에 대한 실망, 너무나 화가 난다, 자신에 대한 높은 기준, 너무나 절망적으로 실패했다, 그 후 끔찍한 기분이 든다, 나는 지금보다 나아지고 싶다, ～보다 더 하고 싶다, 스스로에게 더욱 비판적, ～에 대한 나의 실패, 충분히 인내하지 못했다, 할 수 있었던 일
4	자기 주도	스스로에 대한 깊은 성찰의 시간, 자신을 받아들이다, 언제나 옳다고 생각했던 것을 행했다, 나 자신을 알다, 이제는 그 사실을 더 쉽게 받아들인다, 묻혀 있는 감정을 느끼려고 노력했다, 나의 자기 통제, 개인 훈련, 개인 성장, 이제는 개인적으로 자신 있다, 개인적으로 만족한다, 내 삶을 돌아본다, 자각, 자기 훈련, 자기 이해, 자아 성찰, 자기 가치
5	내면의 평화	책임감을 받아들임, 안정되어 있다, 자율적, 기본적인 도덕 가치, ～를 향한 자신감, 사회적 압박에서 자유로움, 채워진, 조화로운, 인간적인, 내적 힘, 직관적 통합, 이상대로 산다, 자비로운, 모든 것을 희생, 본질적으로 매우 강하다.

질적 분석

Michael Piechowski와 Kathleen Spaltro는 수준을 평가하기 위한 검사지 이외에, Dabrowski의 이론에 따른 고차원적 발달을 설명하는 역사적 사례에 대한 텍스트 분석을 사용하였다. Piechowski의 연구 대상에는 Antoine de Saint-Exupéry(Piechowski, 1978), Eleanor Roosevelt(Piechowski, 1990; Piechowski & Tyska, 1982), Etty Hillesum(Piechowski, 1991a, 1992a), Peace Pilgrim(Piechowski, 1991b)이 포함되었다. Eleanor Roosevelt와 Etty Hillesum의 사례는 3수준, 4수준 혹은 그 이상의 성장과정을 보여 주고 있다는 점에서 중요하다. Peace Pilgrim은 5수준의 유일한 사례라는 점에서 중요하다(M. M. Piechowski, 개인서신, 2007년 3월 20일). 그러나 Kathleen Spaltro(1991)는 Etty Hillesum에 관한 분석에서 말년에는 그녀도 5수준에 이른 것으로 보고 있다. Spaltro는 이차적 통합으로 이어진 Hillesum의 다중수준적 성장을 다음과 같이 설명하고 있다.

> (Etty는) 1941년부터 1943년까지의 충격적인 상황 속에서도 놀라운 영적 성장을 드러내는 일기와 편지를 썼다. 아우슈비츠로 가는 마지막 관문이었던 웨스터보르크 임시수용소의 병원에서 일하겠다는 그녀의 자유의지에는 강한 정서적, 지적 성장이 확실해졌다. Kazimierz Dabrowski의 도덕성 발달이론의 시각으로 Etty의 일기를 본다면, 그 일기는 그녀가 Dabrowski가 말하는 3수준의 특징인 혼란과 부적응을 통해 4수준에 도달하였음을 나타내는 인상적 봉사에서의 이상을 체화하는 수준까지 발전하였음을 보여 준다. 웨스터보르크에서의 편지는 5수준에서 한 인간이 어떻게 느끼고 생각하고 사는지를 묘사하고 있다(p. 61).

높은 수준의 발달을 보여 주는 역사적 사례 분석으로는 Laurence Nixon(1994a)과 Anne-Marie Morrissey(1996)의 연구도 있다. Nixon은 옛 영적 지도자들의 전기를 검토하고 "'불교, 기독교, 이슬람교, 성리학의' 많은 신비주의자가 호소한 내적 싸움은 Kazimierz Dabrowski의 심리학적 설명과 맞닿아 있다."라고 주장했다(p. 57). Morrissey의 연구는 호주 원주민과 무어계 스페인의 수피 문화에서 높은 수준의 발달을 뒷받침하는 구조와 방법에 초점을 맞추었다. 그녀의 결론은 "이들 인간의 잠재성의 보편성을 인정함으로써, 우리는 현재 시점에도 적절한 본질적 메시지의 통일성을 방해하는 피상적 차이는 차치하고 시공간을 초월하는 그들의 지혜에 도달할 수 있다."는 것이었다(p. 114). 그녀의 분석은 이 메시지가 영적으로 지지적인 환경에서 얻어진 깨달음이라는 것을 보여 준다.

　다른 연구자들은 면접을 사례 연구의 자료로 사용하였다. Barry Grant(1988)는 박사논문에서 주목할 만한 4명을 인터뷰했다. 그는 연구에서 "그들의 삶을 설명하기 위해 '도덕성 발달' 이론을 활용하고 이론을 비판하기 위해 그들의 삶을" 활용하였다(pp. 85-86). 이 방식에서는 개인이 스스로의 발달에 대한 해석자로서, 개인에게 자율권을 부여하고 이론에 대한 새로운 시각을 제공한다. 학술지 『고등발달(*Advanced Development*)』에 실린 논문에는 두 명의 사례에서 발췌한 부분이 사용되었는데(Grant, 1990), 여기에서 나타나는 자신의 삶과 도덕성에 대한 개인의 시각은 Kohlberg와 Dabrowski 이론에 대한 사례이자 이론을 수정하는 작용을 한다. 세 번째 면접자였던 세 자녀를 둔 한 이혼녀의 풍부한 면접 자료(Grant, 1996)는 사람에 따라 이례적이라고 생각할 수도 있는 것을 묘사한다(도덕적 상대주의와 도덕적 헌신의 공존). Grant의 분석에 따르면, 이 여성의 사고방식은 상대주의적 시각은 고등의 도덕성 발달과 부합하지 않는다고 보았던 Kohlberg(1981, 1984), Gilligan(1982), Dabrowski(1977)의 이론에 도전하는 것이다.

　지금까지 인용한 연구는 모두 북미에서 이루어졌다. 몇 년 전, 폴란드 루블린의 가톨릭 대학교에서는 Anna Mróz(2002a)가 주목할 만한 박사논문을 발표했다. Mróz의 연구에는 7명의 대상자의 생애에 대한 자세한 서사적 인터뷰가 들어가 있다. 제5차 긍정적 비통합이론 국제컨퍼런스에서 발표된 그녀의 연구는 연구 대상자를 선택하기 위해 DRI를 사용한 뒤 그들의 자서전을 이용해 발달과정을 분석했다는 점이 독창적이다. 연구 대상자의 정서수준 점수는 3.3~3.8이었다. Mróz의 연구는 인간의 보편적인 가치와 타인과의 정서적 관계가 고등발달 과정에서 긍정적인 역할을 한다는 것을 보여 준다. 그녀의 결과는 Dabrowski 이론의 기본적인 주장을 뒷받침한다. 특히 그녀는 치료자와 상담가가 성격발달 과정에서의 비통합 과정에 대한 긍정적 시각을 갖는 것이 중요하다고 강조했다(이 연구의 방법론과 결과에 관한 더 자세한 정보는 이 책의 3장을 참조하라).

이들 석·박사논문과 학술논문은 모두 Dabrowski의 정서발달 수준에 관한 중요한 연구를 대표하고 있다. 양적 분석과 질적 분석 모두 수준을 평가하는 방법을 편찬하는 데 기여했다. 이 주제로 이루어진 많은 학술대회 발표와 워크숍 내용은 포함하지 않았다.

결론

사회학자는 정서 관리를 정서의 표현을 통제하는 과정이라고 설명한다. 정서 관리에는 감정 경험 자체를 통제하는 것까지 포함될 수 있다. 우리는 정서를 관리하면서 우리가 맡은 역할(예, 엄마나 미망인)이나 관여하고 있는 직업(예, 간호사나 교사)에 적절한 방법으로 우리를 드러낸다. 우리는 정서의 사회화, 모방, 문화적 적응을 통해 "사회질서가 행동뿐 아니라 정서도 결정한다는 법칙"을 배우게 된다(Wisecup et al., 2006, p. 107). 이러한 관점에서 정서는 생리적 각성이나 개인의 반응 이상의 것이다. 그것은 사회생활의 특성이자 문화적 기대에 따라 나타나는 표현이다. 문화적 기준과 행동과 개인의 정체성이 불일치하면, 그 사람은 이러한 인식을 제자리에 놓기 위해 최선을 다할 것이다(Turner & Stets, 2006).

최근에는 몇몇 사회학자가 사회 연구에서 정서에 관한 생리적 설명을 포함해야 한다는 주장을 하기 시작했다(Turner & Stets, 2006; Wisecup et al., 2006).

그들은 "정서 생성에 있어서 생리학의 역할과 정서의 생리적 기반이 갖는 함의에 대해 더욱 의미 있는 토론을 해야 할 때다."라고 주장한다(Wisecup et al., 2006, p. 113). 이들 연구자는 생리적 특성에 대한 측정이 정서에 대한 사회학적 연구와 함께 이루어질 수 있으며 또 함께 이루어져야 한다고 주장한다. 구체적으로, 현재 정체성, 자아, 정신건강, 정서에 대한 이론에서 가설을 검증하기 위해 사용되는 지표에 대응하는 생리적 지표는 이 분야의 이해와 과정에 대한 설명을 강화할 것이다. "코르티솔 수준, 심장 박동수, 혈압, 미주신경 긴장"과 같은 지표들은 정서 사회학 분야의 연구자에게 정보를 제공할 수 있다(Wisecup et al., 2006, p. 113).

나는 사회학에서 정서 표현과 인상 관리와 같은 정서 과정을 이해하는 데 개인 차원의 설명(그 사람의 정서발달 수준과 같은)이 생리적 설명만큼 중요하다고 주장하고 싶다. 다른 개인 차원의 지표와 함께 이 구체적인 변인을 포함하는 것은 사회과정을 더욱 완전히 대변할 수 있도록 보장해 준다. 이러한 모형은 생물학적(혹은 생리적), 심리적(개인적), 사회적 요인의 기여를 인식하고 있기 때문이다. 생명공학과 성격, 사회의 상호작용은 더 많은 예측력과 일상생활에서의 정서에 대한 더 나은 이해를 제공한다.

Dabrowski의 긍정적 비통합이론을 공부하는 이론가와 학생들 역시 정서발달을 이해하는 데 사회학적 통찰력이 할 수 있는 기여를 인식해야 한다. 정서의 사회화와 정서발달이 일어나는 사회환경은 복합성과 다양성을 띠고 있다. Dale Dannefer(1984, p. 100)가 성인의 발달 모형을 비판하면서 넌지시 언급한 '자아-사회 관계의 뚜렷한 상호작용적 본질'의 효과는 무시하지 말아야 할 것 중 하나다. 사회구조(교육, 직업 등)와 사회관계(면대면 상호작용, 사회관계망 등)는 정서를 경험하는 환경의 분위기에 영향을 줄 뿐 아니라, 정서를 언제, 어떻게, 어떤 식으로 경험하는가에도 영향을 준다.

Dannefer는 다음과 같이 규정했다.

…인간의 발달을 제대로 이해하는 데 필수적인 세 가지 유형의 사회학적

원칙이 있다. (1) 환경에 관한 인간 유기체의 유연성, (2) 사회환경의 구조적 복잡성과 다양성, (3) 발달을 중재하는 요인으로서 상징(사회적 지식과 인간의 의도성에 대한)의 역할이다(1984, pp. 106-107).

이 요인들을 고려하는 것은 정서발달 수준에 대한 개념을 풍부하게 만들 것이다. 예를 들어, 갈가리 찢긴 오늘날의 이라크에서 자라는 아동은 두려움과 불안에 직면하게 되고, 이는 세계 어느 대도시에서든 위험한 환경에서 자라는 소년 · 소녀도 마찬가지다. 이런 아동에게도 사랑하는 가족이 있겠지만, 그들의 미래는 불확실하고, 그들은 고통, 상실과 괴로움으로 붕괴된 삶을 살고 있다. 이것이 그들의 정서 표현에 어떤 영향을 주겠는가? 이런 환경이 그들의 가치, 정체성과 자신을 향한 감정, 다른 사람과의 관계에 어떤 영향을 주겠는가? 사회학자는 우리에게 성격에 미치는 더욱 분명한 공동체, 가족, 친구의 효과뿐 아니라 거시적인 환경적 영향을 생각해 보도록 독려한다.

정서발달 수준을 측정하기 위한 여러 프로젝트를 언급했지만, 훨씬 더 많은 연구가 필요하다. 추가적인 예측치, 다른 측정법과의 더 많은 비교, 독특한 대상에 대한 연구를 통해 정서발달에 대한 이해가 넓어질 것이다. 최근 초월심리학(transpersonal psychology) 분야의 한 학생이 영적으로 발달한 사람들을 특징짓는 정서발달의 구체적 특성을 탐구하겠다는 박사논문 주제를 들고 왔다. 그녀는 정서발달 수준을 평가하는 매뉴얼인 MACS(Miller, 1985)를 이용해 DRI 응답을 부호화하겠다는 계획을 세우고 있다(Apablaza, 개인서신, 2007년 3월 23일). 이와 같은 더 많은 개척적인 연구가 요구된다.

신진 학자들이 개념화, 측정, 분석의 어려움과 씨름하는 동안, 양적 연구와 질적 연구 모두에서 새로운 기술이 이어질 것이다. 생리적, 심리적, 사회적 변인의 조합은 인간의 발달에 있어 정서 및 정서가 인지와 갖는 관계에 대해 더 큰 통찰력을 가질 수 있게 만들어 줄 것이다.

현재의 도구를 더욱 정교화하고 정서발달과 부모와 교사의 역할 사이의 관계를 설명하는 것이 가치 있는 기여가 될 것이다. Dabrowski의 이론과 그 개

넘의 적용에 대한 향후 연구는 사회학자가 제공하는 시각의 덕을 보게 될 수도 있다. 사회학자도 마찬가지로 정서 연구에서 생물학과 성격 변인을 고려함으로써 많은 것을 얻을 것이다.

제13장

긍정적 비통합이론과
성격에 대한 다른 접근

Sal Mendaglio, Ph.D.*

이 장을 구상하는 과정에서 나는 어떤 관점을 긍정적 비통합이론(TPD)과 비교할지를 결정해야만 했다. 분명한 기준은 잘 알려진 시각이어야 한다는 것이었다. 미국 성격이론에 잘 알려져 있지 않은 이론인 TPD를 받아들여지긴 하나 아는 사람이 적은 성격이론과 비교하는 것은 유용하지 않을 것이다. 나는 아이디어를 얻기 위해 성격에 관한 고전적 이론에서부터 최근 이론을 정독하였다. 일부 문헌(예, Corsini, 1977; Walters, 2004)은 Hall과 Lindzey(1970)가 발표한 내용과 구성이 비슷했다(다시 말해, 이 이론들은 어느 정도 시간 순서를 따르고 있었다). 다른 저자는 성격이론을 주제에 따라 분류하였다(예, 심층심리학과 인본주의의 분류; Massey, 1981). 어떤 사람은 연대기적 접근이나 주제에 따른 접근에서 벗어나 자신의 연구를 이슈에 따라 구성하였다(예, Magnavita, 2002).

이론들이 보편적으로 발표된 방식에 만족하지 못했던 Maddi(1989)는 성격에 관한 이론을 구성하는 독특한 방식을 만들어 냈다. 다른 사람과 달리, 그는 이론을 "주요 패턴이나 인간 생활의 본질에 관한 이론 이면의 전반적인 의미

* Sal Mendaglio, Ph.D., 캐나다 앨버타 주 캘거리 시의 캘거리 대학교 교육대학원 교사양성학부 부교수, 영재교육센터 선임연구원, 교육학 교수.

를 잡아내기 위해" 분류했으며(p. 41), 세 가지 범주의 해법을 고안했다(그것은 갈등 모형, 충족 모형, 일치성 모형이었다).

갈등 모형(conflict model)은 개인 안에서 상호작용하며 갈등을 만드는 두 힘을 상정하는 이론을 포함한다. 보통 이 두 힘은 천성과 교육 혹은 개인과 사회다. 이 범주의 이론가들은 갈등을 보편적으로 경험하는 것으로, 삶은 타협으로 본다. 개인은 이 두 힘 사이의 균형을 찾거나 둘 중 하나를 부정한다.

충족 모형(fulfillment model)은 한 가지 힘만을 상정한다. 이러한 이론에서의 발달은 개인 안에서 한 힘이 점차 발현되는 것을 전제한다. 삶은 단 하나의 동기(내재된 잠재성의 실현)에 의해 추동된다. 사회는 내재된 힘이 자연적으로 발현되는 것을 용이하게 하거나 방해한다.

일치성 모형(consistency model)에서는 개인 안에 아무 힘도 존재하지 않는다고 상정한다. 이 범주에 속하는 이론은 일상생활의 사회환경에서 받는 피드백에 대한 개인의 반응에 초점을 맞추고 있다. 개인의 일차적 동기는 일치성을 유지하는 것이다. 개인의 기대에 부합하는 자기 참조적(self-referent) 정보는 아무런 변화를 만들지 못거나 불편함을 만든다. 기대에 일치하지 않는 피드백은 긴장을 만들고, 상황에 따라서는 변화로 이어진다.

나에게는 Maddi의 시각이 와 닿아서, 나는 이 범주를 이용해 나의 연구 목적에 적합한 이론으로 선택했다. 나의 첫 번째 과업은 TPD가 어느 모형에 들어가야 할지를 결정하는 것이었다. 성격에 대한 이 이론의 시각이 워낙 독특해서, TPD를 어느 범주에도 넣을 수 없다는 사실이 놀랍지 않았다(Maddi는 자신은 보지 못했지만 자신의 모형 중 어떤 것에도 맞지 않는 이론이 있을 수 있다고 독자에게 분명히 경고했다).

TPD는 Dabrowski가 각각 제1요인과 제2요인으로 명명한 생물학과 환경의 두 힘이 존재한다고 상정한다(Dabrowski, 1970). 게다가 갈등이 이 이론의 특징이기 때문에 이 이론은 갈등 모형 이론이기도 하다. 그러나 Dabrowski는 또한 개인의 생물학적 자질에 뿌리를 둔 강력하고 자연적인 내적 힘을 나타내는 발달상의 제3요인이 존재한다고 상정하였다(Dabrowski, 1973). 이 추가적인 힘으로 인해 TPD는 Maddi가 이야기한 충족 모형의 특징인 점진적 발현의 요소를 갖는다. 일치성 모형의 기준을 고려한 뒤, 나는 TPD가 일치성 모형의 기준에 부합하지 않는다고 결론지었다. 이 모형의 이론은 성격발달에서 사회환경의 피드백이 하는 역할을 강조한다. TPD에서는 발달하는 개인이 분명 자기 자신과 사회와 불일치하긴 하지만, 개인이 사회환경의 영향력을 초월함으로써 많은 부분의 성격이 성취된다(Dabrowski, 1967). 내가 볼 때 TPD의 근본적인 요소는 갈등 모형 및 충족 모형의 이론과 공통적인 것 같았다.

TPD가 어느 범주에 들어갈지를 결정한 다음 과제는 각 모형에서 대조군이 될 이론을 선택하는 것이었다. Maddi는 갈등 모형 범주에 Freud(1970, 1924)를 비롯하여 Murray(1959)와 같은 다른 이론가를 포함하였다. Rogers(1959)와 Maslow(1968)는 충족 모형 범주에 속하는 이론이었다. 나는 인기에 관한 기준을 이용하여, Murray 등의 다른 갈등 이론가보다 Freud를 선택했다. Rogers와 Maslow 중 한 명을 선택하는 것은 더 어려웠다. Rogers와 Maslow와 겹치는 점이 있었기 때문에, 결정을 위해서는 부가 기준이 필요하다는 판단을 내렸다. 나는 심리치료를 새로운 기준으로 삼았다. Dabrowski는 자신의 이론을 세우는 데 영향을 준 심리치료 경험이 많았을 뿐 아니라, Freud나 Rogers와 마찬가지로 성격이론에 연계된 심리치료에 대한 이론을 가지고 있었다. 따라서 나는 TPD를 Freud의 정신분석과 Rogers의 자아이론과 비교하기로 했다.

나는 또한 성격에 대한 실존주의적 시각도 고려했다. 이들도 Maddi의 충족 모형 중 일부였기 때문이다. 이 시각들은 두 가지 이유로 포함하지 않았다. 우선 인기 있는 접근법이 아니었고, 더욱 중요한 것은 하나의 통합된 이론을 대변하고 있지 않았다. 그러나 실존주의적 심리학과 긍정적 비통합이론 사이에는 비슷한 점이 매우 많았다. 두 이론 모두 가치, 자율성, 진정성, 불안, 우울 등의 실존주의적 정서와 같은 비슷한 주요 개념을 강조했다. 더욱 근본적인 유사성은 많은 부분 실존주의적이었던 TPD의 철학적 뒷받침에 있었다. Dabrowski는 Kierkegaard의 연구에서 지대한 영향을 받았다(이 책 1장과 5장 참조). 긍정적 비통합이론은 Binswanger(1963), Boss(1963), May(1958),

Yalom(1980, 1985)과 같은 실존주의 심리학자들의 기여를 체계화하는 데 효과적인 개념 틀을 제공한다. 이에 관한 논의는 이 장의 범위를 벗어난다.

Freud와 Rogers의 이론이 잘 알려져 있기는 했지만, 이들 이론은 현재 심리학에서 성격에 대해 가장 유명한 시각은 아니었다. 5요인 모형으로도 알려진 (John & Scrivastava, 1999) 빅 파이브(Big Five) 모형이 최근 가장 유명한 성격에 대한 접근이다(예, Ekehammar & Akrami, 2007). 빅 파이브는 성격이론이 아니긴 하지만, 나는 최근 이 이론이 이 분야에 미치는 영향력을 근거로 이 시각을 성격에 대한 시각으로 포함하기로 결정했다. 이렇듯, 이 장에서 나는 정신분석, 자아이론, 빅 파이브와 TPD의 핵심 요소를 비교하고자 한다. 세 이론을 생물학적 힘, 사회적 힘, 성격 구조, 발달 단계를 주제로 하여 논의할 것이다. 이들 이론에 대한 논의는 각 주제에 대해 간략한 소개를 한 후, 정신분석, 자아이론, 긍정적 비통합이론의 순서로 진행된다. 나는 마지막 부분에서 빅 파이브와 TPD를 따로 비교하겠다.

정신분석, 자아이론과 긍정적 비통합이론

생물학적 힘: 본능

정신분석, 자아이론, 긍정적 비통합이론은 성격발달에 영향을 주는 생물학적 힘의 존재를 상정한다. 본능은 이 힘이 발현된 것이다. Freud와 Dabrowski, Rogers는 본능을 나타내는 방식이 달랐다. 세 이론가 중 Freud는 본능의 본질과 그 기능에 대해 가장 자세하게 설명하고 있다. Dabrowski는 Freud와 마찬가지로 본능을 인식했지만, 이를 달리 해석하고 자신의 해석을 덧붙였다. Roger의 이론에 깔려 있는 생물학적 힘에 대한 그의 설명은 더욱 간략하다. 그는 본능이라는 용어를 사용하지 않았지만, 그가 말하는 생물학적 힘은 내가 봤을 때 본능과 마찬가지 개념이다. 그 표현방식은 다르지만, 세 이론은 모두 생물학적 힘을 성격발달의 필수불가결한 요소로 보고 있다.

정신분석

정신분석(Freud, 1970, 1924; Maddi, 1989; Hall & Lindzey, 1970)에서 본능은 모든 개인의 생물학적 특성의 일부로 일생에 걸쳐 일상적 행동에 영향을 미친다. 본능의 충족이야말로 인간 행동의 동기다. 이 시각에 따르면, 사회의 처방과 금지가 없었다면 개인은 생물학적 욕구가 일 때마다 그것을 충족하려고 충동적으로 행동했을 것이다. Freud는 본능에 대한 자신의 시각을 자세히 설명하면서 그 원천이 신체의 과정에 있다고 말했다. 본능의 에너지는 유기체 중어느 체계에서의 결핍을 경험하는 데서부터 나온다(본능의 원천과 에너지는 유기체 내부에 있다). 본능은 신체과정이 정신적으로 표상된 것이다. 몸이 뭔가가 부족하면 긴장 상태가 만들어지고, 결핍을 없앰으로써 긴장을 줄이기 위한 행동을 하려는 내적 압력이 나타난다. 신체적 결핍 상태는 유기체 안에서 끊임없이 일어나는 것으로 가정되며, 그렇기에 본능도 일상생활에서 개인의 행동에 끊임없이 영향을 미친다.

정신분석에서 본능의 중요한 측면은 충족을 위해 대상이 필요하다는 점이다. 본능의 원천과 에너지가 지속적인 반면, 대상은 가변적이다. 예를 들어, 신체과정의 결과 혈당 수치가 낮아지면 긴장이 형성되고(이것은 배고픔으로 해석된다), 개인은 욕구를 충족해 줄 대상인 음식을 찾으려고 한다. 그러나 사용되는 음식의 유형은 각기 다르며 학습이나 문화적 맥락 등 다른 요인의 영향을 받는다. 대상을 인식하는 데 중요한 요소는 대체물에 대한 생각이다. 예를 들어, 어떤 경우에는 배고픔이라는 신체적 긴장이 나타났을 때 개인은 딱딱한 음식을 찾는 대신 커피나 생각을 떨치게 할 만한 다른 것을 찾을 수도 있다. 이러한 대체물에는 물론 한계와 잠재적 문제가 있다.

Freud는 세 가지 유형의 본능을 제시했다. 삶 본능, 성 본능, 죽음 본능이 그것이다. 세 가지 본능 중 그는 자신의 이론에서 성 본능에 가장 중요한 지위를 부여했다. 성 본능을 만족하려는 경우, 개인은 사회의 풍습과 기대와 관련된 어려움을 겪을 공산이 가장 크다. 삶(자기 보존) 본능에 의해 추동된 행동(즉, 생존을 위해 음식, 물, 공기를 찾는 것)은 사회의 규제나 금기의 지배를 덜 받는다. 더 나아가 음식, 물, 공기는 생존에 필수적이다. 반면 성적 만족은 종의 생존에서는 필수적이지만, 개인의 생존에서는 필수적이지 않다. 게다가 성 본능을 성숙하게 충족하려면 개인이 사회의 다른 구성원과 친밀한 관계가 되어야 한다.

Freud는 말년에 죽음 본능을 포함시켰다(Maddi, 1989). 죽음 본능이란 휴식을 취하고 항상적 균형을 취하려는 유기체의 욕구를 연장한 것으로 보인다. 충동과 욕구는 긴장을 만들고(항상성이 깨짐) 개인은 긴장을 줄이고 균형을 되찾을 활동에 참여하려고 한다. 죽음 본능은 궁극적으로 긴장을 줄이려는 개인의 열망을 대변한다. 세 가지 본능 중 Freud가 성 본능을 성격발달에 가장 강력한 역할을 하는 것으로 꼽은 것은 논리적인 것 같다(Maddi, 1989).

이 본능들은 Freud의 성격 구조에 포함되어 원초아(id)를 구성한다. 원초아는 본능의 저장소이며, 성격의 내적 부분이다(모든 사람의 유전적 재능이다). 성격의 이 부분에는 통제도, 의식도 없다. 유기체적 긴장이 일어나면, 사람들은 긴장을 완화하고 욕구를 충족하기 위해 자동적으로 반응한다. 개인의 일차적 기능은 본능적 충동과 욕구를 충족하는 것이다(이는 원초아에 반응하는 것이다). 이것이 되지 않으면 사람은 좌절과 분노 같은 부정적 감정을 경험한다. 이것이 이루어지지 않는 일차적 이유는 문명화된 사회로, 이러한 부정적 감정을 경험하는 데 대한 궁극적인 책임이 여기에 있다(또한 성격의 다른 요소가 나타나는 데 대한 책임도 있다).

자아이론

자아이론(Rogers, 1959, 1961)에서는 모든 생명체가 보편적으로 내재된 잠재성을 실현하려는 생물학적 경향을 가지고 있다고 상정한다. 이 '실현 경향성(actualizing tendency)'은 "유기체를 유지하거나 강화하기 위한 방식으로 모든 자질을 발달시키려는 유기체의 유전적 성향"이다(1959, p. 196). 실현 경향성은 자기 보존에 연관된 생물학적 욕구를 충족하는 것과 함께, 자율성에 대한 외부의 사회통제에서 벗어나려는 노력도 포함한다. 또한 개인의 잠재성을 실현하는 것은 타인의 잠재성 실현과 함께 이루어지면서도 갈등을 빚지 않는다. 자아이론에서 실현 경향성은 유일한 동기며, 전반적인 유기체가 그 동기를 나타낸다. Rogers는 '본능'이라는 단어를 사용하지 않았지만, 실현 경향성은 그 생물학적 본성과 보편성으로 볼 때 실현 본능이라고 부를 수도 있을 것이다. 실현 경향성은 유기체의 가치판단 과정에 의해 안내되는데, 이 과정은 유기체를 강화하기 위한 자극과 행동을 선택한다. Freud와 달리, Rogers는 성격에 대한 이론에서 필수적으로 중요하다고 할 만한, 생물학에 기반을 둔 개념을 정교화하지 않았다.

Rogers는 또한 개인은 무조건적인 긍정적 존중이 필요하다고 설정했다. 즉, 개인은 비판 없이 수용받거나 혹은 소중하게 여겨질 필요가 있다. 그들은 자신의 행동의 질에 따라 평가되어서는 안 된다. 이러한 욕구가 유전된 것인지 혹은 학습된 것인지는 Rogers(1959)조차 명확하지 않으며, 이는 무관하다. 무조건적인 긍정적 존중 혹은 그 결핍은 자아이론에서의 성격발달에서 다른 무엇보다 중요하다.

긍정적 비통합이론

생물학적 자질은 긍정적 비통합이론(Dabrowski, 1964a, 1967, 1970, 1973)에서도 중심 역할을 차지한다. 긍정적 비통합이론에서는 본능이 셀 수 없이 많이 언급된다(예, Dabrowski, 1970). 이 이론은 자기보존 본능, 성 본능, 발달 본능, 죽음 본능, 창조 본능, 자기완성 본능 등의 몇 가지 본능을 포함한다. 자기보존 본능과 성 본능에 대한 Freud의 분석과 달리, Dabrowski는 성격이 발달하려면 이러한 본능이 단순히 충족되는 것이 아니라 변형되어야 한다고 믿었다. 자기보존 본능은 단순한 생물학적 생존이 아니라 그 사람의 통합성을 보존하는 데까지 변형되고, 성 본능은 충족해야 할 무차별적 동기에서 서로에 대한 배타적인 애정관계로 옮겨 간다. 정신분석도 본능의 변형에 대해 이야기하고 있기는 하지만 그 과정이 무의식적이고, 그 동기는 자아를 지키기 위한 것이다. 예를 들어, 성적 욕구의 승화는 사회적으로 금기시된 성적 충동을 인식으로 끌어들이는 것과 연관된 불안에서 개인을 보호하기 위해 나타난다. Dabrowski에게 있어 본능의 변형은 분명 개인의 가치에 의한 의식적 과정이다. 사람은 높은 형태의 본능을 위해 낮은 수준에서 발현되는 본능을 의도적으로 거부한다.

Dabrowski는 두 가지 기본적인 본능에 더해 몇 가지 다른 본능을 제시하였다. 발달 본능은 발달의 모든 힘이 저장된 곳이자 개인마다 갖고 있는 정도가 다르다. 발달 본능(developmental instinct)과 발달 잠재성(developmental potential)은 다르다. Dabrowski는 발달 잠재성의 개념에 과흥분성, 역동성, 특별한 능력과 재능을 포함하였다. 중추신경계의 속성 중 하나인 과흥분성은 심체적, 감각적, 상상적, 지적, 정서적의 다섯 가지 형태가 있다. 역동성은 성격발달 과정을 지시하는 내부의 자율적인 힘이다. Dabrowski는 발달 잠재성이 생애 초기에 다양한 형태의 특별한 능력과 재능으로 나타난다고 주장했다. 발달 본능에서 뻗어 나온 발달수준 역시 개인에 따라 다르게 나타난다.

Freud와 비슷하게 Dabrowski도 죽음 본능을 포함하였으며, 그는 이 본능이 내향, 외향의 두 가지 방향이 있다고 묘사했다. 외향적 죽음 본능에는 공격, 증오, 타인에게 고통을 가하려는 열망이 포함된다. 내향적 죽음 본능은 자살이나 정신 구조의 원초적 측면이 파괴되는 결과로 이어지기도 한다. 후자의 경우는 '부분적 죽음 본능'이라고 불리며, 긍정적인 것으로 성격발달에 기여한다.

창조 본능과 자기완성 본능은 일반적으로 사용하는 의미에서의 본능이 아니다. 이들 본능은 보편적으로 가지고 있는 자질이 아니라, 고도의 발달 선상에 있는 경우의 일부 개인에게서만 나타난다. Dabrowski는 창조 본능이 "현실의 새로운 형태를 발견하고 만들어 간다."라고 말했다(1973, p. 27). 이와 비슷하게, 자기완성 본능은 고등발달 과정에서 나타나며 "인간의 가장 고차원적 본능"으로 묘사된다(1973, p. 32). 두 가지 본능 모두 생물학에 닻을 내리고 있다(즉, 그 씨앗은 높은 발달 잠재성을 갖고 있는 개인에게서 매우 어린 시절부터 분명하게 나타난다). 창조 본능과 자기완성 본능은 결합하여 성격발달에 필수적인 역할을 한다. 이들 본능이 결합한 결과인 정신 구조는 새로울 뿐 아니라 높은 가치를 특징으로 한다.

Dabrowski와 Rogers의 이론은 생물학적 힘에 관한 유사성이 있다. 가만히 두어도 발달 본능과 실현 경향성은 개인의 본성을 드러내며 발현될 것이다. 개인이 Dabrowski가 말하는 본능(발달 잠재성, 창조 본능, 자기 완성)의 자질을 갖추고 있다면, 실현 경향성이 방해받지 않고 진화하는 것과 마찬가지로 개인은 결과적으로 자율성과 진정성을 향해 이행한다. 그러나 그들에게는 중요한 차이가 있다. Rogers는 살아 있는 모든 유기체가 똑같이 실현 경향성을 갖고 있다고 가정한 반면, Dabrowski는 본능의 자질이 각기 다르다고 말했다.

사회적 힘: 사회화

정신분석과 긍정적 비통합이론은 생물학적 힘과 상호작용하여 개인 안에서 갈등을 만들어 내는 사회적 힘을 상정하고 있다. 그러나 Freud와 Dabrowski는 갈등의 본질과 성격발달에 있어서 갈등이 하는 역할을 완전히 다른 방식으로 개념화한다. 자아이론은 생물학적 힘에 반하는 사회적 힘을 가정하지 않는다. 자아이론에서도 갈등은 발생하지만, 그것이 어쩔 수 없는 것도 아니고 성격발달에 필수적인 것도 아니다. 그러나 세 이론 모두 성격발달에서 사회화 과정의 중요성을 강조하고 있다.

정신분석

Freud에게 있어 문명화된 사회는 양면적 특성이 있다(인간 기능에 필수적이기도 하고, 문제를 일으키기도 한다). 개인이 원초아에 계속해서 자동적으로 반응하는 세상은 불안정하다. 본능적 욕구는 절대 영원히 채워지지 않는다. 본능은 유기체에 지속적으로 순간순간 영향을 미친다. 사회의 일차적 목표는 질서가 없이는 혼란하고 위험한 자기만족의 세상에서 질서를 만드는 것이다. 사회는 당황스러움과 죄책감의 감정에서부터 신체적 형벌과 죽음에 이르기까지, 처방에 대한 강제력을 갖고 허용할 수 있거나 그렇지 않은 충족방식을 구체적으로 정한다. 이렇듯 충동의 억제를 가르치는 과정은 생후 첫 몇 년 동안의 사회화 과정을 통해 이루어진다. 사회는 사회화의 일차적 주체인 부모를 통해 직접적 지시와 처벌이나 처벌에 대한 위협을 통해 억제를 가르친다. 부모의 가르침과 꾸짖음, 비판과 처벌을 통해 아동은 자기 규제를 배운다.

자아이론

Freud나 Dabrowski와 달리, Rogers는 사회를 두 개의 적대적인 힘 중 하나로 보지 않는다. 개인의 실현 경향성(유기체를 유지하고 강화하려는 본능) 자체는 타인의 타고난 잠재성 실현과 상충되지 않는다. Rogers의 시각에서 개인의 잠재성을 실현하는 것은 그 개인에게도 좋을 뿐 아니라 다른 사람에게도 좋은 일이다. 개인에게 좋은 일은 사회에도 좋다. 그러나 사회환경은 실현 경향성과 성격발달에 지대한 영향을 미친다.

사회환경은 실현 경향성의 작용을 용이하게 할 수도 있고 방해할 수도 있다. 만일 부모 등 중요 타인으로부터 무조건 좋은 대우를 받고 싶어 하는 개인의 욕구가 충족된다면, "유기체와 자아를 장단기적으로 유지하고 강화하는 자극이나 행동에서 유기체가 만족을 경험"하는 개인의 '유기체적 평가과정(organismic valuing process)'이 나타난다(Rogers, 1959, p. 210). 이 과정은 유기체의 실현 경향성과 함께 작용한다. 사회화가 유기체적 평가과정에 개입할 때, 어린 아동이 자신의 행동과 경험의 초점을 내부에서 외부로 옮기기 시작할 때 문제가 발생한다. 본질적으로, 문제는 무조건적으로 잘 대해 주었으면 하는 욕구가 충족되지 않고 아동이 그 자신이 아니라 그들이 하는 행동에 대해 가치가 매겨질 때 문제가 발생하는 것이다. 개인은 이런 식으로 자신의 실현 경향성보다 타인의 가치와 기대에 기반을 두고 자신의 경험과 행동을 평가하는 법을 배운다. Rogers는 자신의 분석이 아동이 사회화되어서는 안 된다는 뜻이 아니라, 의미 있는 타인이 아동의 인간성에 대한 수용과 존중을 전달하는 방식으로 사회화를 해야 한다는 뜻이라고 밝혔다.

긍정적 비통합이론

　Dabrowski는 두 힘(천성과 교육)이 개인의 갈등을 만들 수도 있고 그렇지 않을 수도 있다고 주장했다. 사회화 수준이 높은 개인은 사회의 요구에 로봇처럼 맞춰서 살기 때문에 갈등을 경험하는 일이 거의 없을 것이다. 갈등을 경험하면, 그것은 단순히 정신분석적 유형의 갈등이 아니다. 어떤 사람은 생물학적 욕구를 충족하는 데에만 초점을 맞추기 때문에 유발되는, 사회의 제약과 갈등을 경험한다. 다른 사람은 사회가 지향해야 하는 방식과 실제 모습 사이에서 경험하는 괴리에서 시작되는 갈등을 경험할 수도 있다. 갈등을 경험하는가 하지 않는가는 대체로 유전적 재능에 달려 있다. 발달 잠재성이 클수록 개인이 보편적 가치와 실제 사회현상 사이에서 인식하게 되는 괴리에서부터 나타나는 갈등을 경험할 가능성은 더 높다.

　긍정적 비통합이론에서 사회환경은 발달에서의 역할이라는 측면에서도 논의된다. 발달 잠재성의 양극단적 수준에서는 환경이 거의 아무 영향력이 없다. 사회환경의 특징과는 무관하게 매우 높은 단계의 사람은 심리적으로 발달할 것이고, 반면 반대쪽 극단의 사람은 그렇지 않을 것이다. 그 사이 발달 잠재성 수준에 있어서는 교육환경이 발달을 촉진할 것이다. 방치하거나 혹은 억압적인 사회환경은 발달을 저해할 것이다.

　긍정적 비통합이론은 자아이론과 마찬가지로 아동의 사회화가 섬세한 방식으로 진행되어야 한다고 주장한다. 성인은 아동의 과흥분성 표현을 수용하고 그들의 특별한 능력과 재능을 키워 주어야 한다. 그러나 그 목표는 사회에 적응된 고도로 사회화된 개인을 만들자는 것이 아니다. Dabrowski에게 있어 사회의 기대에 적응하는 것은 정신건강을 의미하지 않는다. 대신 가끔은 사회와 갈등을 빚더라도 개인이 구성한 가치체계에 따라 사는 것이 정신건강의 중요한 특징이다.

성격 구조

정신분석과 자아이론 모두 구체적인 내용은 다르지만 성격 구조에 대해 논의하고 있다. Rogers보다 Freud의 설명이 더 정교하다. 성격에 대한 독특한 접근을 한 Dabrowski(당연히)는 성격 구조를 구체화하지 않고 성격을 구성하는 특성이라는 측면에서 성격의 본질에 대해 묘사했다.

정신분석

성격 구조에는 원초아(id), 자아(ego), 초자아(superego)가 포함된다. 원초아는 앞에서 언급했듯이, 사람의 보편적인 유전적 재능이자 모든 본능이 저장된 곳이다. 사회의 요구가 없었다면, 원초아가 Freud 식 성격의 총체를 이루었을 것이다. Freud 식 성격 구조를 필요하게 만든 것이 사회화 과정이다. 어린 아동은 자연스럽게 나오는 대로 행동하면 중요 타인에게서 가혹한 결과를 경험하기 쉽다는 것을 배운다. 이러한 만일의 사태에 대비하기 위해, 정신분석에서는 자아와 원초아가 다르다고 상정한다. 여기서 자아는 원초아를 위한 것임을 아는 것이 중요하다.

자아는 사회의 규칙과 기대를 의식하게 되는, 외부의 사회적 세상에서 원초아의 충동을 충족하는 것을 목표로 하는 정신 기능이다. 이를 성취하기 위해, 자아는 개인의 몸과 마음을 처벌을 최소화하고 개인을 불안과 죄책감에서 지킬 길로 이끈다(Maddi, 1989). 본능과 그 만족으로 인해 계속해서 발생하는 긴장이 왔다 갔다 하는 것은 개인에게 사회규칙을 따르게 만든다. 본능의 작용이 어디서나 이루어지기 때문에 사람들은 자주 사회와의 갈등을 경험한다. 그들은 충동을 억제하거나 본능을 충족하는 데 있어 사회적으로 허용된 대상을 활용하는 방식으로 처벌을 피하는 법을 배운다.

그러나 이 과정이 이어지지 못하거나 본능이 너무 강한 경우, 사람들은 불안과 죄책감을 경험하고 처벌을 걱정한다. 갈등을 다스리고 불안을 인식하지 못하게 하려고, 잘 알려진 대로 자아방어(예, 부인, 승화, 투사 등)가 자연적으로 작동된다. 기본적으로 이러한 방어는 무의식적이고, 그렇기에 개인이 원래의 억압된 충동을 좀 더 허용될 만한 열망이나 행동으로 바꿀 수 없는 것이다. 만일 그럴 수 있었다면 그 사람은 통합의 상실과 같은 엄청난 심리적 결과(인간성의 해체)를 경험했을 것이다. Freud에 따르면, 우리는 진실을 움직일 수 없다! 방어가 우리를 그로부터 보호하는 것이다.

초자아는 자아와는 다른 정신 작용이다. 아동은 사회의 규제와 기대를 모아가치관을 만들고, 이 가치는 행동과 사고를 '옳고 그른' 것으로 분류하는 데 사용된다. 초자아가 나타나면 사람들은 죄책감을 느끼기 시작한다. 처벌이 개인을 외부에서 통제하는 반면, 죄책감은 행동에 대한 내부 규제다. 죄책감은 사람에게 처벌이 만드는 것과 같은 긴장을 만들어 낸다. 그 결과, 초자아는 자아의 기능에 영향을 준다. 자아는 이제 본능을 충족하는 동안 관리요인으로서의 처벌을 막는 것은 물론 죄책감을 줄여야 한다.

자아이론

자아이론에서 유기체는 성격의 생물학적 기질이자 '경험의 장소'다(Hall & Lindzey, 1970, p. 528). Rogers에게 있어 경험은 성격의 필수요소로, 현상학적 장과 자아개념을 구성한다(Rogers, 1951). 현상학적 장에는 "그 경험들이 의식적으로 인지되었는가와 무관하게… 유기체가 경험한 모든 것이 포함된다"(p. 483). '인식의 장'이라고도 부르는 현상학적 장은 역동적이고 유동적이며, 개인의 순간순간의 경험이 가변적임을 드러낸다. 현상학적 삶에서는 구체적인 감각과 인식이 배경에서부터 중심 인물에 이르기까지 계속해서 이동한다. Rogers는 현상학적 장의 많은 부분을 의식적으로 인식하는 것도 가능하기는 하지만, 특정 순간에 아주 작은 부분만 의식적으로 경험한다고 주장했다.

Rogers는 '경험'이라는 용어를 명사이자 동사로 사용했다. 명사로서의 경험은 유기체 안에서 일어나고 인식이 가능한 현 시점의 모든 과정을 나타낸다. 이와 같은 경험은 유기체의 역사가 누적된다는 것을 뜻하는 것은 아니다. 동사로서의 경험은 "감각적 혹은 본능적 사건의 영향력을 의식 단계의 정확한 형태로 상징화하는 것"을 의미한다(1959, p. 197). Rogers는 상징화(symboliza-tion), 인식(awareness), 의식(consciousness)을 비슷한 의미로 사용했다. 인식 또는 의식은 경험을 상징적으로 나타내는 것이다. 상징화된 경험은 정확할 수도 있고 그렇지 않을 수도 있다. 정확한 상징화는 우리가 감각을 나타내기 위해 사용하는 상징이 외부 현실을 정확히 반영하는 것이다. Rogers에게 있어 정확성을 결정하는 것은 개인이 내향성을 검증하는 가설을 사용하느냐에 달려 있다. 그는 경험의 부정확한 상징화가 개인에게 심리적 어려움을 만드는 것으로 가정하고 있다.

개인의 전체 경험의 한 부분에서부터 Rogers가 "자기 경험(self-experience)" (1959, p. 223)이라고 부르는 존재에 대한 인식이 나타나고, 자기 경험에서부터 자아개념이 구성된다. 의미 있는 성인과의 상호작용을 통해 형성되는 자기 경험은 자아 혹은 자아개념이 된다(현상학적 장에서의 인식 대상이다). 자아개념을 이루는 자기 인지는 반드시 의식적일 필요는 없지만 의식할 수는 있다. Rogers는 자아개념을 '주체로서의 나(I)' 혹은 '대상으로서의 나(me)'와 연관된 자각의 형태로 묘사하면서, 그러한 인지에 관련된 가치를 포함하였다 (1959). 자기 경험에 포함된 평가적 차원은 감정적으로 부여된 것으로 "경험에 대한 유기적 반응에서부터 직접적으로 일어날 수도 있고, 혹은 다른 사람에게서 받아들이거나 차용함으로써 그 사람이 자신의 것이라고 주장하게 될 수도 있지만, 다른 사람의 해석을 내세움으로써 개인의 경험을 왜곡한다"(Massey, 1981, p. 310). Rogers는 현실로서의 자아와 더불어 이상적 자아(그 사람이 되고 싶은 모습)도 포함하고 있다.

긍정적 비통합이론

Dabrowski는 Freud나 Rogers와는 전혀 다른 성격 개념을 제안했다. Freud와 Rogers는 성격에 대한 각각의 시각에서 분명한 차이를 나타냈지만, 두 이론에는 공통적인 요소도 있다. 바로 보편성과 인간성이다. 모든 사람은 원초아, 자아, 초자아를 소유하거나 현상학적 장과 자아개념을 갖는다. 반면 긍정적 비통합의 시각에서 성격은 성취하는 것이다(그리고 이를 성취한 사람은 거의 없다). 성격이란 인간 가치의 가장 긍정적인 부분을 특징으로 하는 일관성 있고 조화를 이루는 정신 구조다. 성격을 성취한 사람은 자각이 강하고, 매우 자율적이고, 진정성이 있으며, 자신과 타인에 대해 책임감이 강하다. 그들은 스스로의 배움을 이끌 수 있고, 어려움에 부딪히면 스스로를 치유할 수도 있다. 성격을 이루는 특징 중 많은 부분은 자아이론 등 성격에 대한 인본주의적 이론에 등장한 것들이다. Dabrowski가 성격을 보는 시각은 Rogers의 완전히 기능하는 사람(아래에서 논의)과 공통적인 특성을 갖는다. 중요한 차이는 Dabrowski가 '성격'이라는 용어를 모든 인간성의 특성이 아니라 인간적인 기능의 가장 높은 수준을 나타내는 말로 한정 지었다는 점이다. 성격이 조직적이고 조화로운 정신 구조이기는 하지만, 그것은 고정되어 있지 않다. 자기 향상(self-improvement)은 계속되며, 이는 그 자신의 가치관에 따라 의식적으로 이끌어 가는 것이다(Dabrowski, 1967).

성격발달의 단계

Freud와 Dabrowski는 성격발달의 단계를 설명했다. 이 주제에 대한 그들의 생각은 전혀 다르지만, 최소한 한 가지 공통점은 있다. 모든 사람이 모든 단계를 거쳐 발전하는 것은 아니라는 점이다. Rogers는 단계를 구체화하지 않았지만, 나는 그의 자아이론에 관한 설명에 발전하는 양상이 있음을 보았기 때문에 그의 설명도 여기에 포함하였다.

정신분석

앞서 언급했듯, Freud는 성격이론의 초점을 성 본능에 맞추었다. 자기보존 본능과 비교했을 때 다른 본능보다 성적 만족을 얻는 과정에서 더 많은 갈등을 경험하게 되기 때문이었다. 사회에는 인간 본성 중 이 영역을 둘러싼 법칙과 규제가 유독 많다. 발달의 주요 단계는 '성 본능의 구체적 형태'에 따라 나뉘고(Maddi, 1989, p. 274), 엄밀한 의미에서 사회와 성 본능 사이의 일반적인 갈등이 일어나는 상황으로 묘사될 수 있다. 정신분석에서는 흔히 성감대(만족감을 만드는)라고 부르는 몸의 부분을 들어 네 가지 심리성적 단계를 상정했다. 구강기(oral), 항문기(anal), 남근기(phallic), 생식기(genital)가 그것이다. 이 단계들은 신생아 때부터 청소년기에 이르는 신체적 성숙과 연관되어 있지만, "생애 초기의 몇 년이 성격 형성에 결정적으로 작용한다"(원전 강조; Hall & Lindzey, 1970, p. 51).

인생의 첫 1년에 해당하는 구강기에는 즐거움이 주로 입과 먹는 것에 연결되어 있다. 이가 나면서 음식을 씹고 깨물게 된다. 음식 섭취와 무는 행동은 이후 특성의 원형이라고 할 수 있다. 예를 들어, 음식을 섭취하는 것은 후에 지식을 '받아들이는' 것, 즉 학습으로 변형된다. 무는 행동은 후에 빈정거림으로 나타날 수 있다.

2세 때와 연관된 항문기에 즐거움의 주 원천은 소화과정에서 나타나는 불편의 원천을 해소하는 장 운동이다. 배변 훈련은 아동이 처음으로 충동적 본능에 가해지는 사회적으로 부여된 통제를 경험하는 것이다. 본질적으로 아동에게 배설 충동과 배설의 즐거움에 대한 만족을 지연할 것이 요구된다. 배변 훈련이 어떻게 진행되는가는 성격 특성이 발달하는 데 있어 유의미한 결과를 가져오는 것으로 알려져 있다. 엄격하고 처벌을 가하는 방식으로 접근하는 훈련은 아이가 배변을 하지 못하는 결과로 이어질 수 있다. 이는 후에 구두쇠 같은 성향이나 고집스러움으로 표현되는 꽁한 성격으로 이어질 수 있다. 대신 이 훈련이 칭찬을 동반한 지지적인 방식으로 이루어진다면, 이후 아이의 삶에서 창의성과 생산성이 나타나게 될 수 있다.

3~5세에 해당하는 남근기에는 성기관이 만족의 주요 원천이다. 남자 아동은 오이디푸스 콤플렉스, 여자 아동은 엘렉트라 콤플렉스를 경험하는 것이 이 시기다. 아동은 동성 부모를 쫓아내고 이성 부모를 소유하고 싶어 한다. 동성 부모와의 동일시와 같은 과정을 통해 이러한 갈등을 해소하면서 아동은 성인이 되고 싶어 한다.

개인의 발달이 발달의 첫 세 단계에 고착되어 있지 않다면, 그들은 성격발달의 정점인 생식기로 발달한다. 성감대는 남근기와 다르지 않지만, 생식기는 신체가 완전히 성적 성숙을 이루고 성적 충동이 온전히 어른스럽게 표현되는 것이 특징이다. 그러나 생식기도 갈등에서 자유롭지는 않다. 개인은 여전히 사회의 금기와 씨름해야 한다.

정신분석에서 생식기 이전의 단계는 미성숙을 나타낸다. 생식기는 성숙을 나타낸다. 심리적 성숙은 개인이 성 본능이 발달의 각 단계에서 사회의 금기와 부딪히면서 발생하는 불가피한 갈등을 얼마나 성공적으로 받아들이느냐에 따라 결정된다.

자아이론

자아이론은 성격발달의 단계를 포함하고 있지 않다. 그러나 Rogers는 분명 현상학적 장과 자아개념의 분화로 시작되어 긍정적 자존감에 대한 욕구가 발달하고, 부적응과 그 해법을 찾는 것으로서의 발달을 거쳐 발달의 정점(완전히 기능하는 사람)에서 끝이 나는 발달을 설명했다.

자아개념이 등장하면서 타인과 자신을 긍정적으로 대하려는 욕구가 나타난다. 보편적이고 영속적인 것으로 여겨지는 이러한 욕구는 다른 사람의 존중, 애정, 따뜻함을 받고 싶어 하는 태도를 나타낸다. 그러나 Rogers에게 있어 개인의 성장을 가능하게 하기 위해서는 긍정적 존중이 조건 없이 주어져야 한다. 그의 이론에서 핵심 개념인 '무조건적인 긍정적 존중'이란 수용과 칭찬과 같은 말이다. **긍정적 존중의 형태**에는 그 사람이나 그 사람의 행동에 대해 말 그대로 아무 판단이나 평가가 없다. 무조건적인 긍정적 존중을 받으면 그 결과로 모든 자기 경험이 평등하게 인식으로 수용된다. 긍정적 자존감의 욕구는 타인의 긍정적 존중에 대한 욕구가 확장된 것으로, 타인에게 긍정적인 존중을 받으면서 학습된다고 볼 수 있다. 타인에게서 긍정적 존중을 받는 중에서도 최고의 형태는 무조건적인 유형이다.

Rogers는 의미 있는 타인에게서 긍정적 존중을 받으려는 욕구가 경험과 실현 경향성에 닻을 내리고 있는 유기체적 평가과정보다 과다하게 일어나는 경우에 문제가 발생한다고 보았다. 예를 들어 아동이 무조건적인 긍정적 존중을 받지 못하는 경우, 그들은 조건에 따라 행동에 집중하고 부모에게서 긍정적 존중을 받는 경험에만 선택적으로 참여하도록 조건화된다. 이 과정은 유기체가 자극에 참여하고 유기체와 자아(실현 경향성과 함께)를 유지하고 강화하는 행동에 참여하고자 자연스럽게 나타나는 유기체적 평가과정을 뒤엎으려는 것이다. 이를 설명하기 위해 Rogers는 "한때 음식을 중요하게 여겼으나 실컷 먹고 나면 음식을 질려 하는, 우선은 자극을 가치 있게 여기지만 얼마 안 가 그 가치가 멈추는 아기, 장기적으로 봤을 때 발달을 가장 강화할 것 같은 식단에 만족하는 아기"를 예로 들었다(1959, p. 210). 이 사례는 이와 연관된 평가의 장에 대한 개념도 설명하고 있다. 자아이론에서는 이 장소가 내적일 수도 있고 외부에 있을 수도 있다. 이 사례는 내부의 평가의 장을 설명하고 있다. 자기 마음대로 하게 내버려 둔 상태의 아기는 가치판단 과정의 중심이다. 무엇이 중요한지는 감각적 경험으로 결정된다. 평가의 장이 외적인 경우에는 다른 사람의 판단이 사건이나 사물의 가치를 결정하는 기준이 된다.

자아이론에는 외적 평가의 장에 관한 '가치 조건화(conditions of worth)'의 개념이 있다. 자아이론에서는 이 개념의 중요성을 나타내기 위해 강조하였다. 가치 조건화는 중요 타인에게서 받는 긍정적 존중이 그 중요 타인이 자신의 기준과 가치에 기초해 가치 있다고 인식하는 것에 따라 결정되는 경우에 나타난다. 시간이 가면서 중요 타인의 이러한 피드백은 개인의 자아개념과 연합된다. 그들 고유의 가치 때문이 아니라 어떠한 경험과 행동이 중요 타인에게서 긍정적 존중을 받으려는 욕구를 충족하였기 때문에, 이에 동화된 가치 조건화 경험에 가치를 부과하게 된다. 이런 식으로 평가의 장은 내적인 것에서 외적인 것(사회)으로 이동한다. 이는 가치가 유기체적 평가과정에 의해서가 아니라 다른 사람의 의견에 의해 형성된다는 것을 의미한다. 이 과정에서 가치 조건화는 경험을 정확하게 상징화하는 것을 방해한다. 사람들은 사실은 자신이 받아들인 외부의 기준을 사용하고 있으면서도 마치 실현 경향성을 적용하는 것처럼 경험이 긍정적인가 부정적인가의 가치에 따라 결정을 내린다. 가치판단 과정이 어그러지면, 개인이 영향력 있고 자유롭게 기능할 수 있는 능력은 감소한다.

　가치 조건화는 일단 자아개념과 결합하면 감정에 대한 선택적 인식을 만들어 낸다. 이것은 궁극적으로 개인에게 부정적인 심리적 결과를 초래한다. 가치 조건화에 부합하는 경험은 정확하게 상징화된다. 가치 조건화에 부합하지 않는 경험은 인식에서 왜곡되거나 부정된다. 이것이 의미하는 바는 유기체 안에서 일어나는 일부 경험은 인식이 되지 않는다는 것이다. 이 경험은 자기 경험으로 인식되지 않는다. 이런 식으로 가치 조건은 자아와 경험 사이의 괴리를 만들어 냄으로써 심리적 부적응으로 이어진다. 괴리는 긴장과 혼란의 상태다. Rogers에게 있어 가치 조건화가 증가할수록 심리적 부적응에서의 괴리 역시 비례적으로 증가한다.

　Rogers는 부적응의 원천이 내적 갈등이라고 상정했다. 가치 조건화를 받아들인 유기체는 더 이상 전체로 행동하는 것이 아니기 때문이다. 이러한 분열은 행동에 반영된다. 어떤 행동은 가치 조건화에 의해 이루어진다. 다른 행동은 실현 경향성에 따라 이루어진다. Rogers에게 있어 가치 조건화가 개입되면, 자아실현 경향성은 유기체의 경험을 부분적으로 실현하는 것이다(자아개념으로 상징화된 것만 실현될 것이다). 개인 스스로도 이해할 수 없는 신경증적 행동은 이러한 갈등의 한 결과다. "흔히 신경증적 행동이라고 부르는 것이 한 예다. 신경증적 행동은 개인 <u>스스로</u>도 이해할 수 없다. 이러한 행동은 그 사람이 의식적으로 하고 '싶은' 것과 모순되며, 더 이상 경험과 일치하지 않는 자아를 실현하는 것이기 때문이다."(Rogers, 1959, p. 203) 가치 조건화가 이후에도 경험을 선택적으로 다루면서 자아에 더 큰 영향을 미치는 동안 이러한 갈등과 심각한 부적응이 심화된다.

　자아개념에 부합하지 않는 경험은 인식에서 제외된다(인식 속에 상징화되지 않고 위협으로 인지되는 것이다; Rogers, 1959). 만일 이러한 경험이 실제 모습대로 상징화된다면, 그것은 자아개념에 극적인 영향을 미칠 것이다. 이러한 경험을 인식하는 것은 가치 조건화에 어긋나기 때문에 자아개념의 구조를 산산조각 낼 것이다. 불안 상태가 이어질 것이다. 이 만일의 사태에 맞서 방어기제가 작용한다. Rogers가 말하는 방어기제는 선택적 인지, 왜곡, 부정이다. 자아의 형태적 구조를 보호하는 과정에서 방어는 인지의 경직성과 현실에 대한 부정확한 인식을 만든다.

이 부분에 대한 자아이론의 설명에는 보편적 개념과 과정이 나타나지만, Rogers는 특정 상황에서만 일어나는 개념과 과정도 포함하고 있다. 여기에는 해체와 재통합, 완전히 기능하는 개인이 있다.

해체는 방어에 실패했기 때문에 나타나는 심각한 곤경의 상태다. 개인이 위협적인 경험을 부정하거나 왜곡하는 데 실패함으로 인해 자아개념의 통합이 깨진다. 자아개념과 경험에 대한 인식 사이의 차이는 강한 불안을 만들어 낸다. 이러한 해체 상태는 행동의 변덕으로 나타난다. 어떤 행동은 새롭게 인식하게 된 경험에 의해 나타나는 반면, 다른 행동은 현재의 자아개념에 의해 나타나는 것이다. 해체는 인간이 겪는 '기본적 소외'의 극단적 형태로(Rogers, 1959, p. 226), 가치 조건화에 기인한다. 심각한 부적응은 해체와 관련되어 있으며, Rogers는 이를 경험하는 개인에 대해 낙관적인 예측을 하고 있지 않다.

우리가 아는 한, 자아이론에서 가치 조건화는 심리적 부적응의 원인이다. 이 조건화의 작용은 아기들이 자연스럽게 발생한 통합 상태에서 벗어나서, 천성적인 유기체의 가치체계를 파괴하도록 한다. 다른 사람의 긍정적인 존중을 바라는 것이 일차적 동기가 된다. 다른 사람에게서 긍정적 관심을 받으려면 타인의 가치에 부합하지 않는 경험은 왜곡하고 부정해야 한다. 긍정적 존중에 대한 욕구는 방어적으로 만든다. 방어적이 되는 것은 신경증적이고 정신병적인 행동을 하도록 한다. 방어의 실패를 나타내는 해체에 대한 시각과 달리, Rogers는 방어적이 되는 것으로 인해 발생한 신경증적 상황과 일부 정신병적 상황은 성공적으로 치료할 수 있다고 했다. 개인이 원래의 유기체적 가치 평가과정과 실현 경향성을 가늠할 수 있는 과정이 재통합이다.

재통합은 방어적이 되는 것을 제거하고 이전의 위협적인 경험을 자기 구조로 동화하는 두 가지 과정이다. Rogers에게 있어 재통합은 개인이 무조건적인 긍정적 존중을 받고 그에 수반한 가치 조건화의 감소를 경험하는 데 달려 있다. 공감적 이해가 무조건적인 긍정적 존중이 전달되는 방식이다. 공감적 이해를 통해 위협에 대한 개인의 인식이 감소하고, 그와 함께 방어에 대한 욕구도 감소한다. 위협에 대한 인식이 줄어들면서 개인은 경험을 인식하고 이를 자아개념에 통합한다. Rogers는 이 재통합 과정이 다른 사람의 피드백에 곧바로 의지하고 있다고 말했다.

> 성격의 재통합 혹은 회복은 언제나… 일부 정의할 수 있는 조건(무조건적인 긍정적 존중과 공감적 소통)이 나타날 때에만 일어난다. 이것은 상당한 시간 동안 계속되는 정식 심리치료 방법처럼 다소 극단적인 성격 변화가 나타날 수도 있고, 혹은 이해해 주는 친구나 가족과의 접촉으로 얻게 되는 사소하면서도 건설적인 변화를 이야기하는 것과도 본질적으로 같다(1959, p. 231).

재통합은 개인적인 노력으로는 성취될 수 없다. 이 회복의 과정은 개인이 중요 타인에게서 무조건적인 긍정적 존중을 경험하는 관계 속에서 나타난다. 다른 사람에게서 이렇듯 수용과 칭찬을 계속 받으면, 인간발달의 정점에 도달하기 위해 필수적인 몇 가지 사건이 일어난다. 공감으로 전달된 무조건적인 긍정적 존중을 받은 사람은 경험에서 위협에 대한 인식을 극적으로 줄인다. 그들은 방어의 필요성을 유의미하게 줄이고, 자아와 경험은 더욱 일치하게 된다. 자존감이 높아지면서 타인에 대한 긍정적 존중도 증가한다. 재통합 과정에서 사람은 완전히 기능하게 된다.

Rogers는 완전히 기능하는 사람을 설명하기 위해 '사회적 진화의 목표'나 '최고의 심리치료의 종결점'과 같은 여러 가지 표현을 사용했다. 그러나 나는 그의 이론에 합치하는 최적의 표현은 "인간 유기체의 실현화의 극치"라고 생각한다(1959, p. 234). 완전히 기능하는 사람은 실현 경향성과 유기체적 평가과정에 익숙하다. 자아 구조는 그 사람의 경험과 일관되어 있다. 이런 사람은 또한 경험에 열려 있다. 모든 경험을 받아들일 수 있다. 이런 사람은 외적 존중이 필요 없이 무조건적으로 긍정적인 자기 존중을 경험하고, 이는 타인에게도 확장된다. 최고의 심리적 적응과 성숙에 대한 Rogers의 묘사는 고정적이지 않다(완전히 기능하는 사람은 '진행형 인간'이라는 것이다; 1959, p. 235). 완전히 기능하는 사람에는 몇 가지 결여된 요소가 있다. 가치 조건화, 불일치, 외적 평가 소재가 그것이다.

긍정적 비통합이론

Dabrowski는 통합과 비통합의 각기 다른 형태를 나타내는 발달의 5개 수준을 제시했다. 수준별 발달은 보편적이지도 않고 선형적이지도 않다. 정신분석에서 개인은 고착화되지 않는다면 세 가지 생식기 전 단계를 거치지만, 모든 사람이 생식기(정신분석적 발달의 정점)에 도달하는 것은 아니라고 가정한다. 생식기에 도달하는 것은 사회의 명령을 개인이 다스리는 것을 전제로 한다. 이 이론에서는 사회환경이 성적 욕구 만족에 덜 제한적일수록 개인의 발달에 유리할 것이라고 짐작할 수 있다. 금기가 적은 환경이 개인이 생식기에 도달하고 심리적 성숙을 이루는 데 용이한 것으로 보인다. 자아이론에서는 중요타인으로부터 공감을 갖고 전달되는 무조건적인 긍정적 존중을 충분히 경험한 사람만이 완전히 기능하게 된다. 두 이론 모두에서 높은 수준의 발달은 사회환경에 크게 의존하고 있다. 긍정적 비통합이론에서는 높은 수준의 발달이 우수한 선천적인 자질을 전제로 한다. 발달 잠재성에 반영되어 있는 이러한 자질은 개인의 발달과정에 박차를 가한다. 성격은 긍정적 비통합의 내적 과정을 통해 성취된다. 이 과정은 개인이 원래 갖고 있는 일차적 정신 구조를 파괴하고 이차적 통합으로 정점을 찍는 기능의 더 높은 수준에서 재통합하게 한다.

원초적 혹은 일차적 통합인 1수준에서는 사람들이 생물학적 욕구에 따라 움직이고, 이 욕구는 사회규범에 순응한다는 점에서 건강한 것으로 보지 않는다. Dabrowski는 1수준에 속하는 사람들의 두 가지 하위 집단을 제시했다. 고도로 사회화된 사람들과 반사회적 성격장애자들이다. 일차적으로 통합된 사람 중 대다수는 잠재적으로는 물질적 성공을 거두기 쉽지만 생각 없는 삶을 산다. Dabrowski는 이런 사람을 가치가 없다거나 나쁘다고 보지 않는다. 그들은 사실 '이 땅의 소금'과 같은 존재라고 볼 수 있다. 그들은 그저 생물학적 동기나 사회적 기준을 의심 없이 따르려는 욕구에 사로잡힌 사람들이다.

그러나 다른 하위 집단은 더 많은 주의를 요하고 위험하다. 이런 사람은 보통 지능과 같은 개인적 자원을 이용하여 자신의 자기중심적인 욕구를 충족하기 위해 다른 사람을 이용하고, 극단적인 경우에는 다른 사람과 자신에게 어떤 결과를 가져오든지 자신의 욕구를 충족한다. 이런 사람의 통합된 정신 구조는 생물학적 욕구나 사회에 대한 순응을 따르기 위한 것이다.

Dabrowski가 통합을 바라보는 방식은 다른 이론가(Rogers 등)가 이 용어를 사용한 방식과 다르다. 통합은 전통적으로 긍정적인 심리적 특성으로 여겨졌다. 긍정적 비통합이론에서는 발달의 최종 단계인 이차적 비통합만을 심리건강의 측면에서 긍정적인 것으로 본다.

일차적 통합에 연결된 정신 구조는 개인이 다음 수준으로 넘어가기 전에 해체되어야 한다. 존재하는 정신 구조를 풀고 궁극적으로 파괴하는 과정은 발달 잠재성을 이루는 자율적 힘인 역동성에 의해 이루어진다. 처음에는 사춘기나 사회환경의 위기와 같은 발달상 전환점에 의해 역동성이 일어난다. 이러한 경험은 정신적 평형을 무너뜨리고, 한때 구조의 예측 가능성이 존재했던 상태를 모호하게 만든다. 2수준인 단일수준의 비통합은 본질적으로 이행 단계다. 이 수준이 강한 불안과 연결되어 있기 때문에, 개인은 일차적 통합으로 되돌아가거나 3수준인 자연적 다중수준의 비통합으로 나아간다.

2수준의 단일수준의 비통합에서 경험하는 양가감정에 비해, 3수준의 비통합은 다중수준적이고 자연적이다. 개인이 위계적 방식으로 현상을 경험하기 시작하기 때문에 이 수준을 다중수준이라고 부른다. 어떤 감정, 태도, 행동은 다른 것보다 더 가치 있는 것으로 인식된다. 개인이 세상이 어떠해야 하는가와 실제 세상이 어떠한가의 차이를 경험하는 데서 오는 내적 갈등을 경험하는 것이 이 발달수준이다. 이 수준을 **자연적**이라고 부르는 것은 그 과정이 당사자의 주도로 이루어지는 것이 아니기 때문이다. 이 수준에서는 다양한 역동성(수치감과 죄책감, 자신에 대한 놀라움, 불만족 포함)이 작용하여 2수준에서 시작된 정신 구조의 해체를 확장하고 비통합 과정을 만들어낸다.

3수준의 비통합의 자연적 특성에 비해, 4수준의 비통합은 조직화되어 있고 다중수준적이다(즉, 이 과정은 개인의 정교한 통제 속에 이루어진다). 이 수준에서 인간 기능은 공감, 자율성, 진정성, 제3요인의 역동성에 따라 움직인다. 게다가 자기 교육과 자기 심리치료의 역동성이 나타나, 개인이 향상할 부분을 찾고 그 필요를 충족하기 위한 전략을 발전시킬 동기를 제공한다. 이 수준의 역동성은 재통합 과정을 시작한다.

5수준에서는 성격을 성취함으로써 재통합 과정을 완성한다. 이 최종 단계에서 유일하게 새로 나타나는 역동성은 이상적 성격으로, 개인은 이를 자신의 일상 행동을 안내하는 데 사용한다. 5수준의 개인은 성격을 성취하고 인간성의 전형을 나타낸다.

이 발달수준들은 긍정적 비통합 과정을 반영한다. 긍정적 비통합은 비통합과 높은 수준에서의 재통합이 결합된 것이다. 이는 과정의 결과가 긍정적이라는 것으로 정의된다. Dabrowski의 이론에는 부정적 비통합도 존재한다(이것은 자살과 같은 부정적 결과로 이어지는 비통합 과정이다). 그러나 두 경우 모두 '비통합'은 Freud나 Rogers가 사용했던 것과 다른 의미다. 정신분석과 자아이론 모두에서 비통합은 언제나 방어가 실패했음을 반영하는 부정적인 것이다. 두 이론은 모두 방어를 심리적 적응에 필수적인 것으로 본다. Freud와 Rogers의 시각은 무의식이나 인식 부족이 적응과 연결되어 있음을 시사한다. 이상적인 환경 조건이라면 그렇지 않겠지만, 성에 관한 사회금기나 사회환경에 존재하는 가치 조건화로 인해 어느 정도의 무의식은 필요하다는 것이다.

반면 Dabrowski의 비통합은 방어가 무너졌기 때문에 생긴 부산물이 아니라 자율적인 내부의 힘, 구체적으로는 역동성으로 정신적 균형을 파괴한 결과다. Dabrowski도 '승화'와 같은 방어적 용어를 사용하기는 했지만, 이러한 용어에는 Freud나 Rogers의 용법에 연결된 무의식적 특성이 없다. 실제 Dabrowski에게 있어 심리적 발달은 삶에 대한 무의식적인 접근에서부터 점차 자아와 사회를 의식적으로 받아들이는 단계로의 진행과정이다. 자기보존 본능 및 성 본능을 포함한 자신의 본성을 인식해야 동물과 같은 상태에서 진정한 인간의 상태로 변화할 수 있다.

이와 비슷하게, Rogers가 재통합을 사용한 방식은 Dabrowski와 다르다. Rogers의 재통합은 방어를 제거함으로써 이전에 자신을 위협하던 경험을 자기 구조에 동화시키는 것을 뜻한다. 재통합은 개인이 무조건적인 긍정적 존중을 경험할 때라야만 일어날 수 있다. Dabrowski가 말하는 긍정적 비통합의 일부로서의 재통합은 개인 안에서 일어나며 더 높은 수준의 인간 기능을 획득하는 것과 같은 말이다.

Rogers와 Dabrowski가 사용한 다른 용어에서도 비슷한 대비가 나타난다. '일관성'과 '일치성'은 두 이론에서 모두 나타난다. 그러나 Rogers가 자아개념과 현상학적 장 사이의 일치성을 이야기한 반면, Dabrowski는 행동과 가치의 일관성을 이야기한다. 두 사람 모두 '자율성'과 '진정성'과 같은 용어를 사용하고 있으며, Dabrowski의 성격에 대한 시각과 Rogers의 완전히 기능하는 사람 사이에는 겹치는 부분도 있다. 그러나 Dabrowski는 이들이 나타나는 과정이나 성격발달에서의 역할을 설명했으며, Rogers는 이를 개괄적이고 간략하게 설명했다.

이와 관련하여 긍정적 비통합이론과 다른 이론이 갖는 차이는 정신병리를 보는 시각에 있다. 이 차이는 특히 신경증의 영역에서 뚜렷하게 나타난다. Dabrowski는 Freud와 Rogers가 치료 대상으로 보았던 것을 고등발달의 잠재성을 암시하는 것으로 보고 있다. 더 정확히 하기 위해, Dabrowski는 심신증(psychosomatic)의 상태와 같다고 여겼던 신경증이 아니라, 정신적 과정을 뜻하는 정신신경증을 다루었다(Dabrowski, 1972). 긍정적 비통합에서의 비통합 부분(수치감, 죄책감, 자신에 대한 불만족과 같은 역동성)은 현재의 원초적인 정신구조를 파괴하겠다는 본질적 목적을 수행하는 정신신경증적 증상이다. 정신신경증은 질병이 아닐 뿐 아니라 성격발달에 핵심적이다. 정신신경증적인 사람들은 '치료' 하려는 의도로 대해서는 안 된다. 이런 사람은 그들의 괴로움이 발달에 필수적인 기여를 하고 있음을 이해해야 한다.

끝으로 언급할 것은 정신분석과 달리 긍정적 비통합이론은 가치와 도덕을 다스리거나 부정해야 할 요인으로 보지 않는다는 것이다. 이들은 살아 있다. 여기서는 도덕적 기준이 너무 높다고 해서 초자아의 내용을 부정하는 것이 아니다. 세심히 조사해서 개인의 가치체계에 맞지 않는 부분은 버려진다. 더 나아가 인간발달의 정점은 다른 사람과의 성숙한 관계 속에서 모든 성감대의 성본능을 충족하는 것이 아니라 자율적으로, 진정으로, 이타적으로 자신의 이상에 맞는 삶을 의식적으로 사는 것이다.

빅 파이브와 긍정적 비통합

빅 파이브(Big Five)는 성격 분야의 심리학 연구자들 사이에서 엄청난 각광을 받고 있는 특성(trait) 중심의 시각이다. 특성은 긍정적 비통합이론에서도 언급되고 있지만, Dabrowski는 보통 '심리적 유형(psychological types)'이라는 용어를 사용하고 있다.

빅 파이브

5요인 모형으로도 알려진 빅 파이브 접근법은 성격 특성에 대한 Allport와 Odbert(1936)의 어휘 접근에 그 기원을 두고 있다. 영향력이 큰 그들의 연구에서는 사전을 정독하여 사람을 묘사하는 데 타당할 것으로 여겨지는 단어를 판별해 냈다. 1만 8000개에 달한 이 단어들은 알파벳 순서대로 (1) 성격 특성, (2) 상태, 기분, 활동, (3) 성격과 명성에 대한 판단, (4) 신체적 특성, 능력, 재능의 네 범주로 나뉘었다(John & Scrivastava, 1999). 이 중 성격 특성으로 범주

화된 단어가 빅 파이브의 발달에 타당하며, Allport와 Odbert는 이를 "일반화
되고 개인화된 결정 성향(개인이 환경에 적응하는 일관되고 안정적인 방식)"이라
고 정의했다(p. 26). Allport와 Odbert가 예상했듯, 이 단어들의 조합은 몇 년째
학자들을 바쁘게 만들었다. 성격 특성 범주를 다루는 연구자들은 결국 빅 파
이브 특성 분류체계를 발견해 냈다.

　Cattell(1959)은 이 특성 분류체계를 개발하는 데 지대한 기여를 했다. 그는
Allport와 Odbert의 목록에서 추린 4500개의 특성 용어를 이용해 35개의 변인을
추출하고, 그 과정에서 원래 목록의 용어 중 99%를 제거했다(John & Scrivastava,
1999). 이 변인들을 활용한 요인분석 연구에서 Cattell은 12개의 성격요인을 분별
해 내어 16 성격요인 검사에 포함하였다(Cattell, Eber, & Tatsuoka, 1970). 여러 연
구자가 Cattell의 목록을 이용해 빅 파이브를 발견하고 명료화했다(예, Borgatta,
1964; Digman & Takemotto-Chock, 1981; Fiske, 1949; Norman, 1963; Tupes & Christal,
1992).

　빅 파이브 분류체계는 5개의 고차적 성격 특성 혹은 요인으로 구성되어 있
다. 신경증적 경향성(Neuroticism), 외향성(Extroversion), 경험에 대한 개방성
(Openness to Experience), 친화성(Agreeableness), 성실성(Conscientiousness)이
그것이다(Chamorro-Premuzic, 2005). 이 요인들은 어떤 측정방법—예를 들어,
자기보고 혹은 전문가 평가(McCrae & Costa, 1999)—이나 특정 척도—예를 들
어, 캘리포니아 성격검사(California Psychological Inventory; Gough, 1987), 형용
사 체크리스트(Adjective Check List; Gough & Heilbrun, 1983), NEO 성격검사 수
정판(NEO Personality Inventory Revised; Costa & McCrae, 1992; John & Scrivastava,
1999)—를 사용해도 일관되게 발견되었다.

　빅 파이브에 대한 가장 타당한 척도(John & Scrivastava, 1999)인 NEO 성격검
사 수정판(NEO-PI-R; Costa & McCrae, 1992)은 다섯 가지 요인과 특성을 조작
적으로 정의한다. 신경증적 경향성은 불안, 적대감, 우울, 자의식, 충동성, 연
약함의 특성을 갖는다. 외향성은 따뜻함, 사교성, 적극성, 활동성, 흥미 추구,
긍정적 감정이 특징이다. 개방성은 환상, 심미성, 감정, 행동, 생각, 가치의 측

면을 갖는다. 친화성은 신뢰, 솔직함, 이타성, 순응, 겸손, 약한 마음이 특징이다. 성실성은 능숙함, 질서, 책임감, 성취 지향, 자기 훈련, 열심이 특징이다.

성격에 대한 5요인 모형은 성격이론이 아니다(McCrae & Costa, 1999). 이 사실은 성격에 대한 이 접근방식에 대한 비판으로 이어지고 있다(예, Pervin, 1994). 그것은 경험적으로 파생되었으며 심리학이나 정신의학 전문가의 연구에 나오는 용어 대신 일반인이 사용하는 용어에 기초하고 있다. 그러나 빅 파이브의 용어와 성격 이론가의 용어에는 어느 정도 겹치는 부분이 있다. 예를 들어, 외향성은 Jung(1933)이 심리학적 유형을 설명하던 이론적 틀의 한 부분이고, 경험에 대한 개방성은 Rogers(1961)의 완전히 기능하는 사람이 갖는 특징 중 하나다.

긍정적 비통합과 특성

Dabrowski에게 특성은 유전되거나, 환경에 따라가거나, 두 가지 단기적인 특징과 본성의 특징을 포함하는 것이다. Dabrowski(1973)는 특성에 대한 다른 사람의 시각을 알고 있었으며, 특히 Jung(1933)의 내향성 및 외향성과 Kretschmer의 조울기질(cylothymes)과 분열기질(schizothymes)(Roeckelein, 1998), Sheldon의 체형론(Sheldon & Stevens, 1942)을 참조했다. Kretschmer와 Sheldon은 모두 정신의학적 장애의 체질 유형에 관심이 있었다. Jung은 내향성과 외향성에 기초하면서도 기능적 방식을 포괄하는 정교한 유형화를 제시했다. Jung의 내향성과 외향성은 상호 배타적인 범주가 아니었다. 예를 들어, Jung의 시각에서 어떤 사람이 외향적이라고 묘사될 경우, 이는 그 사람에게 외향성이 지배적이고 의식적이며 내향성은 지배적이지는 않지만 무의식적 수준에서 작용하고 있다는 뜻이다(Maddi, 1989). Jung은 '기능방식'이라고 부르는 네 가지 경험 형태인 생각, 느낌, 감각, 직관을 추가함으로써 심리 유형을 구성했다. 그 결과, Jung은 기능적 방식과 지배적 요인을 조합하여 여덟 가지 주요 유형을 설명했다.

Dabrowski는 Jung의 단계를 차용하여 '정신 유형'을 사용해서 과흥분성의 다섯 가지 형태를 포함한 모든 특성을 언급했다. 그러나 Dabrowski는 정신 유형 자체에는 관심이 없었다. 그는 내향형과 외향형을 구별하거나, 체형과 정신의학적 장애, 혹은 체형과 기질을 연결 짓는 것에는 관심이 없었다. 정신 유형에 관해 그가 가진 질문은 변화에 관한 것이었다. "내향적 및 외향적, 조울기질 및 분열기질과 같은 정신 유형이 변형될 가능성은 있는가? 다양한 종류의 정신적 과흥분성 유형, 즉 정서적, 상상적, 감각적, 심체적, 지적 과흥분성은 어떠한가?"(Dabrowski, 1973, p. 136) 변형은 승화와 다른 특성을 얻는 과정을 모두 의미한다. 때에 따라서는 이전부터 존재하던 특성의 정반대의 특성을 얻을 수도 있다. Dabrowski는 정신 유형의 이러한 변형이 가능하며, 개인이 더 좋은 자질을 갖는 과정에서 특히 분명히 나타난다고 주장했다. 이때 유전적인 힘은 특성을 발달시킬 기질, 경우에 따라서는 그 표현을 좀 더 높은 형태로 바꾸고(승화) 천성적인 자질이 아닌 기질을 더하게 하는(예를 들어, 내향적이라고 생각하는 사람이 내향적이기도, 외향적이기도 하다고 생각하는 사람이 되는 것) 힘을 제공한다.

빅 파이브의 다양한 측면(예, 친화성의 신뢰, 이타주의, 약한 마음, 솔직함의 측면, 외향성의 온정)은 긍정적 비통합이론에서 사용된 개념과 비슷하다. 다른 특성도 과흥분성 형태를 묘사하는 것으로 볼 수 있다(예를 들어, 활동성과 흥미 추구는 심체적 과흥분성, 환상과 심미성은 상상적 과흥분성, 생각은 지적 과흥분성, 긍정적 감정과 신뢰, 가치는 정서적 과흥분성이다). 그러나 일부 특성에 배치된 가치는 빅 파이브의 해석과 다를 수 있다. 신경증적 성향은 적개심의 측면을 제외하면 긍정적 비통합이론에서는 긍정적으로 본다. 불안, 우울, 자의식, 충동성, 연약함은 긍정적 비통합의 지표로, 이와 같은 개념은 발달을 나타내는 것으로 다시 구성된다.

결론

긍정적 비통합이론은 성격에 대한 다른 시각과 같은 요소를 많이 포함하고 있지만, 이러한 요소는 다시 구성된다. 기본적인 본능은 고정된 것이 아니라 변화하는 것이다. 사회환경의 명령은 순응해야 하는 것이라기보다는 초월해야 할 것이다. 갈등은 욕구가 좌절되었기 때문에 생기는 것이 아니라 개인의 가치에 뿌리를 두고 있다. 이상은 약화되는 대신 살아 있다. 신경증적 증상은 치료해야 할 것이 아니라 축하해야 할 일이다. 특성은 고정되어 있지 않고 역동적이다. 다른 접근방식과 달리, 긍정적 비통합은 가치와 도덕성을 전면에 그리고 중심에 둔다. 사고, 감정, 행동은 위계적으로 인식되고, 개인이 원초적 형태에서 좀 더 다듬어진 형태로 이동하는 동안 발달이 일어난다.

Dabrowski는 성격에 대한 독특한 이론을 제시했다. 긍정적 비통합이론의 독창성은 학생들로 하여금 성격과 그 발달에 대해 당연하게 여겨 왔던 가정에 더욱 관심을 기울이게 만든다. 그 사람이 열성적인 추종자가 되는가의 여부와 상관없이, 자신의 가정을 검토하고 개념을 다른 시각에서 보는 것은 창의적으로 될 가능성을 높인다. 이 과정에서는 물론 그간 독자들이 단단히 붙들고 있던 신념이 파괴되어 고통이 초래되고, 성격에 대한 생각이 더 높은 수준에서 재통합될 수도 있다.

참고문헌

Ackerman, C. M. (1993). *Investigating an alternate method of identifying gifted students.* Unpublished master's thesis, University of Calgary, Calgary, Alberta.

Ackerman, C. M. (1996). The interrater reliability of the Overexcitability Questionnaire. *The Dabrowski Newsletter, 2*(3), 5-6.

Ackerman, C. M. (1997a). Identifying gifted adolescents using personality characteristics: Dabrowski's overexcitabilities. *Roeper Review, 19,* 229-236.

Ackerman, C. M. (1997b). *A secondary analysis of research using the Overexcitability Qustionnaire.* Unpublished doctoral dissertation, Texas A & M University, College Station, TX.

Ackerman, C. M., & Miller, N. B. (1997, November). *Exploring a shortened version of the Overexcitability Questionnaire.* Paper presented at the annual convention of the National Association for Gifted Children, Little Rock, AR.

Adorno, T. W., Fraenkel-Brunswick, E., Levinson, D. J., & Sanford, R. N. (1950). *The authoritarian personality.* New York: Harper.

Allport, G. W. (1937). *Personality: A psychological interpretation.* New York: Holt, Rhinehart, & Winston.

Allport, G. W., & Odbert, H. S. (1936). Trait-names: A psycho-lexical study.

Psychological Monographs, 47(211).

American Psychiatric Association. (1994). *Diagnostic and statistical manual of mental disorders* (4th ed.). Washington, DC: Author.

Ammirato, S. P. (1987). *Comparison study of instruments used to measure developmental potential according to Dabrowski's theory of emotional development.* Unpublished doctoral dissertation, University of Denver, Denver, Co.

Amuli, S. H. (1989). *Inner secrets of the path.* Longmead: Element Books. (Available online at: http://al-islam.org/innersecretsofthepath/).

Andreasen, N. C. (2007). DSM and the death of phenomenology in America: An example of unintended consequences. *Schizophrenia Bulletin, 33*(1). Retrieved July 3, 2007, from www.oxfordjournals.org/schbul/about.html

Aronson, J. (1964). Introduction. In K. Dabrowski (Ed.), *Positive disintegration* (pp. ix-xxviii). Boston: Little, Brown.

Babiak, P., & Hare, R. D. (2006). S*nakes in suits: When psychopaths go to work.* New York: HarperCollins.

Barrow, J. C., & Moore, C. A. (1983). Group interventions with perfectionistic thinking. *Personnel and Guidance Journal, 61,* 612-615.

Battaglia, M. M. (2002). *A hermeneutic historical study of Kazimierz Dabrowski and his theory of positive disintegration.* Unpublished doctoral dissertaion. Virginia Polytechnic Institute and State University, Blacksburg, Virginia. (Available online at: http://scholar.liv.vt.edu/rheses/available/etd-04082002-204054/unrestricted/Dissertation.pdf).

Baum, S M., Olenchak, F, R., & Owen, S. V. (1998). Gifted students with attention deficits: Fact and/or fiction? Or, can we see the forest for the trees? *Gifted Child Quarterly, 42,* 92-104.

Beach, B. J. (1980). *Lesbian and nonlesbian women: Profiles of development and self-actualization.* Unpublished doctoral dissertation, The University of Iowa, Iowa City, IA.

Belenky, M. F., Clinchy, B. M., Goldberger, N, R., & Tarule, J. M. (1986). *Women's ways of knowing: The development of self, voice, and mind*, New York: Basic Books.

Benet, W. R. (Ed). (1948). *The readers' encyclopedia*. New York: Thomas Y. Crowell.

Bergson, H. (1935). *The two sources of morality and religion*. New York: Henry Holt.

Bergson, H. (1944). *Creative evolution*. New York: The Modern Library.

Berling, J. A. (1980). *The syncretic religion of Lin Chao-en*. New York: Columbia University.

Binswanger, L. (1963). *Being-in-the-world: Selected papers of Ludwing Binswanger*. New York: Basic Books.

Borgatta, E. F. (1964). The structure of personality characteristics. *Behavioral science, 9,* 8-17.

Boss, M. (1963). *Psychoanalysis and daseinanalysis*. New York: Basic Books.

Bouchard, L. L. (2004). An instrument for the measure of Dabrowskian overexcitabilities to identify gifted elementary students. *Gifted Child Quarterly, 48,* 339-350.

Bouchet, N. M. (1998). *Social structure and personality: Explicating the second factor from Dabrowski's theory of emotional development*. Unpublished master's thesis, University of Akron, Akron, OH.

Bouchet, N. M. (2004). *To give or to take: Assessing five levels of moral emotional development*. Unpublished doctoral dissertation, University of Akron, Akron, OH.

Bouchet, N. M., & Falk, R. F. (2001). The relationship among giftedness, gender, and overexcitability. *Gifted Child Quarterly, 45,* 260-267.

Bowlby, J. (1969). *Attachment*. New York: Basic Books.

Brandstatter, H., & Eliaz, A. (2001). *Persons, situations, and emotions: An ecological approach*. New York: Oxford University Press.

Bransky, T., Jenskins-Friedman, R., & Murphy, D. (1987). Identifying and working with gifted students "at risk" for disabling perfectionism. In R. Jenkins-Friedman & A. Robinson (Eds.), *Research briefs: A collection of research-based papers presented at the annual convention, New Orleans, November 1987* (pp. 14-16).

Circle Pines, MN: National Association for Gifted Children.

Breard, N. S. (1994). *Exploring a different way to identify gifted African-American students.* unpublished doctoral dissertation, University of Georgia, Athens, GA.

Brennan, T. P. (1987). *Case studies of multilevel development.* Unpublished doctoral dissertation, Northwestern University, Evanston, IL.

Brennan, T. P., & Piechowski, M. M. (1991). A developmental framework for self-actualization: Evidence from case studies. *Journal of Humanistic psychology, 31*(3), 43-64.

Buerschen, T. (1995). *Researching an alternative assessment in the identification of gifted and talented students.* Unpublished research project, Miami University, Oxford, OH.

Burns, D. D. (1980, November). The perfectionist's script for self-defeat. *Psychology Today*, 34-52.

Calic, S. (1994). *Heightened sensitivities as an indicator of creative potential in visual and performing arts.* Unpublished doctoral dissertation, University of Georgia, Athens, GA.

Carlisle, C. (2005). *Kierkegaard's philosophy of becoming: Movement and positions.* Albany, NY: State University of New York Press.

Cattel, R. B. (1959). Personality theory growing from multivariate quantitative research. In S. Koch (Ed.), *Psychology: A study of a science* (Vol. 3, pp. 257-327). New York: McGraw-Hill.

Cattell, R. B., Eber, H. W., & Ttsuoka, M. M. (1970). *Handbook for the sixteen personality factor questionnaire (16PF).* Champaign, IL: IPAT.

Cavalier, R. (1990). *Plato for beginners.* New York: Writers & Readers.

Chagdud, T. R. (1992). *Lord of the dance: the autobiography of a Tibetan lama.* Junction City, CA: Padma.

Chamorro-Premuzic, T. (2005). *Personality and intellectual competence.* Mahwah, NJ: Erlbaum.

Chang, H. J. (2001). *A research on the overexcitability traits of gifted and talented stu-*

dents in Taiwan. Unpublished master thesis, National Taiwan Normal University, Taipei.

Charon, J. M. (1995). *Symbolic interactionism: An introduction, an interpretation, an integration.* Englewood Cliffs, NJ: Prenice Hall.

Chavez, R. A. (2004). *Evaluaci Integral de la personalidad creativa: Fenmenologia clinica y gen ca [Integral evaluation of the creative personality: Phenomenology, clinical, and genetics].* Unpublished doctoral dissertation, National Autonomous University of Mexico, UNAM, Mexico City.

Cienin, P. (Pseudonym of K. Dabrowski). (1972a). *Existential thoughts and aphorisms.* London: Gryf Publications.

Cienin, P. (Pseudonym of K. Dabrowski). (1972b). *Fragments from the diary of a madman.* London: Gryf Publications.

Clark, B. (1988). *Growing up gifted* (3rd ed.). Columbus, OH: Merrill.

Cohen, J. (1988). *Statistical power analysis for the behavioral sciences* (2nd ed.). Hillsdale, NJ: Erlbaum.

Colangelo, N., & Zaffran, R. T. (Eds.). (1979). *New voices in counseling the gifted.* Dubuque, IA: Kendall/Hunt.

Colby, A., & Damon, W. (1992). *Some do care: Contemporary lives of moral commitment.* New York: Free Press.

Cooley, C. H. (1964). *Human nature and the social order.* New York: Schocken. (Original work published 1902).

Corsini, R. J. (Ed.). (1977). *Current theories for personality.* Itasca, IL: Peacock.

Costa, P. T., Jr., & McCrae, R. R. (1992). *Revised NEO Personality Inventory and NEO Five Inventory professional manual.* Odessa, FL: Psychological Assessment Resources.

Courtois, F. (1986). *An experience of enlightenment.* Wheaton, IL: The Theosophical publishing House.

Dabrowski, K.(1929). *Les conditions psychologique du suicide [The psychological conditions of suicide].* Geneva: Imprimerie du Commerce.

Dabrowski, K. (1934a). *Behawioryzm i kierunki pokrewne w psychologii [Behaviorism and related school in psychology]*. Warszawa: Lekarz Polski.

Dabrowski, K. (1934b). *Podstawy psychologiczne samodreczenia (automutylacji) [psychological bases of self-torture]*. Warszawa: Przyszlosc.

Dabrowski, K. (1935). *Nerwowosc dzieci i mlodziezy [The nervousness of children and youth]*. Warszawa: Nasza Ksiegarnia.

Dabrowski, K. (1937). Psychological bases of self-mutilation (W. Thau, Trans.). *Genetic Psychology Monographs, 19,* 1-104.

Dabrowski, K. (1938). Typy wzmozonej pobudliwosci psychicznej [Types of increased psychic excitability]. *Biuletyn Instytutu Higieny Psychicznej, 1*(3-4), 3-26.

Dabrowski, K. (1964a). *Positive disintegration.* Boston: Little, Brown.

Dabrowski, K. (1964b). *0 dezyntegracji pozytywnej [On positive disintegration].* Warszawa: Panstwowy Zaklad Wydawnictw Lekarskich.

Dabrowski, K. (1964c). *Spoleczno-wychowawcza psychiatria dziecieca [Socio-educational child psychiatry]* (2nd ed.). Warszawa: Panstwowy Zaklad Wydawnictw Szkolnych. (Original work published 1959).

Dabrowski, K. (1966). The theory of positive disintegration. *International Journal of Psychiatry, 2*(2), 229-244.

Dabrowski, K. (1967). *Personality-shaping through positive disintegration.* Boston: Little, Brown.

Dabrowski, K. (1968). Le milieu psychique interne [The inner psychic milieu]. *Annales Médico-Psychologiques, 126, t. 2*(4), 457-485).

Dabrowski, K. (with Kawczak, A., & Piechowski, M. M.). (1970). *Mental growth through positive disintegration.* London: Gryf.

Dabrowski, K. (1972). *Psychoneurosis is not an illness.* London: Gryf.

Dabrowski, K. (with Kawczak, A., & Sochanska, J.). (1973). *The dynamics of concepts.* London: Gryf.

Dabrowski, K. (1975). Foreword. In M. M. Piechowski (Ed.), A theoretical and empirical approach to the study of development. *Genetic Psychology Monographs, 92,*

233-237.

Dabrowski, K. (with Piechowski, M. M.). (1977). *Theory of levels of emotional development: Multilevelness and positive disintegration* (Vol. 1). Oceanside, NY: Dabor Science.

Dabrowski, K. (1979a). *Nothing can be changed here.* (Mazurkiewicz, E., Trans.; Rolland, P, Ed.). Unpublished play.

Dabrowski, K. (1979b). *Wprowadzenie do higieny psychicznej [Introduction to mental hygiene].* Warszawa: Wydawnictwa Szkolne i Pedagogiczne.

Dabrowski, K. (1986). *Trud istnienia [The toil of existence].* Warszawa: Wiedza Powszchna.

Dabrowski, K. (1996a). *Multilevelness of emotional and instinctive functions. Part 1: Theory and description of levels of behavior.* Lublin, Poland: Towarzystwo Naukowe Katolickiego Uniwersytetu Lubelskiego.

Dabrowski, K. (1996b). *W poszukiwaniu zdrowia psychicznego [In search of mental health].* Warszawa: Wydawnictwo Naukowe PWN.

Dabrowski, K., & Amend, D. R. (1972). *Differences in nervous activity as indicators of development.* Paper presented at the Second International Congress of Positive Disintegration, Montreal. Canada.

Dabrowski, K., & Piechowski, M. M. (1969). Les otions sup ieures et l'objectivit d' aluation *[Higher emotions and objectivity of values]. Annales M Psychologiques, 127, t. 2*(5), 589-613.

Dabrowski, K., & Piechowski, M. M. (1977). *Theory of levels of emotional development: From primary integration to self-actualization* (Vol. 2). Oceanside, NY: Dabor Science.

Dabrowski, K., & Piechowski, M. M. (with Rankel M., & Amend, D. R.). (1996). *Multilevelness of emotional and instinctive functions, Part2: Types and levels of development.* Lublin, Poland: Towarzystwo Naukowe Katolickiego Uniwersytetu Lubelskiego.

Dabrowski, K. (with Rankel, M.). (n.d. 1). *Authentic education.* Unpublished manuscript.

Dabrowski, K. (n.d. 2). *Normality, mental health and mental illness.* Unpublished manuscript.

Daniels, S., Falk, R. F., & Piechowski, M. M. (in preparation). Measuring overexcitabilities in young children. In S. Daniels & M. M. Piechowski (Eds.), *Living with intensity: Understanding sensitivity, excitability, and emotional development in gifted children, adolescents, and adults.* Scottsdale, AZ: Great Potential Press.

Dannefer, D. (1984). Adult development and social theory: A paradigmatic reappraisal. *American sociological Review, 49,* 100-116.

Darwin, C. R. (1965). *The expression of the emotions in man and animals.* Chicago: University of Chicago Press. (Original work published 1872).

Delisle, J. R. (1986). Death with honors: Suicide and the gifted adolescent. *Journal of Counseling and Development, 64,* 558-560.

Delisle, J. R. (1990). The gifted adolescent at risk: Strategies and resources for suicide prevention among gifted youth. *Journal for the Education of the Gifted, 13,* 212-228.

Domroese, C. (1993). *Investigating an alternate method for identifying gifted students.* Research project, Oak Park Elementary School District #97, Oak Park, IL.

Digman, J. M., & Takemotto-Chock, N. K. (1981). Factors in the natural language of personality: Reanalysis and comparison of six major studies. *Multivariate Behavioral Research, 16,* 149-170.

Ebner, M. (1993). *Margaret Ebner: Major works.* (Translated and edited by Leonard P. Hindsley). New York: Paulist.

Eisenberg, N., Fabes, R. A., Guthrie, I. K., & Reiser, M. (2002). The role of emotionality and regulation in children's social competence and adjustment. In L. Pulkkinen (Ed.), Paths to successful development: Personality in the life course (pp. 46-72). West Nyack, NY: Cambridge University Press.

Ekehammar, B., & Akrami, N. (2007). Personality and prejudice: From big five personality factors to facets. *Journal of Personality, 75*(5), 1-27.

Ekman, P. (1984). Expression and the nature of emotion. In K. R. Scherer & P. Ekman (Eds.), *Approaches to emotion* (pp. 319-343). Hillsdale, NJ: Erlbaum.

Elkind, D. (1984). *All grown to no place to go: Teenagers in crisis.* Reading, MA: Addison-Wesley.

Ely, E. I. (1995). *The Overexcitabilty Questionnaire: An alternative method for identifying creative giftedness in seventh grade junior high school students.* Unpublished doctoral dissertation, Kent State University, Kent, OH.

Erickson, R. J., & Cuthbertson-Johnson. (Eds.). (1997). *Social perspectives on emotion.* (D. D. Frank, Series Ed.). Greenwich, CT: JAI Press.

Erikson, E. H. (1950). *Childhood and society.* New York: Norton.

Falk, R. F., & Lind, S. (1998, July). *Developing and testing a new Overexcitability Questionnaire (OEQ-II).* Paper presented at the 3rd International Symposium on Dabrowski's Theory, Evanston, IL.

Falk, R. F., Lind, S., Miller, N. B., Piechowski, M. M., & Silverman, L. K. (1999a). *The Overexcitability Inventory for Parents* (adapted by H. Dudeney). Denver, CO: Institute for the Study of Advanced Development.

Falk, R. F., Lind, S., Miller, N. B., Piechowski, M. M., & Silverman, L. K. (1999b). *The Overexcitability Questionnaire–Two (OEQ-II): Manual, scoring system, and questionnaire.* Denver, CO: Institute for the Study of Advanced Development.

Falk, R. F., Manzanero, J. B., & Miller, N. B. (1997). Developmental potential in Venezuelan and American artists: A cross-cultural validity study. *Creativity Research Journal, 10,* 201-206.

Falk, R. F., & Miller, N. B. (1998). The reflexive self: A sociological perspective. *Roeper Review, 20*(3), 150-153.

Falk, R. F., Piechowski, M. M., & Lind, S. (1994). *Criteria for rating the intensity of overexcitabilities.* Unpublished manuscript, Department of Sociology, University of Akron. (Available from the Institute for the Study of Advanced Development, 1452 Marion Street, Denver, CO).

Felder, R. F. (1982, October). *Developmental potential of chemical engineering and gifted education graduate students.* Paper presented at the National Association for Gifted Children Conference, New Orleans, LA.

Fiedler, E. D. (1998). Denial of anger/denial of self: Dealing with the dilemmas. *Roeper Review, 20,* 158-161.

Fiske, D. W. (1949). Consistency of the factorial structures of personality ratings from different sources. *Journal of Abnormal and Social Psychology, 44,* 329-344.

Frank, J. (2006). *Portrait of an inspirational teacher of the gifted.* Unpublished doctoral dissertation, University of Calgary, Calgary, Alberta.

Freud, S. (1970). *A general introduction to psychoanalysis.* New York: Pocket Books. (Original work published 1924).

Gage, D. F., Morse, P. A., & Piechowski, M. M. (1981). Measuring levels of emotional development. *Genetic Psychology Monographs, 103,* 120-152.

Gallagher, S. A. (1983). *A comparison of Dabrowski's concept of overexcitabilities with measures of creativity and school achievement in sixth grade students.* Unpublished master's thesis, University of Arizona, Tucson, AZ.

Gallagher, S. A. (1985). A comparison of the concept of overexcitabilities with meas-ures of creativity and school achievement in sixth grade students. *Roeper Review, 8,* 115-119.

Gardner, H. G. (1983). *Frames of mind: The theory of multiple intelligences.* New York: Basic Books.

Gatto-Walden, P. (1999). Counseling gifted females with eating disorders. *Advanced Development, 8,* 113-130.

Gaudet, L. (1981). The theory of positive disintegration in the light of developmental psychology. In N. Duda (Ed.), *Theory of positive disintegration: Proceedings of the Third International Conference* (pp. 241-248). Miami, FL: University of Miami.

Gendlin, E. P. (1981). *Focusing* (2nd ed.). New York: Bantam.

Ghosh, S. L. (1980). *Mejda: the family and early life of Paramahansa Yogananda.* Los Angeles: Self Realization Fellowship.

Gilligan, C. (1982). *In a different voice.* Cambridge, MA: Harvard University Press.

Goleman, D. (1995). *Emotional intelligence: Why it can matter more than IQ.* New York: Bantam Book.

Gottfried, A. W., Gottfried, A. E., Bathurst, K., & Guerin, D. W. (1994). *Gifted IQ: Early developmental aspects. The Fullerton longitudinal study.* New York: Plenum.

Gough, H. G. (1987). *The California Psychological inventory administrator's guide.* Palo Alto, CA: Consulting psychologists Press.

Gough, H, G., & Heilbrun, A, B., Jr. (1983). *The Adjective check List manual.* Palo Alto, CA: Consulting Psychologists Press.

Grant, G. (1988). *Four voices: Life history studies of moral development.* Unpublished doctoral dissertation, Northwestern University, Evanston, IL.

Grant, B. (1990). Moral development: Theories and lives. *Advanced Development, 2,* 85-91.

Grant, B. (1996). "There are exceptions to everything": Moral relativism and moral commitment in the life of Hope Weiss. *Advanced Development, 7,* 119-128.

Grant, B., & Piechowski, M. M. (1999). Theories and the good: Toward a child-centered gifted education. *Gifted Child Quarterly, 43,* 4-12.

Greene, L. A. (1982). *Dabrowski's theory of emotional development and Loevinger's theory of ego development: A direct comparison.* Unpublished master's thesis, Northwestern University, Evanston. IL.

Gross, M., Rinn, A. N., & Jamieson, K. M. (2007). Gifted adolescents' overexcitabilities and self-concepts: An analysis of gender and grade level. *Roeper Review, 29,* 240-248.

Hague, W. J. (1986). *New perspectives on religious and moral development.* Alberta, Canada: University of Alberta.

Hakuin, E. (1971). Orategama III. In P. B. Yampolsky (Ed.), *The Zen master Hakuin: Selected writings.* New York: Columbia Universirty.

Hall, C. S., & Lindzey, G. (1970). *Theories of personality* (2nd ed.). New York: Wiley.

Hamachek, D. E. (1978). Psychodynamics of normal neurotic perfectionism. *Psychology, 15,* 27-33.

Hammarskjöid, D. (1964). *Markings.* New York: Knopf.

Hazell, C. G. (1982). *An empirical study of the experience of emptiness.* Unpublished doctoral dissertation, Northwestern University, Evanston, IL.

Hazell, C. G. (1984). Experienced levels of emptiness and existential concern with different levels of emotional development and profiles of values. *Psychological Reports, 55,* 967-976.

Hazell, C. G. (1989). Levels of emotional development with experienced levels of emptiness and existential concern, *Psychological Reports, 64,* 835-838.

Hazell, C. G. (1999). The experience of emptiness and the use of Dabrowski's theory in counseling gifted clients: Clinical case examples. *Advanced Development: A Journal on Adult Giftedness. 8,* 31-46.

Hillesum, E. (1985). *An interrupted life: Diaries of Etty Hillesum, 1941-43.* New York: Washington Square Press.

Hochschild, A. R. (1983). *The managed heart: The commercialization of human feeling.* Berkeley, CA: University of California Press.

Hollingworth, L. S. (1942). *Children above 180 IQ.* New York: World Book.

Ibn Ajiba, A. (1999). *The autobiography of the Moroccan Sufi, Ibn Ajiba.* (Translation and commentary in French by Jean-Louis Michon. Translated into English by David Streight). Louisville, KY: Fons Vitae.

Izard, C. E. (1971). *The face of emotion.* New York: Appleton-Century-Crofts.

Izard, C. E. (1977). *Human emotions.* New York: Plenum.

Izard, C. E., & Ackerman, B. P. (2000). Motivation, organizational, and regulatory functions of discrete emotions. In M. Lewis & J. Heviland-Jones (Eds.), *Handbook of emotions* (2nd ed., pp. 253-264). New York: Guilford.

Jackson, J. H. (1884). Croonian lectures on the evolution and dissolution in the nervous system. Delivered at the Royal College of Physicians. (In three parts). Lecture 1: *The Lancet, 123*(3161), 555-558 (29 March); Lecture 2: *The Lancet, 123*(3163), 649-652 (12 April); Lecture 3: *The Lancet, 123*(3165), 739-744 (26 April).

Jackson, S. (1995). *Bright star: Black sky origins and manifestations of the depressed state in the lived experience of the gifted adolescent.* Unpublished master's thesis, Vermont College of Norwich University, Northfield, VT.

Jackson, S., Moyle, V., & Piechowski, M. M. (in press). Emotional life and psychotherapy of the gifted in light of Dabrowski's theory. In L. Shavinina (Ed.), *Handbook of giftedness.* New York: Springer.

Jacobs, L. (1978). *Jewish mystical testimonies.* New York: Schocken. (Original work published 1976).

Jacobs, M. E. (1999). *Liberating everyday genius.* New York: Ballantine.

Jahoda, M. (1958). *Current concepts of positive mental health.* New York: Basic Books.

James, W. (1990). *The principles of psychology.* New York: Dover. (Original work published 1890).

John, O. P., & Scrivastava, S. (1999). The big five trait taxonomy: History, measurement, and theoretical perspectives, In L. A. Pervin & O. P. John (Eds.), *Handbook of personality: Theory and research* (2nd ed., pp. 102-138). New York: Guilford Press.

Johnson, C. (1992). The emergence of the emotional self: A developmental theory. *Symbolic interaction, 15*(2), 183-202.

Jones, W. T. (1969). *A history of Western philosophy: Kant to Wittgenstein and sartre* (2nd ed., pp. 262-281). New York: Harcourt.

Jung, C. G. (1933). *Psychological types.* New York: Harcourt, Brace, & World.

Kaufmann, W. (1969). *Existentialism from Dostoevsky to Sartre.* New York: Meridian Books.

kawczak, A. (1970). Introduction—the methodological structure of the theory of positive disintegration. In K. Dabrowski (with A. Kawczak & M. M. Piechowski)(Eds.), *Mental growth through positive disintegration* (pp. 1-16). London: Gryf.

Kawczak, A. (2002). Abraham Lincoln's personality development seen through the theory of positive disintegration. Part Ii. In N. Dada (Ed.), *Proceedings of the Fifth International Conference on the Theory of Positive Disintegration*(pp. 59-62). Ft. Lauderdale, FL: Institute for Positive Disintegration in Human Development.

Kemper, T. D. (1993). Sociological models in the explanation of emotions. In M. Lewis & J. M. Haviland (Eds.), *Handbook of emotions* (pp. 41-51). New York: Guilford Press.

Kerr, B. A. (1991). *A handbook for counseling the gifted and talented.* Alexandria, VA: American Counseling Association.

Keyes, C. L. M. (2002). The mental health continuum: From Languishing to flourishing in life. *Journal of Health and Social Behavior, 43*, 207-222.

Kobierzycki, T. (2002). Creativity and mental health in the process positive disintegration. In N. Duda (Ed.), *Proceedings of the Fifth International Conference on the Theory of Positive Disintegration* (pp. 395-407). Ft. Lauderdale, FL: Institute for Positive Disintegration in Human Development.

Kohlberg, L. (1969). Stage and sequence: A cognitive-developmental approach to socialization. In D. A. Gosling (Ed.), *Handbook of socialization theory and research* (pp. 347-480). Chicago: Rand McNally.

Kohlberg, L. (1981). *Essays on moral development: The psychology of moral development* (Vol. I). San Francisco: Harper & Row.

Kohlberg, L. (1984). *Essays on moral development: The psychology of moral development* (Vol. II). San Francisco: Harper & Row.

Kokoszka, A. (2007). *States of consciousness: Models for psychology and psychotherapy.* New York: Springer.

Kort-Butler, L., & Falk, R. F. (1999, April). *Replicating factor structure: The art of factor analysis.* Paper presented at th meeting of the North Central Sociological Association, Troy, MI.

Krishna, G. (1993). *Living with kundalini: The autobiography of Gopi Krishna.* (L. Shepherd, Ed.). Boston: Shambhala.

Lewis, M., & Haviland, J. M. (1993). Preface. In M. Lewis & J. M. Haviland (Eds.), *Handbook of emotions* (pp. ix-x). New York: Guilford Press.

Lewis, R. B., Kitano, M. K., & Lynch, E. W. (1992). Psychological intensities in gifted adults. *Roeper Review, 15*, 25-31.

Lifton, B. J. (1997). *The king of children: The life and death of Janusz Korczak.* New York: St. Martin's Griffin.

Lisieux, T. (1976). *The story of a soul: The autobiography of St. Thérèse of Lisieux.* (Translated by John Clarke). Washington, DC: Institute of Carmelite Studies. (Original work published 1975).

Loevinger, J. (1976). *Ego development: Conceptions and theories.* San Francisco: Jossey-Bass.

Lynn, A. B. (2002). The *emotional intelligence activity book: 50 activities for developing EQ at work.* New York: HRD Press.

Lysy, K. Z. (1979). *Personal growth in counselors and noncounselors: A Jungian and Dabrowskian approach.* Unpublished doctoral Dissertation, University of Illinois, Champaign-Urbana, IL.

Lysy, K. Z., & Piechowski, M. M. (1983). Personal growth: An empirical study using Jungian and Dabrowskian measures. *Genetic Psychology Monographs, 108,* 267-320.

Maddi, S. R. (1989). *Personality theories: A conceptual analysis.* Pacific Grove, CA: Brooks/Cole.

Magnavita, J. (2002). *Theories of personality: Contemporary approaches to the science of personality.* New York: Wiley.

Maj, P. (2002). The creative instinct of Kazimierz Dabrowski in relation to the creative evolution of Henri Bergson. In N. Duda (Ed.), *Proceedings of the Fifth International Conference on the Theory of Positive Disintegration* (pp. 373-381). Ft. Lauderdale: FL: Institute for Positive Disintegration in Human Development.

Manzanero, J. (1985). *A cross-cultural comparison of overexcitability profiles and levels of emotional development between American and Venzuelan artists.* Unpublished master's thesis, University of Denver, Denver, CO.

Marsh, C. S., & Colangelo. N. (1983). The application of Dabrowski's concept of multilevelness to Allport's concept of unity. *Counseling and Values, 27,* 213-228.

Marsh, H. W. (1990). *Self-Description Questionnaire (SDQ) II: Manual.* New South

Wales, Australia: University of Western Sydney.

Maslow, A. H. (1968). *Toward a psychology of being.* Princeton, NJ: Van Nostrand.

Maslow, A. H. (1970). *Motivation and personality* (2nd ed.). New York: Harper & Row.

Maslow, A. H. (1971). *The farther reaches of human nature.* New York: Viking.

Massey, R. F. (1981). *Personality theories: Comparisons and syntheses.* New York: Van Nostrand.

Maxwell, P., & Tschudin, V. (1990). *Seeing the invisible: Modern religious and other transcendent experiences.* London: Penguin.

May, R. (1958). Contributions of existential pyschotherapy. In R. May, E. Angel, & H. F. Ellenberger (Eds.), *Existence: A new dimension in psychiatry and psychology.* New York: Basic Books.

McCrae, R. R., & Costa, P., Jr. (1999). A five factor theory of personality. In L. A. Pervin & O. P. John (Eds.), *Handbook of personality: Theory and research* (2nd ed., pp. 139-153). New York: Guilford Press.

McDonald, W. (2006). Søren Kierkegaard. In E. N. Zalta (Ed.), *The Stanford encyclopedia of philosophy.* Retrieved February 21, 2007, from http://plato.stanford.edu/archives/sum2006/entries/kierkegaard

McGraw, J. G. (1986). Personality and its ideal in K. Dabrowski's theory of positive disintegration: A philosophical interpretation. *Dialectics and Humanism, 13,* 211-237.

McGraw, J. G. (2002). Personality in Nietzsche and Dabrowski: A conceptual comparison. In N. Duda (Ed.), *Positive disintegration: The theory of the future. Proceedings of the 100th Dabrowski anniversary program on the man, the theory, the application, and the future* (pp. 187-228). Ft. Lauderdale, FL: Fidlar Doubleday.

McPherson, I. (2001). Kierkegaard as an educational thinker: Communication through and across ways of being. *Journal of Philosophy of Education, 35*(2), 157-174.

Mead, G. H. (1934). *Mind, self, and society.* Chicago: University of Chicago Press.

Meckstroth, E. (1991, December). *Coping with sensitivities of gifted children.* Paper presented at the Illinois Gifted Education Conference, Chicago, IL.

Mendaglio, S. (1998). Counseling gifted students: Issues and recommendations for teachers and counselors. *AGATE, 12,* 18-25.

Mendaglio, S. (1999, Fall). A few guidelines for counseling the gifted arising from Dabrowski's theory. *Dabrowski Newsletter,* 3-4.

Mendaglio, S., & Pyryt, M. C. (1995). Self-concept of gifted students: Assessment-based intervention. *Teaching Exceptional Children, 27*(3), 40-45.

MEendaglio, S., & Pyryt, M. C. (2003). Self-concept and giftedness: A multi-theoretical perspective. *Gifted and Talented International,* 18, 76-82.

Mendaglio, S., & Pyryt, M. C. (2004). The role of intelligence in TPD. In B. Tillier (Ed.), *Proceedings of the Sixth International Congress of the Institute for Positive Disintegration.* Calgary, AB: Institute for Positive Disintegration.

Mendaglio, S., & Tillier, W. (2006). Dabrowski's theory of positive disintegration and giftedness: Overexcitability research findings. *Journal for the Education of the Gifted, 30,* 68-87.

Mika, E. (2004). *Ecce homo: Adam Chmielowski's growth through positive disintegration.* Paper presented at The Sixth International Congress of the Institute for Positive Disintegration in Human Development, Calgary, Alberta.

Mika, E. (2005, Fall). Theory of positive disintegration as a model of personality development for exceptional individuals. In N. L. Hafenstein, B. Kutrumbos, & J. Delisle (Eds.), *Perspectives in gifted education* (Vol. 3, pp. 4-32), Denver, CO: University of Denver.

Miller, N. B. (1985). *A content analysis coding system for assessing adult emotional development.* Unpublished doctoral dissertation, University of Denver, Denver, CO.

Miller, N. B., & Silverman, L. K. (1987). Levels of personality development. *Roeper Review, 9*(4), 221-225.

Miller, N. B., Silverman, L. K., & Falk, R. F. (1994). Emotional development, intellectual ability, and gender. *Journal for the Education of the Gifted, 18*(1), 20-38.

Morrissey, A. M. (1996). Intellect as prelude: The potential for higher-level develop-ment in the gifted. *Advanced Development: A Journal on Adult Giftedness, 7*, 101-116.

Mos, L. P., & Boodt, C. P. (1991). Friendship and play: An evolutionary-developmental view. *Theory and Psychology 1*(1), 132-144.

Mowrer, O. H. (1967). Introduction. In K. Dabrowski(Ed.), *Personality-shaping through positive disintegration*. Boston: Little, Brown.

Mróz, A. (2002a). The significance of religious, esthetic, and other-oriented moral val-ues in the process of personality development is the model of positive disintegra-tion. In N. Duda (Ed.), *Proceedings of the Fifth International Conference on the Theory of Positive Disintegration* (pp. 141-150). Ft. Lauderdale, FL: Institute for Positive Disintegration in Human Development.

Murray, H. A. (1959). Preparations for the scaffold of a comprehensive system. In S. Koch (Ed.), *Psychology: A study of a science* (Vol. 3, pp. 7-54). New York: McGraw-Hill.

Myodo, S. (1987). *Passionate journey: The spiritual autobiography of Satomi Myodo.* (Translated and annotated by Sallie B. King). Boston: Shambhala.

NASA jettisons astronaut accused of kidnap attempt. (2007, Mach 8). *The Denver Post,* P. A2.

National Institute of Mental Health. (2007). NIMH *mission statement.* Retrieved July 2, 2007, from www.nimh.hih.gov./about/nimg.cfm

Nietzsche, F. (1961). *Thus spoke Zarathustra.* (Hollingdale, R. J., Trans.). New York: Penguin.

Nietzsche, F. (1968). *The will to power.* (Kaufmann, W., Ed.; Kaufmann, W., & Holingdale, R. J., Trans.). New York: Bintage Books.

Nietzsche, F. (1989). *Beyond good and evil.* (Kaufmann, W., Trans.). New York: Bintage Books.

Nixon, L. (1983). *Meditation as a means of actualizing the religious personality ideal: A review of empirtical research from the perspective of Kizmierz Dabrowski's TPD.*

Unpublished master's thesis, Concordia University, Montreal, QC. (Available online at: http://members.shaw.ca/positivedisintegration/DRIBiblio.htm#1-o).

Nixon, L. (1989). Maladjustment and self-actualization in the life Teresa of Avila, *Studies in Religion, 18*, 283-295.

Nixon, L. (1990). *The mystical struggle: A psychological analysis.* Unpublished doctoral dissertation, Concordia University, Montreal, QC. (Available online at: http://members.shaw.ca/positivedisintegration/DRIBiblio.htm#1-o).

Nixon, L. (1994a). Multilevel disintegration in the lives of religious mystics. *Advanced Development, 6,* 57-74. (Available online at: http://members.shaw.ca/positivedis-integration/DRIBiblio.htm#1-o).

Nixon, L. (1994b, June 10). *Mystical stages personality development.* Paper presented at the Dabrowski Symposium, Keystone, CO. (Available online at: http://memvers.shaw.ca/positivedisintegration/DRIBiblio.htm#1-o).

Nixon, L. (1995a, October). A Hindu swami's description of his experience at Level V. *The Dabrowski Newsletter, 2*(1) 1-2. (Availible online at: http://members.shaw.ca/posi-tivedisintefration/DRIBiblo.htm#1-o).

Nixon, L. (1995b, June 4). *Personal loss and emtional support in the lives of four hindu mystics.* Paper presented at the Annual Conference of the South Asia Council of the Canadian Asian Studies Association, Montreal, QC.

Nixon, L. (1996a). A Dabrowskian perspective on the practice of meditation. In W. Tillier (Ed.), Perspectives on the self, *Proceedings of the Second Biennial Conference on Dabrowski's Theory of Positive Disintegration* (pp. 174-198), Calgary, AB. (Available online at: http://members.shaw.ca/positivedisintegra-tion/DRIBiblio.htm#1o).

Nixon, L. (1996b). Factors predispositional of creativity and mysticism: A comparative study of Charled Darwin and Thérèse of Lisieux. *Advanced Development, 7,* 81-100.

Nixon, L. (1998, April 17-18). *The significance of loss in Buddhist lives.* Paper present-ed at the American Academy of Religion Eastern International Region Annual Meeting, Toronto, ON.

Nixon, L. (1999). Intellectual overexcitability in mystical lives. *The Dabrowski Newsletter, 5*(3) 1-4. (Available online at: http://members.shaw.ca/positivedisintegration/DRIBiblio.htm#1-o).

Nixon, L. (2000). A Dabrowskian analysis of a Japanese Buddhist nun. *The Dabrowski Newsletter, 6*(2) 3-6. (Available online at: http://members.shaw.ca/positivedisintegration/DRIBiblio.htm#1-o).

Nixon, L. (2005). Potential for positive disintegration and IQ. *The Dabrowski Newsletter, 10*(2), 1-5.

Norman, W. T. (1963). Toward an adequate taxonomy of personality attributes: Replicated factor structure in peer nomination personality ratings. *Journal of Abnormal and Social Psychology, 66,* 574-583.

Ogburn-Colangelo, M. K. (1979). Giftedness as multilevel potential: A clinical example. In N. Colangelo & R. T. Zaffrann (Eds.), *New voices in counseling the gifted* (pp. 165-187). Dubuque, IA: Kendall/Hunt.

Ogburn-Colangelo, M. K. (1989). Giftedness as multilevel potential: A clinical example. *Advanced Development: A Journal on Adult Giftedness, 1,* 187-200.

Pacht, A. R. (1984). Reflections on perfectionism. *American Psychologist, 39,* 386-390.

Palmer, D. D. (1996). *Kierkegaard for beginners.* New York: Writers & Readers.

Pardo de Santayana Sanz, R. (2006). *El alumno superdotado y sus problemas de aprendizaje: Validación del OEQ-II como prueba diagnóstico [The gifted student and learning disabilities: Validation of the OEQ-II as a diagnosis test].* Madrid, Spain: Universidad Complutense de Madrid.

Parker, W. (2000). Healthy perfectionism in the gifted. *Journal for Secondary Gifted Education, 11,* 173-182.

Parker, W. D., & Mills, C. (1996). The incidence of perfectionism in gifted students. *Gifted Child Quarterly, 40,* 194-199.

Payne, C. (1987). *A psychobiographical study of the emotional development of a controversial protest leader.* Unpublished doctoral dissertation, Northwestern University, Evanston, IL.

Peace Pilgrim. (1982). *Peace Pilgrim: Her life and work in her own words.* Sante Fe, NM: Ocean Tree.

Peck, R. F., & Havighurst, R. J. (1960). *The psychology of character development.* New York: Wiley.

Pervin, L. A. (1994). A critical analysis of current trait theory. *Psychological Inquiry, 5,* 103-113.

Piaget, J. (1948). *The moral judgment of the child.* Glencoe, IL: Free Press.

Piechowski, M. M. (1974). Two developmental concepts: Multilevelness and developmental potential. *Counseling and Values, 18,* 86-93.

Piechowski. M. M. (1975a). *Formless forms: The conceptual structure of theories of counseling and psychotherapy.* Unpublished doctoral dissertation, University of Wisconsin-Madison, Madison, WI.

Piechowski, M. M. (1975b). A theoretical and empirical approach to the study of development. *Genetic Psychology Monographs, 92,* 231-297.

Piechowski, M. M. (1979a). Developmental potential. In N. Colangelo & R. T. Zaffrann (Eds.), *New voices in counseling the gifted* (pp. 25-57). Dubuque, IA: Kendall/ Hunt.

Piechowski, M. M. (1979b, Jan/Feb). Levels of emotional development. *Illinois Teacher,* 134-139.

Piechowski, M. M. (1986). The concept of developmental potential. *Roeper Review, 8*(3), 190-197.

Piechowski, M. M. (1990). Inner growth and transformation in the life of Eleanor Roosevelt. *Advanced Development, 2,* 35-53.

Piechowski, M. M. (1991a). Emotional development and emotional giftedness. In N. Colangelo & G. A. Davis (Eds.), *Handbook of gifted education* (pp. 285-306). Boston: Allyn & Bacon.

Piechowski, M. M. (1991b). Giftedness for all seasons: Inner Peach in time of war. In N. Colangelo, S. G. Assouline, & D. L. Ambroson (Eds.), *Proceedings of the 1991 Jocelyn Wallace National Research Symposium on Talent Development* (pp. 180-

203). Unionville, NY: Trillium Press.

Piechowski, M. M. (1992a). Etty Hillesum: "The thinking heart of the barracks." *Advanced Development, 4*, 105-118.

Piechowski, M. M. (1992b). Giftedness for all seasons: Inner peace in time of war. In N. Colangelo, S. G. Assouline, & D. L. Ambroson (Eds.), *Talent development. Proceedings of the Henry B. and Jocelyn Wallace National Research Symposium on Talent Development* (pp. 180-203). Unionville, NY: Trillium.

Piechowski, M. M. (1995). OE origins. *The Dabrowski Newsletter, 1*(4), 2-4.

Piechowski, M. M. (1997). Emotional giftedness: The measure of intrapersonal intelligence, In N. Colangelo & G. A. Davis (Eds.), *Handbook of gifted education* (2nd ed., pp. 366-381). Boston: Allyn & Bacon.

Piechowski, M. M. (1999). Overexcitabilities. In M. Runco & S. Pritzker (Eds.), *Encyclopedia of creativity* (Vol, 2, pp. 325-334). San Diego, CA: Academic Press.

Piechowski, M. M. (2003). From William James to Maslow and Dabrowski: Excitability of character and self-actualization. In D. Ambrose, L. Cohen, & A. J. Tannenbaum (Eds.), *Creative intelligence: Toward a theoretic integration* (pp. 283-322). Cresskill, NJ: Hampton Press.

Piechowski, M. M. (2006). *"Mellow Out," they say. If I only could: Intensities and sensitivities of the young and bright.* Madison, WI: Yunasa Books.

Piechowski, M. M. (2008). Peace Pilgrim, exemplar of Level V. *Roeper Review,* in press.

Piechowski, M. M., & Colangelo, N. (1984). Developmental potential of the gifted. *Gifted Child Quarterly, 28,* 80-88.

Piechowski, M. M., & Cunningham, K. (1985). Patterns of overexcitability in a group of artists. *Journal of Creative Behavior, 19*(3), 153-174.

Piechowski, M. M., & Miller, N. B. (1995). Assessing developmental potential in gifted children: A comparison of methods. *Roeper Review, 17,* 176-180.

Piechowski, M. M., Silverman, L. K., & Falk, R. F. (1985). Comparison of intellectually and artistically gifted on five dimensions of mental functioning. *Perceptual and*

Motor Skills, 60, 539-549.

Piechowski, M. M., & Tyska, C. (1982). Self-actualization profile of Eleanor Roosevelt. *Gentic Psychology Monographs, 105,* 95-153.

Piirto, J. (1998). *Understanding those who create* (2nd ed.). Scottsdale, AZ: Great Potential Press.

Piirto, J. (2004). *Understanding creativity.* Scottsdale, AZ.: Great Potential Press.

Piirto, J., & Cassone, G. (1994). *Overexcitabilities in creative adolescents.* Paper presented at the 41st annual Natinal Association for Gifted Children convention, Salt Lake City, UT.

Piirto, J., Cassone, G., Ackerman, C. M., & Fraas, J. (1996). *An international study of intensity in talented teenagers using the Overexcitability Questionnaire(OEQ).* Unpublished manuscript, Ashland University, Ashland, OH.

Purohit. (1992). *The autobiography of an Indian monk.* New Delhi, India: Munshiram Monaharlal. (Original work published 1932).

Pyryt, M. C., & Mendaglio, S. (1994). The multidimensional self-concept: A comparison of gifted and average-ability adolescents. *Journal for the Education of the Gifted, 17,* 299-305.

Pyryt, M. C., & Mendaglio, S. (1996/1997). The many facers of self-concept: Insights from the Pyryt Mendaglio Self-Perception Survey. *Exceptionality Education Canada, 6*(2), 75-83.

Pyryt, M. C., & Mendaglio, S. (2001, April). *Intelligence and moral development: A meta-analytic review.* Paper presented at the meeting of the American Educational Research Association, Seattle, WA.

Ram Chandra (1980). *The autobiography of Ram Chandra.* Shajahanput, India: Shri Ram Chandra Mission. (Original work published 1974).

Ramdas, S. (1994). *In quest of God: the saga of an extraordinary pigrimage.* San Diego, CA: Blue Dove.

Real, T. (1997). *I don't want to talk about it. Overcoming the secrey legacy of male depression.* New York: Fireside.

Renzulli, J. S., Smith, L. H., White, A. J., Callahan, C. M., & Harman, R. K. (1976). *Scales for rating the behavioral characteristics of superior students.* Mansfield Center, CT: Creative Learning Press.

Rest, J. R. (1979). *Revised manual for the Defining Issues Test.* Minneapolis, MN: Moral Research Projects.

Robert, J. A. (1984). *A study of typologies of personal growth.* Unpublished doctoral dissertation, Northwestern University, Evanston, IL.

Robert, J. A., & Piechowski, M. M. (1981). Two types of emotional overexcitability: Conserving and transforming. In N. Duda (Ed.), *Theory of positive disintegration: Proceedings of the Third International Conference* (pp. 159-178). Miami, FL: University of Miami.

Robinson, E. (1978). *Living the question.* Oxford, England: The Religious Experience Research Unit.

Robinson, E. (2002). Abraham Lincoln's personality development seen through the theory of positive disintegration, Part I. In N. Duda (Ed.), *Proceedings of the Fifth International Conference on the Theory of Positive Disintegration* (pp. 53-57). Ft. Lauderdale, FL: Institute for Positive Disintegration in Human Development.

Roeckelein, J. E. (1998). D*ictionary of theories, laws, and concepts psychology.* Westport, CT: Greenwood.

Rogers, C. R. (1951). *Client centered therapy: Its current practice, implications, and theory.* Boston: Houghton Mifflin.

Rogers, C. R. (1959). A theory of therapy, personality, and interpersonal relationships. In S. Koch (Ed.), *Psychology: A study of a science* (Vol. 3, pp. 184-256). New York: McGraw-Hill.

Rogers, C. R. (1961). *On becoming a person.* Boston: Houghton Mifflin.

Rogers, C. R. (1980). *A way of being.* Boston: Houghtom Miffflin.

Roid, G. (2003). *Stanford-Binet Intelligence Scales, Fifth Edition: Technical manual.* Itasca, IL: Riverside.

Roland, P. (1981). Nothing can be changed here: A modern miracle play. In N. Duda

(Ed.), *Theory of positive disintegration: Proceedings of the Third International Conference* (pp. 486-500). Miami, FL: University of Miami.

Rush, A., & Rush, J. (1992). Peace Pilgrim: An extraordinary life. *Advanced Development, 4,* 61-74.

Salovey, P., & Mayer, J. D. (1990). Emotional intelligence. *Imagination, Cognition, Personality, 9,* 185-211.

Scelfo, J. (2007, February 26). Men and depression: Facing darkness. *Newsweek,* 43-49.

Schiever, S. W. (1983). *The relationship of Dabrowski's theory of emotional develop-ment to giftedness and creativity.* Unpublished doctoral dissertation, University of Arizona, Tucson, AZ.

Schiever, S. W. (1985). Creative personality characteristics and dimensions of mental functioning in gifted adolescents. *Roeper Review, 7,* 223-226.

Schmidt, M. L. (1977). *The pebble in song and legend: Primary integration in studies of personality and development.* Unpublished master's thesis, University of Illinois at Urbana-Champaign, Urbana, Illinois.

Second International Congress on Positive Disintegration. (1972). (Brochure). Edmonton, Alberta: D. R. Amend.

Seligman, M. E. P. (2002). *Authentic happiness: Using the new positive psychology to realize your potential for lasting fulfillment.* New York: Free Press.

Seligman, M. E. P., & Csikszentmihalyi, M. (2000). Positive psychology: An Introduction. *American Psychologist, 55,* 5-14.

Sheldon, W. H., & Stevens, S. S. (1942). *The varieties of temperament: A psychology of constitutional differences.* New York: Harper.

Shostrom, E. L. (1963). *Personal Orientation Inventory.* San Diego, CA: Educational & Industrial Testing Sevice.

Silverman, L. K. (1983). Personality development: The Pursuit of excellence. *Journal for the Education of the Gifted, 6*(1), 5-19.

Silverman, L. K. (1990). The crucible of perfectionism. In B. Holyst (Ed.), *Mental health in a changing world* (pp. 39-49). Warsaw: Polish Society for mental Health.

Silverman, L. K. (1993). *Counseling the gifted and talented.* Denver, CO: Love.

Silverman, L. K. (1996). Sir Lancelot and Dabrowski: A case study. *The dabrowski Newsletter, 2*(4), 5-6.

Silverman, L. K. (1998). Personality and learning style of gifted children. In J. VanTassel-Baska (Ed.), *Excellence in educating gifted & talented learners* (3rd ed., pp. 29-65). Denver: Love.

Silverman, L. K., & Ellsworth, B. (1981). The theory of positive disintegration and its implications for giftedness. In N. Duda (Ed.), *Theory of positive disintegration: Proceedings of the third International Conference* (pp. 179-194). Miami, FL: University of Miami.

Singer, T. (2006). The neuronal basis and ontogeny of empathy and mind reading: Review of literature and implications for future research. *Neuroscience and Biobehavioral Reviews, 30,* 855-863.

Smith, R. E. (1993). *Psychology.* New York: West.

Somei, T. (1993). Treading the way of Zen: The autobiography of Tsuji Somei. In T. Leggett (Ed.), *Three ages of Zen: Samurai, feudal, and modern* (pp. 91-141). Rutland, VT.: Tuttle.

Sorell, G. T., & Silverman, L. K. (1983). *Emotional development of women in min-life.* Unpublished raw data. Denver, CO: Gifted Development Center.

Sowa, J. (1984). *Kulturowe zalozenia pojecia normalnosci w psychiatrii [Cultural foundations of the concept of normalcy in psychiatry].* Warszawa: Panstwowe Wydawnictwo Naukowe.

Spaltro, K. (1991). "A symbol perfected in death": Etty Hillesum as moral exemplar. *Advanced Development, 3,* 61-73.

Spirit of Peace, The. (1995). *A Peace Pilgrim documentary.* Hemet, CA: Friends of Peace Pilgrim.

Sroufe, L. A. (1995). *Emotional development.* New York: Cambridge University Press.

Starr, I. (1991). *Eight rungs on the ladder: A personal passage.* Ojai, CA: The Pilgrim's Path. (Original work published 1981).

Sullivan, H. S. (1953). *The interpersonal theory psychiatry.* New York: Norton.

Suzuki, D. T. (1986). Early memories. In M. Abe (Ed.), *A Zen life: D. T. Suzuki remembered* (pp. 3-12). New York: Weatherhill.

Tannenbaum, A. J. (2000). Giftedness: The ultimate instrument for good and evil, In K. A. Heller, F. J. Mönks, R. J. Sternberg, & R. F. Subotnik (Eds.), *International handbook of giftedness and talent* (2nd ed., pp. 447-465). Oxford, England: Elsevier.

Taylor, J. (Ed.). (1958). *Selected writings of John Hughlings Jackson* (vol. 2). New York: Basic Books.

Taylor, R. L. (1978). *The cultivation of sagehood as a religious goal in Neo-Confucianism: A study of selected writings of Kao P'an Lung.* Missoula, MT: Scholars.

Terman, L. M. (1925). *Genetic studies of genius: Mental and physical traits of a thousand gifted children* (Vol. 1). Stanford, CA: Stanford University Press.

Thomas, A., Chess, S., & Birch, H. G. (1968). *Temperament and behavior disorders in children.* New York: New York University Press.

Tieso, C. L. (2007a). Overexcitabilities: A new way to think about talent? *Roeper Review, 29,* 232-239.

Tieso, C. L. (2007b). Patterns of overexcitabilities in identified gifted students and their parents: A hierarchical model. *Gifted Child Quarterly, 51,* 11-22.

Tillier, W. (2006, August 3-5). The Philosophical foundation of Dabrowski's theory of positive disintegration, Prat 3: Friedrich Nietzsche and Dabrowski. In W. Tillier (Ed.), *Proceedings from the Seventh International Congress of the Institute of Positive Disintegration in Human Development.* Calgary, AB.

Tucker, B., & Hagenstein, N. (1997). Psychological intensities in young gifted children. *Gifted Child Quarterly, 41,* 66-75.

Tupes, E. C., & Christal, R. C. (1992). Recurrent personality factors based on trait ratings. *Journal of Personality, 60,* 225-251.

Turner, J. H., & Stets, J. E. (2006). Sociological theories of human emotions. *Annual*

Review of Sociology, 32, 25-52.

Tyska, C. A. (1980). *A comparative case study of self-actualization in Eleanor Roosevelt and Autoine de saint-Exupéry.* Unpublished master's thesis, University of Illinois, Urbana-Champaign, IL.

Unamuno, M. D. (1921). *Tragic sense of life.* New York: Dover.

VanTass-Baska, J. (1992). *Excellence in educating gifted and talented learners.* Denver, CO: Love.

Wagstaff, M. (1997). *Outdoor leader self-awareness and its relationship to co-leaders' perceptions of influence.* Unpublished doctoral dissertation, Oklahoma State University, Stillwater, OK.

Walters, G. D. (2004). *Personality theory in context.* Allentown, PA: Center for Lifestyle Studies.

Wechsler, D. (2003). *WISC-IV technical and interpretive manual.* San Antonio, TX: Psychological Corp.

Whitmore, J. R. (1980). *Giftedness, conflict, and underachievement.* Boston: Allyn & Bacon.

Wikipedia, *The Free Encyclopedia.* (2007). Plato, Retrieved February 24, 2007, from http://en.wikipedia.org/w/index.php?title=Plato&oldid=110516394

Wilson, D. L. (1998). *Honor's voice: The transformation of Abrabam Lincoln.* New York: Knopf.

Wisecup, A., Robinsin, D. T., & Smith-Lovin, L. (2006). The sociology of emotions, In C. D. Bryant & D. L. Peck (Eds.), *21st century sociology: A reference handbook* (pp. 106-115). Thousand Oaks, CA: Sage.

Witzel, J. E. (1991). *Lives of successful never-married woman: Myths and realities.* Unpublished doctoral dissertation. Northwestern University, Evanston, IL.

Yakmaci-Guzel, B. (2002). *Ustun yeteneklilerin belirlenmesinde yardimci yeni biryak-lasim: Dabrowski'nin asiri dduyarlilik alanlari [A supplementary method in the identification if gifted individuals: Dabrowski's overexcitabilities].* Unpublished doctoral dissertation, University of Istanbul, Turkey.

Yakmaci-Guzel, B. (2003). A comparison study about overexcitablities of Turkish 10th graders. In F. J. Mönks & H. Wangner (Eds.), *Development of human potential: Investment into our future. Proceedings of the 8th Conference of the European Council for High Ability* (pp. 82-85). Bad Honnef, Germany: Bock.

Yakmaci-Guzel, B., & Akarsu, F. (2006). Comparing overexcitabilities of gifted and non-gifted 10th grade students in Turkey. *High Abilities Studies, 17,* 43-56.

Yalom, I. D. (1980). *Existential psychotherapy.* New York: Basic Books.

Yalom, I. D. (1985). *The theory and practice of group psychotherapy* (3rd ed.). New York: Basic Books.

Yogananda, P. (1973). *Autobiography of a yogi.* Los Angeles, CA: Self-Realization Fellowship. (Original work published 1943).

찾아보기

인명

내용

편저자 소개

Sal Mendaglio(Ph.D.)

St Francis Xavier 대학교 학사(심리학)

McGill 대학교 석사(상담)

Toronto 대학교 박사(상담심리)

전 미국영재아협회(National Association for Gifted Children) 상담 및 생활지도 분과장

현 캐나다 캘거리 대학교 교육연구대학원 교사양성학부 교수

　　캐나다 캘거리 대학교 교육학 교수

　　캐나다 캘거리 대학교 영재교육센터 선임연구원

[주요 저서 및 논문]

Self concept of gifted students: A multi-theoretical perspective (*Handbook for counselors serving students with gifts and talents*, 2012)

Giftedness and overexcitabilities research: A call for a paradigm shift (*Journal for the Education of the Gifted*, 2012)

Overexcitabilities and Dabrowski's theory (*Diagnosis of giftedness. Series: Yearbook of the pedagogical psychological diagnosis. Tests and Trends*, 2010)

Models of counseling gifted children, adolescents, and young adults (공편, 2007)

역자 소개

김영아(Kim Youngah)

숙명여자대학교 학사(교육심리학)

숙명여자대학교 석사(교육심리학)

숙명여자대학교 박사(교육학, 상담 및 교육심리 전공)

상담심리사 1급(한국상담심리학회), 학습컨설턴트 1급(한국교육심리학회)

전 한양대학교 Honor Program 연구조교수

　　한국교육개발원 영재교육연구센터 교수학습개발 팀장

　　숙명여자대학교 교육대학원, 고려대학교 교육대학원 외래교수

현 김영아 아동가족상담센터 소장

[주요 저서 및 논문]

『교육심리학』(공저, 양서원, 2013)

『교육평가』(공저, 양서원, 2013)

「대학 단계의 과학영재 특화교육 프로그램−만족도평가를 중심으로」(교양교육연구, 2010)

「Dabrowski의 과홍분성의 국내외 연구 동향 및 방향」(영재와 영재교육, 2010)

「Dabrowski의 과홍분성검사 II(OEQII)의 타당화와 적용에 관한 연구」(박사논문, 2008)

다브로프스키의 긍정적 비통합이론
-영재의 성격발달과 정서발달-

Dabrowski's Theory of Positive Disintegration

2014년　7월　10일　1판　1쇄　인쇄
2014년　7월　15일　1판　1쇄　발행

엮은이 • Sal Mendaglio
옮긴이 • 김영아
펴낸이 • 김진환
펴낸곳 • (주) 학지사
　　　　　121-837 서울시 마포구 서교동 352-29 마인드월드빌딩 5층
대표전화 • 02-330-5114　　팩스 • 02-324-2345
등록번호 • 제313-2006-000265호

홈페이지 • http://www.hakjisa.co.kr
커뮤니티 • http://cafe.naver.com/hakjisa

ISBN 978-89-997-0425-3　93370
정가 19,000원

인터넷 학술논문 원문 서비스 뉴논문 www.newnonmun.com

이 도서의 국립중앙도서관 출판시도서목록(CIP)은 서지정보유통지원
시스템 홈페이지(http://seoji.nl.go.kr)와 국가자료공동목록시스템
(http://www.nl.go.kr/kolisnet)에서 이용하실 수 있습니다.
(CIP 제어번호: CIP2014018108)